新编21世纪财务管理系列教材

资产评估

第2版

Valuation

主编　俞明轩　王逸玮

中国人民大学出版社
·北京·

前　言

资产评估是现代服务业中不可或缺的专业服务，提供智力服务，专业特性强。资产评估具有价值尺度功能。《中华人民共和国资产评估法》的颁布将资产评估行业的发展推向了新的平台，标志着我国资产评估行业进入依法治理、科学发展新时代。《资产评估法》颁布后，财政部相继颁布了《资产评估行业财政监督管理办法》《关于做好资产评估机构备案管理工作的通知》《资产评估基本准则》等部门规章和规范性文件，中国资产评估协会依法依规修订了已有的 26 项评估准则，提升了资产评估行业的监管水平，对资产评估行业健康发展具有十分重要的意义。未来总是承载着历史的记忆，创新与发展也在前人的不断积累中得以实现。我国资产评估行业源起于防范国有资产流失，随着经济和社会的发展，其功能逐渐扩大并在新发展理念下向纵深拓展。当前，资产评估已在经济、社会、文化、生态、行政、民生等多个方面发挥着重要作用，为投资决策和司法裁判提供独特的价值发现功能。

资产评估学科的理论体系是在实践基础上建立和发展起来的。当前，在深化国有企业改革、加强金融监管、加强行政事业单位国有资产管理、促进新经济发展等方面均采取了重要举措。资产评估理论体系在不断满足上述实践需求的过程中得以发展和完善。同时，日益丰富的资产评估理论也规范了资产评估实务发展并为资产评估实践指明正确的发展方向：在促进资源优化配置、量化金融资产价值、防范国有资产流失，以及识别价值驱动因素、优化企业战略、完善企业境外资产巡查等领域发挥举足轻重的作用。

资产评估的核心是价值判断及价值发现。它是围绕价值分析和收益测算展开的一门科学，无疑是一种高智力要求的职业。资产评估专业人员需要具备丰富的理论知识和良好的职业素养。同时，资产评估专业人员在实践过程中积累的宝贵经验也为资产评估学科建设提供了诸多鲜活的素材，也提出了很多实践诉求。因此，本书以解决资产评估实务中的现实问题为主要任务，以理论联系实际为原则，包括三部分内容：资产评估原理、资产评估方法、资产评估管理。本书在资产评估原理部分，强调了资产评估的价值类型及市场价值与投资价值的特征；在资产评估方法部分，分别阐述了机器设备、无形资产、房地产、企业价值、债券及实物期权的评估要点和关键环节；在资产评估管理部分，介绍了国内外资产评估准则和我国资产评估行业的发展与管理。本书紧扣资产评估执业要求和实践诉求，加入资产评估实务领域的案例，提供资产评估常用的网站及数据链接，以期在反映资产评估行业发展动态的基础上，增强理论与实践的衔接。

本书在第1版的基础上进行了完善，在广泛吸收国内外相关优秀教材、学术研究成果的基础上，依据《资产评估法》和《资产评估行业财政监督管理办法》的要求，吸收最新的资产评估准则精髓，顺应评估实践发展的新需求编写而成，特别是增加了实物期权评估和债券评估的内容。同时，本书对第1版中的不妥之处进行修正和完善，力求更好地服务于读者。本书第一章由俞明轩编写，第七章由吴武清编写，第八章由张志强编写，参与其他各章编写和修订的有俞明轩、王逸玮、杨志明、邵唯实、崔劲、肖力、王冰。全书由俞明轩总纂。

在本书编写过程中，段瑞珍、张亮、安洁、杨沫、张乃月、刘刘、陈天雨、刘传耀、武文帅、李昊、梁栋、孙沛霖、扈光远、张佳鑫等在提供信息、收集资料、制作图表等方面付出了大量精力。在此，对他们的参与表示谢意。特别要对中国资产评估协会在本书编写过程中给予的帮助和支持表示感谢，还要向所有对完成本书编写工作给予帮助和支持的前辈、同事和朋友表示由衷的感谢。资产评估是科学与经验的结合，在这一领域还有许多问题值得进一步深入研究和探讨。由于本书的编写者学识与水平所限，书中难免有不妥与不足之处，真诚欢迎读者批评指正。

俞明轩

目　录

第一章

绪 论

案例引导

我国资产评估行业是在改革中诞生，随着市场经济发展起来的重要的专业化市场中介服务行业。20 多年来，资产评估行业在保证国有资产安全、保护投资者权益、保护私人财物、维护经济秩序、防范金融风险、保障交易公平方面发挥了不可替代的作用。截至 2019 年 9 月 1 日，全国已有资产评估机构 4 527 家，资产评估师执业会员 38 253 人，从业人员 10 多万人。

1991 年国务院颁布的《国有资产评估管理办法》，2003 年国务院办公厅转发的财政部《关于加强和规范评估行业管理的意见》以及《中华人民共和国公司法》(以下简称《公司法》)、《中华人民共和国证券法》(以下简称《证券法》)、《中华人民共和国企业国有资产法》、《中华人民共和国城市房地产管理法》等多部法律和部门规章中都有与资产评估相关的内容。从 20 世纪 80 年代末资产评估萌芽到 21 世纪初这十多年间，资产评估行业一直期盼着有一部专门的资产评估法律。

2005 年，全国人大财经委研究评估立法问题。2005 年 11 月 21—22 日，全国人大财经委在北京召开了评估立法国际研讨会，国内同行专家与美国、德国、澳大利亚等国家和地区的评估行业专家参加了会议。会议主要讨论了四个方面的内容：一是国外评估立法的经验和教训；二是评估行业管理体制；三是评估机构和评估师的管理；四是评估的法律责任。全国人大财经委经过多次召开座谈会，组织调研，认为评估行业已成为我国经济社会中十分重要的中介服务行业，迫切需要专门的法律予以规范。只有有法可依，才能使评估行业健康发展，评估行业才能更好地服务于社会主义市场经济。

2005 年 12 月 16 日，第十届全国人民代表大会常务委员会第四十次委员长会议决定制定《中华人民共和国资产评估法》(以下简称《资产评估法》)，并将《资产评估法》作为补充项目列入了第十届全国人民代表大会常务委员会补充立法计划。2006年7月，全国人大财经委牵头组织成立了《资产评估法》起草领导小组、工作小组和专家顾问小组，标志着《资产评估法》正式进入立法程序。

2012年2月，第十一届全国人民代表大会常务委员会第一次审议《资产评估法（草案）》；2013年8月，对该草案进行第二次审议；2015年8月，第十二届全国人民代表大会常务委员会第十六次会议审议了《资产评估法（草案三次审议稿）》。在全面依法治国和简政放权的时代背景下，最高立法机构对《资产评估法》给予高度重视，反映了立法机构审时度势，也反映了出台《资产评估法》的必要性。2016年7月2日，经第十二届全国人民代表大会常务委员会第二十一次会议审议，正式通过《资产评估法》。该法的通过是我国资产评估行业发展的一个重要里程碑，标志着我国资产评估行业的治理从此进入了有法可依的新时代。

为了贯彻落实《资产评估法》，进一步加强资产评估行业财政监督管理，促进资产评估行业健康发展，2016年7月，根据《资产评估法》关于"国务院有关评估行政管理部门组织制定评估基本准则和评估行业监督管理办法"的规定，财政部先后组织召开了两次立法论证会，邀请法律专家、资产评估学者、资产评估机构代表、地方财政部门等进行立法论证，并与全国人大常委会法工委专门座谈，深入交流意见，形成了《资产评估行业财政监督管理办法》草案。考虑到该规章草案对现行资产评估行业监管做出了重大调整，对整个资产评估行业的规范发展影响较大，财政部委托中国人民大学作为第三方机构开展了立法评估。2017年4月21日，在反复论证、修改完善、履行有关立法程序后，《资产评估行业财政监督管理办法》以财政部令第86号正式发布，自2017年6月1日施行。

资产评估已经成为社会经济活动中的重要组成部分，受到国家立法机关的重视和关注。只有全面、系统、准确地认识和把握资产评估的内涵和专业特性，才能更好地发挥资产评估的作用。

第一节　资产评估的含义

一、资产评估的定义

资产评估是市场经济的产物，其核心是进行价值判断。经过100多年的发展，资产评估已经成为一个独立的行业，是在现代市场经济中发挥着重要、不可或缺作用的专业化市场中介服务行业。同时，随着对资产评估认识和研究的不断深入，资产评估也逐渐发展成为一门学科。

资产评估是专业机构和专业人员按照国家法律法规和资产评估准则，根据特定目的，遵循评估原则，按照评估程序，选择适当的价值类型，运用评估方法，对评估对象在评估基准日的特定价值进行分析、估算和判断并发表专业意见的活动。

从以上定义可以看出，资产评估的活动主体是专业机构和专业人员；资产评估的标准和准绳是国家的法律法规及资产评估准则；资产价值的判断方式是估计而不是定价。以下三点是理解资产评估定义的关键。

相关链接

出台《资产评估法》是维护社会主义市场经济秩序的迫切需要。资产评估是通过价值发现和价值尺度功能促进市场优化资源配置的专业力量，在维护市场秩序、促进市场公平竞争等方面发挥着不可或缺的重要作用。《资产评估法》的出台有助于更好地发挥资产评估的专业作用，对全面深化改革特别是深化国有企业改革、健全完善资本市场、促进混合所有制经济发展等形成重要支撑。

出台《资产评估法》是防范国有资产流失的迫切需要。当前的资产评估业务80%以上属于国有资产评估，随着国有企业改革的不断深化，国有企业与非国有企业之间的资本转让、并购、重组、股权交易等活动更趋频繁，对参与融合的各方资本进行资产评估，既是取信于非国有企业的需要，也是国有资产管理的要求。通过立法，进一步强化资产评估管理，规范资产评估行为，有助于充分发挥资产评估防范国有资产流失的重要屏障作用。

出台《资产评估法》是资产评估行业规范发展的迫切需要。资产评估行业是重要的现代服务业，经过多年发展逐步形成了六大专业类别，为我国社会经济发展做出了重要贡献。但由于缺乏法律规范，也面临机构和人员良莠不齐、评估责任难以追究等突出问题，制约了行业的健康可持续发展，迫切需要出台法律予以规范。

资料来源：楼继伟. 促进资产评估行业健康发展. 人民日报，2016-07-18 (10).

(一) 成交价格和公允价值

价格是指在特定的交易行为中，特定的买方或卖方对商品或服务的交换价值的认可，以及提供或支付的货币数额。价格是一个历史数据或事实，是特定的交易行为中特定买方和卖方对商品或服务实际支付或收到的货币数额。

价值是一个交换价值范畴，反映了可供交易的商品或服务与其买方和卖方之间的货币数量关系。资产评估中的价值不是一个历史数据或交易事实，它只是专业人士根据特定的价值定义在特定时间内对商品或服务价值的估计。

价格是价值的外在表现，并且围绕价值变动；价值是价格的内在载体，是价格变动的中心。在资产交易过程中，由于交易双方的个人偏好、投资策略、市场经验等原因，常常会出现价格与价值相背离的情况。因此，资产评估的目标是判断评估对象的公允价值而不是评估对象的实际成交价格。

（二）专业评估与非专业评估

从广义上讲，资产评估可以分为专业评估和非专业评估。非专业评估可以由任何人来完成，不受评估准则和评估程序的制约。专业评估则是由专业机构和专业人员，依据一定的标准、方法和程序进行的。本书所讲的资产评估是指专业评估。

在我国，对专业评估机构的管理已经从行政许可转变为备案管理，对评估师的管理也已经转变为登记制。1995 年 5 月，国家国有资产管理局与人事部联合发布《注册资产评估师执业资格制度暂行规定》及《注册资产评估师执业资格考试实施办法》，建立了注册资产评估师制度，强化了行业队伍建设，使资产评估人才有了培养和选拔的制度、机制和渠道。

2005 年 5 月，财政部发布《资产评估机构审批管理办法》（财政部令第 22 号），对资产评估机构及分支机构的设立条件和设立、变更、终止、注销的程序，申请资产评估资格证书的程序，资产评估机构的管理，以及资产评估机构在开展资产评估业务时应遵守的工作规则等提出了明确的要求。2017 年 4 月 21 日，财政部公布财政部令第 86 号《资产评估行业财政监督管理办法》（以下简称《办法》），自 2017 年 6 月 1 日起施行。《办法》进一步明确了行业监管的对象和内容，规定了行业监督管理的手段和法律责任，细化了资产评估机构的备案管理，是《资产评估法》颁布实施以来贯彻落实《资产评估法》的重要举措。

2016 年，中国资产评估协会印发了《资产评估师职业资格证书登记办法（试行）》和《中国资产评估协会执业会员管理办法（试行）》，在注册制变更为登记制的环境下进一步完善了评估师队伍的建立和管理制度。

（三）检验标准与误差范围

资产评估不是资产定价。资产定价属于投资决策范畴，是当事人对资产做出处置行为的决定。资产评估是评估师对资产在模拟的市场中所能实现价值的判断，为有关当事人在资产处置时进行决策提供参考依据。评估师在模拟市场发现并揭示资产价值时，不能以自己的偏好来影响价值判断，而当事人可以根据自己的偏好进行资产定价。

由此可见，评估师进行资产评估是对资产的公允价值发表专业意见，而不是预测资产交易时的实际成交价格，更不是对资产在交易中可实现的价格进行保证。

资产评估结果即评估价值的正确与否通常不能由事后的实际成交价格来验证，这是因为评估价值是在一定的假设条件下形成的，而实际交易情况很难满足这些假设条件。从总体上看，在大量的交易中，价格与价值是趋于一致的，但在个别交易中，价格与价值会发生背离，实际成交价格会因买卖双方的偏好或市场经验而高于或低于资产的公允价值，这样，实际成交价格就难以作为评判资产评估结果正确与否的检验标准。

评估价值与资产的真实价值之间会有偏差，但这个偏差须在可接受的范围之内，在可接受范围之内的评估价值与真实价值之间的偏差就是评估误差。如果评估价值偏差超出误差范围，就可以认为资产评估专业人员可能有专业疏忽。评估误差范围大多在10%～20%，当然，这只是一种经验说法。

资产的真实价值是检验资产评估结果的标准。但真实价值又是看不见、摸不着的，通常采用专家意见近似替代真实价值。在更多的情况下，评判资产评估的合理性时，要考察评估的程序而不是结果，也就是考察资产评估专业人员是否勤勉尽责地履行了评估准则规定的必要程序及合理选取评估参数。

值得注意的是，资产评估结果是客观事实通过主观活动的反映，既具有客观性，又具有主观性。

对于资产评估结果的功能要正确认识，既不能忽视，也不应夸大，应恰如其分地定位其功能作用。通过专业评估活动得到的资产评估结果是有前提条件的，这些前提条件与评估对象实际成交时的前提条件通常不会完全吻合，因此，评估结果对应的资产价值也就只能作为资产交易时的决策参考，资产评估结果与实际交易价格存在差异是正常的、合理的。资产评估结果与实际交易价格存在差异是常态，两者吻合是偶然现象。但是，也不应以此为理由忽视资产评估的专业性和求取合理的资产评估结果的必要性。

二、资产评估的种类

由于资产种类的多样化、资产业务的多样性，以及资产评估委托方及其相关当事人对资产评估内容及其报告需求的多样性，资产评估也相应出现了多种类型。

（1）按资产评估的性质，可以分为评估、评估复核和评估咨询，其中评估咨询一般不能作为特定交易的法定文件。

（2）按资产评估报告披露的要求，可以分为完全资产评估和限制性资产评估。完全资产评估是指严格遵守资产评估准则、全面履行资产评估准则规定的程序的评估活动；限制性资产评估是指由于客观条件和原因限制不能完全履行资产评估准则规定的程序的评估活动，例如对不良资产进行评估，可能由于资料难以取得而造成评估结果的有限性。

（3）按资产评估对象的构成，可以分为单项资产评估和整体资产评估。以单项资产为对象的评估称为单项资产评估，例如对机器设备、土地使用权、建筑物及无形资产等的评估。对若干单项资产组成的资产综合体所具有的整体生产能力或盈利能力的评估称为整体资产评估。最为典型的整体资产评估就是企业价值评估。单项资产评估和整体资产评估在评估的复杂程度和需考虑的相关因素等方面各有特点，需考虑的因素也各有侧重。

三、资产评估的特点

资产评估的特点是由资产评估的本质决定的。全面认识资产评估的特点，对于提高资产评估质量具有重要意义。一般来说，资产评估具有以下特点。

1. 市场性

资产评估是适应市场经济要求的专业化中介服务活动，其基本活动是通过模拟市场条件对资产价值做出合理判断。因此，资产评估离不开对市场的认识和把握。

2. 公正性

公正性是指资产评估行为服务于资产业务的需要，而不是服务于资产业务当事人任何一方的需要。评估人员是与资产业务没有利害关系的第三者，既要对资产评估委托人负责，又要对资产评估报告使用者负责。这是资产评估具有特有的公信力的基础。

3. 专业性

资产评估是一种专业判断，技术性强。评估机构及其评估人员对资产价值的估计、判断应建立在专业技术和专业经验的基础之上。

4. 咨询性

咨询性是指资产评估结论为委托人提供资产价值分析意见，并为委托人进行资产处置或投资决策提供参考意见，但该意见本身并无强制遵守的效力。资产评估专业人员只对评估结论本身合乎职业规范要求负责，而不进行资产定价决策。资产评估的结果与资产交易的成交价格内涵并不相同，因此无须与资产交易的最终成交价格一致。

四、资产评估与会计和审计的关系

（一）资产评估与会计的联系与区别

资产评估与会计均是现代经济赖以正常运行的基础性服务行业。资产评估是专业人员对资产在某一时点的公允价值进行判断与估算。资产评估作为以公允价值为基础的计量模式，能够真实地反映企业资产保全状态，从计量单位与计量属性两方面完善会计的配比原则，真实反映企业的收益，合理反映企业的资产状况，提高财务信息的相关性，也就是说，可以更有效地提供会计信息。在企业收购、兼并、重组等产权变动过程中，资产评估结果都可能是产权变动后企业重新建账、调账的重要依据。资产评估与会计在资产业务中，因专业分工而产生内在联系，又因工作性质、专业特征和执业标准的不同而有所区别。

1. 资产评估与会计的联系

(1) 会计数据和信息及会计报表是资产评估的重要参考。在资产评估实践中，经常会使用和参考有关的会计数据和信息，并以此为基础测算相关成本和收益。

(2) 资产评估的结论在一定条件下是相关资产会计计价和财务报表数据的重要来源。2006 年 2 月 15 日，我国颁布的《企业会计准则》第一次全面引入了公允价值这一概念，在投资性房地产、长期股权投资、交易性金融资产、债务重组、非货币性资产交换、非同一控制下企业合并和资产减值等具体准则中允许采用公允价值计量。这一变化进一步强化了资产评估与会计之间的紧密联系。

相关链接

2006 年 2 月 15 日，我国颁布的《企业会计准则》对采用公允价值计量规定了一些条件：(1) 资产存在活跃市场的，应当以市场中的交易价格作为公允价值；(2) 资产本身不存在活跃市场，但类似资产存在活跃市场的，应当以类似资产的交易价格为基础确定公允价值；(3) 对于不存在同类或类似资产可比市场交易的资产，应当采用估值技术确定其公允价值。

2. 资产评估与会计的区别

(1) 两者的职能不同。会计的基本职能是反映和监督企业的生产经营、财务收支及其成果；资产评估的基本职能是估算和判断资产的公允价值，是一种价值判断活动。

(2) 两者对资产的确认和评价的依据和方法不同。会计大部分是以能够可靠计量的历史成本为依据，主要采用核算方法；资产评估主要以其具有效用和市场价值为依据，采用多种技术方法进行评估。

(3) 两者的目标不同。会计主要是为企业管理服务的；资产评估主要是为资产交易服务的。

(4) 两者对结论的把握不同。会计通常要求精确计量；资产评估是一种价值判断行为，追求评估结果的合理。

(二) 资产评估与审计的联系与区别

1. 资产评估与审计的联系

在企业价值评估中，经审计后的企业财务报表及相关数据可以作为企业价值评估的基础数据。另外，流动资产和负债的评估可以借鉴审计的方法进行。同时，审计也会借鉴资产评估的技术和方法。

2. 资产评估与审计的区别

资产评估与审计的主要区别在于：审计是在现代企业两权分离的背景下产

生的，旨在对企业财务报表所反映的企业财务状况和经营成果的真实性和公允性做出事实判断，具有明显的鉴证性特征，总体上属于对过去事实的判断。资产评估是在市场经济充分发展的基础上，为适应资产交易、产权变动的需要，对委托人或有关当事人的被评估资产做出价值判断的活动，具有明显的咨询性特征，总体上属于对未来收益的预测。

第二节　资产评估的对象

资产评估的对象是资产，但并不是所有物体都是资产。在经济学中，对资产是这样定义的：资产泛指特定经济主体拥有或控制的、能够给特定经济主体带来经济利益的经济资源。资产评估中的资产，其内涵与经济学中的资产类似，外延还包括具有内在经济价值以及市场交换价值的所有实物和无形的权利。

一、作为资产评估对象的资产的基本特征

（1）具有产权属性。资产必须是经济主体拥有或者控制的。依法取得财产权利是经济主体拥有并支配资产的前提条件。在资产评估中应了解被评估资产的产权构成和产权归属。

（2）能够带来经济利益。资产是能够给经济主体带来经济利益的资源，即可以给经济主体带来现金流入的资源。也就是说，资产具有能够带来未来利益的潜在能力。具有使用价值和交换价值，并能够给经济主体带来未来效益的经济资源，才能被确认为资产。

（3）能够以货币计量。也就是说，资产的价值能够运用货币进行计量。

二、资产的分类

（1）按资产存在形态，可以分为有形资产和无形资产。有形资产是指那些具有实物形态的资产，包括机器设备、房屋建筑物、流动资产等。由于这类资产具有不同的功能和特性，在评估时应分别进行。无形资产是指那些没有实物形态，但在很大程度上制约着企业物质产品生产能力和生产质量，直接影响企业经济效益的资产，主要包括专利权、商标权、非专利技术、土地使用权、商誉等。

（2）按资产的构成和是否具有综合盈利能力，可以分为单项资产和整体资产。单项资产是指单台、单件的资产。整体资产是指由一组单项资产组成的具有整体盈利能力的资产综合体。

（3）按资产能否独立存在，可以分为可确指的资产和不可确指的资产。可确指的资产是指能独立存在的资产，所有有形资产和除商誉外的无形资产都是

可确指的资产。不可确指的资产是指不能脱离企业有形资产而单独存在的资产，如商誉。

（4）按资产与生产经营过程的关系，可以分为经营性资产和非经营性资产。经营性资产是指处于生产经营过程中的资产，如企业中的机器设备、生产用厂房、交通工具等。经营性资产又可按是否对盈利产生贡献分为有效资产和无效资产。非经营性资产是指处于生产经营过程以外的资产。

（5）按企业会计制度及其资产的流动性，可以分为流动资产、长期投资、固定资产和无形资产等。

第三节 资产评估的要素

一、评估主体

评估主体即资产评估活动的相关者，他们是评估工作的主导者和实施者，包括资产评估机构、资产评估人员、评估委托人、评估报告使用者及政府。对于专业评估机构和人员来说，不同的国家和地区对资质准入有不同的标准。一种是实行行政许可，比如美国。美国国会专门颁布法令，对涉及联邦利益的评估实行发放执业牌照制度，实行一定程度上的行政许可。另一种是没有实行行政许可，比如英国。英国主要是由市场自由选择，评估机构和资产评估专业人员通过信誉和公信力来赢得客户。

2014 年以来，我国先后取消了注册资产评估专业人员职业资格的行政许可和认定，将资产评估机构等的设立管理由前置审批变更为后置审批。为此，财政部、人力资源和社会保障部等部门先后印发相关规定，调整现行的资产评估行业管理制度。结合资产评估法的立法情况，资产评估行业监管改革的举措需要进一步制度化。

二、评估客体

评估客体即评估对象，指委托方委托资产评估机构和资产评估人员进行价值评估的资产。评估的资产必须是特定经济主体拥有或控制，能够给特定经济主体带来经济利益，并且能够以货币进行计量的经济资源，包括各种财产、质权和其他权利。资产评估对象通常包括：企业整体资产、企业股权价值、资产组合、有形资产、无形资产及金融资产等。

三、评估目的

评估目的是资产评估结果的具体用途，如产权转让、资产重组、破产清算、抵押、保险、税收等经济行为。对同一资产而言，如果评估目的不同，评估结果也可能不同。比如，对一台机器在继续使用的前提下与在清算出售的前提下分别进行评估，得出的价值是不同的。具体来说，资产评估的目的主要有以下几类。

（1）资产转让。资产转让是指资产拥有单位有偿转让其拥有的资产，通常是指转让非整体性资产的经济行为。

（2）企业兼并。企业兼并是指一个企业以承担债务、购买、股份化和控股等形式有偿接收其他企业的产权的经济行为。

（3）企业出售。企业出售是指独立核算的企业或企业内部的分厂、车间及其他整体资产产权出售的行为。

（4）企业联营。企业联营是指国内企业、单位之间以固定资产、流动资产、无形资产及其他资产投入组成各种形式的联合经营实体的行为。

（5）股份经营。股份经营是指资产占有单位实行股份制经营方式的行为，包括法人持股、内部职工持股、向社会发行不上市股票和上市股票。

（6）中外合资、合作。中外合资、合作是指我国企业和其他经济组织与外国企业和其他经济组织或个人在我国境内举办合资或合作经营企业的行为。

（7）出资。根据《公司法》《中华人民共和国合伙企业法》的规定，出资是指合资方以实物、知识产权、土地使用权等非货币财产作价出资的行为。

（8）企业清算。包括破产清算、终止清算和结业清算。

（9）担保。担保是指资产占有单位以本企业的资产为其他单位的经济行为担保，并承担连带责任的行为。担保通常包括抵押、质押、保证等。

（10）企业租赁。企业租赁是指资产占有单位在一定期限内，以收取租金的形式，将企业全部或部分资产的经营使用权转让给其他经营使用者的行为。

（11）债务重组。债务重组是指债权人按照其与债务人达成的协议或法院的裁决，同意债务人修改债务条件的事项。

（12）财务报告。基于企业会计准则或相关会计核算、披露要求，运用评估技术，对财务报告中各类资产和负债的公允价值或特定价值进行分析、估算，形成的评估价值专业意见作为确定公允价值的依据。

（13）税收。为确定税基所进行的评估，作为征税的依据。国外主要是对财产税、物业税税基等进行评估。

（14）确定涉讼价值。在司法诉讼程序中，如案件受理立案、案件审理与判决、执行判决环节，确定诉讼标底、侵权损失、费用损失、赔偿金额时，需要对涉讼的资产价值进行评估。

（15）其他需要进行资产评估的事项。

四、价值类型

价值类型即价值定义，是对评估价值的质的规定。在不同的价值类型下，资产评估结果是不同的。

五、评估时点

评估时点又称评估基准日，在国外一般称为价值日期，即评估的资产价值所对应的日期。撰写评估报告的时间与评估时点不一定是一致的。撰写报告的时间称为评估日期，也称评估报告日期。评估日期一般指资产评估专业人员形成最终专业意见的日期。而评估时点既可以是现在，也可以是过去，还可以是将来。

六、评估依据

评估依据是资产评估工作所遵循的法律法规、经济行为文件、重大合同协议以及取费标准和其他参考依据。主要来源于三个方面：一是法律、法规、规章和规范性文件；二是评估准则；三是资产评估专业人员收集到的和客户提供的资料。从总体上看，明确资产的权属归属责任是由委托方承担的，即委托方要承诺对其申明的委托评估资产的权属关系负责，并提供相应的证明文件。同时，资产评估专业人员应当依法对资产评估活动中使用的资料进行核查和验证，但并不承担评估对象权属鉴定责任。

七、评估原则

评估原则即资产评估的行为规范，主要包括以下五个方面。

（一）公正性原则

公正性原则要求评估机构和人员在实践中应该以实际材料为根据，实事求是地进行价值评估，得出评估结果，不能迎合委托人不合理的要求，也不能依据个人好恶进行评估。资产评估是专业服务，资产评估专业人员不仅要对委托方负责，还要对资产评估报告的使用者和潜在使用者负责，公平地对待以资产评估报告为纽带的各方主体，不能以单方面地为委托方提供服务为目的。资产评估中的公正性更多是从维护社会公众利益的角度出发的，这是资产评估行业的特性和存在的前提。

（二）预期收益原则

预期收益原则是以评估技术原则的形式概括出资产及其价值最基本的决定因素。资产之所以有价值，是因为它能为其拥有者或控制者带来未来经济利益，资产价值的高低主要取决于它能为其所有者或控制者带来的预期收益的多少。预期收益原则是评估人员判断资产价值最基本的一个依据。

（三）供求原则

供求原则是经济学中关于供求关系影响商品价格原理的概括。假定在其他条件不变的前提下，商品的价格随着需求的增长而上升，随着供给的增加而下降。供求关系是决定商品价格的根本原因。供求规律对商品价格形成的原理同样适用于资产价值的评估，评估人员在判断资产价值时也应充分考虑和依据供求原则。

（四）替代原则

根据经济学的替代原理，在同一市场上效用相同或相似的资产，由于市场竞争的影响，价格必然趋于一致。根据这一原理，评估资产价值时可以通过调查近期发生交易的、与被评估资产有替代可能的资产的价格及条件，对被评估资产与已交易资产进行价格和条件的比较，从而测算资产的价值。替代原理是用市场法估价的理论基础。

（五）评估时点原则

市场是变化的，资产的价值会随着市场条件的变化而不断变化。随着时间的流逝，资产本身也可能发生变化。同一资产在不同的时点也可能会有不同的价值。评估时点是与评估价值相对应的，评估价值是某个特定时点的价值。为了使资产评估得以操作，在资产评估时必须假定市场条件固定在某一特定时点，从而为资产评估提供一个时间基准。

八、评估假设

评估假设即前提条件。资产评估与其他学科一样，其理论体系和方法体系的确立也是建立在一系列假设基础之上的。所谓假设，其实就是评估的前提条件，即指评估结果是在一定前提下得出的。其中交易假设、公开市场假设、持续使用假设和清算假设是资产评估中的基本前提假设。

（一）交易假设

交易假设是资产评估得以进行的一个最基本的前提假设。交易假设是假定所有被评估资产已经处在交易过程中，资产评估专业人员根据被评估资产的交易条件等模拟市场进行估价。资产评估的结果是假设资产进行交换而形成的。

（二）公开市场假设

公开市场是充分竞争的市场，在这个市场上，买者和卖者的地位平等，彼此都有获取足够市场信息的机会和时间，买卖双方的交易行为都是自愿的、理智的，而非在强制或受限制的条件下进行的。即资产的交换价值是由市场环境决定的，而不是由个别交易决定的。

公开市场假设是资产评估中的一个重要假设。凡是能在公开市场上交易、用途较为广泛或通用性较强的资产，都可以考虑按公开市场假设前提进行评估。

（三）持续使用假设

持续使用假设是假定被评估资产正处于使用状态，包括正在使用中的资产和备用的资产，并根据相关数据和信息，推断这些处于使用状态的资产还将继续使用下去。这个假设一方面说明了被评估资产面临的市场条件；另一方面说明了资产的存续状态。被评估资产的使用状态一般分为三种情况：一是在用续用，即资产将按现行用途及方式继续使用；二是转用续用，即资产将改变其现有的用途而继续使用；三是移地续用，即资产的空间位置将发生改变，资产将被转移到其他位置继续使用。在这三种不同的情况下，资产价值的评估结果也会产生差异。

（四）清算假设

清算假设是对资产拟进入的市场条件的一种假定说明或限定。具体而言，是对资产在非公开市场条件下被迫出售或快速变现条件的假定说明。一般来说，处于被迫出售或快速变现状态的资产，其价值低于公开市场或持续使用假设前提下的评估价值。

九、评估程序

评估程序即评估工作从开始准备到最后结束的工作顺序。为了规范资产评估专业人员的执业行为，维护公共利益和资产评估各方当事人的合法权益，根据《资产评估基本准则》的规定，资产评估机构及其资产评估专业人员开展资产评估业务，履行下列基本程序：明确业务基本事项、订立业务委托合同、编制资产评估计划、进行评估现场调查、收集整理评估资料、评定估算形成结论、编制出具评估报告、整理归集评估档案。资产评估机构及其资产评估专业人员不得随意减少资产评估基本程序。

资产评估机构受理资产评估业务前，应当明确下列资产评估业务基本事项：

（1）委托人、产权持有人和委托人以外的其他资产评估报告使用人；

（2）评估目的；

（3）评估对象和评估范围；

（4）价值类型；

（5）评估基准日；

（6）资产评估报告使用范围；

（7）资产评估报告提交期限及方式；

（8）评估服务费及支付方式；

（9）委托人、其他相关当事人与资产评估机构及其资产评估专业人员工作配合和协助等需要明确的重要事项。

资产评估机构应当对专业能力、独立性和业务风险进行综合分析和评价。受理资产评估业务时应当满足专业能力、独立性和业务风险控制要求，否则不得受理。

资产评估专业人员应当在评定、估算形成评估结论后，编制初步资产评估报告。资产评估机构应当对初步资产评估报告进行内部审核后出具资产评估报告。

资产评估专业人员应当根据评估对象、评估范围、业务规模、评估资料收集情况等评估业务的具体情况制定并实施评估程序。

十、评估方法

评估方法即资产评估所运用的特定技术。目前在资产评估中主要使用三种基本方法：市场法、收益法和成本法。市场法是指利用市场上同样或类似资产的近期交易价格，经过比较分析以估测资产价值的评估技术方法。收益法是指通过估测被评估资产未来预期收益的现值来判断资产价值的评估技术方法。成本法是指从估测的重置成本中扣除被评估资产业已存在的各种贬值而得到被评估资产价值的评估技术方法。

十一、评估结果

评估结果是资产评估专业人员通过评估活动得到的专业结论。评估结果是资产评估活动的目标，是委托人的期望。资产评估专业人员在得出评估结果的过程中应保持公正公平的立场，不能迎合委托人的不合理要求而高估或低估资产价值。资产评估专业人员让客户满意，是建立在满足评估职业道德要求的前提下的，是满足客户的合理要求。

第四节　资产评估价值类型

一、资产评估价值类型的定义

简单地说，价值类型就是对价值进行定义，也可以说是在不同的假设前提下对价值进行定义。同一评估对象在不同的假设前提下，可能会有不同类型的价值，也就是说同一评估对象的价值不是唯一的。但是，同一评估对象在特定假设前提条件下形成的某一类价值，在理论上应该是唯一的。在资产评估中恰当选择价值类型是所有种类的资产评估和各种目的下的资产评估都必须遵守的基本要求。

价值类型这个概念主要通过《国际评估准则》（International Valuation Standards，IVS）中的规范化定义及描述，在全球范围内得到推广使用。在《国际评估准则》“IVS104 价值类型”中，对价值类型的定义和分类进行了详细的描述。大多数国家和地区的评估准则也都将价值定义作为非常重要的内容写在评估报告基本要求中。

相关链接

国际评估准则理事会介绍

国际评估准则理事会（International Valuation Standards Council，IVSC）注册于美国伊利诺伊州，运营总部位于英国伦敦，是一个独立的、不以营利为目的的国际评估组织。IVSC为维护公众利益而成立，负责制定国际公认的《国际评估准则》，内容涵盖不动产、企业价值、无形资产、机器设备和金融工具评估等。

国际评估准则理事会历经沿革，几经更名，其前身是1981年成立的国际资产评估准则委员会（International Assets Valuation Standards Committee），于1994年更名为国际评估准则委员会（International Valuation Standards Committee），后于2008年10月会员全体大会宣布改组并更名为国际评估准则理事会。

IVSC的宗旨是：制定并推广有效、高质的国际评估准则和国际行业标准，促进国际评估行业的发展，服务国际公共利益；通过规范国际评估行业，促进资本市场的健康发展和经济的持续增长，增强评估服务使用者和投资者信心；加强同其他国际组织的交流与合作，促进各成员组织间的交流与合作；为评估行业提供国际宣传平台。

2016年10月，IVSC会员全体大会宣布调整组织架构。目前其组织架构包括三个委员会及一个咨询论坛组。三个委员会分别为管理委员会、准则审核委员会、会员资格与准则推广委员会。管理委员会主要负责IVSC的组织管理、战略导向、筹资以及其他委员会的监督及任命工作。准则审核委员会负责更新并发布高质量的国际评估准则，下设三个专业组，分别为有形资产组、企业价值组和金融工具组。会员资格与准则推广委员会负责促进国际评估准则的推广和使用，并通过当地的评估专业组织帮助各国评估行业发展。咨询论坛组是评估专业组织代表会晤和讨论的平台，也是向各委员会提供建议或进行咨询的窗口，组员来自IVSC的评估专业组织会员。

长期以来，中国资产评估协会代表积极参与IVSC各项事务，认真履职。在IVSC接受外部审查期间，积极配合审查组工作，参与约谈并按要求如实提供相关信息，参与管理委员会会议、专业委员会会议和评估专业组织咨询论坛工作组会议讨论，履行相应的职责和义务。

随着IVSC组织结构的日臻完善，各部门职能界定更加清晰，中国资产评估协会将继续在管理委员会、会员资格与准则推广委员会和评估专业组织咨询论坛工作组承担相应职责，履行义务，进一步加强在IVSC中的参与度，提高中国资产评估行业在国际评估舞台上的话语权。

资料来源：中国资产评估协会. 国际评估准则理事会组织架构调整即将完成. [2016-08-04]. http://www.cas.org.cn/xwdt/xydt/52697.htm.

2007年11月28日，中国资产评估协会发布了《资产评估价值类型指导意见》，并于2017年9月8日完成修订，自2017年10月1日起施行。发布并修订该指导意见的目的是规范资产评估专业人员选择、使用和定义价值类型的行为，维护社会公共利益和资产评估各方当事人合法权益，并且使资产评估专业人员能够更好地理解、把握和运用价值类型。

二、资产评估价值类型的分类标准

资产评估中的价值类型是指人们对资产评估结果的价值属性的定义及其表达方式。不同的价值类型反映出资产评估结果的不同价值属性，同一资产的不同价值类型所反映出的评估价值在评估结果上是不一样的。

资产评估中的价值类型可以有多种分类标准和方法：

（1）以资产评估结果的形成途径作为分类标准划分资产评估的价值类型，具体包括重置成本、收益现值和现行市价。

（2）从资产评估假设的角度表述资产评估的价值类型，具体包括继续使用价值、公开市场价值和清算价值。

（3）从资产业务的性质，即资产评估的特定目的划分资产评估的价值类型，具体包括抵押价值、保险价值、课税价值、投资价值、清算价值、转让价值、交易价值、兼并价值、拍卖价值、租赁价值、补偿价值等。

（4）以资产评估时所依据的市场条件，以及被评估资产的使用状态划分资产评估结果的价值类型，具体包括市场价值和市场价值以外的价值。

前三种分类方法都是传统的分类方式，第四种分类方法则是国际评估准则理事会在实践中大力推广的。但是不管资产的价值类型如何划分，评估的结果都应该是公允的。我国最新的会计准则提出了公允价值这个概念。资产评估价值类型中的市场价值和市场价值以外的价值从理论和实践上看，都应该是公允价值。这也是所有资产评估从业人员应该做到的。

三、资产评估价值类型的核心内容

资产评估价值类型的内容总体上包括两大部分：市场价值和市场价值以外的价值。在市场价值以外的价值中，最重要的是投资价值。甚至可以说，市场价值和投资价值是价值类型中的核心内容。简单地说，市场价值反映的是众多市场主体所认可的价值，能够使各方当事人或社会普遍接受；投资价值反映的是某一个或某一类投资主体所认可的价值。

（一）市场价值的定义

市场价值是指自愿买方和自愿卖方在各自理性行事且未受任何强迫的情况下，评估对象在评估基准日进行正常公平交易的价值估计数额。

《国际评估准则》对市场价值的定义如下：自愿买方与自愿卖方在评估

基准日进行正常的市场营销之后所达成的公平交易中某项资产应当进行交易的价值的估计数额，当事人双方应当各自精明，谨慎行事，不受任何强迫压制。

市场价值是在满足公开市场和资产有效使用假设的前提下，相对于整体市场而言的内在价值；市场价值以外的价值则是在不完全满足市场价值定义，但满足各自定义成立条件的前提下，相对于个别市场主体的内在价值。

根据定义，市场价值应具备以下要素：

(1) 买方自愿。一方面是指不是强迫的，即具有购买动机，但并没有被强迫进行购买；另一方面是指没有特殊情况，即该购买者会根据现行市场的真实状况和现行市场的期望值进行购买。

(2) 卖方自愿。一方面是指不能急于出售；另一方面是指不以投机为目的。卖方应当在进行必要的市场营销之后，根据市场条件以公开市场所能达到的最佳价格出售资产。

(3) 公平交易。即买卖双方是对等的、平等的，是没有特定或特殊关系的当事人之间的交易。

(4) 资产在市场上有足够的展示时间。即资产应当以恰当的方式在市场上展示，以便买卖双方能够充分地相互了解，把握资产的相关情况。

(5) 当事人双方各自精明，谨慎行事。双方都应把握市场，了解市场，合理地知道资产的性质和特点、实际用途、潜在用途以及评估基准日的市场状况，谨慎行事以争取在交易中为自己获得最佳利益。

(二) 市场价值以外的价值

在较早的时期，价值划分为市场价值和非市场价值。后来，为了避免在使用中出现误解，将非市场价值更名为市场价值以外的价值。市场价值以外的价值或非市场价值是指所有不满足市场价值定义的价值类型，但也是在市场中形成的价值。因此市场价值以外的价值不是个体概念，而是一个集合概念，指不满足市场价值定义的一系列价值的集合，主要包括投资价值、在用价值、清算价值、残余价值等。

1. 投资价值

投资价值是指评估对象对于具有明确投资目标的特定投资者或某一类投资者所具有的价值估计数额，亦称特定投资者价值。

《国际评估准则》对投资价值的定义是：投资价值是指用于特定投资或有明确目的的资产，对于特定投资者或某一类投资者所具有的价值。这一概念把特定资产和特定投资者、某一类投资者或具有明确投资目标的投资主体联系起来。其价值合理性的指向是个别市场主体，而不是市场整体。

投资价值与投资性资产价值的概念有所不同。投资性资产是指特定主体以投资获利为目的而持有的某项资产。因此投资性资产价值既可以为非市场价值，也可以为市场价值；而投资价值是一种非市场价值。

2. 在用价值

在用价值是指将评估对象作为企业组成部分或要素资产按其正在使用的方式和程度及其对所属企业的贡献得出的价值估计数额。

该定义有两个要点：第一，在用价值的评估对象只能是作为企业或整体资产中的资产，而不是独立发挥作用的资产；第二，在用价值是由资产按其正在使用的方式和程度及其对企业或整体资产的贡献决定的，而不考虑该项资产的最佳用途或变现情形。

3. 清算价值

清算价值是指评估对象处于被迫出售或快速变现等非正常条件下的价值估计数额。通常情况下，同一资产的清算价值低于市场价值，但并不一定如此。如果被迫出售时的市场状况满足一定的条件，比如展示期较长，其价值可能与市场价值趋同。

4. 残余价值

残余价值是指机器设备、房屋建筑物或其他有形资产等的拆零变现价值估计数额。残余价值是针对有形可拆零资产而言的。残余价值等于将资产拆成零部件后，按其零部件变现所能实现的价值估计数额。

在某些特定的评估业务中，价值类型可能受到法律、行政法规或者合同的约束，而评估的过程应当选择与评估目的和评估业务相符合的价值类型。这些业务可能为以抵押或质押为目的的评估业务、以税收为目的的评估业务、以保险为目的的评估业务、以财务报告为目的的评估业务等。

四、价值类型的选择

在满足各自定义及相应使用条件的前提下，基于市场价值和市场价值以外的价值的评估结论都是合理的，也是公允的。

资产评估专业人员在执行评估业务，选择和使用价值类型时，应当充分考虑评估目的、市场条件、评估对象自身条件等因素。同时，也应当注意所选价值类型与评估假设的对应关系。

第五节　资产评估的基本程序

一、资产评估程序的定义

资产评估程序是指资产评估专业人员执行资产评估业务所履行的系统性工作步骤。资产评估程序由具体的工作步骤组成，不同的资产评估业务由于评估对象、评估目的、资产评估资料收集情况等相关条件的差异，资产评估专业人员可能需要执行不同的资产评估具体程序或工作步骤。但由于资产评估业务的共性，各种资产类型、各种评估目的的资产评估业务的基本程序是相同或相通的。通过对资产评估基本程序的总结和规范，可以有效地指导资产评估专业人员开展各种类型的资产评估业务。

资产评估具体程序或工作步骤的划分取决于资产评估专业人员对各资产评估工作步骤共性的归纳，资产评估业务的性质、复杂程度也是影响资产评估具体程序划分的重要因素。资产评估机构和专业人员应当根据评估业务的具体情况以及重要性原则确定所履行各基本程序的繁简程度，但不得随意减少程序。

二、资产评估程序的重要性

（一）维护资产评估服务公信力的重要保证

资产评估机构和资产评估专业人员接受委托，不论执行何种资产类型、何种评估目的的资产评估业务，都应当履行必要的资产评估程序，按照工作步骤有计划地进行资产评估。这样做不仅有利于规范资产评估专业人员的执业行为，而且能够有效避免由于机构和人员水平不同而导致的在执行具体资产评估业务中可能出现的程序上的重要疏漏，切实保证资产评估业务质量。恰当履行资产评估程序对于提高资产评估专业人员业务水平乃至资产评估行业整体业务水平具有重要意义。另外，资产评估是一项专业性很强的中介服务工作，资产评估专业人员履行严格的评估程序也是赢得客户和社会公众信任、提高资产评估行业社会公信力的重要保证。

（二）相关当事方评价资产评估服务的重要依据

由于资产评估结论是相关当事方进行决策的重要参考依据之一，因此资产评估服务必然引起许多相关当事方的关注，包括委托人、产权持有者、资产评估报告使用者、相关利益当事人、司法部门、证券监管及其他行政监管部门、资产评估行业协会、社会公众、新闻媒体等。资产评估程序不仅为资产评估专业人员执行资产评估业务提供了必要的指导和规范，而且为上述相关当事方提供了评价资产评估服务的重要依据，也是委托人、司法和行政监管部门及资产评估行业协会监督资产评估机构和资产评估专业人员、评价资产评估服务质量的主要依据。

（三）防范执业风险的重要手段

随着资产评估行业的发展，资产评估机构和资产评估专业人员与其他当事人之间因资产评估服务引起的纠纷和法律诉讼越来越多。从各国的实践来看，鉴于资产评估工作的专业性，无论是当事人还是司法部门，由于在举证、鉴定方面存在较大难度等，都倾向于追究资产评估机构和人员在履行必要资产评估程序方面疏漏的责任，而避免在专业判断方面下结论。由于我国资产评估实践尚处于初步发展阶段，各方对资产评估的专业性还存在认识上的差距，我国资产评估委托人和相关当事方、政府和行业监管部门及司法部门在相当长的时间里倾向于对资产评估结论做出“高低”“对错”的简单二元判断，并以此作为对资产评估服务和资产评估机构、资产评估专业人员的评判依据。随着我国资产评估行业的发展，有关各方对资产评估的认识逐步提高，目前已经开始逐步转向重点关注资产评估专业人员在执行业务过程中，是否恰当履行了必要的资产评估程序。因此，恰当履行资产评估程序是资产评估机构和资产评估专业人员防范执业风险的主要手段，也是产生纠纷或诉讼后合理保护自身权益、合理抗辩的重要手段。

三、资产评估的具体程序

（一）明确资产评估业务基本事项

明确资产评估业务基本事项是资产评估程序的第一个环节，包括一系列基础性工作，对资产评估项目风险评价、项目承接与否以及项目顺利实施具有重要意义。由于资产评估专业服务的特殊性，资产评估程序甚至在资产评估机构接受业务委托前就已开始。资产评估机构和资产评估专业人员在接受资产评估业务委托之前，应当采取与委托人等相关当事人讨论、阅读基础资料、进行必要的初步调查等方式，与委托人等相关当事人共同明确以下资产评估业务基本事项。

（1）委托人、产权持有人和委托人以外的其他资产评估报告使用者的基本状况。资产评估专业人员应当了解委托方的基本状况、产权持有者等相关当事方的基本状况。在不同的资产评估项目中，相关当事方有所不同，主要包括产权持有者、资产评估报告使用者、其他利益关联方等。委托方与相关当事方之间的关系也应当作为重要基础资料予以充分了解，这对于全面理解评估目的、相关经济行为以及防范恶意委托等十分重要。在可能的情况下，资产评估专业人员还应要求委托人明确资产评估报告的使用者或使用者范围以及资产评估报告的使用方式。明确评估报告的使用者范围，有利于资产评估专业人员更好地根据使用者的需求提供良好服务，也有利于降低评估风险。

（2）资产评估目的。资产评估专业人员应当与委托方就资产评估目的达成明确、清晰的共识，并尽可能细化资产评估目的，说明资产评估业务的具体目的和用途。

（3）评估对象和评估范围。资产评估专业人员应当了解评估对象、评估范围及其权益基本状况，包括法律、经济和物理状况，如资产类型、规格型号、结构、数量、购置（生产）年代、生产（工艺）流程、地理位置、使用状况、企业名称、住所、注册资本、所属行业、在行业中的地位和影响、经营范围、财务和经营状况等。资产评估专业人员应当特别了解有关评估对象的权利受限状况。

（4）价值类型。资产评估专业人员应当在明确资产评估目的的基础上，恰当确定价值类型，确信所选择的价值类型适用于资产评估目的，并就所选择价值类型的定义与委托方进行沟通，避免出现歧义、误导。

（5）评估基准日。资产评估专业人员应当通过与委托方的沟通，了解并明确评估基准日。评估基准日是评估业务中极为重要的基础，也是评估基本原则之一的评估时点原则在评估实务中的具体体现。评估基准日的选择应当有利于资产评估结论，有效地服务于资产评估目的，减少和避免不必要的评估基准日期后事项。资产评估专业人员应当根据专业知识和经验，建议委托方根据评估目的、资产和市场的变化情况等因素合理选择评估基准日。

（6）资产评估报告使用范围。资产评估专业人员应当在承接资产评估业务前，充分了解评估报告的可能使用方式，并向委托方及相关当事方说明评估报告的使用前提和使用方式，以避免评估报告的误用，损害双方利益。

（7）资产评估报告提交期限及方式。在承接业务之前，评估专业人员应充分了解委托方及相关当事方对评估报告提交期限和方式的要求，结合评估对象和范围、项目的复杂程度等因素，综合判断能否承接业务。

（8）委托方、其他相关当事方与资产评估机构及其资产评估专业人员工作配合和协助等需要明确的重要事项。根据具体评估业务的不同，资产评估专业人员应当在了解上述基本事项的基础上，了解其他对评估业务的执行可能具有影响的相关事项。

资产评估专业人员在明确上述资产评估基本事项的基础上，应当分析下列因素，确定是否承接资产评估项目。

- 评估项目风险。资产评估专业人员应当根据初步掌握的有关评估业务的基础情况，具体分析资产评估项目的执业风险，以判断该项目的风险是否超出合理的范围。
- 专业胜任能力。资产评估专业人员应当根据所了解的评估业务的基础情况和复杂性，分析本机构和资产评估专业人员是否具有与该项目相适应的专业胜任能力及相关经验。
- 独立性分析。资产评估专业人员应当根据职业道德要求和国家相关法规的规定，结合评估业务的具体情况分析资产评估专业人员的独立性，确认与委托人或相关当事方是否存在现实或潜在利害关系。

（二）签订资产评估委托合同

资产评估委托合同是资产评估机构与委托人订立的，明确资产评估业务基本事项，约定资产评估机构和委托人权利、义务、违约责任和争议解决等内容的书面合同。

根据我国资产评估行业的现行规定，资产评估专业人员承办资产评估业务，应当由其所在的资产评估机构统一受理，并由评估机构与委托人签订书面资产评估委托合同。资产评估专业人员不得以个人名义签订资产评估业务约定书。资产评估业务约定书应当由资产评估机构和委托方的法定代表人或其授权代表签订，资产评估业务约定书应当内容全面具体，含义清晰准确，符合国家法律法规和资产评估行业的管理规定，包括以下基本内容：

（1）资产评估机构和委托人的名称、住所、联系人及联系方式；

（2）评估目的；

（3）评估对象和评估范围；

（4）评估基准日；

（5）评估报告使用范围；

（6）评估报告提交期限和方式；

（7）评估收费总额或者支付标准、支付时间及支付方式；

（8）资产评估机构和委托人的其他权利和义务；

（9）违约责任和争议解决；

（10）合同当事人签字或者盖章的时间；

（11）合同当事人签字或者盖章的地点。

（三）编制资产评估计划

为高效完成资产评估业务，资产评估专业人员应当编制资产评估计划，对资产评估过程中的每个工作步骤以及时间和人力进行规划和安排。资产评估计划是资产评估专业人员为执行资产评估业务拟定的资产评估工作思路和实施方案，对合理安排工作量和工作进度、调配专业人员、按时完成资产评估业务具有重要意义。由于资产评估项目千差万别，资产评估计划也不尽相同，其详略程度取决于资产评估业务的规模和复杂程度。资产评估专业人员应当根据所承接的具体资产评估项目情况，编制合理的资产评估计划，并根据执行资产评估业务过程中的具体情况，及时修改、补充资产评估计划。

资产评估计划应当涵盖资产评估工作的全过程，资产评估专业人员在资产评估计划编制过程中应当同委托人等就相关问题进行洽谈，以便于资产评估计划的实施，并报经资产评估机构相关负责人审核批准。编制资产评估计划应当重点考虑以下因素：

（1）资产评估目的、资产评估对象状况；

（2）资产评估业务风险、资产评估项目的规模和复杂程度；

（3）评估对象的性质、行业特点、发展趋势；

（4）资产评估项目所涉及资产的结构、类别、数量及分布状况；

（5）相关资料收集状况；

（6）委托人或资产占有方过去委托资产评估的经历、诚信状况及提供资料的可靠性、完整性和相关性；

（7）资产评估专业人员的专业胜任能力、经验及专业、助理人员配备情况。

（四）现场调查

资产评估专业人员执行资产评估业务，应当对评估对象进行必要的调查，包括对不动产和其他实物资产进行必要的现场调查。对企业价值、股权和无形资产等非实物性资产进行评估时，也应当根据评估对象的具体情况进行必要的现场调查。进行资产勘察和现场调查工作不仅是基于资产评估专业人员勤勉尽责义务的要求，而且是资产评估程序和操作的必经环节，有利于资产评估机构和人员全面、客观地了解评估对象，核实委托方和产权持有者所提供资料的可靠性，并通过在资产勘察和现场调查过程中发现的问题、线索，有针对性地开展资料收集、分析工作。由于各类资产差别很大以及评估目的不同，不同项目中对评估对象进行资产勘察或现场调查的具体方式和程度也不尽相同。资产评估专业人员应当根据评估项目具体情况，确定合理的资产勘察或现场调查方式，并与委托方或资产占有方进行沟通，确保资产勘察或现场调查工作顺利进行。现场调查手段通常有询问、访谈、核对、监盘、勘查等。

（五）收集整理评估资料

在上述几个环节的基础上，资产评估专业人员应当根据资产评估项目具体情况收集资产评估相关资料。资料收集工作是资产评估业务质量的重要保证，也是进行分析、判断进而形成评估结论的基础。由于资产评估的专业性和评估对象的广泛性，不同的项目、不同的评估目的、不同的资产类型对评估资料有不同的需求。另外，由于评估对象及其所在行业的市场状况、信息化和公开化程度差别较大，相关资料的可获取程度也不同。因此，资产评估专业人员的执业能力在一定程度上就体现在其收集、占有与所执行项目相关信息资料的能力上。资产评估专业人员在日常工作中就应当注重收集信息资料及其来源，并根据所承接项目的情况确定收集资料的深度和广度，尽可能全面、翔实地占有资料，采取必要措施确认资料来源的可靠性。

资产评估专业人员应当通过与委托人、资产占有方沟通并指导其对评估对象进行清查等方式，对评估对象或资产占有方的资料进行了解，并对委托人和资产占有方提供的资料进行必要的核实。通常，核查验证的方式包括观察、询问、书面审查、实地调查、查询、函证、复核等。同时，资产评估专业人员应当主动收集与资产评估业务相关的评估对象资料及其他资产评估资料。根据资产评估项目的进展情况，资产评估专业人员应当及时补充收集所需要的资料。

（六）评定估算形成初步结论

资产评估专业人员在占有相关资产评估资料的基础上，进入评定估算环节，主要包括分析资产评估资料、恰当选择资产评估方法、运用资产评估方法形成初步资产评估结论、综合分析确定资产评估结论、资产评估机构内部复核等具体工作步骤。

资产评估专业人员应当对所收集的资产评估资料进行充分分析，确定其可靠性、相关性、可比性，摒弃不可靠、不相关的信息，对不可比信息进行必要的分析调整，在此基础上恰当选择资产评估方法，并根据业务需要及时补充收集相关信息。

成本法、市场法和收益法是三种通用的资产评估基本方法，原则上在任何资产评估项目中，资产评估专业人员都应当首先考虑三种方法的适用性。长期以来，在我国资产评估实践中，绝大多数资产评估业务将成本法作为唯一使用的资产评估方法。随着我国资产评估理论和实践的发展，特别是市场发育状况及其他相关条件的日益成熟，应当提倡资产评估专业人员根据评估对象、评估目的、资料收集情况等相关条件恰当选择资产评估方法，除依据评估执业准则只能选择一种评估方法的，应当选择两种以上评估方法，经综合分析，形成评估结论。

资产评估专业人员在选择恰当的资产评估方法后，应当根据评估基本原理和评估准则的要求恰当运用评估方法进行评估，形成初步评估结论。采用成本法，应当合理确定完全重置成本和各相关贬值因素；采用市场法，应当合理选择参照物，分析参照物的信息资料，根据评估对象与参照物的差异进行必要调整；采用收益法，应当合理预测未来收益，合理确定收益期和折现率等相关参数。

资产评估专业人员在形成初步资产评估结论的基础上，需要对信息资料，参数的数量、质量和选取的合理性等进行综合分析，以最终形成资产评估结论。当采用两种以上资产评估方法时，资产评估专业人员应当在初步结论的基础上，综合分析评估方法的相关性和恰当性、相关参数选取的合理性，形成资产评估结论。

资产评估机构应当建立内部质量控制制度，由不同人员对资产评估过程和结论进行必要的复核工作。

（七）编制出具资产评估报告

资产评估专业人员在执行必要的资产评估程序、形成资产评估结论后，应当按有关资产评估报告的准则与规范编制资产评估报告。

资产评估专业人员在提交正式资产评估报告之前，可以与委托人等进行必要的沟通，听取委托人、资产占有方等对资产评估结论的反馈意见，并引导委托人、产权持有者、资产评估报告使用者等合理理解资产评估结论。

（八）整理归集评估档案

评估档案是指资产评估机构开展资产评估业务形成的，反映资产评估程序实施情况、支持评估结论的工作底稿、资产评估报告及其他相关资料。

在向委托人提交资产评估报告后，应当及时将资产评估档案归档。将这一环节列为资产评估基本程序之一，充分体现了资产评估服务的专业性和特殊性，不仅有利于评估机构应对今后可能出现的资产评估项目检查和法律诉讼，还有利于资产评估专业人员总结经验、提高资产评估业务水平。

资产评估专业人员应当将在资产评估工作中形成的、与资产评估业务相关的、有保存价值的各种文字、图表、音像等工作底稿与评估报告等，在评估报告日后 90 日内及时归档，并按国家有关规定对资产评估工作档案进行妥善管理。重大或者特殊项目归档时限不晚于评估结论使用有效期届满后 30 日。

评估档案自评估报告日起至少保存 15 年，属于法定资产评估业务的，不少于 30 年。评估机构不得在规定的保存期内删改或者销毁已完成归档的评估业务档案。

相关链接

为经济发展提供专业力量

资产评估行业作为现代高端服务业的重要组成和新社会阶层的重要力量，需积极领会政府工作报告精神，在国家整体战略发展框架下，结合行业现状把握机遇，深入参与供给侧结构性改革进程，为振兴实体经济、促进国民经济健康发展贡献专业力量。

一是助力供给侧结构性改革，为深化国企改革、推进“走出去”战略提供专业守护。在稳中求进的工作总基调下，作为国有资产的守护人，资产评估行业需积极创新，不断提升行业整体实力，为加速推进国企国资改革的价值守护和价值发现提供专业支撑。同时，积极为我国企业“走出去”与高端外国企业“引进来”等国际合作提供科学合理的价值咨询服务，推进“一带一路”建设。

二是为国企混合所有制改革提供公平合理的价值参考。资产评估行业需进一步提高职业素养，把握好价值评估的专业尺度，公平公正地为非公有制经济提供价值参考；同时，也要为遏制市场经济中的不平等交换行为、促进资产交易市场公平竞争贡献专业力量，更好地激发非公有制经济活力，为其积极参与国企混合所有制改革和我国经济社会建设保驾护航。

三是为“三去一降一补”具体战略夯实专业基础。作为资产交易市场上的重要专业力量，资产评估行业需深刻领会国家经济工作的精神实质，扎实做好价值评估工作，尤其在“去产能”方面做好企业兼并重组、破产清算中的专业服务，为企业科学合理的“去产能”工作夯实专业基础。

四是积极参与金融体制改革，为金融产品市场科学、合理、公平地交易提供专业保障。2017 年政府工作报告要求金融机构增强服务实体经济能力，防止“脱实向虚”，同时筑牢金融风险“防火墙”。

五是积极开展“绿色发展”方面专业研究，为深化生态文明改革做好专业储备。资产评估行业需积极探索研究自然生态资源的价值评估理论与方法，钻研创新生态资源评估技术，为我国建设生态文明、践行绿色发展理念做好专业储备和技术支持。

六是深化运用知识产权价值评估理论与方法，进一步促进我国科技创新快速发展。资产评估行业应把握机遇，深化运用多年来在知识产权价值评估方面所积累的研究经验与课题成果，科学公允地衡量知识产权价值，为科技创新提供重要的价值准绳，推动我国科技创新成果得到公平回报。

七是进一步参与文化事业和文化产业发展，为我国文化产业的兴旺发达铺平专业道路。资产评估行业要继续深入全面研究文学创作、影视剧和非物质文化遗产等文化类领域资产的价值评估理论与方法，积极构建文化产业价值评估模型与案例数据库，为活跃繁荣文化产品交易市场、振兴文化产业发展奠定专业基础。

八是弘扬“工匠精神”，全面提升资产评估行业专业水平和质量，促进行业转型升级。资产评估人需秉承一颗匠心，恪尽职业操守，精益求精，细心雕琢好评估程序和评估标准等诸多专业细节，努力提升行业整体专业质量水平和品牌内涵，构建和谐健康的行业环境，创建出享誉世界的专业服务业“中国品牌”。

资料来源：刘公勤. 为经济发展提供专业力量. 中国会计报，2017-03-10.

第六节　资产评估的功能

随着我国社会主义市场经济不断发展与完善，资产评估行业的地位不断提高，《公司法》《证券法》《中华人民共和国拍卖法》《国有资产评估管理办法》等法律法规对资产评估提出了法定要求并做出了相关规定。资产评估作为市场经济活动中不可替代的专业化市场中介服务行业，为产权交易、投资、抵押、税收等提供价值发现相关的专业服务。在新形势下，资产评估行业的作用更加重要，服务领域更加广泛，为产权所有者、投资者、债权人提供独立、客观、公正的中介服务，为建立归属清晰、权责明确、保护严格、流转顺畅的现代产权制度提供重要保障，有效维护社会公共利益和资产评估各方当事人的合法权益，在市场经济中具有独特的功能。

经过20多年的发展，资产评估中介服务已经成为企业改制、资产重组、中外合资与合作、企业上市、产权交易，以及租赁、抵押、税收、保险等重大经济活动的基础环节，为社会经济运行提供重要的价值尺度，有力地支持了企业改革改组和经济结构调整，推动了我国资本市场的规范发展，支撑了政府科学决策和司法公正，对于促进多种经济成分的共同发展，推进资源的有效配置，维护我国金融系统的安全与稳定，维护市场经济的正常运行秩序，保护各类资产产权主体的合法权益发挥着不可替代的作用。资产评估的价值尺度功能已经在不少相关法律法规中得到体现，并且越来越广泛地得到社会各界的认同。

一、促进经济协调发展

在我国经济改革和对外开放的进程中，国有企业的兼并、改制、重组、拍卖、租赁、破产、抵押、担保等涉及产权变动的经济活动，都需要进行资产评估，资产评估行业提供的价值鉴证及咨询服务保证了国有企业改革和国有经济战略重组的顺利进行。随着我国以公有制为主体、多种所有制经济共同发展的战略决策的实施，集体所有制经济、股份合作制经济、非公有制经济在我国获得了长足发展，资产评估为非国有企业的改制上市、产权重组、兼并与收购等交易活动，积极提供价值鉴证和咨询服务，推动了多种经济成分的共同发展。

二、防范国家金融风险

资产评估在金融领域的作用主要体现在以下几个方面。一是为金融体制改革服务。金融体制改革是建立和完善社会主义市场经济体制的重要组成部分，在金融体制改革过程中，资产评估在金融企业引进战略投资者、实行公司制改造、并购重组、股权置换等产权变动中，发挥着重要的价值鉴证和咨询作用。二是为国有商业银行规范公司治理、完善内控机制服务。资产评估可以提供资产价值分析和咨询等有效服务。三是在金融企业经营管理过程中，资产评估在金融不良资产处置、抵押贷款风险分析及提高金融企业经营管理水平等方面，提供专业服务和智力支持。科学的资产评估可以起到防范金融风险、维护国家金融安全的作用。

相关链接

A电气涉嫌欺诈发行，多家中介机构被查

随着中国证券监督管理委员会（以下简称证监会）新闻发言人邓舸于2016年6月17日指出已初步认定A电气存在欺诈发行和信息披露违法违规行为，该公司及其首次公开发行股票（IPO）业务的中介机构即将遭受一场严厉的监管风暴。邓舸表示，一旦正式认定A电气欺诈发行或中介机构未勤勉尽责，证监会将依法对A电气或中介机构做出处罚，随后深圳证券交易所将依法履行退市工作职责，启动A电气后续退市程序。而相对以往案例，这次参与A电气IPO的中介机构均遭立案调查，监管力度空前加大。

2016年7月7日，A电气收到《中国证监会行政处罚决定书》（〔2016〕84号）及《中国证监会市场禁入决定书》（〔2016〕5号）。公司因触及《深圳证券交易所创业板股票上市规则（2014年修订）》第13.1.1条规定的欺诈发行或者重大信息披露违法情形，已由深圳证券交易所于2016年9月2日做出

公司股票自9月6日起暂停上市的决定。

在此之前，为A电气IPO服务的B资产评估有限公司也在2016年5月证监会开展的首次审计评估机构稽查行动中被立案调查。

从过往案例看，劣迹在身的中介机构在证券市场是混不下去的，尤其是会计师事务所。在万福生科等重大案件中，中介机构领受的处罚是：相关人员被市场禁入；相关会计师事务所被撤销证券服务业务许可证。

为适应证券市场审计和评估机构监管的特殊规律要求，自1993年起，证监会与财政部针对审计和评估机构从事证券相关业务先后联合实施了执业资格管理制度，绝大多数从事证券业务的审计和评估机构能够认真贯彻执行规范执业行为的一系列制度、准则和规定，审计和评估执业质量有了明显提升。

资料来源：欣泰电气涉嫌欺诈发行-四家中介机构全部被查. 上海证券报，2016-06-21.

三、支持资本市场发展

资本市场是我国市场体系的重要组成部分，为企业融资和股民投资提供了重要的渠道和场所。企业在改制上市前，应对其全部资产进行评估。上市公司发生重大重组，需要对资产进行评估。股东用实物资产追加投资时，也必须经评估后方可折成股份。在股权分置改革中，资产评估是确定对价的重要依据。因此，在中国资本市场上，资产评估对维护市场秩序和投资者的合法权益起着非常重要的作用。

四、维护市场经济秩序

市场经济的基本规律要求商品的交易，尤其是资产的交易必须公平、公正，交易价格总体上应与内在价值相一致。资产评估正是以其中介的身份，为交易双方提供公允、公平、公正的咨询意见，减少整个社会的交易成本，规范交易行为，保障市场经济的正常运行。

本章小结

资产评估是专业机构和专业人员按照国家法律法规和资产评估准则，根据特定目的，遵循评估原则，按照评估程序，选择适当的价值类型，运用恰当的评估方法，对评估对象在评估基准日的特定价值进行分析、估算和判断并发表专业意见的活动。理解和把握资产评估的本质，应当对成交价格和内在价值、专业评估与非专业评估、检验标准与误差范围等准确把握。

根据资产评估的性质、评估对象、披露要求等，可以将资产评估划分为不同类型。根据资产评估的本质，资产评估具有市场性、公正性、专业性、咨询性等特征。资产评估与会计、审计具有不同的性质和功能，但是又密切联系，应当加强专业沟通与合作。

资产评估的对象可以按照不同标准划分。资产评估的要素包括评估主体、评估客体、评估目的、价值类型、评估时点、评估依据、评估原则、评估假设、评估程序、评估方法、评估结果。

资产评估价值类型的内容总体上包括两大部分：市场价值和市场价值以外的价值。市场价值以外的价值包括投资价值、在用价值、清算价值、残余价值等。在市场价值以外的价值中，最重要的是投资价值。甚至可以说，市场价值和投资价值是价值类型的核心内容。

资产评估程序是指资产评估专业人员执行资产评估业务所履行的系统性工作步骤，资产评估基本程序的内容包括：明确资产评估业务基本事项，签订资产评估委托合同，编制资产评估计划，现场调查，收集整理评估资料，评定估算形成初步结论，编制出具资产评估报告，整理归集评估档案。

资产评估作为重要的专业化中介服务，在市场经济中具有促进经济协调发展、防范国家金融风险、支持资本市场发展、维护市场经济秩序等重要功能。

常用网站链接

1. 中国资产评估协会：http://www.cas.org.cn
2. 中国会计视野：http://www.esnai.com
3. 国际评估准则理事会：https://www.ivsc.org

名词和术语

资产评估（appraisal/valuation/assets appraisal）

评估师（appraiser/valuer）

评估复核（appraisal review）

价值基础（basis of value）

价值（value）

价格（price）

市场价值（market value）

投资价值（investment value）

公允价值（fair value）

公平交易（arm's length transaction）
评估目的（purpose of appraisal）
评估基准日（the date of appraisal）
评估原则（appraisal principle）
评估假设（assumptions）
评估程序（valuation procedure）
工作档案（work file）

思考题

1. 什么是资产评估？如何正确理解资产评估的本质和特点？
2. 资产评估与会计、审计的联系和区别是什么？
3. 资产评估的对象一般有哪些？
4. 资产评估的要素主要有哪些？
5. 确定评估基准日有什么意义？
6. 资产评估假设一般有哪几种？分别说出其含义。
7. 请简述资产评估的市场价值和市场价值以外的价值的区别，以及它们与评估目的之间的关系。
8. 资产评估准则规定的资产评估程序包括哪些具体内容？
9. 资产评估的功能是什么？

案例分析

某资产评估公司接受 A 企业的委托，对其在甲省份内的所有资产进行价值评估。A 企业为一家国有大型银行，其营业部遍及全国。在接受委托后，该评估公司负责人认为 A 企业营业部众多，且各家营业部业务涉及的资产类型基本一致。同时，考虑到该项目收费较少，决定将现场工作简化进行：首先与企业沟通，将其每一个营业部的资产状况、明细整理发给评估公司业务人员；其次，选取少量营业部，派项目助理进行现场盘点和资料收集工作；最后，对未到现场开展工作的营业部，评估人员将所需资料清单发给营业部人员，令其准备并盖章，邮寄给评估公司。

请根据《资产评估基本准则》和《资产评估执业准则——资产评估程序》的要求，结合你对评估程序功能和重要性的理解，分析案例中的资产评估公司在承做该评估业务时，现场工作执行有误的地方，以及由此可能带来的后果。

第二章

资产评估的基本方法

案例引导

1992 年，郭凡生创立了慧聪网，这是中国最早从事电子商务的企业之一。时至今日，慧聪网在企业对企业（B2B）领域仍然具有巨大的影响力。初创期间，慧聪网就表现出惊人的发展潜力和业绩，吸引了大量的商家以及风险投资商——美国国际数据集团（International Data Group，IDG）的关注。IDG 进入中国后，多次向郭凡生提出投资意向。由于当时资金充足，郭凡生曾多次拒绝 IDG。1998 年，郭凡生意识到在中国加入世界贸易组织的趋势下打造公众公司的重要性，因此考虑引进 IDG 的投资。1999 年，双方约定，IDG 向慧聪网注资 3 000 万元。

注资前，慧聪网资产负债表显示的账面净资产为 3 000 万元，利润表显示的年利润为 2 000 万元。IDG 投资后占公司股权的比重为 20%。那么，IDG 向慧聪网注资的 3 000 万元投资额是如何确定的？

IDG 对慧聪网注资额的确定，是资产评估所要解决的重要问题之一。进行资产评估的相关人员需要合理和正确的评估方法来判断企业的价值，并通过股权比重为投资者提供合理的投资额建议。需要说明的是，企业价值评估只是资产评估的一个方面，那么资产评估有哪些方法？各种方法的适用范围和应用又有什么差异？本章就将阐述资产评估的基本方法。

资产评估学是复合型应用学科。资产评估方法是实现估算资产价值的技术手段。借助多种学科理论在价值估算中的应用与实践，并在这些学科的技术方法的基础上，按照资产评估自身的运作规律和行业特点形成了一整套方法体系，从而构成了资产评估方法体系。

资产评估方法体系由多种具体资产评估方法构成，这些方法按分析原理和技术路线不同可以归纳为三种基本类型，或称三种基本方法，即市场法、收益法和成本法。

我国《资产评估基本准则》中关于资产评估方法的表述为：资产评估基本方法包括市场法、收益法和成本法。

第一节 市场法

一、市场法的基本含义

市场法是指利用市场上同样或类似资产的近期交易价格，经过直接比较或类比分析以估测资产价值的各种评估方法的总称。

均衡价值理论认为，资产的价值可以由在公开市场上交易的双方力量一致时的均衡价格衡量，即类似的资产应该具有类似的交易价格。这个原则的一个假设条件为：如果类似资产的交易价格有较大差异，则在市场上就可能产生套利交易的情况。市场法就是基于这样的理论和原则而得到运用的。采用比较和类比的思路及方法判断资产价值的评估技术，也在一定程度上体现了评估中的替代原则。

市场法的基本思路是：首先在公开市场上寻找与评估对象同样或类似的交易案例或比较参照物，然后对评估对象与交易案例或比较参照物之间的差异进行比较和调整，将交易案例或比较参照物的交易价格或价值调整为评估对象的评估价值。

二、市场法的基本前提

通过市场法进行资产评估需要满足两个最基本的前提条件。

1. 有一个活跃的公开市场

公开市场是一个充分竞争的市场，市场上有自愿的买者和卖者，在交易信息充分交换，或者交易信息公开的前提下，有相对充裕的时间，他们之间进行平等交易。这就排除了个别交易的偶然性，市场成交价格基本上可以反映市场行情。在市场上交易行为发生得越频繁，与评估对象相同或相似资产的价格越容易获得。按市场行情估测被评估资产价值，评估结果会更贴近市场，更容易被资产交易各方接受。

2. 公开市场上有可比的资产及其交易活动

从市场法使用的角度看，应该能够收集并获得参照物的市场信息、特征信息、财务信息及其他相关资料，并且可以确信的、依据的信息资料具有代表性和合理性且在评估基准日是有效的，这也是市场法使用的条件。

资产及其交易的可比性是指选择的可比资产的交易活动在近期公开市场上发生过，且可比资产与被评估资产相同或相似。已经完成交易且满足可比性要求的资产就可以作为被评估资产的参照物，其交易数据是进行比较分析的主要依据。

资产及其交易的可比性主要体现在以下几个方面：

（1）参照物与评估对象在权益状况上一致或处于具备可调整条件的权益状况；

（2）参照物与评估对象在实体、功能、用途等影响价值的主要因素方面具有可比性；

（3）参照物与评估对象面临的市场条件具有一致性或可比性，包括市场政策条件、市场供求关系、竞争状况和交易条件等；

（4）参照物的成交时间或价值体现时间与评估基准日的间隔时间应尽可能短，或应在一个适度的时间范围内，同时，时间对资产价值的影响是可以调整的。

参照物与评估对象的可比性是运用市场法评估资产价值的重要前提。可比性越高、一致性越强，价值的吻合性就越好。

三、市场法的基本程序

运用市场法进行评估一般包括收集参照物及其相关信息资料、确定比较参照物和比较参数体系、指标对比与量化差异、调整已经量化的对比指标差异、综合分析确定评估结果等步骤。其基本程序如下。

（一）收集参照物及其相关信息资料

无论评估对象是单项资产、资产组合还是企业价值（股东权益价值），运用市场法评估时都需经历收集与评估对象相似的参照物的相关特征、交易情况等信息资料这样一个过程。首先，根据市场法对资产及其交易的可比性要求，参照物与评估对象的相似性，也就是参照物与评估对象的可比性特征是收集信息资料的重要内容，包括功能、市场条件及成交时间等。其次，与评估对象相同或相似的参照物越多，越能够充分和全面地反映资产的市场价值，按市场行情估测被评估资产的价值，评估结果会越贴近市场。评估中对参照物的数量要求是不可避免的。

评估实践中，通常是在众多与评估对象相似的交易案例或实例中选择三个以上具有典型性的作为比较、测算的参照物。之所以选取一定数量的参照物进行比较、测算，很大程度上是为了避免某个参照物个别交易中的特殊因素和偶然因素对成交价格及评估价值的影响，以及将众多交易价格的影响因素及其影响程度充分市场化。因此，运用市场法评估资产时应尽可能选择多个参照物。

（二）确定比较参照物和比较参数体系

在评估中，需要对收集到的信息资料进行筛选，确定最具代表性的交易案例或比较实例作为与评估对象对比分析、评估量化的比较参照物。从理论上讲，影响资产价值的基本因素大致相同，如资产性质、功能、规模、市场条件等。但具体到每一种资产时，影响资产价值的因素又各有侧重。如影响房地产价值的主要是地理位置、环境状况等因素；而技术水平则在机器设备评估中起主导作用；对于企业，收入状况、盈利水平、企业规模等因素在企业价值评估中相对较突出。所以，市场法应根据不同种类资产价值形成的特点和影响价值的主要因素，选择对资产价值形成影响较大的因素作为对比指标，形成综合反映参照物与评估对象之间价值对照关系的比较参数体系，从多方面形成对比与分析的量化点，使影响价值的主要因素得以全面反映。

运用市场法评估单项资产时，应考虑的可比因素主要有：

（1）资产的功能或效用。这里所称的资产的功能或效用，并不仅仅指满足现有产权（权利）主体的需要，还要具有广泛的适用性，存在对其他主体依然有价值的可能。

（2）资产的实体特征和质量。资产的实体特征主要是指资产的外观、结构、装配、役龄、工艺和规格型号等。资产的质量是指资产本身的建造或制造工艺水平，以及使用状态。

（3）市场条件。主要考虑参照物成交时与评估时市场条件及供求关系的变化情况。市场条件包括宏观的经济政策、金融政策等。供求关系是市场特征之一，供求关系的变化对交易价格存在决定性影响。

（4）交易条件。交易条件主要包括交易批量、交易动机、交易时间等。交易批量不同，交易价格就可能不同。交易动机和交易时间也会对交易价格产生重要的影响。

以上各因素是运用市场法经常涉及的一些可比因素。在运用市场法进行评估时，还应当根据评估对象的具体情况来考虑其他可比因素，例如房地产评估中的区位因素，机器设备评估中的制造厂商、资产的规格型号等。

运用市场法评估企业价值时，应当重点考虑所选取参照公司的可比性。可比性可以通过以下两个标准来判断：

第一，行业标准。处于同一行业的企业具有一定的可比性。在确认被评估企业所属行业时，可以参考我国的国民经济行业分类、证监会的上市公司行业分类、国际通用的标准行业代码等。但需要注意的是，在依照行业标准时，应当尽量选取与被评估企业在主营业务收入结构、利润结构、经营模式等方面趋同的案例。

第二，财务标准。相同盈利能力的企业通常具有类似的财务结构。需要通过必要的分析来从业务类型及构成、市场、管理等方面进行比较，以体现被评估企业和可比案例之间的风险和成长差异。

此外，还应当考虑股权评估的背景、交易日期、交易价格、收购股权的比重、影响交易价格的其他重要交易条款等。

（三）指标对比与量化差异

根据前面选定的比较参数体系，在参照物及评估对象之间进行参数指标的比较，并将两者的差异进行量化。对比主要体现在交易价格的真实性、正常交易情况、参照物与评估对象可替代性的差异等。例如，在不动产评估中，虽然要求参照物与评估对象在同一供求范围内、处于同一区域或相邻地区等，但其交易情况、交易时间、建筑特征等方面可能存在差异；在机器设备评估中，虽然要求资产功能指标，包括规格型号、出厂日期等相同或相似，但在生产能力、产品质量，以及在资产运营过程中的能耗、料耗和工耗等方面都可能有不同程度的差异；在企业价值评估中虽然要求参照物与评估对象在所属行业、生产规模、收益水平、市场定位、增长速度、企业组织形式、资信程度等方面相同或相似，但企业所在地区经济环境、产品结构、资产配置、销售渠道等方面都可能存在差异。这个环节就是将参照物与评估对象对比指标之间的差异进行量化。

（四）调整已经量化的对比指标差异

市场法以参照物的成交价格作为评定、估算评估对象价值的基础，对所选定的比较参数体系中的各差异因素进行分析比较，通过多形式的量化途径形成对价值的调整结果。在实际操作中，是用已经量化的参照物与评估对象之间的对比指标差异对参照物价格进行调增或调减，从而得到以每个参照物价格为基础的评估对象的初步评估结果。

（五）综合分析确定评估结果

运用市场法进行评估时，通常应选择三个以上参照物。所以，对照参照物进行指标对比和差异量化后，对应各参照物，形成的初步评估结果也在三个以上。但是，对于一项资产，通常以一个评估结果来表示，最终的评估结果为一个确定数值，这就需要评估人员对若干初步评估结果进行综合分析，以确定最终的评估结果。所确定的最终评估结果主要取决于评估人员对参照物的把握和对评估对象的认识。当然，如果参照物与评估对象可比性都很好，评估过程中没有明显的遗漏或疏忽，采用算术平均法或加权平均法等方法将初步评估结果转换成最终评估结果也是可以的。

四、市场法中的具体评估方法

市场法是所有评估方法中最具有市场导向的。市场法实际上是在这种评估思路下若干具体评估方法的集合，也就是由若干种具体评估方法组成。市场法中的具体方法可以根据不同的标准进行分类。按照参照物与评估对象的近似或差异程度，以及需要调整的范围，市场法中的具体方法可以分为两大类：直接比较法和间接比较法（见图 2－1）。

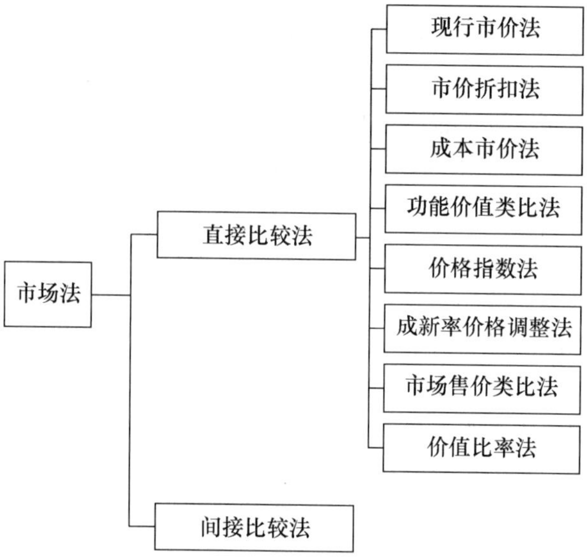

图 2－1　市场法的分类

（一）直接比较法

直接比较法是指利用参照物的交易价格及参照物的某一基本特征因素直接与评估对象的同一基本特征因素进行比较从而判断评估对象价值的方法。其基本计算公式为：

$$\text{评估对象价值}=\text{参照物成交价格}\times\text{评估对象修正指数}\div\text{参照物修正指数}$$

或

$$\text{评估对象价值}=\text{参照物合理成交价格}$$

直接比较法主要是以资产的同质性以及资产价值与其某一基本特征之间的高度关联性为基础。因此，通常对参照物与评估对象之间的可比性要求较高。参照物与评估对象要达到相同或基本相同的程度，或参照物与评估对象的差异主要体现在某一明显的因素上，例如新旧程度、交易时间、功能、交易条件等。根据存在差异因素的不同，直接比较法的具体技术方法也不同。

直接比较法主要包括但不限于以下评估方法：现行市价法、市价折扣法、成本市价法、功能价值类比法、价格指数法、成新率价格调整法、市场售价类比法、价值比率法和市盈率乘数法等。下面介绍前八种。

1. 现行市价法

当评估对象本身具有现行市场价格或与评估对象基本相同的参照物具有现行市场价格时，可以直接利用评估对象或参照物在评估基准日的现行市场价格作为评估价值。这种情况是大量存在的，例如，可上市流通的股票和债券可按其在评估基准日的收盘价作为评估价值；企业拥有的原材料、备品备件、批量生产的设备、汽车等可按同品牌、同型号、同规格、同厂家、同批量的设备、汽车等的现行市场价格作为评估价值。现行市价法是以成交价格为标准的，有的资产在市场交易过程中，报价或目录价与实际成交价之间会由于交易对象、交易批量等原因存在差异。

2. 市价折扣法

市价折扣法是以参照物成交价格为基础，考虑到评估对象在销售条件、销售时限等方面的不利因素，通过测算或凭评估人员的经验、有关部门的规定，确定一个价格折扣率来估算评估对象价值的方法。其数学表达式为：

$$评估对象价值=参照物成交价格\times(1-价格折扣率)$$

此方法一般只适用于评估对象与参照物之间仅在交易条件方面存在差异的情况。

[例 2-1]

某企业需要处置一批设备类资产，共 10 件，在评估基准日与这 10 件设备完全相同的参照物在市场上的正常交易价格之和为 200 万元。考虑到该企业所处置的设备类资产需一次性处置，整体交易将会形成一定的价格折扣。经市场调研和分析得知，折扣率一般在 10%～15%，考虑到还要尽快交易，因此，折扣率取 20%。该资产的价值接近 160 万元。

$$资产评估价值=200\times(1-20\%)=160(万元)$$

该例仅仅在于说明评估方法本身的应用，并不是严格意义上的实践运用。

3. 成本市价法

成本市价法是以评估对象的现行合理成本为基础，利用参照物的成本与市场价格或价值体现之间的比率关系来计算评估对象价值的方法。

$$评估对象价值=评估对象现行合理成本\times\frac{参照物市场价格}{参照物现行合理成本}$$

4. 功能价值类比法

功能价值类比法又称类比估价法，是以参照物的成交价格为基础，考虑参照物与评估对象之间仅存在功能差异或主要的差异特征体现在功能方面，通过调整两者的功能差异来估算评估对象价值的方法。根据资产的功能与其价值之间的关系可分为线性关系和指数关系两种情况。

（1）资产价值与其功能呈线性关系的情况，通常称作生产能力比例法，其数学表达式一般为：

$$评估对象价值=参照物成交价格\times\frac{评估对象生产能力}{参照物生产能力}$$

（2）资产价值与其功能呈指数关系的情况，通常称作规模经济效益指数法，其数学表达式一般为：

$$评估对象价值=参照物成交价格\times\left(\frac{评估对象生产能力}{参照物生产能力}\right)^x$$

式中，x 为功能价值指数。

公式中所采用的资产的生产能力指标只是功能指标的一个典型代表，功能指标不仅仅表现于此。还可以通过对参照物与评估对象其他功能指标的对比，利用参照物成交价格推算出评估对象的价值。

[例2-2]

某企业一条装配生产线需要评估。该生产线年装配能力（生产能力）为10 000台，参照生产线的年装配能力（生产能力）为12 000台，评估基准日参照生产线的市场价格为2 000万元，该类资产的功能价值指数为0.8。

$$该装配生产线评估价值=2\,000\times\left(\frac{10\,000}{12\,000}\right)^{0.8}=1\,728.56(万元)$$

5. 价格指数法

价格指数法又称物价指数法，是基于参照物的成交时间与评估对象的评估基准日之间的时间间隔引起的价格变动对资产价值的影响，以参照物成交价格为基础，利用物价变动指数（价格指数）调整参照物成交价格从而得到评估对象价值的方法。

该方法一般运用于评估对象与参照物之间仅有时间因素存在差异的情形，并且时间差异不宜过长。

价格指数法通常分为定基物价指数法和环比物价指数法。其中，定基物价指数是以固定时期为基期的指数，通常用百分比来表示。以100%为基础，物价指数大于100%，表明物价上涨；物价指数在100%以下，表明物价下跌。环比物价指数是以上期为基期的指数。如果环比期以年为单位，则环比物价指数表示该类产品当年较上年的价格变动幅度。该指数通常用百分比表示。

[例2-3]

某房地产在2017年年初购置，与其相邻且各条件均与之相同的房地产于2017年4月底出售，成交价格为200万元。经统计，该地区同类房地产平均价格2017年1—7月环比价格指数分别为：98%，97%，102%，105%，101%，103%，101%。则计算待估房地产于2017年7月31日的评估值为：

$$200\times101\%\times103\%\times101\%=210.14(万元)$$

6. 成新率价格调整法

成新率价格调整法是以参照物的成交价格为基础，考虑参照物与评估对象之间仅存在新旧程度的差异，通过成新率对比调整估算出评估对象的价值。其计算公式为：

$$评估对象价值=参照物成交价格\times\frac{评估对象成新率}{参照物成新率}$$

其中

$$资产的成新率=资产的尚可使用年限\div\left(\begin{matrix}资产的已\\使用年限\end{matrix}+\begin{matrix}资产的尚可\\使用年限\end{matrix}\right)$$

此方法一般只运用于评估对象与参照物之间仅有新旧程度差异的情况。在许多二手商品市场中，这种情形大量存在，相同商品仅因成新度（新旧程度）的差异，造成交易价格的差异。

虽然直接比较法比较直观、简单明了，但只适用于单一影响因素，即只有单一基本特征因素影响价值的情形。而实际上影响评估对象价值的因素较多，如同时有时间因素、价格因素、功能因素、交易条件等。因此，上述六种方法的使用也相对受到一定的制约。在评估实务中，下述两种方法的运用较为普遍。

7. 市场售价类比法

市场售价类比法是以参照物的成交价格为基础，考虑参照物与评估对象在功能、市场条件和销售时间等方面的差异对成交价格形成的影响，通过对比分析和量化差异，调整估算出评估对象价值的方法。其基本数学表达式为：

$$\begin{matrix}评估对象\\价值\end{matrix}=\begin{matrix}参照物\\售价\end{matrix}+\begin{matrix}功能\\差异值\end{matrix}+\begin{matrix}时间\\差异值\end{matrix}+\cdots+\begin{matrix}交易情况\\差异值\end{matrix}$$

或

$$\begin{matrix}评估对象\\价值\end{matrix}=\begin{matrix}参照物\\售价\end{matrix}\times\begin{matrix}功能差异\\修正系数\end{matrix}\times\cdots\times\begin{matrix}时间差异\\修正系数\end{matrix}$$

8. 价值比率法

价值比率法主要适用于企业价值的评估。价值比率法是以参照物（企业）的价值比率作为调整手段，以此比率与评估对象（企业）的相关财务指标（如利润、息税前利润、销售收入等）相乘来估算评估对象（企业）价值的方法。价值比率法可用数学式表达如下：

$$\begin{matrix}评估对象\\价值\end{matrix}=\begin{matrix}评估对象(企业)\\相关财务指标\end{matrix}\times\begin{matrix}参照物(企业)\\价值比率\end{matrix}$$

对于企业价值评估而言，价值比率的分子通常有两类：权益价值（P）和企业整体价值（EV）或投入资本市值。价值比率的分母一般包括销售收入（S）、息税折旧摊销前利润（$EBITDA$）、息税前利润（$EBIT$）、净利润（E）、股权自由现金流量（$FCFE$）、企业自由现金流量（$FCFF$）和账面价值（B）。

根据以上分子和分母的选择，价值比率就有多种，如表 2-1 所示。

表2-1 企业价值评估的不同价值比率选择

分母	分子	
	权益价值	企业整体价值
销售收入	P/S	EV/S
息税折旧摊销前利润	$P/EBITDA$	$EV/EBITDA$
息税前利润	$P/EBIT$	$EV/EBIT$
净利润	P/E	EV/E
净现金流量	$P/FCFE$	$EV/FCFF$
账面价值	P/B（账面权益价值）	EV/B（账面总资产价值）

作为市场法中的具体方法，它的使用必须满足以下最基本的条件：（1）充分发展、活跃的市场中存在足够数量与评估对象相同或相似的参照物，或者有足够的交易案例；（2）利用参照物进行评估，且参照物与评估对象必须相同或相似，即具有可比性；（3）参照物的交易时间与评估基准日的间隔能够有效调整；（4）这些信息能够获得，并确信所依据的信息资料具有代表性和合理性。

（二）间接比较法

间接比较法是市场法中基本的、适用性更强的评估方法。参照物与评估对象只要在大的方面基本相同或相似，该法就可以通过对比分析参照物与评估对象之间的差异，在参照物成交价格的基础上调整估算评估对象的价值。该法不同于直接比较法，并不要求参照物与评估对象必须一样或者基本一样，而且比较因素更加多样、更加全面。这种方法不仅对信息资料的数量和质量要求较高，而且要求评估人员有较丰富的评估经验、市场阅历和评估技巧。

间接比较法通常利用国家标准、行业标准或市场标准作为基础，分别将评估对象和参照物进行对比打分，从而得到评估对象和参照物各自的分数，再利用参照物的市场交易价格以及评估对象的分数和参照物的分数比率，得到评估对象价值。

由于间接比较法需要利用的国家、行业和市场标准通常具有局限性，因而在评估实务中，这一方法并不常用。

五、对市场法的评价

市场法作为目前资产评估的重要方法之一，具有重要的意义和优势。它通常来说比较容易理解、比较简单且具有一定的客观性。在经济较为发达、市场对价值认知比较理性的情况下，市场法可以合理地使用并得到较为真实的评估价值。当然，市场法的局限性也是相当明显的，主要体现在以下两个方面：

（1）缺乏可比对象。对于缺乏可比案例的特殊资产，比如历史性建筑物、字画、盈利很低或者没有盈利的企业，通常很难找到可比交易案例，市场法的运用也就存在很大的局限性。

(2) 容易被误用。当市场中的投机现象和信息不对称情况较为普遍时，市场法的评估结果依赖于所选择的交易案例和评估师的主观选择，并且市场形成的真实交易中也可能会含有市场对交易对象的估价误差，难以反映其真实、理性、客观的价值。

因此，评估师在采用市场法评估资产价值时，不仅应当综合把握被评估资产的具体情况、可比案例和被评估资产在风险和收益等方面的差异，更要识别价值与价格的差异，从而通过对市场已形成的价格进行合理调整，来测算被评估资产的价值。

相关链接

新会计准则：资产评估界的机遇和挑战

2006 年 2 月 15 日，新《企业会计准则》（以下简称新会计准则）颁布，自 2007 年 1 月 1 日起在上市公司实施，并鼓励其他企业执行。新会计准则中大量引入了公允价值计量属性。公允价值的应用客观上会更好地促进企业提供较为真实的会计信息以满足投资者和资本市场的需要，但在实际工作当中，如何确定公允价值，特别是在没有可参考的活跃市场的市场价格时，如何应用计价评估技术来确定公允价值，对资产评估界来说既是一个机遇，也是一个挑战。

新会计准则除历史成本的会计计量属性，还将重置成本、可变现净值、现值、公允价值四种属性引入会计准则当中。新会计准则规定：企业在对会计要素进行计量时，一般应当采用历史成本；采用重置成本、可变现净值、现值、公允价值计量的，应当保证所确定的会计要素金额能够取得并可靠计量。企业合并、投资性房地产、股份支付、金融工具、非货币性资产交换、债务重组等具体会计准则都不同程度上直接或间接涉及公允价值计量属性的应用。资产评估行业在公允价值确定方面具有专业优势，具备特定的独立性，可以很好地为公允价值的确定服务，以尽快解决新会计准则的这一问题。

但与此同时，以财务报告为目的的评估，需要评估人员熟悉新会计计量体系和新的信息披露要求。资产评估选用的方法和新会计准则的要求也可能存在不一致。这对资产评估人员及其使用的资产评估方法提出了更新更高的要求。

资料来源：马义策，路云飞．新会计准则：资产评估界的机遇与挑战．现代商业，2008 (2).

第二节 收益法

一、收益法的基本含义

收益法是指通过估测被评估资产未来预期收益的现值来判断资产价值的各

种评估方法的总称。收益法的基础是经济学的预期收益理论，即对于投资者来讲，资产的价值在于未来预期所能够产生的收益（如现金流量等）。投资者在取得收益的同时，必须承担风险。

收益法的思路认为，资产之所以有价值，是因为能够给所有者带来收益。一般，在风险一定的情况下，收益规模与价值大小成正比；在收益一定的情况下，风险大小与价值量成反比。收益法就是利用预测收益、量化风险、折现等技术手段，把评估对象的预期产出能力和盈利能力作为收益的基础，再判断获得收益的风险程度，来评估其价值。

二、收益法的基本前提

收益法是依据资产未来预期收益经折现或资本化处理来估测资产价值的方法。应用收益法需具备以下基本前提：

（1）被评估资产或所涉及的评估对象可持续使用或持续经营。

（2）被评估资产的未来预期收益可以预测并用货币计量。

（3）资产的预期获利年限可以预测。

（4）资产拥有者获得预期收益所承担的风险可以预测并用货币计量。

三、收益法的基本程序

从定义可以看到，资产未来的预期收益和风险的量化是应用收益法的主要工作。因此，采用收益法进行评估，其基本程序如下：

（1）收集并分析验证与评估对象未来预期收益有关的数据资料，包括资产配置、生产能力、资金条件、经营前景、产品结构、销售状况、历史和未来的财务状况、市场形势与产品竞争、行业水平、所在地区收益状况以及经营风险等；

（2）根据经营或取得收益的条件，分析确定收益期和预测期；

（3）分析测算评估对象未来的预期收益，包括收入、成本、费用等；

（4）确定折现率或资本化率；

（5）用折现率或资本化率将评估对象未来预期收益折算成现值；

（6）分析确定评估结果。

四、收益法中的主要技术方法

收益法实际上是在预期收益还原思路下若干具体方法的集合。收益法中的具体方法可以分为：（1）根据评估对象未来预期收益有无限期的情况，可以分为有限期的评估方法和无限期的评估方法；（2）根据评估对象预期收益的情况，可以分为等额收益评估方法、非等额收益评估方法等。为便于学习收益法中的具体方法，在此对这些具体方法中所用的符号做统一的定义。

P——评估价值；

i——年序号；

P_n——未来第 n 年的预计变现值；

R_i——未来第 i 年的预期收益；

r——折现率或资本化率；

r_i——第 i 年的折现率或资本化率；

n——收益期；

A——年金。

收益法的基本计算公式为：

$$P=\sum_{i=1}^{n}\frac{R_i}{(1+r_i)^i}$$

(一) 净收益不变

(1) 在收益年期无限（永续），净收益每年不变，r 大于零，各因素不变的情形下，有以下计算公式：

$$P=A/r$$

(2) 在收益年期有限为 n，净收益每年不变，r 大于零的情形下，有以下计算公式：

$$P=(A/r)\times[1-1/(1+r)^n]$$

这是一个在估价实务中经常运用的计算公式。

(3) 在收益年期有限为 n，净收益每年不变，r 等于零的情形下，有以下计算公式：

$$P=A\times n$$

(二) 净收益在若干年后保持不变

(1) 在收益年期无限，净收益在 n 年（含第 n 年）以前有变化、在 n 年（不含第 n 年）以后保持不变，r 大于零的情形下，有以下计算公式：

$$P=\sum_{i=1}^{n}R_i/(1+r)^i+A/[r(1+r)^n]$$

(2) 在收益年期有限为 n，净收益在 t 年（含第 t 年）以前有变化、在 t 年（不含第 t 年）以后保持不变，r 大于零的情形下，有以下计算公式：

$$P=\sum_{i=1}^{t}R_i/(1+r)^i+A/[r(1+r)^t]\times[1-1/(1+r)^{n-t}]$$

这里要注意的是，A 的收益年期是（$n-t$）而不是 n。

(3) 已知未来若干年后资产价格，净收益在 n 年（含第 n 年）以前保持不变、在第 n 年资产价格为 P_n，r 大于零的情形下，有以下计算公式：

$$P=(A/r)\times[1-1/(1+r)^n]+P_n/(1+r)^n$$

五、收益法的基本参数

收益法的应用涉及许多经济技术参数，其中最主要的参数有三个，它们是预期收益额、折现率和收益期。

（一）预期收益额

在资产评估中，资产的收益是指根据投资回报的原理，资产在正常经营情况下所获得的归其产权主体所有的经济收益的数额。判断某项资产是否有价值及其价值大小，首先应判断该项资产是否有收益及其收益大小。评估时对资产收益的判断，不仅看其现在的盈利能力，更重要的是预测其未来的盈利能力。因此，评估对象的预期收益额必须能被较为合理地估测（一般习惯称预期收益额为预期收益）。这就要求被评估资产与其经营收益之间存在较为稳定的比例关系。同时，影响资产预期收益的主要因素，包括主观因素和客观因素，也应是比较明确的，评估人员可以据此分析和测算出被评估资产的预期收益。

一般来说，资产预期收益有两种可以选择的类型：净利润、净现金流量。

净利润与净现金流量都属于税后净收益，都是资产持有者的收益，在收益法中普遍采用。两者的差异在于确定的原则不同，净利润是按权责发生制确定的，净现金流量是按收付实现制确定的。如果不考虑应收应付款，两者之间的关系可以简单表述为：

净现金流量＝净利润＋折旧/摊销－追加投资

从资产评估的角度看，净现金流量更适宜作为预期收益指标，其与净利润相比有两点优势。

（1）净现金流量对于企业的存续至关重要。两者的根本不同在于净现金流量采用收付实现制，而净利润则是在权责发生制下的计量结果。由于存在资本性支出、存货周转、应收应付等情况，净现金流量通常能够反映净利润质量的好坏。在企业扩张时期，由于加大资本投入、增加应收款项，通常企业会呈现出净现金流量大大少于净利润的情况。所收回的利润无法弥补过大的投入也往往成为企业破产的重要原因。因此，净现金流量对于企业的存续至关重要。

（2）净现金流量体现了资金的时间价值。净现金流量是动态指标。它不仅是对数量的描述，而且与发生的时间密不可分。而由于净利润没有考虑现金流入流出的时间差异，它并不一定代表在未来某个时点资产持有者可支配的现金流量。由于收益法通过将资产未来某个时点的收益折算为现值来估算资产的价值，因此用净现金流量来表示收益更准确，更能体现资金的时间价值。

利润总额由于包含不属于资产持有者的税收，因而一般不适宜作为预期收益指标。但是当税收优惠政策过多，资产的净收益难以公平、准确地反映资产的收益水平时，为了使各项投资收益之间具有可比性，也可采用利润总额作为预期收益指标。

在实际评估操作中，为了反映评估对象的价值内涵，对预期收益的口径会进行适当的调整。对于现金流量而言，资产评估采用的是自由现金流量，不同于会计的现金流量。

收益预测的方法有很多种，但其根本的思路是参考被评估资产的历史收益状况，结合未来对资产的利用或规划以及行业的发展预期进行预测。随着经济的发展和不同业态的产生，收益预测的难度日益增加。比如，对于处于困境中的企业，需要考虑企业未来净现金流量由负转正的时间跨度；对于周期性的资产，需要分析如何将周期波动涵盖在收益预测中；对于涉及并购的公司，需要考虑协同效应以及分配问题。当前，我国业内人士已经对这些问题进行了部分研究，形成了一些初步性的结论。但如何进行实务应用仍然需要进一步探索。

（二）折现率

从本质上讲，折现率是一种期望投资收益率。折现作为一个算术过程，是用特定比率将预期的未来收益折算为当期的价值，这个特定比率就称为折现率。

1. 折现率与资本化率的区别

折现率与资本化率在本质上并无多大区别，都是将未来的预期收益折算成现值的比率，只是适用场合不同。折现率是将未来有限的预期收益（收入流）折算成现值的比率，资本化率是将未来永续性预期收益（年金）转化为现值的比率。在内涵上，折现率与资本化率略有区别。折现率可视为投资中对收益流要求的收益率，需考虑投资的机会成本和收益的不确定性，因此一般由无风险报酬率与风险报酬率组成，前者通常由政府债券的利率决定，后者取决于特定资产的风险状况。资本化率除了反映无风险报酬率和风险报酬率，还反映资产收益的长期增长前景。

一般来说，无风险报酬率也称安全利率，是指资产在一般条件下的获利水平，通常参照同期国债利率。风险报酬率是指超过无风险报酬率以上部分的投资收益率，这部分收益必须冒相应的风险。由于资产的使用条件和用途不同，资产的行业分布、种类和市场条件也各不相同，因此，风险报酬率不同，折现率也各不相同。在资产评估中，资产所具有的行业风险、地区风险及企业风险应是可以比较和测算的，应当根据社会、行业、企业和资产的收益水平等多种因素进行综合分析和确定，各报酬率是测算折现率的基本参数之一。评估对象所处的行业、地区和企业差别都会不同程度地体现在资产拥有者的获利风险上。对于投资者来说，投资风险大，要求的收益率就高；投资风险小，收益率也可以相应降低。

2. 确定折现率的方法

在收益法的运用中，折现率十分关键，确定折现率的方法有加和法、资本资产定价模型和市场法等。

(1) 加和法。加和法以折现率（包含无风险报酬率与风险报酬率两部分）为计算基础，分别求取每一部分的数值，然后相加即得到折现率。

无风险报酬率的确定比较容易，政府债券利率常被用作无风险报酬率的替代值。通常认为，政府短期债券（如3个月期限的国库券）是最没有风险的投资对象，但是对资产评估而言，最好用较长期的政府债券利率（1年或1年以上）作为基本收益率。尽管长期债券在平价变现方面有一定风险，但由于评估通常涉及基于长期收益趋势的资产，因此，选择长期债券利率作为无风险报酬率更具可比性和相关替代性。

折现率的风险报酬率部分必须反映两种风险：一是市场风险；二是与特定的被评估资产或企业相关的风险。表2-2以企业为例列出了风险报酬率确定过程中需要考虑的主要因素。

表2-2　影响风险报酬率的因素

与市场相关的风险	与被评估资产相关的风险
行业总体状况	产品或服务的类型
宏观经济状况	企业规模
资本市场状况	财务状况
地区经济状况	管理水平
市场竞争状况	资产状况
法律法规约束	收益数量及质量
国家产业政策	区位

考虑上述因素后就会发现，风险报酬率的量化实际上是相当困难的，且对于每一个潜在的投资者而言都会有所不同，在评估实践中风险报酬率的确定方法有多种，需根据被评估资产的具体状况进行选择。

(2) 资本资产定价模型（capital asset pricing model，CAPM）。资本资产定价模型是通过β系数来量化折现率中风险报酬率部分的常用方法，其计算公式为：

$$R=R_f+(R_m-R_f)\beta$$

式中，R为被评估企业所在行业（或被评估企业自身）的风险报酬率；R_m为市场平均收益率；R_f为无风险报酬率；β为被评估企业证券的风险报酬率与证券市场平均风险报酬率的比值。

上述公式中，(R_m-R_f)表示市场平均风险报酬率，又称为系统性市场风险报酬率。市场平均收益率和无风险报酬率比较容易获得，β系数的计算过程则较为复杂。在国外有专门的机构根据上市公司的经营状况和市场表现编制行业和公司的β系数，在国内也出现了专门的财经咨询服务机构，针对国内证券市场及上市公司，提供公司的β系数。由此可见，β系数法适用于股权频繁交易的上市公司的评估。对于非上市公司来说，可以参照上市公司中与自己情况相似的公司的β系数来确定自己的β系数，或者是确定公司所在行业的β系数，计算行业风险报酬率。

如果我们把资产视作投入资金总额，即构成一个持续经营的所有有形资产和无形资产减去流动负债的净额，那么企业资产可以理解为长期负债与所有者权益之和。

如果我们从长期负债和所有者权益两个方面来认识资产，长期负债和所有者权益所表现出的利率和投资收益率必然影响折现率的计算。对于这一问题，可以采用加权平均法来处理，其计算公式为：

$$\text{折现率}=\frac{\text{长期负债占}}{\text{资产总额的比重}}\times\frac{\text{长期}}{\text{负债利率}}\times\left(1-\frac{\text{所得税}}{\text{税率}}\right)+\frac{\text{所有者权益占}}{\text{资产总额的比重}}\times\frac{\text{投资}}{\text{收益率}}$$

$$\text{投资收益率}=\text{无风险报酬率}+\text{风险报酬率}$$

(3) 市场法。市场法是通过寻找与被评估资产相似的资产的市场价格以及该资产的收益来倒求折现率，而不像加和法那样由折现率的各组成部分相加得出。用公式表示为：

$$\text{被评估资产的折现率}=\left(\sum_{i=1}^{n}\text{样本资产的收益}/\text{样本资产价格}\right)\div n$$

所谓样本资产，是指与被评估资产在行业、销售类型、收益水平、风险程度、流动性等方面相似的资产。同时市场法要求尽可能多的样本，否则不能准确反映市场对某项投资回报的普遍要求。市场法的具体运用形式需视具体评估对象而定。例如，对房地产评估可采用租价比法等。

(三) 收益期

收益期是指资产具有盈利能力并产生资产净收益的持续时间，通常以年为时间单位。它由评估人员根据被评估资产的自身效能、资产未来的盈利能力、资产损耗情况及相关条件，以及有关法律、法规、契约、合同等加以确定。收益期分为有限期和无限期（永续）。

如无特殊情况，资产使用比较正常且没有对资产的使用年限进行限定，或者这种限定是可以解除的，并可以通过延续方式永续使用，则可假定收益期为无限期。如果资产的收益期受到法律、合同等规定的限制，则应以法律或合同规定的年限作为收益期。例如，中外合资经营企业在确定其收益期时，应以中外合资双方签订的合同中规定的期限作为企业整体资产收益期。资产没有规定收益期的，也可按其正常的经济寿命确定收益期，即资产能够给其拥有者带来最大收益的年限。当继续持有资产对拥有者不再有利时，从经济上讲，该资产的寿命也就结束了。

六、应用举例

［例 2-4］

某收益性资产预计未来 5 年的收益分别是 20 万元、25 万元、28 万元、25 万元和 28 万元。假定从第 6 年开始，以后各年净收益均为 25 万元，确定的折现率和资本化率均为 10%。确定该收益性资产永续经营以及可获得 40 年收益条件下的评估价值。

1. 永续经营（收益年期无限）条件下的评估过程

首先，确定未来 5 年收益的现值。

$$\begin{aligned}\text{现值总额}&=\frac{20}{(1+10\%)}+\frac{25}{(1+10\%)^2}+\frac{28}{(1+10\%)^3}+\frac{25}{(1+10\%)^4}\\&\quad+\frac{28}{(1+10\%)^5}\\&=20\times0.9091+25\times0.8264+28\times0.7513+25\times0.6830\\&\quad+28\times0.6209\\&=94.34(\text{万元})\end{aligned}$$

其次，将第 6 年以后的收益进行资本化处理，即

$$25\div10\%=250(\text{万元})$$

最后，确定该企业评估价值。

$$\text{企业评估价值}=94.34+250\times0.6209=249.57(\text{万元})$$

2. 可获得 40 年收益条件下的评估过程

$$\begin{aligned}\text{评估价值}&=\frac{20}{(1+10\%)}+\frac{25}{(1+10\%)^2}+\frac{28}{(1+10\%)^3}+\frac{25}{(1+10\%)^4}\\&\quad+\frac{28}{(1+10\%)^5}+\frac{25}{[10\%\times(1+10\%)^5]}\times\left[1-\frac{1}{(1+10\%)^{(40-5)}}\right]\\&=94.34+250\times0.6209\times0.9644\\&=244.05(\text{万元})\end{aligned}$$

七、对收益法的评价

收益法从资产的盈利能力角度来确定资产的价值，较适用于那些形成资产

的成本费用与其盈利能力不对称、成本费用无法或难以准确计算、存在无形资源性资产以及其他非实体化的竞争力的资产，例如企业价值、无形资产、资源性资产等的价值评估。

但是收益法也具有一定的局限性。

首先，对于没有收益或收益无法用货币计量，以及风险报酬率无法计算的资产，该方法将无法使用。比如，对于非上市企业来说，由于难以获得利益相关者对其风险判断的公开数据，风险就难以衡量。

其次，收益法的操作含有较大的主观性。比如，在预测周期性行业中的企业收益时，需要结合宏观经济走势。若分析人员对于经济走势较为乐观，则其预测的收益就可能偏高。因此，在运用收益法评估时，就应当考虑到分析人员对于经济走势的各种判断。另外，虽然理论上收益法的计算公式比较完美，但是如果评估师所使用的假设条件和基于假设条件选取的数据存在问题，那么由此进行的预测也不可能准确，评估结果也就没有意义。因此，既需要评估人员具有科学的态度，又需要其掌握预测收益和确定风险报酬率的正确方法。

最后，收益法的运用也需要一定的市场条件。例如，在证券市场不完善的情况下，市场对于企业风险的判断可能会与真实情况产生差异，从而就难以使用证券市场所测算的 β 系数来代替企业相对于市场的实际风险。

第三节　成本法

一、成本法的基本含义

成本法是指通过估测被评估资产的重置价值（也称重置成本），以及被评估资产业已存在的各种贬值因素，并将贬值从重置价值中予以扣除而得到被评估资产价值的各种评估方法的总称。

成本法的计算公式为：

$$\text{资产评估价值}=\text{资产的重置价值}-\text{资产实体性贬值}-\text{资产功能性贬值}-\text{资产经济性贬值}$$

成本法的理论基础是生产费用价值论，即资产价值取决于其在购建时的成本耗费。由于被评估资产取得成本的有关数据和信息来源较广泛，并且资产重置价值与资产的现行市价及收益现值也存在内在联系和替代关系，因而，成本法也是一种广泛应用的评估方法。

资产的价值是一个变量。导致资产价值变化的因素，除了市场价格，还有因使用磨损和自然力作用而产生的实体性损耗、因技术进步而产生的功能性损耗、因资产外部环境因素变化而产生的经济性损耗。因此，成本法中除计算按照全新状态重新购建的全部支出及必要合理的利润，对于损耗造成的价值损失也是一并计算的。这里需要特别提示的是，资产的损耗不同于会计规定的折旧。资产评估中的损耗是通过实地勘查确定的，反映资产价值的现实损失额。而会计上的折旧是依照会计核算要求和一般惯例反映的损耗，是根据历史成本对资产原始价值损耗的折扣，不一定能够准确反映资产价值变化的现实状况。

二、成本法的基本前提

（1）被评估资产处于继续使用状态或被假定处于继续使用状态。

（2）被评估资产必须是可再生、可复制的资产。

（3）应当具备可利用的历史资料。成本法的应用建立在历史资料的基础上，许多现时资产的信息资料、指标需要通过历史资料获得。同时，现时资产与历史资产具有相同性或可比性。

（4）形成资产价值的耗费是必需的。耗费是形成资产价值的基础，但耗费包括有效耗费和无效耗费。采用成本法评估资产，首先要确定这些耗费是必需的，而且应体现社会或行业平均水平，而不应是某项资产的个别成本耗费。

（5）被评估资产的价值随时间推移而贬损。

三、成本法中各主要参数及评估方法

通过成本法评估资产的价值不可避免地要涉及被评估资产的重置价值、实体性贬值、功能性贬值和经济性贬值四大因素（见图2-2）。成本法中的各种具体方法实际上都是在成本法总的评估思路基础上，围绕上述因素采用不同的方式方法测算形成的。因此，下面所介绍的成本法中的各个具体参数的估测或测算，其结果可能并不是严格意义上的每个参数本身，评估人员需要了解参数的估测方法对参数内涵的影响。

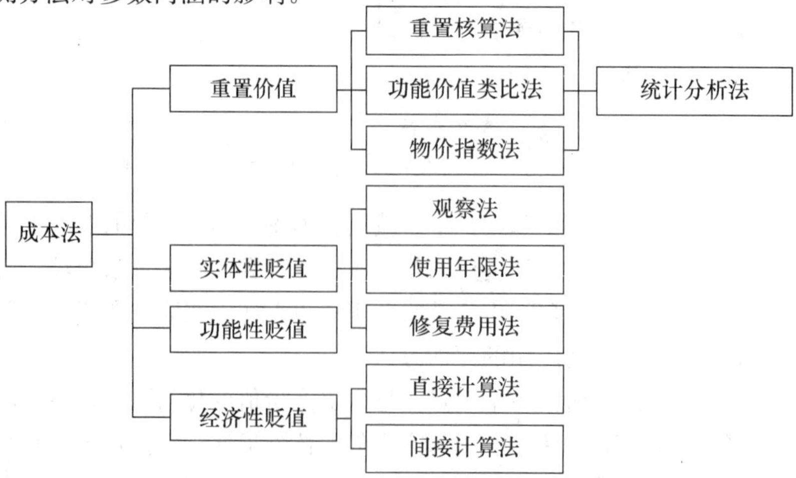

图2-2 成本法分类

(一) 重置价值的计算方法

一般意义上，资产的重置价值就是资产在全新状态下重新建造或重新购置所支出的成本、费用。具体来说，重置价值可分为复原重置价值和更新重置价值两种。

复原重置价值是指采用与评估对象相同的材料、建筑或制造标准、设计、规格及技术等，以现行价格水平重新购建与评估对象相同的全新资产所发生的费用。

更新重置价值是指采用新型材料，现代建筑或制造标准，新型设计、规格和技术等，以现行价格水平购建与评估对象具有同等功能的全新资产所发生的费用。

资产的重置价值可以通过若干种方法进行估算，这里对在评估实务中应用较为广泛的几种方法介绍如下。

1. 重置核算法

重置核算法亦称细节分析法、核算法等。它是利用成本核算的原理，按资产的成本、费用构成，以现行市价为标准，逐项计算然后累加得到资产的重置价值。

在实际测算过程中，按照资产来源具体划分为两种类型：购买型和自建型。

购买型是以购买资产的方式作为资产的重置过程，结果一般是资产的购置价格。如果被评估资产属于不需要运输、安装的资产，购置价格就是资产的重置价值。如果被评估资产属于需要运输、安装的资产，资产的重置价值具体由资产的现行购置价格、运杂费、安装调试费以及其他必要费用构成，将上述取得资产的必需费用累加起来，便可计算出资产的重置价值。

自建型是把自建资产作为资产重置方式，它根据重新建造资产所需的料、工、费及必要的资金成本和开发者的合理收益等分析和计算出资产的重置价值。资产的重置价值应包括开发者的合理收益。理由如下：一是重置价值是按在现行市场条件下重新购建一项全新资产所支付的全部货币总额，应该包括资产开发和制造商的合理收益。二是资产评估旨在了解被评估资产在模拟条件下的交易价格，一般情况下，价格都应该含有开发者或制造者的合理收益部分。资产重置价值中合理收益部分的确定，应以现行行业或社会平均资产收益水平为依据。

[例 2-5]

重置购建设备一台，现行市场价格每台 15 万元，运杂费 3 000 元，直接安装成本 3 000 元，其中原材料 2 000 元，人工成本 1 000 元。根据统计分析，计算求得安装成本中的间接成本为直接安装成本中人工成本的 1.5 倍，该机器设备重置价值为：

直接成本＝150 000＋3 000＋3 000＝156 000(元)

间接成本＝1 000×1.5＝1 500(元)

重置价值＝156 000＋1 500＝157 500(元)

2. 功能价值类比法

功能价值类比法也称功能系数法、类比估价法，是指由于无法直接获得处于全新状态的被评估资产的现行市场价格，就利用某些资产的功能（生产能力）的变化与其价格或重置价值的变化呈某种指数关系或线性关系，通过参照物的价格或重置价值，以及功能价值关系估测评估对象价格或重置价值的技术方法。

3. 物价指数法

物价指数法也称价格指数法。如果既无法获得处于全新状态的被评估资产的现行市价，也无法获得与被评估资产相似的参照物的现行市价，可以利用与资产有关的价格变动指数，将被评估资产的历史成本（账面价值）调整为重置价值。其计算公式为：

$$\text{重置价值}=\text{资产的账面原值}\times\text{价格指数}$$

或

$$\text{重置价值}=\text{资产的账面原值}\times(1+\text{价格变动指数})$$

式中，价格指数可以是定基价格指数或环比价格指数。

定基价格指数是评估基准日的价格指数与资产购建时的价格指数之比，即

$$\text{定基价格指数}=\left(\begin{matrix}\text{评估基准日的}\\\text{价格指数}\end{matrix}\div\begin{matrix}\text{资产购建时的}\\\text{价格指数}\end{matrix}\right)\times100\%$$

环比价格指数可考虑按下式求得：

$$X=(1+a_1)\times(1+a_2)\times(1+a_3)\times\cdots\times(1+a_n)\times100\%$$

式中，X 为环比价格指数；a_n为第 n 年环比价格变动指数。

［例2-6］

某资产购建于2014年，账面原值为450 000元，当时该类资产的价格指数为97%，评估基准日为2017年12月31日，该类资产的价格指数为155%，则

$$\begin{aligned}\text{被评估资产重置价值}&=450\,000\times(155\%\div97\%)\times100\%\\&\approx719\,072(\text{元})\end{aligned}$$

若被评估资产账面价值为500 000元，2014年建成，2017年12月31日进行评估，经调查已知同类资产的环比价格变动指数2015年为12%，2016年为14%，2017年为20%，则有

$$\begin{aligned}\begin{matrix}\text{被评估资产}\\\text{重置价值}\end{matrix}&=500\,000\times(1+12\%)\times(1+14\%)\times(1+20\%)\times100\%\\&=500\,000\times153.22\%\\&=766\,080(\text{元})\end{aligned}$$

物价指数法所依据的历史成本应当是原始购置所发生的支出，经评估调整后的价格以及二手交易价格均不能作为该方法使用的依据。

物价指数法与重置核算法是重置价值估算较常用的方法，但二者具有明显的区别：

（1）物价指数法估算的重置价值仅考虑了价格变动因素，因而确定的是复原重置价值；而重置核算法既考虑了价格变动因素，也考虑了生产技术进步和劳动生产率的变化因素，因而可以估算复原重置价值和更新重置价值。

（2）物价指数法建立在不同时期的某一种或某一类甚至全部资产的物价变动水平上；而重置核算法建立在现行价格水平与购建成本费用核算的基础上。

正是由于上述区别，在评估实务中，若采用成本法评估资产，则先行选择重置成本法。若重置成本法的使用条件不存在，再考虑采用物价指数法。物价指数法和重置成本法是评估实务中两种常用的方法。

4. 统计分析法

当被评估资产单位价值较低、数量较多时，为了简化评估业务，节省评估时间，还可以采用统计分析法确定某类资产的重置价值。这种方法运用的步骤是：

（1）在核实资产数量的基础上，把全部资产按照适当标准划分为若干类别，如房屋建筑物按结构划分为钢结构、钢筋混凝土结构等；机器设备按有关规定划分为专用设备、通用设备、运输设备、仪器仪表等。

（2）在各类资产中抽样选择适量具有代表性的资产，应用功能价值类比法、价格指数法、重置核算法或规模经济效益指数法等方法估算其重置价值。但需注意样本量的适用性。

（3）依据分类抽样估算的资产重置价值与账面历史成本，计算出分类资产的调整系数。其计算公式为：

$$K=R'/R$$

式中，K 为资产重置价值与账面历史成本的调整系数；R'为某类抽样资产的重置价值；R 为某类抽样资产的账面历史成本。

根据调整系数 K 估算被评估资产的重置价值，计算公式为：

$$\text{被评估资产重置价值}=\text{某类抽样资产的账面历史成本}\times K$$

某类抽样资产的账面历史成本可从会计记录取得。

统计分析法实质上并不算一种单独的评估方法，而是一种在实务中具有效率的工作方法。在保证评估值无误的情况下，选择有代表性的资产进行单独评估，并将其推而广之，提升评估效率。

[例 2-7]

评估某企业某类通用设备，经抽样选择具有代表性的通用设备 10 台，估算其重置价值之和为 200 万元，而该 10 台具有代表性的通用设备账面历史成本之和为 120 万元，该类通用设备账面历史成本之和为 750 万元。则

$$K=200\div120=1.667$$

$$\text{该类通用设备重置价值}=750\times1.667=1\,250.25\text{（万元）}$$

（二）实体性贬值的计算方法

资产的实体性贬值亦称有形损耗，是指资产由于使用及自然力的作用导致的物理性能损耗或下降而引起的价值损失。资产的实体性贬值通常采用相对数计量，即实体性贬值率，用公式表示为：

$$\text{实体性贬值率}=\text{资产实体性贬值}/\text{资产重置价值}$$

测算资产的实体性贬值一般可以选择以下几种方法。

1. 观察法

观察法是指由具有专业知识和丰富经验的工程技术人员，通过对资产实体各主要部位的观察以及仪器测量等方式进行技术鉴定，并综合分析资产的设计、制造、使用、磨损、维护、修理、大修理、改造和物理寿命等因素，将评估对象与其全新状态相比较，考察由于使用磨损和自然损耗对资产的功能、使用效率带来的影响，判断被评估资产的成新率，从而估算实体性贬值。计算公式为：

$$\text{资产的实体性贬值}=\text{重置价值}\times\text{实体性贬值率}$$

或

$$\text{资产的实体性贬值}=\text{重置价值}\times(1-\text{实体性成新率})$$

即

$$M=P\times(1-f)$$

式中，M 为资产的实体性贬值；P 为重置价值；f 为实体性成新率。

2. 使用年限法

使用年限法（或称年限法）是指利用被评估资产的实际已使用年限与其总使用年限的比值来判断其实体性贬值率（程度），进而估测资产的实体性贬值。

使用年限法的数学表达式为：

$$\begin{aligned}\text{资产的实体性贬值}&=\left(\begin{matrix}\text{重置}\\\text{价值}\end{matrix}-\begin{matrix}\text{预计}\\\text{残值}\end{matrix}\right)\times\text{资产的实体性贬值率}\\&=\left(\begin{matrix}\text{重置}\\\text{价值}\end{matrix}-\begin{matrix}\text{预计}\\\text{残值}\end{matrix}\right)\times\left(\begin{matrix}\text{实际已}\\\text{使用年限}\end{matrix}\div\begin{matrix}\text{总使用}\\\text{年限}\end{matrix}\right)\end{aligned}$$

$$\text{资产的实体性贬值率}=\text{实际已使用年限}\div\text{总使用年限}$$

即

$$M=(P-C)\times(Y_n/Y_{总})$$

式中，M 为资产的实体性贬值；P 为重置价值；C 为预计残值；Y_n 为被评估资产的实际已使用年限；$Y_{总}$ 为被评估资产的总使用年限。

公式中：(1) 预计残值是指被评估资产在清理报废时净收回的金额。在资产评估中，通常只考虑数额较大的残值，如残值数额较小可以忽略不计。(2) 总使用年限是指实际已使用年限与尚可使用年限之和，计算公式为：

总使用年限＝实际已使用年限＋尚可使用年限

尚可使用年限是指根据资产的有形损耗因素预计的资产继续使用年限。由于受资产在使用中负荷程度的影响，必须将资产的名义已使用年限调整为实际已使用年限。名义已使用年限是指资产从购进使用到评估时的年限。名义已使用年限可以通过会计记录、资产登记簿、登记卡片查询确定。实际已使用年限是指资产在使用中实际损耗的年限。实际已使用年限与名义已使用年限的差异可以通过资产利用率来调整。相关计算公式为：

实际已使用年限＝名义已使用年限×资产利用率

$$资产利用率=\frac{截至评估基准日资产累计实际利用时间}{截至评估基准日资产累计法定利用时间}\times 100\%$$

当资产利用率>1时，表示资产超负荷运转，资产实际已使用年限比名义已使用年限要长；

当资产利用率＝1时，表示资产满负荷运转，资产实际已使用年限等于名义已使用年限；

当资产利用率<1时，表示资产开工不足，资产实际已使用年限小于名义已使用年限。

评估实践中，资产利用率需要根据资产开工情况、修理间隔时间、工作班次等方面确定。

[例 2-8]

某资产在1996年2月购进，2006年2月评估时，名义已使用年限是10年。根据该资产技术指标可知，正常使用情况下，该资产每天应工作8小时，而该资产实际每天工作5小时。由此可以计算资产利用率为：

资产利用率＝10×360×5÷(10×360×8)×100%＝62.5%

由此可确定其实际已使用年限：

实际已使用年限＝10×62.5%＝6.25(年)

使用年限法是一种应用较为广泛的评估技术，在资产评估实际工作中，评估人员还可以利用使用年限法的原理，根据被评估资产设计总工作量和评估对象已完成工作量、评估对象设计行驶里程和已行驶里程等指标，测算资产的实体性贬值。因此，使用年限法可以利用许多指标评估资产的实体性贬值。

此外，评估中经常遇到被评估资产更新改造的情况。对于更新改造过的资产，其实体性贬值的计量还应充分考虑更新改造投入的资金对资产寿命的影响，否则可能就会过高地估计实体性贬值。对于更新改造的情况，一般采取加权法来确定资产的实体性贬值。也就是说，先计算加权更新成本，再计算加权平均已使用年限。其计算公式为：

$$\text{加权更新成本}=\text{已使用年限}\times\text{更新成本(或购建成本)}$$

$$\begin{matrix}\text{加权平均}\\\text{已使用年限}\end{matrix}=\sum\begin{matrix}\text{加权}\\\text{更新成本}\end{matrix}\begin{pmatrix}\text{或购建}\\\text{成本}\end{pmatrix}\div\sum\begin{matrix}\text{更新}\\\text{成本}\end{matrix}\begin{pmatrix}\text{或购建}\\\text{成本}\end{pmatrix}$$

需要注意的是，这里所涉及的成本可以是原始成本，也可以是重置价值。虽然各时期的投资或更新金额并不具有可比性，但从方便获得数据角度来看，采用原始成本比重新确定成本更具可行性，同时也反映了各特定时期的购建或更新所经历的时间顺序。

3. 修复费用法

修复费用法是指假设设备所发生的实体性损耗可以通过修理或更换损坏部分得到补偿，利用恢复资产功能所支出的费用金额直接估算资产的实体性贬值。修复费用包括资产主要零部件的更换、修复、改造、停工损失等费用支出。如果资产可以通过修复恢复到全新状态，可以认为资产的实体性贬值等于其修复费用。

[例 2-9]

A公司于3年前购买了一台电脑，交易价格为1万元。目前，该型号电脑在全新状态下的市场价值为5 000元。由于使用不当，该电脑光驱已损坏，更换光驱需要1 000元。假设该电脑的经济寿命为5年，电脑整体的残值率为10%，光驱的残值率为5%。试估算该电脑当前的市场价值。

根据上述条件，由于10%为电脑整体的残值率，即包含光驱部分。因此，首先将电脑本体（不包含光驱）的残值率计算出来。

$$\text{电脑整体残值率}=\frac{\begin{matrix}\text{电脑本体}\\\text{残值率}\end{matrix}\times\begin{matrix}\text{电脑本体}\\\text{现行市价}\end{matrix}+\begin{matrix}\text{光驱}\\\text{残值率}\end{matrix}\times\begin{matrix}\text{光驱}\\\text{现行市价}\end{matrix}}{\text{电脑本体现行市价}+\text{光驱现行市价}}$$

则

$$\begin{matrix}\text{电脑本体}\\\text{残值率}\end{matrix}=\frac{\begin{matrix}\text{电脑整体}\\\text{残值率}\end{matrix}\times\left(\begin{matrix}\text{电脑本体}\\\text{现行市价}\end{matrix}+\begin{matrix}\text{光驱}\\\text{现行市价}\end{matrix}\right)-\begin{matrix}\text{光驱}\\\text{残值率}\end{matrix}\times\begin{matrix}\text{光驱}\\\text{现行市价}\end{matrix}}{\text{电脑本体现行市价}}$$

已知电脑整体残值率为 10%；电脑本体现行市价为电脑整体现行市价－光驱现行市价＝5 000－1 000＝4 000（元）；光驱残值率为 5%。则

$$\text{电脑本体残值率}=\frac{\text{电脑整体残值率}\times(\text{电脑本体现行市价}+\text{光驱现行市价})-\text{光驱残值率}\times\text{光驱现行市价}}{\text{电脑本体现行市价}}$$

$$=[10\%\times(4\,000+1\,000)-5\%\times1\,000]\div4\,000$$

$$=11.25\%$$

其次，计算电脑本体贬值。

$$\text{电脑本体贬值}=\text{电脑本体现行市价}\times(1-\text{电脑本体残值率})\times\frac{\text{已使用年限}}{\text{总使用年限}}$$

$$=4\,000\times(1-11.25\%)\times3\div5$$

$$=2\,130(\text{元})$$

最后，计算该电脑当前的市场价值。

$$\text{该电脑当前市场价值}=\text{全新电脑现行市价}-\text{贬值}\left(\begin{array}{c}\text{包含电脑本体贬值}\\\text{及光驱贬值}\end{array}\right)+\text{光驱残值}$$

$$=5\,000-2\,130-1\,000+50$$

$$=1\,920(\text{元})$$

（三）功能性贬值的计算方法

资产的功能性贬值是指由于技术进步引起的资产功能相对落后而造成的资产价值损失。它包括由于新工艺、新材料和新技术的采用，而使原有资产的建造成本超过现行建造成本的超支额，以及由于技术的进步而使原有资产超过新建资产的运营成本的超支额。它可以体现在两个方面：一是从运营成本的角度来看，产出量相等的情况下，被评估资产的运营成本要高于同类技术先进的资产；二是从产出能力的角度来看，在运营成本相似的情况下，被评估资产的产出能力要低于同类技术先进的资产。

主要根据资产的效用、生产加工能力、工耗水平、物耗水平、能耗水平等功能方面的差异造成的成本增加或效益降低，相应确定功能性贬值。同时，还要重视技术进步因素，注意替代设备、替代技术、替代产品的影响，以及行业技术装备水平现状和资产更新换代速度。

对于超额建造成本所引起的功能性贬值，其计算公式为：

$$\text{功能性贬值}=\text{复原重置价值}-\text{更新重置价值}$$

对于超额运营成本所引起的功能性贬值，通常情况下，可以按下列步骤进行计算：

（1）将被评估资产的年运营成本与功能相同但性能更好的新资产的年运营

成本进行比较，这里的运营成本包含材料的损耗。

（2）计算二者的差异，确定净超额运营成本。企业支付的运营成本是在税前扣除的，企业支付的超额运营成本会导致税前利润下降，所得税额降低，使得企业负担的运营成本低于其实际支付额。因此，净超额运营成本是超额运营成本扣除其抵减的所得税后的余额。

（3）估计被评估资产的剩余寿命。

（4）以适当的折现率将被评估资产在剩余寿命内每年的超额运营成本折现，这些折现值之和就是被评估资产的功能性贬值，计算公式为：

$$\begin{matrix}\text{被评估资产的}\\\text{功能性贬值}\end{matrix}=\sum\left(\begin{matrix}\text{被评估资产}\\\text{年净超额运营成本}\end{matrix}\times\begin{matrix}\text{折现}\\\text{系数}\end{matrix}\right)$$

［例2-10］

某种机器设备，技术先进的设备比原有的陈旧设备生产效率高，节约工资费用，有关资料及计算结果如表2-3所示。

表2-3　某设备的技术资料

项目	技术先进设备	技术陈旧设备
月产量	8 000件	8 000件
单件工资	1元	1.5元
月工资成本	8 000元	12 000元
月差异额		12 000－8 000＝4 000(元)
年工资成本超支额		4 000×12＝48 000(元)
减：所得税（税率25%）		12 000元
扣除所得税后年净工资成本超支额		36 000元
资产剩余使用年限		5年
假定折现率10%，5年年金折现系数		3.790 8
功能性贬值		136 468.8元

应当指出，新老技术设备的差异、运营成本所包含的不同内容均可能影响成本超额支出。除生产效率因素，原材料消耗、能源消耗以及产品质量等指标也需要关注。单因素影响的情形存在，多因素影响的情形也很多。

（四）经济性贬值的计算方法

资产的经济性贬值是指由于外部经济环境的变化，如宏观经济政策调整、市场供求关系和市场竞争变化等引起资产闲置、收益下降等情况而造成的资产价值损失。就表现形式而言，资产的经济性贬值有两种：一种是由于外部环境造成的资产利用率下降，甚至资产闲置；另一种是由于外部环境造成的资产运营收益减少。因此，经济性贬值的计算存在两种方法。

1. 直接计算法

该方法主要测算的是由于外部原因所造成的因收益减少导致的经济性贬值。

$$经济性贬值=资产年收益损失\times(1-所得税税率)\times(P/A,r,n)$$

式中，$(P/A, r, n)$ 为年金现值系数。

2. 间接计算法

该方法又称生产能力估算法，主要测算的是由于外部原因所造成的因资产利用率下降导致的经济性贬值。

$$经济性贬值率=\left[1-\left(\frac{资产预计可被利用的生产能力}{资产原设计生产能力}\right)^x\right]\times100\%$$

式中，x 为功能价值指数。

[例 2－11]

某被评估生产线尚可使用 3 年，原设计生产能力为年产 30 000 台产品，因市场需求结构变化，在未来可使用年限内，每年产量要减少 10 000 台左右，每台产品净利润 100 元，企业所在行业的投资收益率为 10%，所得税税率为 33%，计算其经济性贬值率和经济性贬值。

根据上述条件，功能价值指数 x 取 0.6，则该生产线的经济性贬值率及经济性贬值为：

$$\begin{aligned}经济性贬值率&=[1-(20\,000/30\,000)^{0.6}]\times100\%\\&=21.6\%\end{aligned}$$

$$\begin{aligned}经济性贬值&=[(30\,000-20\,000)\times100]\times(1-33\%)\times(P/A,10\%,3)\\&=1\,666\,223(元)\end{aligned}$$

(五) 综合成新率的计算方法

在资产评估实践中，对于成新率的计算一般多采用综合成新率，并采用以下公式进行评估：

$$评估价值=(重置价值-残值)\times综合成新率+残值$$

$$综合成新率=年限成新率\times40\%+勘察成新率\times60\%$$

1. 年限成新率

年限成新率的确定考虑了资产的经济寿命。在使用过程中，资产的价值随着使用年限的消耗降低。

$$年限成新率=\frac{经济寿命年限-已使用年限}{经济寿命年限}\times100\%$$

2. 勘察成新率

勘察成新率是评估师通过现场勘察，查阅资产的历史资料，向操作人员询问资产的使用情况、消耗程度、维修保养情况等，对所获得信息进行分析后综合确定的贬值率。

需要说明的是，综合成新率的计算方法仅考虑贬值方法中的三项重要因素，是实务中经验总结和工作效率平衡的结果。但是，对于外部因素影响导致设备闲置或相对闲置的部分，也要考虑经济性贬值因素；对于存在超额投资成本或超额运营成本的资产，也应当考虑与其对应的经济性贬值和功能性贬值因素。

[例2-12]

被评估资产为一机床。该设备启用日期为2012年12月31日，评估基准日为2017年12月31日。至评估基准日已经使用5年，经济寿命年限为15年，剩余使用年限为10年。其综合成新率的计算过程为：

年限成新率＝(经济寿命年限－已使用年限)/经济寿命年限×100%
＝(15－5)/15×100%
＝66.67%

通过专家打分的方法，确定了勘察成新率为70%。

综合成新率为：

综合成新率＝年限成新率×40%＋勘察成新率×60%
＝66.67%×40%＋70.00%×60%
＝68.67%

四、对成本法的评价

成本法是资产评估中最为基础的评估方法，它充分考虑了资产的损耗，评估结果更能反映市场对于获得某单项资产平均愿意付出的资金，有利于评估单项资产和具有特定用途的资产；另外，在无法预测资产未来收益和市场交易活动不频繁的情况下，成本法给出了比较客观和可行的测算思路和方法。

但是，由于成本法的理论基础是成本价值论，使用该方法测算出的企业价值无法从未来收益的角度反映企业真实能为其投资者或所有者带来的收益，未来收益与成本之间并没有直接和必然的联系，因此该方法所评估的企业价值在为投资者提供价值参考时有一定的局限性。尤其是对于轻资产的企业而言，如果使用成本法进行评估，通常很难将账面没有记载的各类无形资产算入评估资产的价值之中，因此使用成本法评估出的资产价值与使用收益法或市场法得出的结果可能差异极大。这一局限不仅体现在企业价值评估这一方面，某些单项资产的评估也常会面临这样的问题。根据我国《企业会计准则》及相关规定，体现在财务报表中的企业自创无形资产，其成本包括达到预定用途前所发生的支出总额，但是对于以前期间已经费用化的支出不再调整。无形资产自行开发并依法申请成功前已计入发生当期的费用，在申请成功后不能转增无形资产的成本。因此，如果采用成本法进行评估，则可能低估企业的该类资产价值。

尽管如此，成本法对以企业并购为目的的评估并非完全没有意义。收购方虽然重视被收购方未来的获利能力，但也关注收购行为真正所获得的实物资产价值。同时，成本法评估企业价值也为可能的破产清算、资产分割提供了一定的价值参考。

第四节　评估方法的选择

2016 年 7 月 2 日通过的《资产评估法》第二十六条规定：“评估专业人员应当恰当选择评估方法，除依据评估执业准则只能选择一种评估方法的外，应当选择两种以上评估方法，经综合分析，形成评估结论，编制评估报告。”评估专业人员正确、合理、科学地选择资产评估方法是法定要求。恰当选择评估方法是资产评估程序中必不可少的关键步骤，资产评估程序准则对资产评估方法的选择和运用做出了原则性规定。资产评估执业准则将进一步细化和落实《资产评估法》相关规定的要求。

资产评估方法是确定资产价值的途径和手段，主要包括市场法、收益法和成本法三种基本方法及其衍生方法。资产评估方法的选择和运用是从事资产评估业务的重要环节，也是影响资产评估结论和资产评估报告质量的重要因素。规范资产评估方法的选择、运用和披露，有利于促进资产评估机构和资产评估专业人员在资产评估执业实践中合理使用资产评估方法，提高资产评估执业质量。

虽然各种评估方法可以从不同的路径实现对资产价值的客观反映，但究其内涵，构成资产评估方法体系的各种评估方法之间既存在内在联系，又各具特点。相关统计数据显示，2015 年我国主板市场并购重组评估多采用成本法和收益法（见表 2-4）。

表 2-4　2015 年我国主板市场并购重组评估方法选用情况

方法	数量	占比（%）
资产基础法	49	9.57
收益法	9	1.76

续表

方法	数量	占比（%）
市场法	7	1.37
其他方法	1	0.20
资产基础法＋收益法	358	69.92
资产基础法＋市场法	10	1.95
收益法＋市场法	77	15.04
资产基础法＋收益法＋市场法	1	0.20
总计	512	100.00

资料来源：中评协专题研究小组．2015年度我国主板市场资产评估情况统计分析报告．中国资产评估，2018（2）．

一、评估方法之间的关系

（1）各评估方法体现了实现评估目的的不同手段。对于特定经济行为，在相同的市场条件下，对处于相同状态的同一资产进行评估，其评估价值应该是客观的。这个客观的评估价值不会因评估人员所选用的评估方法的不同而出现截然不同的结果。可以认为，正是评估的基本目的决定了评估方法间的内在联系，而这种内在联系为评估人员运用多种评估方法评估同一条件下的同一资产并做相互验证提供了理论依据。

（2）各评估方法体现了价值衡量的不同角度。由于各种资产评估方法所体现的思路不同，方法之间的区别是明显的，它们是从不同角度和不同方面实现评估目的的手段。正是由于具体评估业务的特定目的、市场条件、评估对象功能和使用状态，以及由上述条件决定的评估结果价值类型，在评估时点构成了既定的评估条件和信息基础，不同的资产评估方法由于自身的特点对既定信息基础和评估条件下的资产评估存在是否适应的问题，也就是说不同评估方法对信息基础的要求存在明显的差异。

二、评估方法的选择

资产评估方法的选择要满足评估的特定目的、资产价值类型、评估市场条件，以及评估时对评估对象使用状态设定的需要。从评估方法本身而言，评估方法由于自身特点不同，在评估不同类型的资产价值时，就有了效率和直接程度上的差别。同样，不同的资产评估方法在评估不同资产，以及评估不同特定目的、不同评估条件和不同价值类型的相同资产的价值时，都存在效率和风险程度上的差别。从这个意义上讲，评估人员恰当选择评估方法，既包含对评估方法是否适合、直接、有效且具有风险防范能力的判断，也包括评估目的、评估条件和评估价值类型等对评估方法选择的约束（见表2-5）。

表 2-5　评估方法的比较

名称	市场法	收益法	成本法
含义	市场法是指利用市场上相同或类似资产的近期交易价格，经过直接比较或类比分析以估测资产价值的各种评估方法的总称。	收益法是指通过估测被评估资产未来预期收益的现值来判断资产价值的各种评估方法的总称。	成本法是指首先估测被评估资产的重置价值，然后估测被评估资产业已存在的各种贬值因素，并将其从重置价值中予以扣除而得到被评估资产价值的各种评估方法的总称。
基本要素	参照物成交价格。	被评估资产的预期收益；折现率或资本化率；被评估资产取得预期收益的持续时间。	资产的重置成本；资产的实体性贬值；资产的功能性贬值；资产的经济性贬值。
基本前提	有一个活跃的公开市场；公开市场上有可比的资产及其交易活动。	被评估资产或所涉及的评估对象可持续使用或持续经营；被评估资产的未来预期收益可预测并用货币计量；资产预期获利年限可预测；资产拥有者为获得预期收益所承担的风险可预测并可用货币计量。	被评估资产处于继续使用状态或被假定处于继续使用状态；应当具备可利用的历史资料；形成资产价值的耗费是必需的。
评价	利用市场法可以直接评估单项资产的价值，适用于估测评估标的与参照物之间某种差异的调整系数或调整值，但是市场法中具体方法的使用必须满足其最基本的前提条件。	适用于那些形成资产的成本费用与其盈利能力不对称，以及成本费用无法或难以准确计算的资产。收益法的局限性表现在：收益法的应用需具备一定的前提条件。	成本法主要适用于继续使用前提下的资产评估。对于非继续使用前提下的资产，如果运用成本法进行评估，需对成本法的基本要素做必要的调整。

就评估方法选择本身，实际上包含不同层面的资产评估方法的选择过程，即三个层面的选择：(1) 关于资产评估技术思路层面的选择，即分析三种资产评估基本方法所依据的资产评估技术思路的适用性；(2) 在各种资产评估技术思路已经确定的基础上，选择实现各种评估技术思路的具体评估技术方法；(3) 在确定资产评估具体技术方法的前提下，对运用各种具体评估技术方法所涉及的经济技术参数做出选择。

恰当选择评估方法，既包含恰当选择评估技术思路，以及满足实现该技术思路的具体评估技术方法的要求，也包含在运用各种评估方法时对所涉及的经济技术参数的恰当选择。选择恰当的评估技术思路与实现评估技术思路的具体方法和恰当选择经济技术参数，共同构成了恰当选择资产评估方法的内容。片面地强调某一个方面而忽略另一个方面，都有可能会导致评估结果的失实和偏颇。

资产评估专业人员在选择资产评估方法时，应当充分考虑影响评估方法选择的因素。所考虑的因素主要包括：（1）评估目的和价值类型；（2）评估对象及预期用途；（3）可行的评估方法的优势和劣势；（4）应用评估方法所依据数据的质量和数量等。

当满足采用不同评估方法的条件时，资产评估专业人员应当选择两种以上评估方法，通过综合分析形成评估结论。

三、可以采用一种评估方法的情形

资产评估专业人员在评估实践中，当存在下列情形时，可以采用一种评估方法：

（1）基于相关法律、行政法规、规章的要求或者限制而采用一种方法。

（2）由于评估对象仅满足一种评估方法的适用条件而采用一种评估方法。例如，交易不活跃、单独不产生收益的非标准工业建筑或专用设备等，一般选择成本法。

（3）因操作条件限制而采用一种评估方法。操作条件限制是资产评估行业通常的执业方式中普遍无法排除的，因此不应以个别资产评估机构或者个别资产评估专业人员的操作能力及条件作为判断标准。

（4）依据资产评估执业准则，经分析现有评估方法的适用性，只能选择一种评估方法的，应当在资产评估报告中说明理由。

四、评估方法选择的披露

资产评估专业人员应该在资产评估报告中对资产评估方法的选择及其理由进行披露。因适用性受限而选择一种评估方法的，应当在资产评估报告中披露其他基本评估方法不适用的原因；因操作条件受限而选择一种评估方法的，应当对所受的操作条件限制进行分析、说明和披露。

相关链接

资产评估方法及选择

资产评估师使用资产评估方法来进行工作。由于资产评估方法具有重要意义，在资产评估行业逐渐产生了一些不全面的思想倾向，具体有以下两方面：一方面，由于规章的缺失，资产评估的方法并没有明确的定义，因此人们仅仅把收益法、成本法和市场法看成资产评估的依据，并把它们看成资产评估唯一的指定方法依据。另一方面，大多数人都认为使用不同方法就会得到不同的结果。这是因为在资产评估中，资产评估方法起着决定性作用。

一般来说，资产评估方法的名字本不应该影响到人们对该种资产评估方法的理解。可是，有些时候人们可能只会注意一个名字，而忽略了其本身的意义，也就难以透彻理解某种资产评估方法的准确内涵和实际操作方式。很多人误以为到市场上询问一些物品的价格，然后将被评估资产的类似价格加在一起，就是资产评估的结果，这显然是不正确的。还有人认为，成本法就是利用所谓的成本指标来进行评估，收益法就是利用资产收益指标进行评估，这些自以为是的想法使得资产评估行业形成一个尴尬的局面。对市场法正确的理解应该是，市场法是指考虑评估产品的组成因素，再利用合适的市场价格，在一定的对照下，由一些技术参数类比出结果的方法。收益法、成本法也是如此，这些评估方法并不只是一个简单的过程，而是包含复杂的专业操作手段。

对于资产评估思路和方法的选择使用，最为了解的应该是资产评估师。这些操作的核心是资产评估师在所收集到的参数以及客户评估的资产价值类型的约束下，对特定条件下客户资产的价值，理性而专业地进行论证、比较、分析等工作。通过这个过程促使客户相信以及支持专业人员给出的价值判断。所以，如果将资产评估的评估思路和方法选择以及对它的运用过程，仅仅理解为依靠一成不变的评价模型、生硬的评估公式的使用过程，都是不正确且不成熟的想法。

资料来源：张瑞，訾杨．资产评估方法及选择．商业现代化，2014（32）．

总之，资产评估方法的选择和使用，实际上是专业评估人员对实际条件或模拟条件约束下的资产的价值进行理性的分析、论证和比较的过程，通过这个过程做出有足够理由支持的价值判断。任何将评估方法选择和运用的过程简单地理解为评估公式或评价模型的使用或计算过程的想法都是不正确的。因此，在评估方法的选择过程中，应注意依据具体项目的具体情况分析确定，不可机械地按照某种模式进行选择。

本章小结

资产评估基本方法包括市场法、收益法、成本法，它们是资产评估的工具和手段，在资产评估中起着重要的作用。作为资产评估的工具和手段，评估途径和评估方法之间具有替代性和可比性。作为独立存在的评估工具，它们之间又有差别。充分掌握每一种评估方法的内涵、应用的前提条件，以及对评估参数的要求，是正确理解和认识资产评估方法的基础，也是正确运用评估途径及其方法的基础。

常用网站链接

1. 中华人民共和国国家统计局：http://www.stats.gov.cn

2. 中国证券监督管理委员会：http://www.csrc.gov.cn/pub/newsite
3. 国务院国有资产监督管理委员会：http://www.sasac.gov.cn
4. 国家市场监督管理总局：http://www.samr.gov.cn
5. 中华人民共和国工业和信息化部：http://www.miit.gov.cn
6. 中国报告大厅：http://www.chinabgao.com
7. 同花顺财经：http://www.10jqka.com.cn
8. 全国中小企业股份转让系统：www.neeq.com.cn

名词和术语

市场法（market approach）
收益法（income approach）
成本法（cost approach）
现行市价法（current market price method）
市价折扣法（market price discount method）
成本市价法（cost market price method）
价格指数法（price index method）
价值比率法（value ratio method）
折现率（discount rate）
风险报酬率（risk return rate）
资产重置成本（replacement cost of assets）
资产实体性贬值（physical depreciation of assets）
资产功能性贬值（functional depreciation of assets）
资产经济性贬值（economic depreciation of assets）
价格指数（price index）

思考题

1. 什么是资产评估方法中的市场法、收益法和成本法？
2. 市场法、收益法和成本法各自的适用前提条件是什么？各种资产评估方法之间有哪些主要联系和区别？
3. 市场法的局限性体现在哪些方面？
4. 收益法有哪些主要参数？折现率的概念是什么？
5. 成本法的基本思路是什么？

6. 更新重置价值和复原重置价值有什么区别？

7. 请概括实体性贬值、功能性贬值和经济性贬值的内容。

8. 如何正确选择资产评估方法？

计算题

1. 已知资产的价值与功能之间存在线性关系，参照物与评估对象仅在功能方面存在差异，参照物的年产能为 1 200 件产品，成交价格为 1 500 元，评估对象的年产能为 1 000 件，请问评估对象的价值为多少？

2. 被评估企业于 2014 年年底购进一台设备，于 2017 年年底进行评估。账面原值为 100 万元，每年该设备的增值率为 5%，预计从 2017 年年底开始还可以使用 7 年，残值率为 10%。根据调查，当前市场上没有更为先进的设备，不存在经济性贬值和功能性贬值。请采用成本法计算该资产 2017 年年底的价值。

3. 被评估企业预计未来 5 年的收益分别为 100 万元、110 万元、120 万元、125 万元、130 万元，且 5 年以后每年的收益增长率为 2%。折现率和资本化率均为 10%。请用收益法计算该企业的评估价值现值。

4. 某收益性资产效益一直良好，经专业评估人员预测，评估基准日后第一年预期收益为 100 万元，以后每年递增 10 万元，假设折现率为 10%，收益期为 20 年，该资产的评估价值为多少万元？

5. 被评估设备购置于 2012 年年初，评估基准日为 2017 年年底。该设备账面原值为 30 万元，评估时设备已停产并被新型设备取代。经过调查，该设备的替代产品在评估基准日的价格为 25 万元，被评估设备与新型设备的功能比为 0.8。被评估设备尚可使用 5 年。请在已知条件下估测该设备的评估价值。

案例分析

甲公司为某一开业 2 年的房地产企业，计划引入投资者。乙资产评估公司受甲公司委托，对其所有者权益的市场价值进行评估，评估基准日为 2017 年 12 月 31 日。由于公司前期投入较大，连年亏损，净现金流呈现负值。新入投资者为一家已经在其他城市具有相当市场规模的同类公司，业绩优良。

在获得企业的基本资料后，评估小组决定开会讨论采用何种评估方法进行评估。会上，各成员对评估方法的选用进行了激烈的讨论。A 认为，考虑到与甲公司类似的上市公司数量较多，可以采用市场法进行评估；B 对此产生异议，认为证券市场存在大量投机现象，因而可比上市公司的股票价格没有真实反映企业价值，采用市场法评估不合理；C认为，虽然公司历史年度亏损，但随着投资者的加入，公司业绩有望好转，可以采用收益法评估；D认为，公司为一家重资产型企业，因此可以采用成本法进行评估。

请分析各评估小组成员对方法的选择理由是否充分。你认为，应当采用哪几种方法进行评估？原因是什么？

第三章 机器设备评估

案例引导

A 公司是一家休闲食品生产公司，其生产的薯条、薯片等休闲食品十分畅销。2019 年年初，该公司拟以其拥有的几条生产线及设备作为抵押物，向某银行贷款用于营运资金周转。B 资产评估公司接受 A 公司的委托，对其抵押设备的市场价值进行评估，为抵押贷款提供价值参考。经商议，确定评估基准日为 2019 年 10 月 1 日。

经与 A 公司商议，确定设备和生产线将就地使用，且使用方法不变。通过对这些设备和生产线的考察，B 资产评估公司了解到其中某几条生产线可以单独产生现金流量，并且收益和风险均可以量化，因此满足使用收益法的条件。同时，由于生产线的实际状况参数和资料均具有可获得性，因此也可以采用成本法和市场法进行评估。

企业在日常的生产经营活动中，拥有或控制着较多的机器设备。有时出于不同的目的需要对全部或部分资产的价值进行评估。在当前的评估实务中，机器设备评估几乎是最常见的业务类型，因此，我们需要了解针对机器设备的评估方法以及如何对评估方法进行选择。

第一节 概 述

一、机器设备的定义

机器设备是人们生产生活中重要的工具。通俗地讲，机器设备是由若干零部件装配而成，根据一定的工作原理，能够完成生产、加工、能量转换、产生有用功、运行、储存等功能或效用的独立或成套装置。

在自然科学领域，机器设备是指将机械能或非机械能转换成便于人们利用的机械能，或将机械能转换为某种非机械能，或利用机械能来做一定工作的装备或器具。机器设备具有由零部件组成、零部件之间有确定的相对运动、有能量转换这三个基本特征。该定义强调的是机器设备的自然属性。

机器设备在会计角度的定义往往强调其资产属性。《国际财务报告准则》将机器设备定义为：可用于生产过程中或者提供商品或服务的过程中，也可用于租赁给他人或者管理目的，而且一般可以使用超过一个会计期间的资产。

资产评估中所指的机器设备的定义不同于自然科学中的定义，也不同于会计学中的定义。在我国发布的《资产评估执业准则——机器设备》中，对机器设备的定义如下：机器设备是指人类利用机械原理以及其他科学原理制造的、特定主体拥有或者控制的有形资产，包括机器、仪器、器械、装置、附属的特殊建筑物等。该准则中对机器设备的定义是从机器设备的资产属性和自然属性两个方面进行考虑的，对其自然属性的描述采用列举方式。同时，还将机器设备按照评估对象分为单台机器设备、机器设备组合和作为企业资产组成部分的机器设备。单台机器设备是指以独立形态存在、可以单独发挥作用或者以单台的形式进行销售的机器设备。机器设备组合是指为了实现特定功能，由若干机器设备组成的有机整体。机器设备组合的价值并不一定等于单台机器设备价值的简单相加。

总的来说，资产评估中所指的机器设备是广义的概念，一般泛指利用机械、电子、电工、光学等各种科学原理制造的装置，不仅包括利用机械原理制造的装置，还包括电力设备、电子设备、仪器、仪表、容器、器具、介质传导装置、动力管线等。此外，评估中所指的机器设备，除单台设备，还包括为了实现特定的功能，由若干独立单台设备组成的有机整体（设备组合），如生产线、车间、多功能生产装置等。

二、机器设备的分类

在生产中所用的各种机器设备，其形状、大小、运行方式、性能、用途等方面差异较大，且种类繁多，分类方式多样。根据我国在2011年发布并实施的《固定资产分类与代码》（GB/T 14885—2010）（见表3-1），机器设备可以分为通用设备和专用设备。该标准适用的范围包括国内的企业、事业单位、社会团体、行政机关、军队和武警部队以及各级有关管理部门的固定资产管理、清查、登记、统计等工作。

表 3-1 固定资产分类与代码（节选）

土地、房屋及构筑物	土地、海域及无居民海岛
	房屋
	构筑物
通用设备	计算机设备及软件
	办公设备
	车辆
	图书档案设备
	机械设备
	电气设备
	雷达、无线电和卫星导航设备
	通信设备
	广播、电视、电影设备
	仪器仪表
	电子和通信测量仪器
	计量标准器具及量具、衡器
专用设备	探矿、采矿、选矿和造块设备
	石油天然气开采专用设备
	石油和化学工业专用设备
	炼焦和金属冶炼轧制设备
	电力工业专用设备
	非金属矿物制品工业专用设备
	核工业专用设备
	航空航天工业专用设备
	工程机械
	农业和林业机械
	木材采集和加工设备
	食品加工专用设备
	饮料加工设备
	烟草加工设备
	粮油作物和饲料加工设备
	纺织设备
	缝纫、服饰、制革和毛皮加工设备
	造纸和印刷机械
	化学药品和中药专用设备
	医疗设备

专用设备	电工、电子专用生产设备
	安全生产设备
	邮政专用设备
	环境污染防治设备
	公安专用设备
	水工机械
	殡葬设备及用品
	铁路运输设备
	水上交通运输设备
	航空器及其配套设备
	专用仪器仪表
	文艺设备
	体育设备
	娱乐设备
文物和陈列品	文物
	陈列品
图书、档案	图书、档案
家具、用具、装具及动植物	家具用具
	被服装具
	特种用途动物
	特种用途植物

目前，国内大部分企业的固定资产管理已采用上述分类方法，由于被评估企业建账和资产管理的需要，评估机构提供的机器设备明细清单也必须符合上述分类要求，因此，这种分类方法是资产评估中使用的最基本的分类方法。

由于在评估实务中，资产评估通常在会计核算的基础上进行，因此明确我国现行会计制度对机器设备的分类也极其重要。

根据我国现行会计制度，机器设备按其使用性质分为六类：

（1）生产用机器设备，指直接为生产经营服务的机器设备，包括生产工艺设备、辅助生产设备、动力能源设备等。

（2）非生产用机器设备，指在企业所属的福利部门、教育部门等非生产部门使用的设备。

（3）租出机器设备，指企业出租给其他单位使用的机器设备。

（4）未使用机器设备，指企业尚未投入使用的新设备、库存的正常周转用设备、正在修理改造尚未投入使用的机器设备等。

（5）不需用机器设备，指已不适合本单位使用，待处理的机器设备。

（6）融资租入机器设备，指企业以融资租赁方式租入使用的机器设备。

此外，机器设备还可以按照适应范围、在企业生产中作用的主次等标准分类。

三、机器设备评估的特点

机器设备的特点决定了机器设备评估的特点，主要的评估特点为：

（1）评估人员对各类行业的机器设备进行较强、全面的把握难度大。由于机器设备具有种类多、技术性强、行业特征明显等特点，因此，即便是机器设备专业人员，也不太可能对多数行业的机器设备都具有较强、全面的把握能力。在对机器设备进行评估时，除需要掌握基本的机械知识，还要具有在较短时间内了解和掌握专用机器设备技术特点和价值特点的能力。通常情况下，可以通过调阅技术文件和咨询相关行业专家的方式来实现。同时，通过查阅机器设备运行和维护、维修记录，与相关技术管理人员、机器设备操作人员沟通交流等方式，了解和掌握机器设备的运用条件和使用状况，必要的时候也可以通过各种技术手段，甚至借助必要的技术检测来确定机器设备的实物状况和现实技术指标。

（2）实体性贬值、功能性贬值、经济性贬值并存。机器设备除由于自身使用产生的实体性贬值，还会由于科技发展、技术进步等原因造成其他贬值。因其更新换代较频繁、较快，有可能出现功能性贬值，或者因所生产的产品不能满足市场的需求或市场变化而造成经济性贬值。

（3）价值受存在方式影响较大。机器设备按其组合形式分为单台设备及设备组合。机器设备可以以单台设备的形式存在，也可以作为整体组合或者某项整体资产的一部分存在，存在方式不同，其价值内涵也不同。通常，整体的价值不仅仅是单台设备价值的简单相加。

（4）价值受预期用途的影响较大。机器设备价值除受本身的制造成本或变现价值，以及其他构成要素的影响，还受机器设备预期用途的影响，例如继续使用或者变现、原地使用或者移地使用、现行用途使用或者改变用途使用。因此，在机器设备评估中还需考虑以上各种因素的影响。

四、机器设备评估方法的适用性

由于机器设备的多样性和市场的多变性，针对不同的情况需要采取不同的方法进行评估。下面就成本法、市场法和收益法的适用范围进行相关介绍（见表3-2）。

表3-2　机器设备评估方法的适用范围

评估方法	适用范围
成本法	继续使用前提下的机器设备评估
市场法	单项机器设备变现价格的评估
收益法	具有独立盈利能力或者盈利能力可以量化，并且可以合理确定收益期、合理量化未来收益的机器设备评估

（一）成本法的适用范围

成本法是机器设备评估的一种常用方法，适用于继续使用前提下的机器设备评估。对在用续用状态下的机器设备，可直接运用成本法进行评估，无论是重置成本构成还是其他项目，都不需要做较大的调整。当运用成本法评估转用续用或移地续用状态下的机器设备时，则需要对成本项目及构成要素做适当的调整，才能得出较合理的评估结果。

成本法一般适用于继续使用前提下不具备独立盈利能力的单台设备或其他设备的评估。对继续使用前提下无法用收益法评估的机器设备，也可采用成本法进行评估。

在非继续使用前提下，若被评估机器设备无市场参照物，也可按成本法评估思路进行评估，但需对成本项目及构成要素做必要的调整，以取得非续用重估价值。

成本法比较充分地考虑了资产的重置全价和应计损耗，对于以资产重置、补偿为目的的资产评估业务较适用，也是清产核资中最基本的评估方法。即使在企业整体转让的情况下，也可以通过对重置成本的评估，提供各资产的价格资料，建立有关资产的账簿和报表，以便运用资产基础法评估企业整体资产价值。

一般来说，在下列情况下较普遍地运用成本法评估资产的价值：因通货膨胀的影响，被评估资产的现行市价和历史成本相比有较大幅度的提高；因社会技术进步的影响，被评估资产（主要是生产设备等固定资产）出现较大的无形损耗；因现有机器设备经过多年的更新、改造或引进先进技术的影响，被评估资产使用效益有较大提高；因使用年限估计不准确，被评估资产转移到产品中的折旧与资产的自然有形损耗不相吻合（特别是在实行分类折旧的情况下，造成少数价值较高的资产使用年限同分类折旧率规定的年限有较大的出入）；因被评估企业管理紊乱、会计核算不实的影响，被评估资产的账面历史成本失实，尤其是某些账外物资找不到历史成本资料的依据等。

（二）市场法的适用范围

市场法主要适用于单项机器设备变现价格的评估（评估机器设备的购买价也可以用市场法）。

市场法的运用首先必须以市场为前提，它是借助参照物的市场成交价或变现价运作的（该参照物与被评估设备相同或相似）。因此，一个发达、活跃的设备交易市场是市场法得以广泛运用的前提。这个活跃的设备交易市场包括正常的设备交易市场以及设备拍卖市场。

此外，市场法的运用还必须以可比性为前提，运用该方法评估机器设备市场价值的合理性与公允性，在很大程度上取决于被评估机器设备和所选取参照物的可比性。可比性包括两方面内容：第一，被评估机器设备与参照物之间在规格、型号、用途、性能、新旧程度等方面具有可比性；第二，参照物的交易情况（诸如交易目的、交易条件、交易数量、交易时间、结算方式等）与被评估设备将要发生的情况具有可比性。

以上所述的市场前提和可比性前提，既是运用市场法评估机器设备的前提条件，也是对运用市场法评估机器设备的一种范围界定。对单项生产要素的交易，如买卖设备、原材料，以及用单项生产要素作为投资参股、合作经营等，均适用市场法。

（三）收益法的适用范围

收益法一般适用于具有独立盈利能力或者盈利能力可以量化，并且可以合理确定收益期、合理量化未来收益的机器设备评估。

由于大部分机器设备需要与房屋建筑物、流动资产、土地、无形资产等一起使用，因而机器设备一般不具有独立盈利能力，收益法在机器设备评估中较少使用。

第二节 成本法在机器设备评估中的应用

成本法是用现时条件下重新购置或建造全新状态的被评估资产所需的全部成本（即重置成本或重置价值），减去被评估资产已经发生的实体性贬值、功能性贬值和经济性贬值，将得到的差额作为被评估资产价值的一种资产评估方法。成本法在机器设备的评估中有着广泛的应用。

成本法的基本计算公式为：

$$\text{机器设备评估价值}=\text{重置成本}-\text{实体性贬值}-\text{功能性贬值}-\text{经济性贬值}$$

即

$$P=RC-D_p-D_f-D_e$$

式中，P 为评估价值；RC 为重置成本；D_p 为实体性贬值；D_f 为功能性贬值；D_e 为经济性贬值。

在实务中，通常也会选用成新率的方法来计算机器设备的评估价值。公式如下：

$$\text{评估价值}=(\text{重置成本}-\text{残值})\times\text{综合成新率}+\text{残值}$$

因而，在运用成本法评估机器设备时，重置成本和综合成新率是重要的参数。在实务操作中，一般要考虑选用何种方法估算和确定重置成本，并判断评估对象主要存在哪些方面的贬值，以及采用何种方法计算这些贬值或综合成新率。本章接下来将对图3-1中的方法进行阐述。

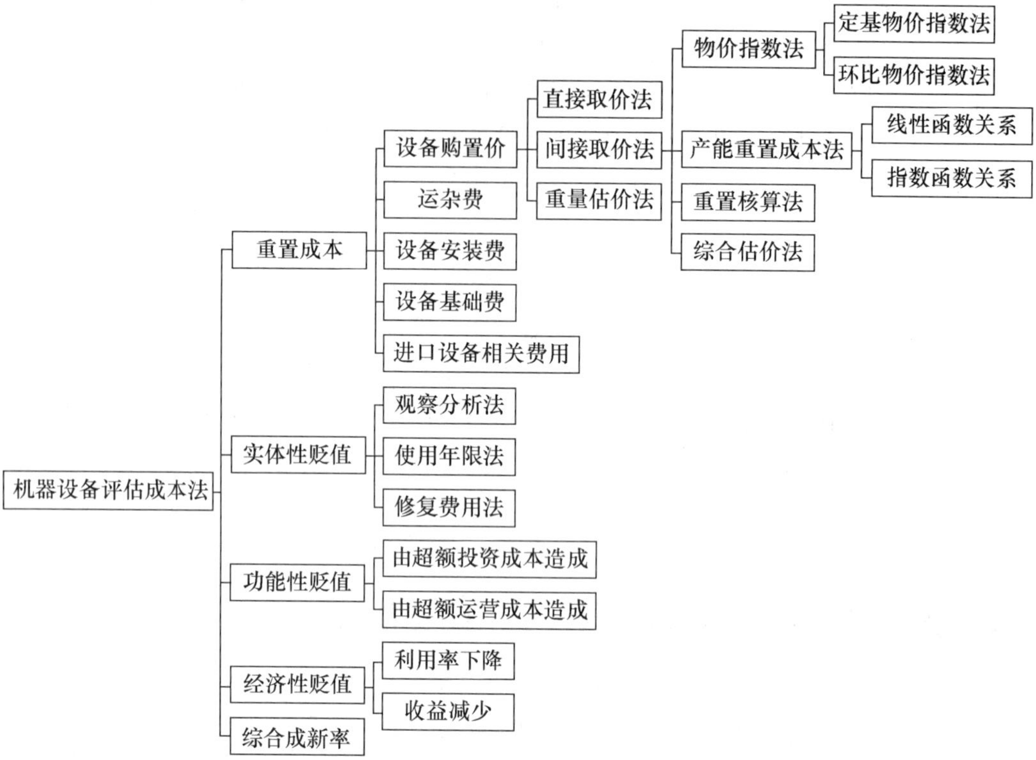

图3-1　机器设备评估成本法结构图

一、重置成本的计算

机器设备的重置成本是指在现时条件下，重新购置、建造或形成与评估对象完全相同或基本类似的全新状态下的资产所需花费的全部费用。重置成本包括购置或建造设备所发生的必要的、合理的直接成本、间接成本和因资金占用所发生的资金成本。成本法中的重置成本分为复原重置成本和更新重置成本。在重置成本的计算中，首先需要明确所评估资产的重置成本的含义，以便在计算各参数时充分考虑到重置成本的性质因素。

一般来讲，在技术进步较快、技术进步因素对设备价格的影响较大，或者被评估设备已经被淘汰（或原企业不再生产该设备）的情况下，应选择计算更新重置成本。复原重置成本一般适用于技术进步较慢或刚购入的设备，以及自制非标准设备。对于技术进步慢和刚购入的设备，由于其无形贬值相对较小，对设备的价格影响不大；对于自制非标准设备，则是因为缺乏可以参照的设备。当然，如果能取得自制非标准设备更新的制造成本资料，也是可以计算更新重置成本的。

机器设备重置成本中的直接成本一般包括设备购置价，即购买或建造费用，以及设备的运杂费、安装费、基础费、调试运行费及其他合理成本费用；间接成本一般包括从购置或建造设备至设备投入正常使用过程中所发生的必要的、合理的管理费、设计费、工程监理费、保险费等；资金成本指购置或建造设备时因占用资金所发生的成本费用。

一般情况下，直接成本与每台设备直接对应，间接成本和资金成本由于是期间发生的费用，难以直接对应到每台设备上，它们是为整个项目所支出的费用，在计算每台设备的重置成本时按比例摊入即可。设备重置成本的构成要素视评估对象的具体情况而定，与设备的类型、产地、运输安装方式、在生产工艺流程中的作用等有关。

（一）设备购置价

设备购置价指设备本身的购买或建造价格，不包括运输、安装等费用。对于市场上正常销售的设备一般按现行市场销售价格确定；自制设备的购置价是指按当前的价格标准计算的建造成本，包括直接材料费、燃料动力费、直接人工费、制造费、期间费用分摊、利润、税费，以及非标准设备的设计费等。

1. 直接取价法

直接取价法是根据市场交易数据直接确定设备购置价的方法。使用这种方法的关键是获得可靠、有效的市场价格资料，对于大部分通用设备，市场价格资料的取得是比较容易的；而非标准专用设备的价格资料往往很难从市场上直接取得。获得市场价格的渠道包括：

（1）市场询价。对于有公开市场价格的机器设备，大多可以通过市场询价来确定设备的现行价格，即评估人员直接通过电话、传真、走访等形式从生产厂商或销售商那里了解相同产品的现行市场销售价格。机器设备的市场价格与生产厂商和销售商或者不同销售商之间的售价很可能是不同的。根据替代性原则，在同等条件下，评估人员应该选择可能获得的最低售价。一般情况下，由于市场询价所获得的报价信息与实际成交的价格之间会存在一定的差异，因此，对于由市场询价得到的价格信息，评估人员应考虑是否要进行一定的调整。一些专用设备和特殊设备，由于只有少数厂家生产，市场交易也很少，一般没有公开的市场价格。确定这些设备的现行市场价格，需要向生产厂家直接询价。

（2）使用价格资料。价格资料是获得机器设备市场价格的重要渠道，包括生产厂家提供的产品目录或价格表、经销商提供的价格目录、报纸杂志上的广告、出版的机电产品价格目录、机电产品价格数据库等。在使用上述价格资料时，数据的有效性和可靠性至关重要。在确定所选用的价格资料后，对于较重大的机器设备，有条件的情况下应根据所掌握的厂家信息，通过电话进行核实与确认。

机电产品的价格会随时间而变化。有些产品的价格相对比较稳定，往往在几个月或者相当长的一段时间内保持不变；有些产品的价格变化比较快，如电子产品、计算机、汽车等，这些产品的价格每个月甚至每周都在变化。评估师要注意价格资料的时效性，所使用的价格资料应该反映评估基准日的价格水平。

对一些特殊的或带有典型行业特征的机器设备，如电信行业的主要设备等，市场实际成交的价格资料很难获得，虽然能够获得生产厂商的对外报价，但由于其交易方式的特殊性以及销售政策等原因，实际成交价格受多方面因素影响，如采购数量、付款方式、采购单位的业务规模、连续采购的次数等。因此，对于这类机器设备的对外报价、当时实际成交价格与评估基准日时点价格的关系应了解清楚，分析判断合理的市场价格。另外，设备销售中，销售方式、销售对象、销售量、付款方式等会对交易价格形成一定的折扣。评估中应关注折扣因素对所获得价格的影响。

对于一些老旧设备，由于制造厂家可能已不生产该规格型号的产品或企业关闭等，往往无法查到现行的市场价格。对于该类设备，可以使用具有相同功能的替代产品的现行市场价格作为更新重置成本。若两者之间存在差异，需要对价格进行相应的调整。

2. 间接取价法

对于一些通过直接取价法难以直接取得购置价的机器设备，可以采用物价指数法、产能重置成本法、重置核算法、综合估价法等间接方法计算重置成本。

（1）物价指数法。物价指数法又称价格指数法、指数调整法，是以设备的原始购买价格及历史成本为基础，根据原产地（或设备原产国家）同类设备的价格上涨指数，来确定机器设备的购置价的方法。对于二手设备，历史成本是最初从设备生产厂家购入的账面原值，而非经过几次转手后的当前设备使用者的购置成本。

物价指数法具体可分为定基物价指数法和环比物价指数法。

1）定基物价指数法。定基物价指数是以固定时期为基期的指数，通常用百分比来表示。以100%为基础，物价指数大于100%，表明物价上涨；物价指数小于100%，表明物价下跌。2006—2016年电气机械及器材制造业的定基物价指数如表3-3所示。

表3-3　2006—2016年电气机械及器材制造业的环比物价指数、定基物价指数

日期	环比物价指数	定基物价指数
2006年12月31日	107.40	91.40
2007年12月31日	103.70	94.78
2008年12月31日	101.05	95.78
2009年12月31日	95.04	91.03
2010年12月31日	103.15	93.89

续表

日期	环比物价指数	定基物价指数
2011年12月31日	103.14	96.84
2012年12月31日	97.48	94.40
2013年12月31日	98.40	92.89
2014年12月31日	98.00	91.04
2015年12月31日	97.97	89.19
2016年12月31日	98.63	87.97

资料来源：国家统计局.

数学表达式为：

重置成本＝历史成本×(评估基准日年份指数/历史年份指数)

[例3-1]

2008年购置某设备，原始成本为80 000元，计算2016年该设备的重置成本。根据电气机械及器材制造业物价指数确定该类产品2016年的定基物价指数为87.97%，2008年的定基物价指数为95.78%，则

2016年该设备的重置成本＝80 000×(87.97%÷95.78%)＝73 476.72(元)

2）环比物价指数法。环比物价指数是以上期为基期的指数。如果环比期以年为单位，则环比物价指数表示该类产品当年较上年的价格变动幅度。该指数通常用百分比表示。2006—2016年电气机械及器材制造业的环比物价指数如表3-3所示。

用环比物价指数计算设备重置成本的公式为：

$$设备重置成本＝原始成本×[P_{01}×P_{12}×\cdots×P_{(n-1)n}]$$

式中，$P_{(n-1)n}$为n年对$n-1$年的环比物价指数。

[例3-2]

某设备2013年的历史成本为50 000元，环比物价指数如表3-3所示，计算2016年该设备的重置成本。

重置成本＝50 000×(98.00%×97.97%×98.63%)＝47 347.63(元)

物价指数法对于一些通过直接取价法难以获得购置价的机器设备而言，是比较简便易行的。但在方法的使用方面应当关注以下几个问题：

第一，了解和明确所评估的机器设备价格具备与该类设备价格变动同向的相关性。如果所了解的情况与此不相符，物价指数法则不适用。

第二，选取的物价指数尽量与评估对象相配比。物价指数法中所使用的物价指数一般为分类产品物价指数，应避免使用综合物价指数。分类产品物价指数反映的是某一类产品综合的物价变化程度，而不是个别设备的价格变化。因此，使用该方法计算重置成本，应更多从整体上把握重置成本的水平和适合度。若具体到单台设备，结果有可能是不准确的。

第三，物价指数法所对应的调整基础是机器设备的原始购置价值。很多情况下，企业账面设备原始成本一般还包含运杂费、安装费、基础费等其他费用，有的还是经过前次评估后以评估结果重新建账或通过二手交易购买的二手设备价格作为入账价值。这样会使得机器设备的账面价值不能反映其真实的历史购置价值。这种情况下，应该还原历史的设备购置价值（设备购置价），在此基础上进行指数调整。不进行账面价值的分析、还原，直接采用物价指数法对现有账面价值进行调整是不可取的。

第四，对于进口设备，在没有国产设备可以替代，或国产设备与进口设备虽功能相同，但在质量、稳定性等方面存在较大差异的情况下，一般采用设备进口国的分类物价指数。

第五，物价指数法适用于确定设备的复原重置成本，不适用于确定设备的更新重置成本。在使用时应注意考虑设备的功能性贬值。特别是对于已经使用了很长时间的设备，由于技术进步的原因，复原重置成本和更新重置成本的差异会较大。

（2）产能重置成本法。对于某些行业特定的机器设备，如船舶、起重设备、挖掘设备、部分加工设备等，其产能与设备的价值之间存在某种关联关系。这种关联关系可以通过数学表达式来反映。

产能重置成本法就是根据数学表达式所反映的关联关系，求取机器设备重置成本的方法。其思路是：选择相同或相似的机器设备作为参照物，根据机器设备产能与设备价值之间的内在关系，按被评估机器设备产能与参照物产能的差异，由参照物价值推算出被评估机器设备重置成本。

产能重置成本法所采用的关联关系一般有两种。

1）线性函数关系。产能与重置成本的线性函数关系是指与评估对象同类设备的产能或设计产能与其价值之间呈现线性关系，即通过分析后，机器设备产能（F）与价值（P）之间的关系可用以下公式表示：

$$P=a+bF$$

对于被评估的机器设备，必须能够确定该类设备的产能与价值两个基本参数之间具有线性关系。因此可选取该类机器设备的多个产能（F_i）-价值（RC_i）对应数据，通过线性分析，判断两者之间是否存在线性关系。在确定具有线性关系的基础上，对所获得的数据进行线性分析，获得产能-价值的系数 a 和 b，并建立函数关系式：

$$RC_i=a+bF_i$$

只要将被评估机器设备的产能代入所建立的函数关系式中，就可以计算出机器设备的重置成本评估值（RC）。

[例 3-3]

某企业有一台经改进的化工加工设备，该设备是企业根据自己的生产情况，在年产能为 1 万吨的设备的基础上改造而成的，目前年产能为 1.2 万吨。根据企业所提供的同类设备的价格资料（见表 3-4），计算该设备的重置成本。

表 3-4 同类设备的价格资料

产能（百吨）	10	20	30	40	50	60	80	100	150	200
价格（万元）	40	60	75	90	110	150	180	210	300	360

根据企业提供的数据资料，评估人员通过相关性分析发现，相关性达到 99.5%（见图 3-2）。因此可以采用产能与重置成本线性函数法。

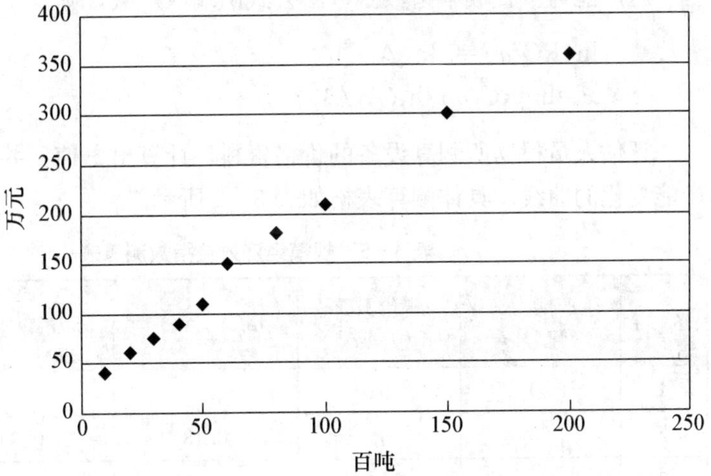

图 3-2 产能-价格散点图

根据线性分析，计算求得系数 a，b 分别为 28.82 和 1.739，则

$$RC=28.82+1.739F$$

根据被评估设备 120 百吨的年产能，计算求得重置成本为：

$$RC=28.82+1.739\times120=237.5(\text{万元})$$

2）指数函数关系（类比估价、指数估价）。产能重置成本的指数函数关系是指机器设备的产能或设计产能与其价值之间呈现指数函数关系。在此情况下，根据已知参照物的产能与价值（购置价）数据及被评估设备的产能或设计产能，通过产能与价值指数函数就可以计算出被评估设备的重置成本。

机器设备产能与价值的关系往往可用指数函数来表示：

$$RC=aF^x=a(A_1/A_2)^x$$

即

$$\text{被评估设备重置成本}=\text{参照物购置价}\times\left(\frac{\text{被评估设备的产能}}{\text{参照物的产能}}\right)^x$$

当 $x=1$ 时，价格与产能呈线性关系；当 $x<1$ 时，为规模经济效益。只要确定 a 与 x 两个参数，就可以按照被评估设备的产能来确定其重置成本了。

规模经济效益指数 x 是通过产能与价值指数函数关系测算机器设备重置成本的一个重要参数。目前我国可能还没有直接对外公布的规模经济效益指数，但是在某些行业的技术经济计算指标中存在类似的对应参数，评估人员可以通过分析这些设备的技术资料进行测算。

评估人员使用该方法时，需要通过该类设备的价格资料分析测算 x。

对产能与重置成本指数函数法公式两端取对数，则

$$\ln(RC/a)=x\ln(A_1/A_2)$$
$$x=\ln(RC/a)/\ln(A_1/A_2)$$

评估人员根据所测算设备的价格资料，计算出 x 值，并在坐标上画出 x 随产能变化的曲线。具体测算表格如表3-5所示。

表3-5　规模经济效益指数测算表格

序号 i	生产能力 A_i（吨/月）	售价 RC_i（万元）	$\ln(A_i/A_{i-1})$	$\ln(RC_i/RC_{i-1})$	x
1	50	91	—	—	—
2	60	95	0.18	0.04	0.24
3	70	100	0.15	0.05	0.33
4	80	108	0.13	0.08	0.58
5	90	117	0.12	0.08	0.68
6	100	126	0.11	0.07	0.70
7	110	135	0.10	0.07	0.72
8	120	145	0.09	0.07	0.82
9	130	155	0.08	0.07	0.83
10	140	165	0.07	0.06	0.84

并非所有机器设备的产能与价值之间都存在线性或指数函数关系，只有当设备的产能与价值存在一定的函数关系时，才可以采用上述两种方法。

[例3-4]

某被评估生产设备的月产能为100吨产品，现在市场上已没有相同产能的设备。月产能为120吨的同类型设备市场售价为400万元。经测算，该类型设备的规模经济效益指数为0.7。则

$$\begin{aligned}\text{被评估设备重置成本} &= \left(\frac{\text{被评估设备的产能}}{\text{参照物的产能}}\right)^{x} \times \text{参照物购置价}\\ &= (100/120)^{0.7} \times 400\\ &= 352.07(\text{万元})\end{aligned}$$

(3) 重置核算法。重置核算法是通过分别测算机器设备的各项成本费用来确定设备购置价的方法。

机器设备的重置成本由生产成本、销售费用、利润、税费组成。一般需要确定设备生产所需要的材料费、人工费等相关成本费用以及相对应的利润率与税率等指标，来测算设备的重置成本。

采用重置核算法时，如果按相同的材料、相同的工艺重新制造同类型的机器设备，计算得到的是设备的复原重置成本；如果按新材料、新工艺重新制造相同产能的机器设备，则计算得到的是设备的更新重置成本。自制非标准设备的市场价格资料一般难以获得，评估多采用此种方法。

(4) 综合估价法。在实际工作中，综合估价法是估算自制机器设备重置成本常用的方法。综合估价法根据设备的主材费用和主要外购件费用与设备成本费用存在一定的比例关系，通过确定设备的主材费用和主要外购件费用，计算出设备的完全制造成本，并考虑企业利润、税费和设计的费用，确定重置成本。其计算公式为：

$$\begin{aligned}\text{设备重置成本} = &\left(\text{主材费用} \div \text{不含外购件的成本主材费率} + \text{主要外购件费用}\right) \times \left(1 + \text{成本利润率}\right)\\ &\times \left(1 + \text{销售税费率}\right) \times \left(1 + \text{非标准设备设计费率} \div \text{非标准设备生产数量}\right)\end{aligned}$$

或

$$RC = (M_{rm}/K_m + M_{pm}) \times (1+K_p) \times (1+K_t) \times (1+K_d/n)$$

式中，RC 为设备重置成本；M_{rm} 为主材费用；K_m 为不含外购件的成本主材费率；M_{pm} 为主要外购件费用；K_p 为成本利润率；K_t 为销售税费率；K_d 为非标准设备设计费率；n 为非标准设备生产数量。公式中的主材费用和主要外购件费用均不含增值税。

1) 主材费用。主材是指在设备中所占的重量和价值比例较大的一种或几种材料。可按图纸分别计算出各种主材的净消耗量，然后根据各种主材的利用率求出它们的总消耗量，并按材料的市场价格计算每种主材的费用。其计算公

式为：

$$M_{rm}=\sum\left[\frac{\text{某主材}}{\text{净消耗量}}\div\frac{\text{该主材}}{\text{利用率}}\times\frac{\text{含税}}{\text{市场价}}\div\left(1+\frac{\text{增值税}}{\text{税率}}\right)\right]$$

2）主要外购件费用。主要外购件如果价值比重很小，可以综合在成本主材费率中考虑，而不再单列为主要外购件。外购件的价格按不含税市场价格计算。其计算公式为：

$$M_{pm}=\sum[\text{某主要外购件的数量}\times\text{含税市场价}\div(1+\text{增值税税率})]$$

销售税费一般包括增值税及相应的城市维护建设税和教育费附加。

该方法只需依据设备的总图，计算出主材消耗量，并根据成本主材费率即可估算设备的售价，是机械工业概算中估算通用非标准设备时经常使用的方法。

[例3-5]

某电解去油槽为自制非标准设备，购建日期为2010年12月，评估基准日为2017年9月30日。计算该电解去油槽的重置成本。

计算过程如下：

根据设计图纸，该设备主材为钢材，主材的净消耗量为22吨，评估基准日钢材的不含税市场价为3 900元/吨。另外，所需主要外购件（阳极杆、阴极杆、导电极座、尼龙极座）的不含税费用为95 000元。主材利用率为95%，成本主材费率为68%，成本利润率为10%，设计费率为11%，产量为1台。

首先确定设备的主材费用，该设备的主材利用率为95%，则主材费用 $M_{rm}=22\div95\%\times3\ 900=90\ 316$（元）；成本主材费率 $K_m=68\%$；主要外购件费用 $M_{pm}=95\ 000$（元）；成本利润率 $K_p=10\%$；若增值税税率为17%，城市维护建设税税率为7%，教育附加费率为3%，则销售税费率 $K_t=18.7\%$；非标准设备设计费率 $K_d=11\%$；非标准设备的数量 $n=1$ 台。设备重置成本为：

$$\begin{aligned}RC&=(90\ 316\div68\%+95\ 000)\times(1+10\%)\times(1+18.7\%)\times(1+11\%\div1)\\&\approx330\ 182(\text{元})\end{aligned}$$

3. 重量估价法

重量估价法以设备的重量为计算基数，与以设计、加工等成本支出折算后的综合费率相乘，再计算利润和税费，确定设备的重置成本，并根据设备的复杂系数进行适当调整。综合费率一般根据相同或相似设备的统计资料或设计制造指标确定。其计算公式为：

$$RC=W\times R_w\times K+P+T$$

或

$$RC=W\times R_w\times K(1+r_p)/(1-r_t)$$

式中，RC 为设备重置成本；W 为设备净重；R_w为综合费率；K 为调整系数；P 为合理利润；T 为税费；r_p为利润率；r_t为综合税率。

该方法简单，估价速度快，适用于材料单一、制造简单、技术含量低的设备重置成本估算，如结构件、比较简单的大型冲压模具和成批量的箱体等。

（二）运杂费

运杂费是指机器设备从生产地到使用地之间运输、装卸、保管等环节所发生的费用。有的机器设备的购置价中包含这部分费用，有的则不包含。

1. 国产设备运杂费

国产设备运杂费是指从生产厂家到安装使用地点发生的装卸、运输、采购、保管、保险及其他有关费用。国产设备运杂费一般可以通过向有关运输部门查询得到，或查阅购买方或发货方签订的运输合同，获得费用的项目与金额（见表 3-6）。

表 3-6　机械行业国产设备运杂费率

<table>
<tr><th>地区类别</th><th>建设单位所在地</th><th>运杂费率（%）</th><th>备注</th></tr>
<tr><td>一类</td><td>北京、天津、河北、山西、山东、江苏、上海、浙江、安徽、辽宁</td><td>5</td><td rowspan="4">指标中包括建设单位仓库离车站或码头 50 千米以内的短途运输费。当超过 50 千米时按每超过 50 千米增加 0.5% 费率计算，不足 50 千米，可按 50 千米计算</td></tr>
<tr><td>二类</td><td>湖南、湖北、福建、江西、广东、河南、陕西、四川、甘肃、吉林、黑龙江、海南</td><td>7</td></tr>
<tr><td>三类</td><td>广西、贵州、青海、宁夏、内蒙古</td><td>8</td></tr>
<tr><td>四类</td><td>云南、新疆、西藏</td><td>10</td></tr>
</table>

国产设备运杂费的计算一般采用两种方法：一种是根据设备的运输距离、运输方式，以承担运输部门的计费标准计算。另一种方法是按设备原价的一定比率作为设备的运杂费率，计算公式为：

国产设备运杂费＝国产设备原价×国产设备运杂费率

2. 进口设备国内运杂费

进口设备国内运杂费是指进口设备从出口国运抵我国后，从所到达的港口、车站、机场等地，将设备运至使用的目的地现场所发生的港口费用、装卸费用、运输费用、保管费用、国内运输保险费用等各项运杂费，不包括在运输超限设备时发生的特殊措施费。

其中，港口费用是指进口设备从卸货至运离港口所发生的各项费用，包括港口建设费、港务费、驳运费、倒垛费、堆放保管费、报关费、转单费、监卸费等。

进口设备国内运杂费的计算公式如下：

进口设备国内运杂费＝进口设备到岸价×进口设备国内运杂费率

这里的运杂费率分为海运方式和陆运方式两种。表3－7和表3－8分别为机械行业进口设备海运方式和陆运方式国内运杂费率表。

表3－7　机械行业进口设备海运方式国内运杂费率

地区类别	建设单位所在地	运杂费率（%）	备注
一类	北京、天津、河北、山东、江苏、上海、浙江、广东、辽宁、福建、安徽、广西、海南	1～1.5	进口设备国内运杂费指标是以离港口的距离划分指标上、下限：20千米以内为靠近港口，取下限；20千米以上、50千米以内为邻近港口，取中间值；50千米以上为远离港口，取上限
二类	山西、河南、陕西、湖南、湖北、江西、吉林、黑龙江	1.5～2.5	
三类	甘肃、内蒙古、宁夏、云南、贵州、四川、青海、新疆、西藏	2.5～3.5	

表3－8　机械行业进口设备陆运方式国内运杂费率

地区类别	建设单位所在地	运杂费率（%）	备注
一类	内蒙古、新疆、黑龙江	1～2	进口设备国内运杂费指标是以离陆站的距离划分指标上、下限：100千米以内为靠近陆站，取下限；100千米以上、300千米以内为邻近陆站，取中间值；300千米以上为远离陆站，取上限
二类	青海、甘肃、宁夏、陕西、四川、山西、河北、河南、湖北、吉林、辽宁、天津、北京、山东	2～3	
三类	上海、江苏、浙江、广东、安徽、湖南、福建、江西、广西、云南、贵州、西藏	3～4	

（三）设备安装费

设备安装费是指设备在安装过程中发生的必要、合理的人工费、材料费、机械费等。一般较大型的设备安装以专门的安装工程方式进行。若工期较长或设备安装后至投入使用的时间间隔较长，还应考虑和计算资金成本。

设备的安装工程范围包括以下几部分：第一，所有机器设备、电子设备、电器设备的装配、安装工程；第二，锅炉及其他各种工业锅窑的砌筑工程；第三，设备附属设施的安装工程，如与设备相连的工作台、梯子的安装工程；第四，设备附属管线的敷设，如设备工作所需的合理范围或设计范围内的电力线路，供水、供气管线等；第五，设备及附属设施、管线的绝缘、防腐、油漆、保温等工程；第六，为测定安装工作质量进行的单机试运转和系统联动无负荷试运转。

设备安装费可以用设备的安装费率计算。

1. 国产设备安装费

国产设备安装费的计算公式如下：

国产设备安装费＝设备原价×设备安装费率

式中，设备安装费率按所在行业概算指标中规定的费率计算。

2. 进口设备安装费

进口设备安装费可用下列公式计算：

进口设备安装费＝相似国产设备购置价×国产设备安装费率

或

进口设备安装费＝进口设备到岸价×进口设备安装费率

机械行业建设项目概算指标中规定：进口设备安装费率可按相同类型国产设备的30%～70%选取。进口设备的机械化、自动化程度越高，取值越低；反之越高。

机器设备的安装费与施工条件和施工水平相关，不可避免地会因偶发事件造成安装费的变动。在机器设备安装费计算中，更多的是以安装费的平均水平或正常水平为计算标准，其个体的差异一般不单独考虑。

（四）设备基础费

设备的基础是为安装设备而建造的特殊构筑物。设备基础费是指建造设备基础所发生的人工费、材料费、机械费等。对于施工工期较长或设备基础建造后至设备投入使用的时间间隔较长的情形，还应考虑和计算资金成本。

有些特殊设备的基础列入构筑物范围，不按设备基础计算。

国产设备基础费的计算公式为：

国产设备基础费＝国产设备购置价×国产设备基础费率

式中，国产设备基础费率按所在行业颁布的概算指标中规定的标准取值，行业标准中没有包括的特殊设备的基础费率需自行测算。

进口设备基础费的计算公式为：

进口设备基础费＝替代国产设备购置价×国产设备基础费率

或

进口设备基础费＝进口设备到岸价×进口设备基础费率

进口设备基础费率一般低于国产设备基础费率，机械行业建设项目概算指标中规定：进口设备基础费率可按国产设备基础费率的30%～70%选取。进口设备的机械化、自动化程度越高，取值越低；反之越高。一些特殊情况下，如进口设备的价格较高而基础简单，基础费率应低于标准，反之则高于标准。

（五）进口设备相关费用

进口设备的相关费用包括国外运费、国外运输保险费、关税、消费税、增值税、银行财务费、外贸手续费，对车辆还包括车辆购置附加费等。

（1）国外运费可按设备的运输方式及运输公司的收费标准计算，也可按一定比例计取，取费基数为设备离岸价，计算公式为：

国外运费＝设备离岸价×运输费率

远洋海运费率一般取5%～8%，近洋海运费率一般取3%～4%。

航空运输一般按照距离和单价计算运费。

（2）国外运输保险费的取费基数为设备离岸价与运费之和，计算公式为：

国外运输保险费＝(设备离岸价＋运费)×保险费率

保险费率可根据保险公司费率表确定。

（3）关税的取费基数为设备到岸价，计算公式为：

关税＝设备到岸价×关税税率

关税税率按中华人民共和国海关总署颁布的进口税率计算。有的机器设备符合国家减免税的优惠政策，对于这部分费用，则对应相关规定进行计算。

（4）消费税的取费基数为关税完税价与关税之和，计算公式为：

消费税＝(关税完税价＋关税)/(1－消费税税率)×消费税税率

进口应税消费品实行从价定率办法计算应纳税额，组成计税价格＝(关税完税价＋关税)/(1－消费税税率)，因此，首先要将不含税的价格转换为计税价格，再计算消费税。

消费税税率按国家发布的消费税税率表计算。

（5）增值税的取费基数为关税完税价、关税与消费税之和，计算公式为：

增值税＝(关税完税价＋关税＋消费税)×增值税税率

根据海关相关规定，减免关税，同时减免增值税。

（6）银行财务费的取费基数为货价人民币数，计算公式为：

银行财务费＝设备离岸价×银行财务费率

银行财务费率一般以各银行公布的所提供不同服务的费率为准。

（7）外贸手续费也称为公司手续费，取费基数为设备到岸价人民币数，计算公式为：

外贸手续费＝设备到岸价×外贸手续费率

（8）车辆购置附加费的取费基数为车辆到岸价人民币数、关税与消费税之和，计算公式为：

$$\text{车辆购置附加费}=\left(\text{车辆到岸价人民币数}+\text{关税}+\text{消费税}\right)\times\text{车辆购置附加费费率}$$

[例 3-6]

计算 2800XP 电铲的重置成本。

(1) 设备概述。该电铲由美国某公司设计、制造，于 2003 年 12 月安装、调试完毕后投入使用，截至评估基准日，已使用 14 年，其账面原值为 31 386 596.28 元，账面净值为 3 981 659.88 元。

(2) 重置全价的确定。重置全价由设备购置价、关税、增值税、银行财务费、商检费、外贸手续费、国内运费、代理手续费、设备安装调试费、其他费用、资金成本等构成。

1) 设备购置价 (CIF 价)。经询价，该设备在评估基准日 2017 年 12 月 31 日的离岸价 (FOB 价) 约为 9 060 000.00 美元，评估基准日的汇率为 8.276 5。

FOB 价=9 060 000.00×8.276 5=74 985 090.00(元)

海运费率为 5%，境外保险费率为 0.3%。

CIF 价=FOB 价×(1+5%)+(1+0.3%)
=78 970 547.53(元)

2) 根据海关总署〔1994〕416 号文件精神可享受免税优惠政策，故此次评估中不计关税和增值税。

3) 银行财务费：费率取 0.45%。

银行财务费=FOB 价×费率=74 985 090.00×0.45%=337 432.91(元)

4) 商检费：费率取 0.25%。

商检费=FOB 价×费率=74 985 090.00×0.25%=187 462.73(元)

5) 外贸手续费：费率取 1%。

外贸手续费=CIF 价×费率=78 970 547.53×1%=789 705.48(元)

6) 国内运杂费：费率取 2.5%。

国内运杂费=CIF 价×费率=78 970 547.53×2.5%=1 974 263.69(元)

7) 代理手续费：费率取 1%。

代理手续费=CIF 价×费率=78 970 547.53×1%=789 705.48(元)

8) 设备安装调试费：包括在合同价中。

9) 其他费用：费率取 4.672%。

其他费用=上述费用之和×费率

$$=83\ 049\ 117.82\times 4.672\%$$
$$=3\ 880\ 054.78(\text{元})$$

10）资金成本。项目建设工期为2年，年利率为5.76%，假设资金成本均匀投入，不计复利。

$$\begin{aligned}\text{资金成本}&=\text{全部投资}\times 50\%\times\text{贷款年利率}\times(1/2+1)\\&\quad+\text{全部投资}\times 50\%\times\text{贷款年利率}\times(1/2)\\&=86\ 929\ 172.6\times 50\%\times 5.76\%\times 1.5\\&\quad+86\ 929\ 172.6\times 50\%\times 5.76\%\times 0.5\\&=5\ 007\ 120.35(\text{元})\end{aligned}$$

11）重置全价。

$$\begin{aligned}\text{重置全价}&=\text{设备购置价}+\text{各种费用}+\text{资金成本}\\&=\text{上述费用之和}\\&=91\ 936\ 292.95(\text{元})\end{aligned}$$

取整为91 936 300.00元。

二、机器设备的各种贬值

机器设备的贬值也就是价值的损失。机器设备属于有形资产，对于有形资产而言，随着时间的变化，一方面会产生由于使用或搁置形成的实体性损耗，如磨损、老化、锈蚀等；另一方面会发生因为机器设备新技术、新工艺的使用使得早期生产的同类机器设备功能落后或衰退，以及可利用的充分程度降低等情况，从而导致价值损失。

在对机器设备进行资产评估时，这些贬值因素对资产价值的影响是必须考虑与关注的。在成本法评估中，通过直接计算贬值或计算成新率的方式，从重置成本中予以扣减。

通常情况下，机器设备的贬值可以分为三种类型：实体性贬值、功能性贬值和经济性贬值。

（一）实体性贬值

设备在使用过程中，由于零部件受到摩擦、冲击、振动或交变载荷的作用，零件或部件产生磨损、破裂、疲劳等破坏，其结果是零部件的几何尺寸发生变化，精度降低，使用寿命缩短。这样形成的磨损一般为有形磨损，也称为第Ⅰ种有形磨损。设备在闲置或放置过程中，由于受自然界中的空气、雨水、射线、高温、低温等的影响与侵蚀，也会出现腐蚀、老化、生锈、变质等现象，这类损耗称为第Ⅱ种有形磨损。由上述情形引起的机器设备贬值称为实体性贬值或物理性贬值。设备的实体性贬值从设备制造完毕后就开始发生。即使设备没有投入使用，在闲置和存放过程中也会产生损耗，这种损耗与闲置存放的时间、环境、条件有关。设备在使用过程中产生的损耗与其工作负荷、工作条件、维修保养状况有关。

设备实体性贬值的程度可以用设备的价值损失与重置成本之比来反映，称为实体性贬值率。全新设备的实体性贬值率为零，完全报废且无任何利用可能的设备实体性贬值率为100%。评估师可根据设备的状态来判断贬值程度。用公式表示为：

$$\alpha_p = D_p / RC$$

式中，α_p为实体性贬值率；D_p为设备的实体性贬值额；RC为设备的重置成本。

在评估操作中，一般应将每次评估范围内的设备分类，根据不同类别设备目前状况的好坏、外观状态、正常使用状态、开工率、一般条件下的物理寿命，以及结合企业设备管理、养护、操作等条件，对有形损耗做出判断，从而计算出实体性贬值。

设备实体性贬值常用的确定方法包括观察分析法、使用年限法、修复费用法等。

1. 观察分析法

设备在使用过程中不可避免地会有磨损。一般或多或少会引起一些可以通过感观、检测手段、数据等获知的变化，如震动、噪声增大、温度升高、能耗增加、故障率升高、精度下降、产能下降等。

观察分析法就是评估人员通过现场观察机器设备的运转状况、整体状态，查阅机器设备的历史使用记录、维修保养记录、技术档案等资料，向操作人员和设备管理人员询问设备的使用情况、使用精度、故障率、磨损情况、维修保养情况、工作负荷等，对所获得的信息进行分析、归纳、综合，并依据相关标准或经验判断设备的磨损程度，与全新设备进行对比，分项评分后得出一个贬值率或成新率。有时也会使用一些简单的测量手段作为判断贬值的参考依据。

由于机器设备工作机理和内部结构特征等因素，其功能状况在外观上难以直接反映，因此，除采用观察机器设备的相关特征情况，还需要重点收集设备现时技术状态、已使用时间、正常负荷率、原始制造质量、维修保养状况、重大故障（事故）经历、大修和技改情况、工作环境和条件、外观和完整性等相关信息资料。这些资料对正确判断机器设备的贬值因素和贬值情况十分重要。

表3-9为根据机器设备状况判断其实体性贬值的一个参考表格。这里的机器设备更多是生产企业所使用的存在机械运动的加工类型设备。对于诸如电子、通信等行业的设备，适用性相对较差。

表3-9　机器设备实体性贬值率评估参考表

设备分类	状态说明	实体性贬值率（%）	成新率（%）
新设备及使用不久的设备	全新或刚使用不久的设备，在用状态良好，能按设计要求正常使用，无异常现象	0～10	100～90
较新设备	已使用一年以上或经过第一次大修恢复原设计性能后使用不久的设备，在用状态良好，能满足设计要求，未出现过较大故障	11～35	89～65
半新设备	已使用两年以上或大修后已使用一段时间的设备，在用状态较好，基本上能达到设备设计要求，能满足工艺要求，需经常维修以保证正常使用	36～60	64～40
旧设备	已使用较长时间或几经大修，目前仍能维持使用的设备，在用状态一般，性能明显下降，使用中故障较多，经维护仍能满足工艺要求，可以安全使用	61～85	39～15
报废待处理设备	已超过规定使用年限或性能严重劣化的设备，目前已不能正常使用或已停用，即将报废	86～100	14～0

除上述评估操作，在实际判断机器设备实体性贬值率时，评估人员还可以通过咨询行业和设备专家，听取他们的意见与建议，对重要的、精密的、专业性强的设备进行有针对性的分析，使判断更为准确。

对大型设备，为了避免个人主观判断的误差，可采用德尔菲法进行判断。德尔菲法是在个人判断和专家会议的基础上形成的一种直观判断方法，采取匿名方式征求专家的意见，将他们的意见加以综合、归纳、整理，然后反馈给各个专家，作为下一轮分析判断的依据，直到通过几轮反馈意见逐步趋于一致为止。这种方法使得评估人员对设备实体性贬值率的判断更为准确。

2. 使用年限法

使用年限法是根据设备的使用年限或生产加工量进行分析，确定设备已使用年限或已完成的工作量和尚可使用年限或剩余工作量，通过计算尚可使用年限与总使用年限、剩余工作量与总工作量来确定设备实体性贬值率的一种方法。

这种方法内含这样的假设：机器设备都存在一定的寿命，而且，设备的价值随着设备使用对寿命的消耗而同比例损耗。因此，设备的实体性贬值率也可以用已使用年限与总使用年限之比来表示。

其计算公式为：

$$\alpha p = L_1 / L$$

式中，L_1 为已使用年限；L 为总使用年限。

设备使用年限根据不同设备的年限特征有多种表达形式。加热炉、柴油机、机加工设备、电子设备等一般用工作小时或年限表示使用寿命；模具等一般用使用次数表示使用寿命；汽车的使用寿命可以用行驶里程表示。表 3-10 列出了常用设备的使用年限。

表 3-10　常用设备的使用年限　　单位：年

序号	类型	使用年限范围	
		下限	上限
一	机械设备		
1	普通金属切削机床	10	18
2	锻压设备	10	16
3	试验设备	14	18
4	起重设备	12	18
5	工程机械	10	15
6	铸造设备	10	14
7	电镀设备	8	12
8	其他机械设备	10	14
二	通信设备		
1	电话通信设备、通信线路	8	10
2	交换机	8	10
3	手机	3	5
4	其他通信设备	5	8
5	固定电话、传呼机、对讲机	3	5
6	电池（包括镍氢、镍镉、锂充电电池，太阳能电池，铅酸电池等）	2	4
三	管理部门设备及器具		
1	电视机	4	8
2	窗式分体式空调	4	6
3	柜式空调	6	8
4	中央空调系统设备	8	10
5	传真机	4	5
6	复印机及文字处理机	4	6
7	编程器	4	8
8	打印机	4	5
9	激光打印机	6	8
10	摄录像机及照相机	6	8

[例3-7]

某奶制品软包装成型设备预计可生产软包奶产品80万包，现在加工计数器显示已生产30万包，则

该设备的实体性贬值率＝(300 000÷800 000)×100%＝37.5%

无论使用年限法中的计算单位是工作量还是时间，反映的都是设备的使用年限（使用寿命），因此设备的实体性贬值率和成新率的估算公式为：

实体性贬值率＝已使用年限÷总使用年限
＝已使用年限÷(已使用年限＋尚可使用年限)

成新率＝尚可使用年限÷总使用年限
＝尚可使用年限÷(已使用年限＋尚可使用年限)
＝(总使用年限－已使用年限)÷总使用年限

在机器设备评估实践中，使用年限法的应用较为广泛。该方法的主要内容是确定设备的总使用年限、已使用年限和尚可使用年限。其中，设备的已使用年限与尚可使用年限之和等于总使用年限。因此只要确定了三个指标中的任意两个，即可计算设备的实体性贬值率或成新率。这里需要注意的是，已使用年限应当是有效使用时间。

而在对机器设备的成新率进行分析判断时，不仅要考虑物理寿命，同时还要考虑技术寿命和经济寿命。

通常情况下，实体性贬值所反映的使用年限主要是机器设备的物理使用年限。机器设备的总使用年限可分为物理寿命、技术寿命和经济寿命。机器设备的物理寿命是设备从开始使用到不能正常使用而报废所经历的时间。机器设备的技术寿命是指设备从投入使用到因技术落后而不能继续使用所经历的时间，技术寿命在很大程度上取决于由社会技术进步和技术更新带来的新技术设备的投入使用时间。机器设备的经济寿命是指设备从投入使用到因继续使用不经济而退出使用所经历的时间。不经济是指收益小于支出。

国际上资产评估行业大多以机器设备的经济寿命作为其总使用年限。但是，我国目前还缺乏机器设备经济寿命的相关数据资料。因而在现实评估操作过程中，在符合机器设备设计规定的使用强度和技术要求的情况下，一般以设计使用年限作为其经济寿命的替代。设备的设计使用年限可以作为确定其使用年限的参考。

3. 修复费用法

假设设备所发生的实体性损耗是可以通过修理或更换损坏部分得到补偿的，则设备的实体性贬值就应该等于为修复所发生的费用。使用修复费用法，要注意区分可修复性损耗和不可修复性损耗。可修复性损耗是指修复存在的损耗在经济上合算，而不单单指在技术方面是否可以修复。有些损耗尽管在技术

上可以修复，但在经济上不划算，这种损耗即为不可修复性损耗。不可修复性损耗不适合使用修复费用法计算贬值。对于大多数情况，设备的可修复性损耗和不可修复性损耗是并存的，评估人员应注意区分并分别计算。

[例 3-8]

一台大型柴油机机体加工中心的重置成本为 1 000 万元，已使用了 5 年，其经济使用寿命约 20 年，现该加工中心的取刀（加工刀具）系统损坏，估计修复费用为 30 万元，其他部分工作正常。

该设备存在可修复性损耗和不可修复性损耗，取刀系统损坏是可修复性损耗，我们用修复费用法计算其贬值，贬值数额等于机器的修复费用，约 30 万元。另外，该机器运行 5 年，我们用使用年限法来确定由此引起的实体性贬值，此项贬值率为 5/20。

所有实体性贬值及贬值率的计算过程如下：

重置成本＝1 000(万元)

可修复性损耗引起的贬值＝30(万元)

不可修复性损耗引起的贬值＝(1 000－30)×5÷20＝242.5(万元)

实体性贬值＝30＋242.5＝272.5(万元)

实体性贬值率＝272.5÷1 000＝27.25%

（二）功能性贬值

机器设备的功能性贬值主要是科学技术发展的结果。技术进步使新技术、新工艺、新材料替代原有的加工手段和运转方式，不仅使购建新的机器设备的成本比复原重置成本低，而且新设备的运行和使用效率更高，运营费用更低，而且设备的功能性贬值主要体现为反映在设备生产中的超额投资成本和反映在设备使用过程中的超额运营成本两方面。

1. 超额投资成本造成的功能性贬值

由于技术进步以及新技术、新材料、新工艺的使用，相同功能的新设备的制造成本比过去降低，它主要反映为更新重置成本低于复原重置成本。复原重置成本与更新重置成本之差即为超额投资成本造成的功能性贬值，也称为第Ⅰ种功能性贬值。

[例 3-9]

某加工设备 2013 年建造，建造成本项目及原始价值构成如表 3-11 所示。

表 3-11　原始成本表

序号	成本项目	原始成本（元）	备注
1	主材	80 000	钢材 40 吨

续表

序号	成本项目	原始成本（元）	备注
2	辅材	20 000	其他材料、管、线等
3	外购件	15 000	电动机、转盘、部分零部件
4	人工费	20 000	400工时×50元
5	机械费	24 000	200小时×120元
6	其他费用	10 000	
	成本小计	169 000	
7	利润	33 800	成本×20%
8	税费	30 420	(成本+利润)×15%
	含税总价	233 220	

在评估基准日：钢材价格上涨了80%，人工费上涨了50%，机械费上涨了20%，其他费用下降至6 000元，辅材现行市场价格合计为30 000元，电动机、零部件等外购件现行市场价格为12 000元。假设利润水平不变，税率为12%。由于制造工艺的进步导致主材利用率提高，钢材的用量比过去节约了30%，人工工时和机械工时也分别节约了30%和40%。计算该设备超额投资成本造成的功能性贬值。

（1）该设备的完全复原重置成本计算如表3-12所示。

表3-12　设备的完全复原重置成本

序号	成本项目	原始成本（元）	复原重置成本（元）
1	主材	80 000.00	144 000.00
2	辅材	20 000.00	30 000.00
3	外购件	15 000.00	12 000.00
4	人工费	20 000.00	30 000.00
5	机械费	24 000.00	28 800.00
6	其他费用	10 000.00	6 000.00
	成本小计	169 000.00	250 800.00
7	利润	33 800.00	50 160.00
8	税费	30 420.00	36 115.20
	含税总价	233 220.00	337 075.20

（2）该设备的更新重置成本计算如表3-13所示。

表 3-13　设备的更新重置成本

序号	成本项目	计算过程	更新重置成本（元）
1	主材	40×2 000×1.8×0.7	100 800.00
2	辅材	30 000.00	30 000.00
3	外购件	12 000.00	12 000.00
4	人工费	400×50×1.5×0.7	21 000.00
5	机械费	200×120×1.2×0.6	17 280.00
6	其他费用	6 000.00	6 000.00
	成本小计		187 080.00
7	利润	187 080×0.2	37 416.00
8	税费	187 080×(1+20%)×12%	26 940.00
	含税总价		251 436.00

（3）计算超额投资成本造成的功能性贬值。

超额投资成本造成的功能性贬值＝复原重置成本－更新重置成本
＝337 075.2－251 436
＝85 639.2(元)

在评估实务中，对于大多数通用设备，由于市场交易的普遍性，其重置成本可以根据现行市场价格确定，这个价格中已经反映了超额投资成本造成的功能性贬值。如某型号存储服务器，一年前的购置价为 40 000 元，由于技术进步使得该设备的生产成本降低，该服务器现行市场价格为 35 000 元。如果使用现行市场价格作为重置成本，则不需要再考虑超额投资成本造成的功能性贬值；如果使用的是复原重置成本，评估人员应该考虑是否存在超额投资成本造成的功能性贬值。

2. 超额运营成本造成的功能性贬值

超额运营成本是由于新技术、新工艺的发展和应用，采用新技术、新工艺的新设备在运营成本上低于旧设备，如生产材料、辅助材料消耗量的降低，通过提高效率使得单位产品的投入下降等。超额运营成本造成的功能性贬值也就是设备未来超额运营成本的折现值，也称第Ⅱ种功能性贬值。

在评估过程中，对于设备的超额运营成本，一般通过对比的方式来衡量新旧设备之间的使用成本差异，如生产效率是否提高，维修保养费用是否降低，材料消耗是否降低，能源消耗是否降低，操作工人数量是否减少等。

计算超额运营成本造成的功能性贬值的主要步骤为：

（1）分析比较造成被评估机器设备的超额运营成本的主要因素；

（2）确定被评估设备的剩余经济寿命，计算每年的超额运营成本；

（3）计算净超额运营成本；

（4）确定折现率，计算超额运营成本的折现值。

[例 3-10]

计算某机械加工设备因超额运营成本造成的功能性贬值。

（1）分析比较产生被评估机器设备的超额运营成本的主要因素。经与设备管理与操作人员的沟通和对生产数据的分析比较得出结论：产生超额运营成本的因素主要为旧设备的材料消耗量比新设备高。通过统计分析发现，单位产品材料消耗量旧设备比新设备多 0.5 千克/件。按每天生产 200 件，每年 300 个工作日计算，每台旧设备比新设备每年多消耗材料 30 000 千克。

（2）确定被评估设备的剩余经济寿命，计算每年的超额运营成本。根据设备的现状，评估人员预计该加工设备剩余经济寿命为 5 年，现每千克材料的市场价格为 4 元，则

每年的超额运营成本＝30 000×4＝120 000（元）

（3）计算净超额运营成本。所得税税率为 25%，则

税后每年净超额运营成本＝税前超额运营成本×（1－所得税税率）
＝120 000×（1－25%）
＝90 000（元）

（4）确定折现率，计算超额运营成本的折现值。折现率为 10%，5 年年金现值系数为 3.790 8，则

净超额运营成本的折现值＝净超额运营成本×折现系数
＝90 000×3.790 8
＝341 172（元）

该机械加工设备超额运营成本造成的功能性贬值为 341 172 元。

在评估实践中，超额运营成本造成的功能性贬值很常见。一般由于新设备的出现造成旧设备与新设备的运营成本产生差异时，在评估现场可以通过与设备使用、管理或技术部门的人员沟通获得相关信息。特别是许多企业自身就存在同时拥有新旧设备的情况，这方面的数据资料更为直接和准确。

（三）经济性贬值

机器设备的经济性贬值是由于外部因素引起的贬值。外部因素主要有：第一，受所依赖的原材料资源有限性的影响。原材料资源的短缺会导致设备开工率不足，原材料资源的枯竭会导致机器设备报废。第二，受所生产产品的市场竞争及市场寿命的影响。市场竞争的加剧会导致设备开工不足，生产能力相对过剩；所生产产品的市场寿命终结也会导致生产该产品的某些专用设备报废。第三，受所依附土地和房屋建筑物的使用年限的影响。大部分机器设备需要以

某种方式安装在土地或建筑物上，土地、建筑物的使用寿命会对机器设备的价值产生影响。第四，受国家能源政策、环境保护政策的影响。为了节约能源，保护环境，实现可持续发展，国家的相关法律法规和产业政策都可能会对机器设备的价值评估产生影响。这些情况可以归结为两个方面：设备的利用率下降和收益减少。

1. 使用寿命缩短

引起机器设备使用寿命缩短的外部因素主要是国家有关能源、环境保护等方面的法律法规限制和生产所依赖的原材料枯竭、禁止使用或更新换代等。特别是近年来，由于环境污染问题日益严重，以及对某些行业规模的控制力度加强，部分设备必须在国家规定期限内强制淘汰，且不得再次利用，如冶炼、电力、造纸、化工等行业。这就大大缩短了设备的正常使用寿命。

[例 3-11]

某小规模电力生产设备已使用 15 年，按目前的技术状态还可以正常使用 10 年，按使用年限法该设备的贬值率为：

贬值率＝15÷(15＋10)＝60％

但由于环保、能源控制的要求，国家新出台的强制报废拆除政策规定该类电力设备必须在 2 年内全部拆除并不得再次利用，因此该设备 2 年后必须强制拆除。若在 2 年期满时拆除，该设备的贬值率为：

贬值率＝15÷(15＋2)＝88.24％

由此引起的经济性贬值率为：

经济性贬值率＝88.24％－60％＝28.24％

如果该设备的重置成本为 400 万元，则

经济性贬值＝400×28.24％＝112.96(万元)

这里没有考虑该设备拆除的剩余价值的影响。

引起机器设备使用寿命缩短从而导致机器设备利用率下降的另一个外部因素是市场竞争加剧和产品落后。由于市场竞争加剧或产品更新换代，老产品销售数量减少，从而引起设备开工不足，产能相对过剩，这也是经济性贬值的主要原因。需要强调的是，这类经济环境的变化是永久性的，而不是暂时、短期的情况。经济性贬值的计算可使用规模经济效益指数法。

2. 运营费用增加

产品价格很大程度上是由市场决定的。造成收益减少的主要原因是，相对新设备而言，旧设备运营成本增加，主要体现在原材料成本增加、能源消耗增加等。另外，国家对超过排放标准排污的企业要征收高额的排污费，设备能耗

超过限额的，按超限额消耗的能源量加价收费，导致高污染、高能耗设备的运营费用提高。

[例 3-12]

假设相关政策规定的可比单耗为 800 千瓦时/吨，某硅铁冶炼矿热炉（电炉）的实际可比单耗为 910 千瓦时/吨。该电阻炉年产量为 5 000 吨，电单价为 0.8 元/千瓦时。根据政府规定，超限额 10%～20%（含）的部分加价 1 倍。计算因政府对超限额耗能加价收费而增加的运营成本。

$$\text{超限额的百分比}=(\text{实测单耗}-\text{限额单耗})\div\text{限额单耗}=(910-800)\div800=13.75\%$$

$$Y=Y_1\times(\text{实测单耗}-\text{限额单耗})\times G\times C$$

式中，Y 为年加价收费总金额（元）；Y_1 为电单价（元/千瓦时）；G 为年产量（吨/年）；C 为加价倍数。

实测单耗和限额单耗的单位为千瓦时/吨。

每年因政府对超限额耗能加价收费而增加的运营成本为：

$$Y=0.8\times(910-800)\times5\,000\times1=440\,000(\text{元})$$

在此基础上，可根据电炉的经济寿命计算出因超限额加价收费引起的经济性贬值。

3. 市场竞争加剧

市场竞争加剧，导致无法正常开工，引起开工不足和生产能力相对过剩，在此种利用程度下的设备价值低于正常利用状况下的价值。此为经济性贬值的另一种表现，也是计算经济性贬值的原理之一。通常情况下，可以采用规模经济效益指数法来测算。

[例 3-13]

某生产线设计生产能力为 30 000 台/年，经济耐用年限为 10 年，已使用 4 年。根据当前的市场状况，由于新设备的出现，对该生产线所生产的产品需求量下降至每年 20 000 台，规模经济效益指数为 0.8。则该生产线的经济性贬值率为：

$$\text{经济性贬值率}=[1-(20\,000/30\,000)^{0.8}]\times100\%=27.70\%$$

三、综合成新率的评估

在评估实务中，采用综合成新率测算机器设备的价值是较为常用的评估方法。它也是一种较为方便快捷的方式，在评估数量大、单价较低、类型趋同的机器设备中运用广泛。需要说明的是，综合成新率方法需具备一定的使用前提：第一，不存在由于外部因素导致的设备闲置或相对闲置而产生的经济性贬值；第二，不存在超额投资成本或超额运营成本导致的经济性贬值和功能性贬值。

综合成新率的计算公式为：

综合成新率＝年限成新率×权重＋勘察成新率×权重

其中，年限成新率的计算方式为：

年限成新率＝尚可使用年限÷(已使用年限＋尚可使用年限)

两种成新率的权重根据不同设备情况决定。在当前的实务中，一般采用4∶6的比重，即年限成新率的权重为40%，勘察成新率的权重为60%。

勘察成新率可参照表3-9。

[例3-14]

采用综合成新率法对钻铣床进行评估。已知在评估基准日，设备重置全价为9 800元。计算综合成新率及评估价值。

该设备截至评估基准日已使用4.5年，其经济寿命为12年，则

年限成新率＝[尚可使用年限÷(已使用年限＋尚可使用年限)]×100%
＝(7.5÷12)×100%
＝63%

评估人员进行现场勘察，对现场勘察情况进行了详细记录，编写了勘察表，进行了现场打分，确定该设备的勘察成新率为65%（见表3-14）。

表3-14　钻铣床勘察表

序号	勘察项目	技术状态	标准分	勘察分
1	床身	机身固定螺栓部分锈蚀，床身防腐部分脱落，倾斜螺栓调节系统调节灵活。	15	9
2	传动装置	传动装置及电机运行正常，工作时电机温升稍高，轴承间隙正常，运行时有噪声。	20	13
3	操纵机构	操纵机构运行中动作正常无误，按钮及行程开关操作较为灵敏。	20	14
4	离合器及转换	离合器动作正常，曲轴部分稍有磨损，但运行转轴离合器相对位置正确无误，能与传动机构同步，拉伸弹簧已疲劳，需更换。	15	10

续表

序号	勘察项目	技术状态	标准分	勘察分
5	制动器及平衡器	制动器安装位置适当，它与离合器及制动弹簧运行正常，平衡器紧固在滑块上，安装位置准确，防尘罩脱落。	15	10
6	润滑系统	机床能及时维护保护，及时按规定加注干、液油类，个别注油点外油垢较多。	5	3
7	电气系统	操作灵敏可靠，没有误操作发生，紧急电源也操作灵敏。	10	6
	合计		100	65

因此

$$\begin{aligned}\text{综合成新率} &= \text{年限成新率} \times 40\% + \text{勘察成新率} \times 60\% \\ &= 63\% \times 40\% + 65\% \times 60\% = 64\%\end{aligned}$$

设备评估价值的计算如下：

$$\begin{aligned}\text{钻铣床评估价值} &= \text{重置全价} \times \text{综合成新率} \\ &= 9\,800 \times 64\% \\ &= 6\,272(\text{元})\end{aligned}$$

第三节　市场法在机器设备评估中的应用

市场法是指在市场上选择若干相同或近似的机器设备作为参照物，根据各项价值影响因素，将被评估机器设备分别与参照物逐个进行价值影响因素的比较调整，再综合分析各项调整结果，确定被评估机器设备评估价值的一种资产评估方法。

活跃、成熟的市场条件和足够具有可比性的交易数据是市场法应用的重要前提。市场的有效性表现在市场所提供的信息是真实可靠的，并且相同或相似机器设备在市场上的交易是活跃的。

二手设备市场是机器设备评估的重要参照物市场，但是并不能保证这个市场提供的信息对所有资产都是可靠的。如果能够确定市场所提供的信息资料真实可信，并且该类资产的交易活跃，那么使用市场法将是最为可靠的。汽车、普通机械加工设备、建筑机械、工程机械等均存在发育较完善的交易市场。

需要注意的是：第一，作为被评估机器设备参照物的价格必须是实际交易价格，而不能是报价或预测价格；第二，参照物价格作为估价基础的前提是必须符合公平市场原则。如果这个价格受到买卖双方特殊关系的影响，则不能作为估价基础。

我国《资产评估执业准则——机器设备》中，关于运用市场法评估机器设备应当明确和了解的情况包括：

（1）明确活跃的市场是采用市场法评估机器设备的前提条件，应当考虑市场是否能够提供足够数量的可比资产的交易数据以及数据的可靠性；

（2）明确参照物与评估对象具有相似性和可比性是采用市场法的基础，应当对参照物与评估对象的差异进行调整；

（3）了解不同交易市场的价格水平可能存在差异，应当根据评估目的和评估对象的具体情况，确定可以作为评估依据的合适的交易市场，或者对市场差异做出调整；

（4）明确拆除、运输、安装、调试等因素对评估结论的影响。

一、比较因素

相似性是指评估对象和参照物之间在物理特征、交易特征、市场特征等方面是相似的，如果两者特征差异较大就可能会得出一个较大的价值区间，从而增大评估误差。可比性是指评估对象和参照物之间有共同的特征可以比较，评估对象和参照物之间的比较是通过比较因素来进行的。

比较因素是指可能影响机器设备市场价值的因素。使用市场法评估的过程中，很重要的一项工作是将参照物与评估对象进行比较。在比较之前，评估师首先要确定哪些因素可能影响机器设备的价值，哪些因素对价值没有影响，对价值有影响的因素称为比较因素。

比较因素是一个指标体系，要能够全面反映影响价值的因素。不全面的或仅使用个别指标所做出的价值评估是不准确的。一般来讲，设备的比较因素可分为四大类：个别因素、交易因素、时间因素、地域因素。

（一）个别因素

机器设备是由零件、部件组成，能够完成某种特定功能的实体组合。因此设备的比较因素包括反映设备“量”与“质”两方面的因素。不同类型设备的比较因素是不同的，一般应包括结构、形状、尺寸、性能、生产能力、安装方式、质量、经济性等。这些因素的差异导致价值的不同。对上述因素的描述是非常复杂的，在实际评估中，使用市场法的设备一般为标准设备，这些设备是按照标准化、系列化的原则设计生产的，设备的名称、规格、型号、制造厂家规定了设备的唯一性，即相同名称、规格、型号和制造厂家的设备是相同的。评估师一般使用简单的描述指标作为比较因素，如名称、型号规格、产能、制造厂家、技术指标、出厂日期、实际使用时间、安装方式、实体状态等。

（二）交易因素

设备的交易因素是指交易动机、交易条件等因素对价格的影响，不同的交易动机和交易条件都会对设备的出售价格产生影响。例如，在清偿、快速变现、附带其他交易条件或亲情关系等的出售中，其售价往往偏离正常的交易价格。另外，交易数量和可能形成的较长期业务关系等也是影响设备价格的重要因素，大批量购买的价格和有长期业务关系的客户的购买价格一般要低于单台和零星购买的价格。

（三）时间因素

价格是具有时间性的。不同交易时间的市场供求关系、物价水平等都会不同，采用市场法评估机器设备，应选择与评估基准日最接近的可比案例，并对影响参照物的时间因素做出调整。

（四）地域因素

市场具有区域特征。不同的地区，其市场条件和市场状况不同。由于不同地区市场的发育程度、供求条件等因素不同，设备的交易价格也会存在差异。因此，选择评估可比案例应尽可能与评估对象在同一地区。如评估对象与参照物存在地区差异，则需要做出调整。

二、运用市场法评估机器设备的具体方法

运用市场法评估机器设备是通过对市场参照物进行价值调整完成的，常用的调整方法有三种：直接匹配法、因素调整法、价值比率调整法。

（一）直接匹配法

这种方法根据与评估对象基本相同的市场参照物，通过直接比较来确定评估对象的价值。

直接匹配法可用公式表示为：

$$V=V'\pm\Delta i$$

式中，V 为评估价值；V'为参照物的市场价值；Δi 为差异调整。

直接匹配法可以说是因素调整法的一种极端情形。当所选择的参照物具有高度的相似性，且差异因素较为集中时，因素调整法就演变为直接匹配法。

例如，评估一台电脑时，如果二手电子交易市场能够发现与评估对象基本相同的电脑，它们的制造商、型号、年代、附件都相同，只在个别零部件和实体状态方面存在差异，在这种情况下，评估师一般直接将评估对象与市场上正在销售的同样的电脑做比较，确定评估对象的价格。直接匹配法相对比较简单，并且它对市场的反映较为直观，能相对准确地反映设备的市场价值。

使用直接匹配法的前提是评估对象与市场参照物基本相同，需要调整的项目较少，差异不大，并且差异对价值的影响可以直接确定。如果差异较大，则无法使用直接匹配法。

[例 3－15]

在评估一台电脑时，从市场上获得的市场参照物在型号、购置年月、厂家、中央处理器、硬盘及各主要系统的状况上基本相同。区别在于：(1) 参照物的内置光驱已损坏，需要更换，更换费用约 300 元；(2) 被评估电脑在购置后升级了显示系统，更换了显卡，原配显卡市场价为 500 元，升级的显卡价值为 1 000 元。若该参照物的市场售价为 12 000 元，则

$$
\begin{aligned}
V &= V' \pm \Delta i \\
&= 12\,000 + 300 + 1\,000 - 500 \\
&= 12\,800(\text{元})
\end{aligned}
$$

(二) 因素调整法

因素调整法通过比较分析多个相似的市场参照物与被评估设备的可比因素的差异，并分别对这些因素逐项做出调整，由此确定被评估设备的价值。在无法获得基本相同的市场参照物的情况下，可以用相似的参照物作为分析调整的基础。

与直接匹配法相比，这种方法比较因素多、差异大，在对比较因素进行分析的基础上，需要做更多的调整。

为了减少调整时因主观因素产生的误差，所选择的参照物应尽可能与评估对象相似。具体为：

(1) 生产厂家尽量相同；

(2) 规格型号尽量相同；

(3) 出厂日期和服役年龄尽量相近；

(4) 成交日期与评估基准日尽量相近；

(5) 交易市场尽量贴近；

(6) 安装方式尽量接近；

(7) 附件、配件等情况尽量接近；

(8) 实体状态尽量一致；

(9) 交易情况尽量相同；

(10) 交易方式一致。

从数量上讲，一般应选择三个或三个以上适用的参照物进行比较；从时间上讲，参照物的交易时间应尽可能接近评估基准日；从地域上讲，参照物应尽可能与评估对象在同一地区。

[例 3－16]

待估车辆为帕萨特 1.8T 型轿车，基本情况如下。

1. 车辆基本情况

名称：帕萨特 1.8T

型号：SVW7183FGI

购入日期：2015年10月

使用日期：2015年10月

牌照号码：京F×××××

数量：一辆

已行驶里程：81 000千米

生产厂家：上海大众

实体状态：评估人员通过对该车的外观、发动机系统、传动系统、内饰、仪表盘、车架、底盘、轮胎、转向系等部位进行检查、打分，确定其状态综合分值为6.5分。

2. 选择参照物并评定状态综合分值

评估人员对二手车市场进行调研，确定三个与评估对象较接近的市场参照物，如表3-15所示。

表3-15 评估对象及可比实例资料

比较因素	评估对象	参照物A	参照物B	参照物C
名称型号	帕萨特1.8T	帕萨特1.8T	帕萨特1.8T	帕萨特1.8T
制造厂家	上海大众	上海大众	上海大众	上海大众
出厂日期/役龄	2015年10月/4年	2014年9月/5年	2015年9月/4年	2015年11月/4年
状况	一般	良好	良好	良好
牌照手续	齐全	齐全	齐全	齐全
实体状态描述	车门及保险杠有被刮擦痕迹，发动机状态一般，动力一般，车灯齐全，内饰一般干净，手动挡，电喷，状态综合分值为6.5分	车漆光亮，发动机状态佳，动力足，灯表齐全有效，内饰一般干净，手动挡，电喷，状态综合分值为6.0分	车漆光亮，发动机状态佳，动力足，灯表齐全有效，内饰一般干净，手动挡，电喷，状态综合分值为7.0分	车漆光亮，发动机状态佳，动力足，灯表齐全有效，内饰一般干净，手动挡，电喷，状态综合分值为7.0分
交易市场		中联汽车市场	中联汽车市场	中联汽车市场
市场状况		二手车交易市场	二手车交易市场	二手车交易市场
交易背景及动机		正常交易	正常交易	正常交易
交易数量		单台交易	单台交易	单台交易
交易日期		2019年11月	2019年11月	2019年11月
转让价格		11.20万元	12.33万元	12.60万元

3. 确定调整因素，进行差异调整

评估对象出厂年限是 4 年，参照物 A，B，C 的出厂年限分别是 5 年、4 年、4 年，根据市场交易价格的统计资料，年限因素调整比率为±5%，调整比率如表 3-16 所示。

表 3-16 调整比率

参照物	调整比率（%）
A	5
B	0
C	0

实体状态调整比率为（参照物－评估对象）÷参照物×100%，经对二手车市场进行调查，在市场内交易的车辆均进行过保养、维修、清洁，车况均较好，牌照齐全，由此，其实体状态分值均较高，具体调整比率如表 3-17 所示。

表 3-17 具体调整比率

参照物	实体状态描述	调整比率
A	车漆光亮，发动机状态佳，动力足，灯表齐全有效，内饰一般干净，手动挡，电喷，状态综合分值为 6.0 分	(6.0 － 6.5)/6.0 × 100%＝－8%
B	车漆光亮，发动机状态佳，动力足，灯表齐全有效，内饰一般干净，手动挡，电喷，状态综合分值为 7.0 分	(7.0 － 6.5)/7.0 × 100%＝7%
C	车漆光亮，发动机状态佳，动力足，灯表齐全有效，内饰一般干净，手动挡，电喷，状态综合分值为 7.0 分	(7.0 － 6.5)/7.0 × 100%＝7%

计算评估价值（见表 3-18）。

表 3-18 评估价值计算

序号	调整因素	参照物 A	参照物 B	参照物 C
1	交易价格（万元）	11.20	12.33	12.6
2	出厂年限因素调整	1.05	1.00	1.00
3	实体状态因素调整	1.08	0.93	0.93
4	调整后结果（万元）＝1×2×3	12.70	11.47	11.72

4. 确定评估对象的价值

评估对象的价值＝(12.70＋11.47＋11.72)÷3＝11.96(万元)

（三）价值比率调整法

该方法是通过对大量市场交易数据的统计分析，掌握相似的市场参照物的交易价格与全新设备售价的比率关系，用此比率作为确定被评估机器设备价值的依据。这种情况在工程机械的评估中较常见。比如，某大型工程吊装设备为 30 吨可移动吊车，但是市场上没有相同或相似的参照物，只有其他厂家生产的 25 吨和 40 吨吊车。统计数据表明，与评估对象使用年限相同的设备的售价都是重置价值的 30％～40％，那么可以认为，评估对象的售价也应该是其重置价值的 30％～40％。

第四节　收益法在机器设备评估中的应用

收益法是指通过估算机器设备在未来的预期收益，并采用适宜的折现率折算成现值，然后累加求和，得出机器设备评估价值的方法。

其基本计算公式为：

评估价值＝未来收益期内各期的收益现值之和

即

$$P=\sum_{t=1}^{n}\frac{F_t}{(1+r)^t}$$

式中，P 为评估价值；F_t 为机器设备未来第 t 个收益期的预期收益，当收益年期无限时，t 为无穷大，当收益年期有限时，F_t 中还包括期末机器设备剩余净价值；r 为折现率。

使用这种方法的前提条件：一是能够确定被评估机器设备的盈利能力、净利润或净现金流量；二是能够确定资产合理的折现率。

我国《资产评估执业准则——机器设备》中，关于运用收益法评估机器设备应当明确的情况包括：

（1）收益法一般适用于具有独立获利能力或者获利能力可以量化的机器设备；

（2）合理确定收益期限、合理量化机器设备的未来收益；

（3）合理确定折现率。

收益法在机器设备评估的实践中相对应用较少。一方面，大部分机器设备，尤其是通用设备存在市场交易的价格，可以较方便地通过市场的方式确定其价值；另一方面，除了以机器设备租赁为主要业务内容的企业，大多数企业的机器设备以自用为主，机器设备的收益一般体现在其所生产的产品或提供的加工功能上，所带来的收益并不单是机器设备产生的，因此，在收益量化方面存在操作上的难度。从自身的独立盈利能力角度看，生产线、成套装置、完整加工功能等具有独立盈利能力的机器设备可以使用收益法评估。

租赁的机器设备，如大型工程机械、大型运输工具等，是较典型的适宜采用收益法评估的类型。

对于租赁的设备，其租金收入就是收益，如果租金收入和折现率是不变的，则设备的评估价值为：

$$P=A/(1+r)^1+A/(1+r)^2+A/(1+r)^3+\cdots+A/(1+r)^n$$
$$=A\times[1-1/(1+r)^n]/r$$

式中，P 为评估价值；A 为收益年金；n 为收益期；r 为资本化率。$r/[1-1/(1+r)^n]$ 称为投资回收系数，用 r_A 表示。因此，该公式可以表示为：

$$P=A/r_A$$
$$r_A=A/P$$

用收益法评估租赁设备的价值，一般有以下步骤和程序。

首先，确定租赁设备的收益。收益有毛收益和净收益之分。租金收入和租赁设备的维护、保养及管理费用，是需要核实的。不同的租赁设备，其相关的费用支出存在差异，租赁设备的价值主要体现在其净收益方面。

其次，设备租金收入更多体现其客观的收益水平，企业自身的设备租赁价格并不一定反映市场价值状况。因此，要对租赁市场上类似设备的租金水平进行市场调查，分析市场参照物设备的租金收入，经过比较调整后确定被评估机器设备的预期收益，调整的因素可能包括租赁期间、租赁方式、租赁地点、规格和役龄等。对于在评估时有租赁合同约定的出租设备，一般需考虑其合同约定。

再次，确定收益期。通常情况下，根据被评估机器设备的状况，估计其剩余经济寿命，作为确定收益期的依据。

最后，根据类似设备的租金及市场售价确定折现率，并根据被评估设备的收益期，用相关公式计算评估价值，或查表得到相应年限的折现系数，计算评估价值。

[例 3-17]

在对一台设备进行投资决策时，需要明确该设备未来产生的收益能否弥补现在的购买价格，因此，价值类型确定为投资价值。该设备的售价为 170 万元，使用寿命为 5 年，预计每年的净现金流量分别为 20 万元、50 万元、70 万元、80 万元和 50 万元。假定折现率为 10%，用收益法计算设备的投资价值（见表 3-19）。

表 3－19　投资价值计算表

年份	第一年	第二年	第三年	第四年	第五年
净现金流量（万元）	20	50	70	80	50
现值系数	0.909 1	0.826 4	0.751 3	0.683 0	0.620 9
现值（万元）	18.182	41.320	52.591	54.640	31.045
投资价值（万元）	197.78				

通过计算，投资价值 197.78 万元大于售价 170 万元，因此可以购买。

［例 3－18］

采用收益法评估某租赁机器设备。

（1）评估师根据市场调查，确定被评估机器设备的年租金收入为 25 000 元，为租赁设备所支出的费用为 3 000 元。

（2）评估师根据被评估机器设备的现状，确定该租赁设备的收益期为 10 年。

（3）评估师通过对类似设备交易市场和租赁市场的调查，通过测算净租售比的方式得到该类设备折现率为 20%。

上述设备折现率为 20%，被评估机器设备的收益期为 10 年，通过计算可得折现系数为 4.192 5，则该设备的评估价值为：

$$P=A/r_A=(25\ 000-3\ 000)\times 4.192\ 5=92\ 235(\text{元})$$

当采用收益法评估机器设备时，为了比较精确地预测未来现金流量，有时也需要对目前企业正在使用机器设备的重置成本、使用寿命，或对未来需要购置机器设备的重置成本等进行评估。

在机器设备的评估中采用收益法，其优点主要在于可以充分考虑资产的各种贬值因素，并且由于是用未来收益来衡量资产的价值，其结果比较容易被投资者接受。其缺点在于，收益法在机器设备评估中的局限性较大。收益法所预测的现金流量通常是由包括房产、机器设备在内的固定资产、流动资产、土地、无形资产等资产的配合带来的，较难量化到单台机器设备中，因此收益法不太适用于单台设备的评估。

案例分析

如本章案例引导所述，B 资产评估公司对 A 公司薯条生产线采用收益法、成本法、市场法分别评估。

一、评估范围

本次评估范围为 A 公司申报的 1 号薯条生产线。根据 A 公司提供的申报表，截至2017年3月31日，申报资产共计8项，账面原值为225 520.00元，账面净值为150 346.67元（见表3-20）。

表3-20　被评估资产概述

序号	设备编号	设备名称	规格型号	生产厂家	重量（千克）	数量	启用日期	存放	他项权利	账面原值（元）	账面净值（元）
1	ST1	高速切薯条机	ST-1000	笙辉机械	115	1	2012/02/15	1号厂房	无	13 000.00	8 666.67
2	ST2	全自动薯条油炸机	PTM5000	鹏福特机械厂	3 000	1	2012/02/15	1号厂房	无	102 400.00	68 266.67
3	ST3	大型颗粒包装机	KC420	科创机械	500	1	2012/02/15	1号厂房	无	82 000.00	54 666.67
4	ST4	清洗脱皮机	HLP-15	华菱	58	1	2012/02/15	1号厂房	无	4 200.00	2 800.00
5	ST5	漂烫机	GR-1000	高然	69	1	2012/02/15	1号厂房	无	10 520.00	7 013.33
6	ST6	脱水机	RT-600	日通	350	1	2012/02/15	1号厂房	无	5 600.00	3 733.33
7	ST7	脱油机	LJ-400	利杰	120	1	2012/02/15	1号厂房	无	5 200.00	3 466.67
8	ST8	自动调味机	GR-800	协广	85	1	2012/02/15	1号厂房	无	2 600.00	1 733.33
减：减值准备											
合计						8				225 520.00	150 346.67

二、公司介绍

A公司为一家食品加工厂，主要产品为爆米花、薯条等膨化食品。A公司于2012年1月2日成立，目前产品口碑好，尤其是薯条类产品广受市场好评。

三、被评估生产线的核实方法及结果（略）

四、评估方法

（一）成本法

纳入本次评估范围的流水线为A公司1号薯条生产线，由8项机器设备组成。经过评估师现场盘点及勘察，确定符合成本法评估条件。计算方法为：

评估价值＝重置全价×综合成新率

1. 重置全价的确定

对于国产设备，重置全价主要参照国内市场同型号或同类型设备的现行市价，同时考虑必要的运杂费、安装调试费、基础费、其他费用及资金成本等予以确定。

下面以高速切薯条机（序号1）为例，计算设备的市场价值。

（1）概况。

名称：高速切薯条机

型号：ST-1000

资产编号：ST1

生产厂家：肇庆市高新区笙辉机械有限公司

启用日期：2012年2月15日

账面原值：13 000.00元（不含税）

账面净值：8 666.67元（不含税）

主要技术参数：（略）

该设备可将马铃薯、地瓜、萝卜等切成方形长条状。切割后成品表面光滑匀称，切割速度快，平均每小时产量到达1 000千克以上，操作简单，清洗方便，适合速食店、制造业或者食品加工厂使用。

（2）重置全价的确定。

重置全价＝设备购置价＋运杂费＋安装调试费＋基础费
＋其他费用＋资金成本

重置全价如表3-21所示。

表3-21　重置全价计算表

代码	项目	计费费率	计算公式	计算结果（元）
A	设备购置价			14 976.00
B	运杂费	2.00%	A×费率	299.52
C	基础费		A×费率	0.00
D	安装调试费	2.00%	A×费率	299.52
E	前期及其他费用		(A+B+C)×费率	0.00
F	资金成本		(A+B+C+D)×费率×合理工期×1/2	0.00
G	可抵扣增值税	17%	(A/1.17)×17%+(B/1.11)×11%	2 205.52
	重置全价		A+B+C+D+E+F-G	13 369.52
	重置全价（取整）			13 400.00

2. 综合成新率的确定

综合成新率采用使用年限法和现场勘察法综合确定。

综合成新率＝勘察成新率×权重＋年限成新率×权重

（1）年限成新率。使用年限法主要考虑使用时间、使用频率、设备完好率、故障率、利用率、维修状况、大修和技改情况、工作环境、设备精度、功能等多方面因素。机器设备在整个使用寿命期间，实体性损耗是随时间线性递增的，设备价值的降低与其损耗的大小成正比，其计算公式为：

年限成新率＝(经济寿命－已使用年限)÷经济寿命×100％

(2) 勘察成新率。勘察成新率的确定主要以企业设备实际状况为主，根据设备的技术状态、工作环境、维修保养情况，依据现场实际勘察对设备分部位进行逐项打分，确定勘察成新率。

(3) 权重。对于结构复杂及大型的设备，采用使用年限法和现场勘察法相结合的方法确定综合成新率，按使用年限法权重 0.4，现场勘察法权重 0.6 综合计算。

对于结构轻巧、简单、使用情况正常的设备，主要根据使用时间，结合维修保养情况，采用使用年限法确定成新率。

案例中年限成新率的确定如下：

该设备启用日期为 2012 年 2 月 15 日，至评估基准日已经使用 5.13 年，经济寿命为 15 年，尚可使用年限为 9.87 年。

年限成新率＝(经济寿命－已使用年限)÷经济寿命×100％
＝(15－5.13)÷15×100％
＝65.8％

勘察成新率的确定如下：

通过专家打分的方法，确定勘察成新率为 70％。具体鉴定方法如表 3－22 所示。

表 3－22 勘察成新率

序号	勘察项目	技术状态	标准分	勘察分
1	床身	机身固定螺栓未腐蚀，床身防腐部分完好，倾斜螺栓调节系统调节灵活。	15	11
2	传动装置	传动装置及电机运行正常，工作时电机温升稍高，轴承间隙偏大，运行时有噪声。	20	14
3	操纵机构	操纵机构、万能转换开关、中间继电器机电磁铁运行中动作正常无误，单、双手按钮及行程开关操作灵敏可靠。	20	15
4	离合器及转换	双转键刚性离合器动作正常，曲轴部分稍有磨损，但运行转轴离合器相对位置正确无误，能与传动机构同步，拉伸弹簧良好。	15	11
5	制动器及平衡器	偏心带式制动器安装位置适当，与离合器及制动弹簧运行正常，平衡器紧固在滑块上，安装位置准确。	15	10

续表

序号	勘察项目	技术状态	标准分	勘察分
6	润滑系统	机床能及时维护保护，及时按规定加注干、液油类。	5	3
7	电气系统	操作灵敏可靠、没有误操作发生，紧急电源也能动作灵敏，热继电器较为敏感，偶尔会不复位。	10	6
	合计		100	70

综合成新率计算如下：

综合成新率＝年限成新率×0.4＋勘察成新率×0.6
＝65.80%×0.4＋70.00%×0.6
＝68.00%

3. 评估价值

评估价值＝重置全价×综合成新率
＝13 400.00×68.00%
＝9 112.00(元)

4. 评估结果

通过以上方法，B资产评估公司测算出该生产线的价值如下（见表3-23）。

表3-23　生产线价值测算

序号	设备编号	设备名称	账面价值		评估价值			增值率（%）
			原值（元）	净值（元）	原值（元）	成新率（%）	净值（元）	
1	ST1	高速切薯条机	13 000.00	8 666.67	13 400.00	68.00	9 112.00	5.14
2	ST2	全自动薯条油炸机	102 400.00	68 266.67	100 300.00	68.00	68 204.00	−0.09
3	ST3	大型颗粒包装机	82 000.00	54 666.67	81 100.00	68.00	55 148.00	0.88
4	ST4	清洗脱皮机	4 200.00	2 800.00	4 000.00	68.00	2 720.00	−2.86
5	ST5	漂烫机	10 520.00	7 013.33	10 200.00	68.00	6 936.00	−1.10
6	ST6	脱水机	5 600.00	3 733.33	5 400.00	68.00	3 672.00	−1.64
7	ST7	脱油机	5 200.00	3 466.67	5 100.00	68.00	3 468.00	0.04
8	ST8	自动调味机	2 600.00	1 733.33	2 600.00	68.00	1 768.00	2.00
减：减值准备								
合计			225 520.00	150 346.67	222 100.00		151 028.00	0.45

（二）市场法

市场法是指在求取评估对象价格时，将评估对象与近期同一供求范围内，具有较强的相关性、替代性的设备交易实例进行对比，并根据评估对象和可比实例的状况，对个别因素、交易因素、时间因素和地域因素进行比较和修正，得出评估对象的市场价格。计算公式如下：

比准价格=可比实例价格×修正系数

评估对象比准价格=(可比实例 A+可比实例 B+可比实例 C)÷3

评估对象市场法评估价值=评估对象比准价格

下面以高速切薯条机（序号 1）为例，计算设备的市场价值。

1. 评估对象及可比实例状况（见表 3-24）

表 3-24 参照物及评估对象情况说明

	评估对象	可比实例 A	可比实例 B	可比实例 C
名称	高速切薯条机	高速切薯条机	高速切薯条机	高速切薯条机
规格型号	ST-1000	ST-1000	ST-1000	ST-1000
制造厂家	笙辉机械	笙辉机械	笙辉机械	笙辉机械
出厂日期	2012/01/15	2012/06/01	2012/05/01	2012/01/04
经济耐用年限	15	15	15	15
安装方式	已安装	已安装	已安装	已安装
附件	厂家原配	厂家原配	厂家原配	厂家原配
状况	良好	良好	好	好
实体状态	机身完好，电机运转正常，开关等转换开关灵敏，离合器等运转正常，电气系统基本正常，热继电器偶尔失灵。勘察结果得分为 70。	机身完好，电机运转正常，开关等转换开关灵敏，离合器等运转正常，电气系统基本正常，热继电器运转正常。勘察结果得分为 75。	机身完好，电机运转正常，开关等转换开关灵敏，离合器等运转正常，电气系统基本正常，热继电器偶尔失灵。勘察结果得分为 70。	机身完好，电机运转正常，开关等转换开关灵敏，离合器等运转正常，电气系统基本正常，热继电器偶尔失灵。勘察结果得分为 70。
交易市场		评估对象所在地	评估对象所在地	评估对象所在地
交易情况		正常交易	正常交易	正常交易
交易数量		1 台	1 台	1 台
交易日期		2017/03/31	2017/03/31	2017/03/31
交易价格		9 200.00 元	9 000.00 元	8 500.00 元

2. 修正因素及修正系数

(1) 可比实例在规格型号、制造厂家、安装方式、附件、交易市场状况、交易情况、交易数量和交易日期方面基本一致，因而修正系数为 100。

(2) 年限调整系数。由于可比实例的尚可使用年限与评估对象存在差异，因而利用公式

$$年限调整系数=\frac{评估对象尚可使用年限}{可比实例尚可使用年限}\times 100$$

得到可比实例的年限调整系数。

(3) 实体状态调整系数。由于可比实例的实体状态与评估对象存在差异，因而利用公式

$$实体状态调整系数=\frac{评估对象实体状态分数}{可比实例实体状态分数}\times 100$$

得到可比实例的实体状态调整系数。

具体如表3-25所示。

表3-25 调整系数

	评估对象	可比实例A	可比实例B	可比实例C
名称	高速切薯条机	高速切薯条机	高速切薯条机	高速切薯条机
规格型号	100.00	100.00	100.00	100.00
制造厂家	100.00	100.00	100.00	100.00
尚可使用年限	9.80	10.10	10.01	9.69
年限调整系数	100.00	103.00	102.13	98.81
安装方式	100.00	100.00	100.00	100.00
附件	100.00	100.00	100.00	100.00
状况	100.00	100.00	104.00	104.00
实体状态	70.00	75.00	70.00	70.00
实体状态调整系数	100.00	107.14	100.00	100.00
交易市场		100.00	100.00	100.00
交易情况		100.00	100.00	100.00
交易数量		100.00	100.00	100.00
交易日期		100.00	100.00	100.00
交易价格		9 200.00	9 000.00	8 500.00
综合调整系数		0.91	0.94	0.97

3. 评估价值

比准价格=可比实例价格×修正系数

可比实例A比准价格=9 200.00×0.91=8 372(元)

可比实例B比准价格=9 000.00×0.94=8 460(元)

可比实例C比准价格=8 500.00×0.97=8 245(元)

评估对象比准价格=(可比实例A+可比实例B+可比实例C)÷3

=(8 372+8 460+8 245)÷3

=8 359(元)

评估对象市场法评估价值=评估对象比准价格

=8 359(元)

4. 评估结果

根据上述方法，最终得到该生产线市场法评估价值为 139 000.00 元。

（三）收益法

在此次评估中，评估师利用 $P=\sum_{i}^{n}\frac{R^{i}}{(1+r)^{i}}$ 模型对 1 号薯条生产线进行了评估。

1. 收益期

根据对 1 号薯条生产线的勘察，评估师确定该生产线将会在未来 9 年 9 个月中产生收益，因而 n 确定为 9.75 年。

2. 收益预测

根据 B 公司对 A 公司的考察，结合行业发展状况对 1 号薯条生产线年销售额及净利润进行了预测，具体预测结果如表 3 - 26 所示。

表 3 - 26　收益预测　　单位：元

年份	2017 年 4—12 月	2018 年	2019 年	2020 年	2021 年
薯条销售收入	123 000.00	196 800.00	232 224.00	255 446.40	268 218.72
净利润	13 530.00	21 648.00	25 544.64	28 099.10	29 504.06

年份	2022 年	2023 年	2024 年	2025 年	2026 年	残值
薯条销售收入	276 265.28	262 452.02	236 206.82	200 775.79	150 581.85	
净利润	30 389.18	28 869.72	25 982.75	22 085.34	16 564.00	15 000.00

通过对公司以往数据的观察以及行业未来的展望，评估师认为销售额及净利率在未来 5 年保持年均 11%的增长率，随后逐年下降是合理的。图 3 - 3 反映了预测期内净利润的增长状况。

预计 2026 年以后，该生产线为企业创造的利润将小于残值，且将该生产线出售所获得的净收益为 15 000 元。

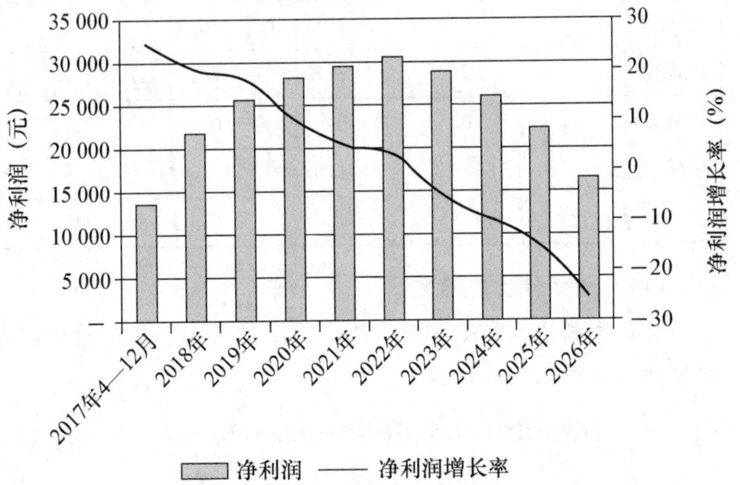

图 3 - 3　净利润及增长状况

3. 折现率

通过与该行业其他公司的比较，以及对A公司自身风险状况及薯条行业状况的考察，评估师最终确定的收益率为10%。

4. 评估结果

根据收益法评估公式

$$P=\sum_{i}^{n}\frac{R^{i}}{(1+r)^{i}}$$

测算出预测年份的收益现值，加总得到该生产线的收益法评估价值（见表3-27）。

表3-27 评估价值计算

年份	2017年4—12月	2018年	2019年	2020年	2021年
薯条销售收入（元）	123 000. 00	196 800. 00	232 224. 00	255 446. 40	268 218. 72
净利润（元）	13 530. 00	21 648. 00	25 544. 64	28 099. 10	29 504. 06
折现率	10%	10%	10%	10%	10%
折现期	0. 75	1. 75	2. 75	3. 75	4. 75
折现系数	0. 93	0. 85	0. 77	0. 70	0. 64
现值（元）	12 596. 60	18 322. 32	19 654. 86	19 654. 86	18 761. 46
评估价值（元）	156 000. 00				
年份	2022年	2023年	2024年	2025年	2026年	残值
薯条销售收入（元）	276 265. 28	262 452. 02	236 206. 82	200 775. 79	150 581. 85	
净利润（元）	30 389. 18	28 869. 72	25 982. 75	22 085. 34	16 564. 00	15 000. 00
折现率	10%	10%	10%	10%	10%	10%
折现期	5. 75	6. 75	7. 75	8. 75	9. 75	9. 75
折现系数	0. 58	0. 53	0. 48	0. 43	0. 39	0. 39
现值（元）	17 567. 54	15 171. 97	12 413. 43	9 592. 20	6 540. 13	5 922. 60
评估价值（元）	156 000. 00					

（四）评估价值的确定

评估师利用三种方法分别测算出了该条生产线的价值，求其平均值，得到的值即为最终的评估价值。

评估价值＝(151 028.00＋139 000.00＋156 000.00)÷3

＝148 676.00(元)

本章小结

资产评估中所指的机器设备是广义的概念，除了机器设备，还包括人们根据声、光、电等技术制造的电器设备、电子设备、仪器仪表等。此外，资产评估中所指的机器设备，除了单台设备，还包括为了实现特定的功能，由若干独立单台设备组成的设备组合，如生产线、车间等。

根据不同的标准，机器设备有不同的分类。按国家固定资产管理使用的分类标准分类是最基本的分类方法。

对机器设备进行评估可使用成本法、市场法和收益法。成本法适用于继续使用前提下的机器设备评估，需分别计算重置成本、实体性贬值、功能性贬值和经济性贬值。

市场法主要适用于单项机器设备变现价格的估测，通过对市场参照物进行价值调整完成评估，常用的调整方法有三种：直接匹配法、因素调整法、价值比率调整法。

收益法一般适用于具有独立盈利能力或者盈利能力可以量化的机器设备的评估，应合理确定收益期，合理量化机器设备的未来收益，合理确定折现率。

常用数据来源

1. 资产评估常用参数汇编 2017 版
2. 评估资讯：http://pingguw.com/web/guest/index/#two
3. 处理网：http://www.51chuli.com
4. 1688 网：https://www.1688.com
5. 慧聪网：http://www.hc360.com
6. 中关村在线：http://www.zol.com.cn
7. 汽车之家：http://www.autohome.com.cn
8. 易车网：http://www.bitauto.com

名词和术语

机器设备（machinery and equipment）

外部因素（external factors）

重置成本（replacement cost）
实体性贬值（physical depreciation）
功能性贬值（functional depreciation）
经济性贬值（economic depreciation）
直接成本（direct cost）
间接成本（indirect cost）
直接取价法（direct method）
间接取价法（indirect method）
运杂费（transportation cost）
设备安装费（equipment installation fee）
净收益（net income）
折现率（discount rate）

思考题

1. 机器设备的定义是什么？我国关于机器设备的资产评估准则中是如何定义机器设备的？

2. 简述机器设备评估的特点。

3. 在机器设备评估中，成本法、市场法和收益法各自的适用条件是什么？

4. 机器设备重置价值的构成内容是什么？

5. 什么是机器设备实体性贬值？估算实体性贬值的方法有哪些？功能性贬值和经济性贬值的原因是什么？如何估算？

6. 在采用市场法评估时，需要对可比实例进行哪些方面的调整？

计算题

1. 被评估设备购置于2007年，账面价值为5万元，2012年和2015年对该设备进行改造，添置自动控制装置，投资额分别为3 000元和2 000元，并于2019年对其进行评估。该设备的预计尚可使用年限为5年，且无残值。假设2007—2019年每年该设备的价格上涨10%，请计算该设备在2017年的价值。

2. 某被评估设备于2014年12月31日购入，账面原值为12万元，评估基准日为2019年12月31日。目前市场上无法获得该设备相关售价信息。已知该类设备2014年的定基物价指数为102%，2015年的定基物价指数为

116%，自2016年开始，同类物价指数每年比上一年上升4个百分点，若该设备的成新率为40%，不考虑其他因素，该设备的评估价值为多少万元？

3. 某被评估设备目前已不再生产，该设备与更新后的新设备相比，在完成相同生产任务的前提下，多使用3名操作工人，每年多耗电100万度，如果每名操作工人的工资及其他费用为每年1.8万元，每度电的价格为0.45元，自评估基准日起该设备尚可使用8年，折现率为10%，企业所得税税率为25%，不考虑其他因素，则该设备的功能性贬值为多少万元？

案例分析

在资产评估实务中，对于机器设备成新率的测算通常也会采用综合成新率的方法：通过赋予勘察成新率和年限成新率一定的权重，加权平均后得到综合成新率。那么，综合成新率和采用三项贬值（实体性贬值、功能性贬值、经济性贬值）的方法有何区别？它们分别在什么情况下适用？

第四章

无形资产评估

案例引导

文化产业的繁荣离不开金融的支持。文化企业版权的交易离不开资产评估。长期以来，文化企业的无形资产评估缺乏统一的规范标准，文化企业最有价值的无形资产在金融机构那里却打了折扣。

一项指导意见有望改变这一切。中国资产评估协会发布《文化企业无形资产评估指导意见》，自 2016 年 7 月 1 日起施行。这是中国资产评估协会首次针对一个具体行业的具体资产种类制定评估准则。

中央财经大学文化经济研究院院长魏鹏举在接受记者采访时表示，该意见的出台，有利于深化文化体制的改革，激活国有文化企业活力，核心就是盘活其无形资产，而评估是其基础性工作；有利于引导中国特色的文化产业发展，政府、协会出台相关指导意见，可以起到引导、规范和示范作用；有利于推动文化金融合作，提醒文化资源方更加关注自己的无形资产，进行再发现和再利用，同时也为金融方提供无形资产做抵押的创新金融支持方式。

资料来源：李忠峰．无形资产评估：助推文化产业新跨越．中国财经报，2016-05-05.

本案例中提出的无形资产对于经济发展十分重要。无形资产包括多种具体形式，不同于企业的占地、厂房、装备、设施、流动资金等有形资产，专有技术、设计、软件、商标、营销网络、客户关系、企业形象、企业文化等没有实物形态的无形资产，同样对企业的发展具有重要影响。在建设创新型国家的历史背景下，无形资产的重要性得到更加广泛的共识，无形资产的价值如何评估正是本章要研究的问题。

第一节　无形资产评估概述

一、无形资产及其分类

（一）无形资产的定义

无形资产是指特定的主体所控制的、不具有物质实体形态、能带来经济利益的资源。把握该定义，应该了解以下几个方面的内容。

1. 非实体性

相对有形资产而言，无形资产没有物质实体形态，它的价值取决于无形要素的贡献，因此不能像房屋、设备那样通过现场鉴定物质实体来判别资产的存在。无形资产虽不占有空间，但又必须通过一定的物质载体表现其自身。例如，土地使用权依附于土地；商誉内含于企业的整体资产；生产新产品的专利、专有技术要通过工艺、配方、生产线等来实现。

2. 排他性

无形资产的排他性有的通过企业自身保护取得，有的以适当公开其内容作为代价来取得广泛而普遍的法律保护，有的则借助法律保护并以长期生产经营服务中的信誉取得社会的公认。

3. 效益性

一项资产能够被认定为无形资产的前提是其必须能够以一定的方式，直接或间接地为其控制主体（所有者、使用者或投资者）创造未来收益，而且必须能够在较长时期内持续产生超额的经济效益。无形资产的价值通常通过其所依附的商品、服务或企业的正常获利能力之上的超额收益表现出来。其中，正常的获利能力体现为有形资产的价值，而超额收益则体现为无形资产的价值。因而，无形资产能够创造超额收益，反映了无形资产最本质的特征。倘若无形资产不能带来超额收益，则说明该项无形资产并不存在或不存在价值。

（二）无形资产的特性

评估无形资产时，需把握其固有的依附性、共益性、积累性和替代性等特性，如表 4-1 所示。

表 4-1　无形资产的特性

依附性	共益性	积累性	替代性
无形资产没有实物形态，因而其价值必须依附一定的实体才可体现出来。	● 这是无形资产区别于有形资产很重要的一个功能特性。无形资产的共益性即它可以在同一时间、不同地点为多个主体使用。 ● 无形资产的共益性受到市场有限性和竞争性的制约。一般来说，共益性越大，该无形资产价值越低。 ● 有形资产评估是通过物质实体直接界定，而无形资产评估则是根据权益界限确定。	● 无形资产的积累性体现在两个方面。 ● 无形资产的增长基于其他无形资产的发展。无形资产自身的发展，也有一个不断积累和演进的过程。 ● 一方面，无形资产总是在生产经营的一定范围内发挥特定作用；另一方面，无形资产的成熟程度、影响范围和盈利能力也处在变化之中。	替代性是指一种无形资产可能被更新的无形资产取代。因此在无形资产的评估过程中必须考虑其作用期限，尤其是尚可使用年限。这取决于该领域内技术进步的速度，以及无形资产所带来的竞争。

（三）无形资产的分类

无形资产可按以下不同标准进行分类。

1. 按无形资产的取得方式分类

按照取得方式，无形资产可分为自创的无形资产和外购的无形资产。前者是由自己研制创造获得的或者由于客观原因形成的，如自创专利、专利技术、商标权、商誉等；后者则是以一定代价从其他所有者处购入的，如外购专利权、商标权等。

2. 按无形资产能否独立存在分类

按照能否独立存在，无形资产可分为可确指的无形资产和不可确指的无形资产。可确指的无形资产是指那些具有专门名称，可单独取得、转让和出售的无形资产，如专利权、商标权等；而不可确指的无形资产则是指那些不可单独取得，离开企业整体就不复存在的无形资产，比如商誉。

3. 按无形资产的性质和内容构成分类

国际评估准则委员会颁布的《国际评估准则（2017版）》将无形资产分为五种，如图4－1所示。该准则还指出，诸如品牌这类无形资产可能是这些不同分类的无形资产的组合。

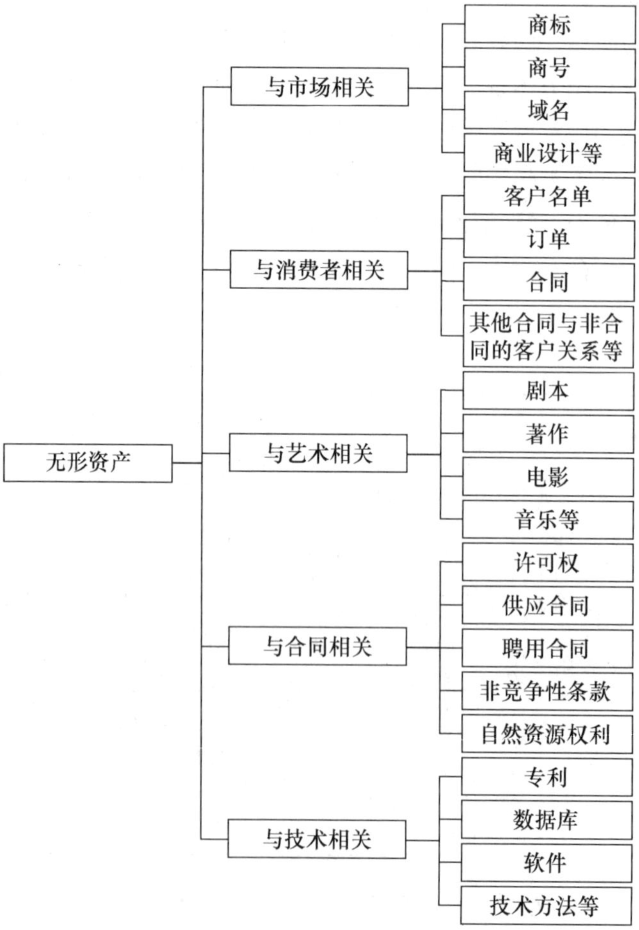

图4－1 《国际评估准则（2017版）》对无形资产的分类

相关链接

加快完善知识产权资产评估的准则和指南体系

加快发展新经济，是实现党的十九大报告提出的“贯彻新发展理念、建设现代化经济体系”“推动经济发展质量变革、效率变革、动力变革”的重要思路和发展路径，对于推进供给侧结构性改革，加快建设创新型国家，具有十分重要的意义。相对于传统经济而言，中国新经济呈现高成长、轻资产、深融合等特征，符合中国经济转型升级方向，对于优化经济结构、转换增长动能具有重要意义。

新经济以知识和智力资产开发和转化应用为核心，企业的资产更多地表现为专利、技术、商誉、平台等无形资产。统计数据显示，我国专利申请数自2011年以来连续六年世界第一，2016年发明专利申请受理量达到133.9万件，同比增长21.5%。PCT（《专利合作条约》）国际专利申请受理量超过4万件，国内有效发明专利拥有量突破100万件。特别是新经济中的数字经济、平台经济、共享经济的资产结构更轻。根据万事达卡财新BBD中国新经济指数，2017年9月，劳动力投入指数和科技投入指数分别为29.8%和36.3%，明显高于物质资本投入指数，科技投入指数更是达到该指数发布以来的最高值。

商业银行，特别是大型商业银行，要顺应新经济发展趋势，转变经营理念，逐步优化业务流程，加快创新融资模式，建立与新经济轻资产特征相适应的有效金融服务模式。一方面，从评级、准入、担保、授信等方面入手，大力开展信贷类产品及服务方式创新，逐步探索建立动产和权利评估及抵质押模式；另一方面，加快建立投贷联动、产业投资基金、股权基金等新型融资模式，为新经济企业提供综合化、多元化的金融服务。在此过程中，要注重表内外业务联动，在打破刚兑的基础上，通过理财渠道，把源头活水引入新经济。银行要坚持“把合适的产品卖给合适的客户”，根据客户风险偏好配置相应资产，对于风险承受能力较强的高净值客户，可选择投向新经济的股权类资产，其中银行处于“居间”角色，受人之托，替人理财，让客户在承担风险的同时，享受相应的较高收益。

资料来源：徐学明．新时代金融工作的重心．中国金融杂志，2017（21）.

二、影响无形资产评估价值的因素

对无形资产进行评估，首先要明确影响无形资产评估价值的因素。一般来说，影响无形资产评估价值的因素有以下几个。

（一）产权

知识产权是无形资产的重要组成部分。某种知识产权的获得和利用受到相关法律的约束，进而影响其价值。不同类型的知识产权适用不同的法律。

（二）取得成本

相对有形资产而言，无形资产的取得成本并不十分明晰和易于计量。相比较而言，外购的无形资产较易确定成本，自创的无形资产的成本计量较为困难。无形资产的成本主要包括开发成本、转化成本、获权及维权成本、交易成本等。虽然无形资产的成本也是影响价值的因素之一，但与价值并不具有直接的对应关系。因而，仅仅利用投入来确定价值通常不够严谨。

当前，我国会计准则将无形资产研究阶段的支出作为企业当期费用处理，而开发阶段的支出在满足条件的情况下才可以资本化，作为无形资产的入账价值。因此，从这一角度看，无形资产的账面价值可能是不完整的，在评估中要尤其关注这一点。

（三）机会成本

无形资产的机会成本是指将无形资产用于某一确定用途而不能用于其他用途所导致的损失。

（四）盈利能力

盈利能力主要指无形资产预期所能带来的超额收益，这是决定评估价值高低最重要的因素。盈利能力因素包括技术因素、法律因素、经济因素。一般来讲，无形资产盈利能力越强，评估价值就越高。

（五）风险

通常，无形资产属于高技术智力型的资产，无形资产从研发开始到市场转换均面临很大的风险。因而，无形资产的风险一般要高于企业整体风险。

（六）使用期限

使用期限因素除了考虑法律保护期限，还要考虑其具有实际超额收益的期限，即经济寿命。例如，某项发明专利的保护期限为 20 年，但由于其无形损耗较大，拥有该项专利实际能获得超额收益的期限为 10 年，则这 10 年即为评估该项专利时所取的期限。商标权的法律保护期限为 10 年，但可以续展。某种产品的商标，其使用期限受产品寿命的影响；企业的商标则受企业寿命的影响。商誉必须依附于企业而存在，因此，它的使用期限也受企业的寿命影响。

（七）技术

技术因素主要影响技术类无形资产的评估价值，技术类无形资产包括专利权及专有技术等。技术成熟的程度、国内外该种无形资产的发展趋势、更新换代情况和速度等因素都将直接影响技术类无形资产的评估价值。

（八）市场

1. 市场供求状况

市场供求状况一般反映在两个方面：一是无形资产市场需求情况及无形资

产的适用程度。无形资产的评估价值一般与之成正比关系。二是无形资产的市场供给情况，即是否有同类的无形资产可供替代选择。无形资产的评估价值一般与之成反比关系。

2. 同类无形资产的价格水平

同类无形资产的市场价格及无形资产相关产品和行业的市场状况也会影响无形资产的评估价值。无形资产相关产品和行业的市场状况，是指市场容量的大小、市场前景、市场竞争状况及产品供求状况等因素，这些因素将影响被评估无形资产的获利额，从而影响无形资产的评估价值。

（九）其他

除上述因素会对无形资产的评估价值产生影响，其他因素例如宏观经济政策、转让内容等也会影响无形资产的评估价值。

三、无形资产评估的程序

无形资产评估的程序基本和有形资产一样，即首先明确评估的基本事项，调查、了解与鉴定被评估无形资产的状况，然后根据具体情况选择适宜的评估方法和作价标准，依据国家有关法律法规及资产评估准则进行评定估算，最后形成评估结论，撰写评估报告。

（一）明确评估基本事项

明确评估的基本事项是无形资产评估需解决的首要问题，包括明确评估目的、利益相关方的基本情况、评估对象和评估范围、价值类型和评估基准日等。

1. 明确评估目的

对无形资产评估来说，明确评估目的十分重要，因为有的无形资产只有在特定的评估目的下才能成立。例如，当国有企业与不同所有制企业间进行合资、联营、合作经营时，其享有的计划价格进料权、优先贷款权、产品包销权等权利应当作为无形资产对待；当国有企业相互之间联营、合作经营时，双方享有的上述权利可以不作为无形资产进行评估。评估目的由发生的经济行为决定，目前无形资产评估的目的主要有无形资产转让、无形资产出租、股份制改造、企业兼并、重组、合资、合作、银行质押贷款等。随着国民经济和文化产业的发展，必将会有更多的经济行为涉及无形资产评估，比如以无形资产侵权索赔为目的的评估。

2. 确定评估对象和评估范围

确定无形资产的评估对象应至少从三个层面进行。首先，应当明确评估对象的类型；其次，应当明确评估对象的形态，即该资产是单项资产还是资产组合；最后，应当明确无形资产的权益状况，比如所有权、使用权等。这三个层面从资产边界和权益边界划分了无形资产的评估对象和评估范围。

确定评估对象和评估范围既有助于识别和把握无形资产，也有助于了解无形资产的属性和作用空间，为掌握其价值来源奠定基础。

（二）鉴定无形资产

无形资产和有形资产一样，在生产经营中所起的作用有大有小，剩余寿命有长有短，预期收益有多有少，这些因素直接影响无形资产的价值，需要对其进行分析。

1. 确定无形资产的存在

确定无形资产的存在应当首先验证其合法性，其次判断其效用期限。

通常情况下，无形资产是否存在可以根据法律文书，比如专利证书、商标注册证、著作权登记证书等资料来核实。同时，需要核查该项无形资产的归属方。对于诸如商标这类与市场相关的无形资产，还需要判断是否在市场中形成作用或对消费者产生影响，从而确定它是否形成了无形资产。

无形资产虽然不存在实际陈旧问题，但是有的无形资产有很强的时效性。在技术发展日新月异的今天，科技类无形资产随时都可能被新的发明创造淘汰，使得原定寿命和有效期缩短。有的无形资产可能由于出售量或转让面的扩大，为自己制造了强有力的竞争对手，从而加速了失效期的到来。有的无形资产，如土地使用权、租赁权、有限期经营特许权等，随着时间的延续，剩余寿命越来越短。已经失效、过时的无形资产失去了价值；剩余寿命缩短的无形资产也必然会贬值。因此，在进行无形资产评估时，需要对其有效期或剩余寿命做出分析与判断。

2. 调查无形资产的作用大小

无形资产在生产经营过程中所起的作用是决定其价值高低的主要因素之一。例如，在提高产品质量、节约原材料、提高生产效率、扩大产品销售量方面等，应用与不应用该项无形资产会有多大区别？评估无形资产价值时，首先要在这方面进行分析。

无形资产的价值归根结底取决于其作用的发挥程度和盈利能力。盈利能力是一项综合性经济指标，取决于产品质量、成本、销售量等各项经济技术指标。

（三）收集并整理资料及数据，选择适宜的评估方法

一般情况下，用于评估无形资产的资料由委托方和评估机构市场调查取得。无论评估哪类无形资产，无形资产所需资料都应包含以下几种：

（1）与无形资产相关的法律文件、权属有效性文件或者其他证明资料；

（2）无形资产的性质和特点、历史和当前的发展情况；

（3）能够证明无形资产可以带来显著的、持续的且可辨认的经济利益；

（4）无形资产剩余经济寿命、法定寿命和无形资产的保护措施；

（5）无形资产实施的地域范围、领域、获利能力和方式；

(6) 无形资产的技术资料；

(7) 以往的评估资料和交易情况；

(8) 无形资产的转让、出资、质押等行为的可行性资料；

(9) 该项无形资产的所有人的状况；

(10) 无形资产所属行业的基本情况和发展前景；

(11) 宏观经济及其他相关信息。

对所收集到的信息进一步分类整理是选择评估方法之前的重要工作。

无形资产评估和有形资产评估一样，需要根据具体情况（类型、特点、评估目的、评估的前提条件、评估原则、市场环境等），选择适宜的评估方法。无形资产评估的主要方法有收益法、成本法和市场法。对于同时具备几种评估方法使用条件的无形资产，可以使用多种方法分别评估，以验证评估结果的可靠性。

(四) 形成评估结论，撰写评估报告

无形资产的评估报告应符合《资产评估执业准则——无形资产》《资产评估执业准则——资产评估报告》《资产评估基本准则》等评估准则的要求。在无形资产评估报告中要注意评估过程的陈述，明确阐述评估结论产生的前提、假设及限定条件，各种参数的选用依据，评估方法使用的理由及逻辑推理方式。

四、无形资产评估中的注意事项

(1) 以质押为目的的无形资产评估。根据《中华人民共和国担保法》的相关规定，专利资产的质押包括所有权质押和正在许可他人实施的专利资产的收益权的质押。由于质押权实现时需要处置被质押的无形资产，因此受让方难以确定。在此情况下，价值类型应当选用该无形资产的市场价值。当受让方可以确定时，根据情况另行确定。然而，在实务中，由于无形资产的价值与当前使用该无形资产的企业关系密切，因此，在确定市场价值时往往难以操作。这一问题应引起关注。

(2) 有关价值的问题。一般情况下，评估人员对无形资产的评估应关注其经济价值，而不是其他价值，比如军事、国家安全、科技发展等领域的价值。

第二节　无形资产的评估方法

无形资产评估可以使用收益法、成本法、市场法。通常，方法的适用性依次递减。图 4-2 展示了无形资产评估方法体系。

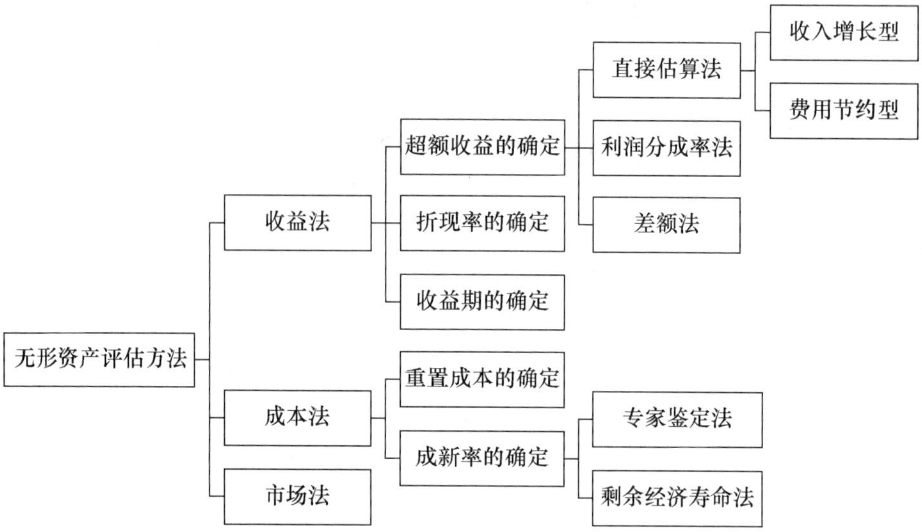

图 4-2　无形资产的评估方法体系

一、无形资产的收益法评估

收益法（又称收益现值法）是指根据一定的收益期，估算被评估无形资产的未来预期收益，并通过一定的资本化率将其折算成现值，以确定被评估无形资产价值的一种方法。收益法是进行无形资产评估的主要方法，在一些特殊的情况下还可以采用成本法或市场法。

当前，对无形资产收益法的具体应用方法有许可费节省法、增量收益法和超额收益法等。

其中，许可费节省法是采用虚拟许可使用费来确定超额收益，即假设自身并不拥有该项无形资产，而是通过第三方许可使用的方式获得，所需定期支付的许可费即为节省的费用，这一费用被当作无形资产的超额收益。用该方法评估的无形资产的价值通常具有直观性和可理解性，但往往会低估无形资产的实际价值。由于许可费通常只反映了被许可部分的无形资产的收益，而未被许可的部分容易忽视，因而它计算的并不是无形资产的全部价值。这一点在评估中需格外关注。

增量收益法是指通过判断拥有该项无形资产的企业和没有该项无形资产的企业之间的收益差额，来确定无形资产价值的一种方法。这一差异体现在两个方面，即成本节约和利润或现金流增加。在实务中，由于很难完全控制变量，因而这一方法的使用通常又存在一定程度的局限性。

超额收益法是在企业全部收益的基础上扣除由其他资产创造的收益，来确定无形资产超额收益的一种方法。使用这一方法需要考虑超额收益在不同类型无形资产之间的分配问题，并且应当考虑其他资产收益确定的合理性。

无论上述哪一种具体的方法，均可以用以下公式来表示：

$$\text{无形资产评估价值} = \sum_{i=1}^{n} \frac{R_i}{(1+r)^i}$$

式中，R_i为被评估无形资产第 i 年的超额收益；i 为收益期序号；r 为折现率；n 为收益期。

因此，评估无形资产价值的关键问题是确定无形资产的超额收益、收益期和折现率。

(一) 超额收益的确定

无形资产的收益是指该项资产在使用过程中带来的超额收益，超额收益的测算是采用收益法评估无形资产价值的关键步骤。常用的方法如下。

1. 直接估算法

根据使用无形资产与未使用无形资产时收益的差别，确定无形资产带来的超额收益。超额收益的来源有两种——收入的增长和成本费用的节约，因此可以将无形资产划分为收入增长型和费用节约型。

(1) 收入增长型无形资产。它是指无形资产应用于生产经营过程，能够使生产产品的销售收入大幅增加。而根据收入增长的原因不同，又可以分为以下两种情况。

第一种情况是，在销售量不变、单位成本不变的情况下，生产的产品以高出同类产品的价格销售，形成的超额收益可以表示为：

$$R=[(P_2-P_1)Q](1-T)$$

式中，R 为超额收益；P_1为未使用无形资产时单位产品的价格；P_2为使用无形资产后单位产品的价格；Q 为产品销售量；T 为所得税税率。

使用这个公式时需要考虑的是，无形资产是没有实体的特定资产，它只有与有形资产相联系才能发挥作用。因此，一般情况下，这里的R并不完全是由无形资产带来的超额收益，故应该进一步分离出完全由无形资产带来的超额收益。

第二种情况下，生产的产品采用与同类产品相同的单位价格和单位成本，只是通过扩大销售量获得超额收益，则

$$R=[(Q_2-Q_1)(P-C)](1-T)$$

式中，R 为超额收益；Q_1为未使用无形资产时产品的销售量；Q_2为使用无形资产后产品的销售量；P 为单位产品的价格；C 为单位产品的成本；T 为所得税税率。

(2) 费用节约型无形资产。它是指由于无形资产的应用，生产产品的成本降低，从而形成超额收益。当销售量不变、产品单位价格不变时，可以用下列公式计算为投资者带来的超额收益：

$$R=[(C_1-C_2)Q](1-T)$$

式中，R 为超额收益；C_1 为未使用无形资产时单位产品的成本；C_2 为使用无形资产后单位产品的成本；Q 为产品销售量；T 为所得税税率。

上述划分是为了明晰无形资产形成超额收益的来源情况的人为划分。实际上，无形资产应用后，其超额收益是收入和成本费用共同作用的结果。因此，评估中需综合分析和计算。

2. 利润分成率法

在技术交易中，目前比较实用且应用广泛的方法是通过利润分成率法来计算无形资产超额收益。所谓利润分成率法，是指以无形资产投资产生的销售收入（利润）为基础，按一定比例（利润分成率）分成确定无形资产的净收益。评估价值计算公式如下：

$$\text{无形资产价值}=\sum_{i=1}^{n}\frac{kR_i}{(1+r)^i}$$

$$\text{无形资产超额收益}=\text{销售收入(利润)}\times\text{销售收入(利润)分成率}\times(1-\text{所得税税率})$$

式中，k 为无形资产分成率；R_i 为第 i 年使用无形资产带来的收益（即销售收入或销售利润）；i 为收益期序号；r 为折现率；n 为收益期。

销售收入分成率与销售利润分成率的关系为：

$$\text{销售收入分成率}=\text{销售利润分成率}\times\text{销售利润率}$$

$$\text{销售利润分成率}=\text{销售收入分成率}/\text{销售利润率}$$

在评估实务中，经验法是常用的方法之一。经验法一般指三分法和四分法，即在无形资产许可中，许可方会得到被许可方因使用无形资产所获得利润的 33%和 25%。这种方法在使用上较为便捷，但也是一种粗略的估计方法，在使用时需要修正。

三分法在我国也有所运用。通常将企业的经营活动分成三大要素，即资金、技术和管理。不同的行业，利润贡献有所不同。比如，对于资金密集型行业来说，资金对利润的贡献通常要达到 50%，而对于高新技术企业来说，技术对利润的贡献可能达到 50%。

3. 差额法

有些情况下，无法分清使用无形资产和未使用无形资产的收益，这时就要使用无形资产和其他类型资产的综合收益以及行业平均水平进行估算。需要准备的数据包括净利润、净资产总额、行业平均收益率等。此时无形资产超额收益的计算公式为：

$$\text{无形资产超额收益}=\text{净利润}-\text{净资产总额}\times\text{行业平均收益率}$$

应该注意的是，这样计算得到的超额收益不仅包括需要评估的无形资产收益，还包括其他种类的无形资产回报，所以必须进一步分离。

行业平均收益率应当理解为一种正常利润率，即在无形资产缺失的情况下该行业的经营利润率。

（二）折现率的确定

适用的折现率是指投资于该无形资产获得的与该无形资产相适应的投资收益率。折现率一般包括无风险报酬率、风险报酬率和通货膨胀率。无风险报酬率是指资产的一般获利水平，通常以政府发行的国库券利率、银行储蓄利率为依据进行适当调整。风险报酬率是投资风险价值的相对数形式，指的是冒风险获得的额外收益占原投资额的比重。风险回报率可能包含无形资产面临的政策风险、法律风险、市场风险、技术替代风险、研发风险、资产管理风险、财务风险等。此外，由于通货膨胀造成的贬值在计算折现率时也应当加以考虑。无形资产折现率选用的基本方法与有形资产评估中所介绍的方法是相同的，只是由于无形资产投资收益高、风险性强，因此一般其折现率相对于有形资产评估的折现率要高。折现率的口径应与无形资产评估中采用的收益口径一致。

常用的无形资产折现率的测算方法有风险累加法和回报率拆分法。

其中，风险累加法的计算公式为：

无形资产折现率＝无风险回报率＋风险回报率

回报率拆分法是从企业整体回报率出发，对其他有形资产、无形资产的回报率逐一量化，从而倒推出被评估无形资产的回报率。

虽然无形资产折现率的确定通常具有较大的主观性，但总体来说，应当遵循以下原则：

（1）通常情况下，无形资产的风险高于有形资产。

（2）单一用途的无形资产的风险高于多用途无形资产。

（3）单项无形资产的风险通常高于无形资产组。

（4）确定用途并已经服务于生产的无形资产的风险低于仍在开发过程中的无形资产。

（5）寿命较长的无形资产的风险高于寿命短的无形资产。

（6）用于生产收益相对确定产品的无形资产的风险低于收益不确定的无形资产。比如，用于生产已经确认的订单产品的无形资产风险，就要低于诸如客户关系类的无形资产。

（三）收益期的确定

收益期又称有效期，是指该项资产能够被合理地用于为投资者创造收益的全部时间。从这个基本概念出发，无形资产的收益期应该是投资者利用它可以创造超额收益的时间范围，即其效益性可以持续的时间。

资产评估实践中，预计和确定无形资产的有效期可使用下列方法：

（1）法律或合同、协议分别规定有法定有效期和受益年限的，可按照法定有效期与受益年限孰短的原则确定。

（2）法律未规定有效期，公司合同或协议中规定有受益年限的，可按照受益年限确定。

（3）法律和合同或协议书均未规定有效期和受益年限的，按预计受益年限确定。预计受益年限可以采用统计分析或与同类资产比较得出。

另外，在科学技术日益发达的今天，无形资产更新周期加快，使得其收益期越来越短。在进行资产评估时，应该综合考虑各方面影响因素。

二、无形资产的成本法评估

无形资产之所以有价值，是因为投资者能够利用它创造超额收益。但是，由于各类无形资产在生产或服务中具体发挥的作用不同，在评估人员无法确定某项技术专利所带来的超额收益或者利润分成率时，成本法是解决问题的较好途径。

运用成本法应当具备必要的前提条件：第一，被评估无形资产能够有效地在生产或服务中发挥作用，功能性强；第二，该无形资产的开发或取得付出了成本；第三，拥有该无形资产的公司或企业具有良好的经济效益，其经济效益足以支付获取该无形资产的成本。如果经济条件不利于产生利润，那么无论其重置成本有多么高，都难以赋予无形资产任何价值。

成本法在评估外购的软件、内部研发和内部使用且无市场交易案例的软件、劳动力资产时可以使用。

应用成本法对无形资产进行评估的公式为：

$$P=R_C\times r$$

式中，P 为无形资产的评估价值；R_C为无形资产的重置成本；r 为无形资产的成新率。

运用成本法对无形资产进行评估，关键在于确定其重置成本及成新率。

（一）重置成本的确定

1. 外购型无形资产重置成本的确定

外购一般有购置费用的原始记录，也可能有可供参照的现行交易价格，评估相对比较容易，通常其重置成本包括账面原始成本和购置费用两部分。这里用物价指数法确定外购型无形资产的重置成本：

$$无形资产重置成本=无形资产账面成本\times\frac{评估时物价指数}{购置时物价指数}$$

2. 自创型无形资产重置成本的确定

自创型无形资产的成本构成较为复杂，这里简单介绍核算法的评估公式：

$$无形资产重置成本=成本+期间费用+合理利润$$

其中

$$期间费用=管理费用+销售费用+财务费用$$

不同类型的无形资产，其成本组成均有所差异。实务中，需要与企业相关人员沟通无形资产的账面组成，并根据实际情况分别测算各组成部分的价值。

（二）成新率的确定

影响无形资产成新率的因素是其损耗或贬值。有形资产有三种损耗形式：实体性损耗、功能性损耗和经济性损耗。无形资产本身没有实体形态，故其损耗表现为功能性损耗和经济性损耗，它们造成了无形资产的价值降低。造成无形资产价值降低的原因很多，其中最根本的原因是无形资产的先进性会随着时间的推移逐渐减弱，特别是在科学技术更新换代的周期越来越短的今天，无形资产损耗的速度随之加快，无形资产的经济寿命也越来越短。

通常，无形资产成新率的确定可以采用专家鉴定法和剩余经济寿命法。

(1) 专家鉴定法即通过有关技术领域的专家对被评估无形资产的先进性和适用性做出判断，从而确定其成新率。

(2) 剩余经济寿命法是通过对无形资产剩余经济寿命的分析和判断来确定其成新率的方法。计算公式为：

$$成新率=\frac{无形资产剩余经济寿命}{无形资产已使用年限+无形资产剩余经济寿命}\times 100\%$$

三、无形资产的市场法评估

使用市场法对无形资产进行评估必须具备两个前提条件：第一，需要有一个充分发育、活跃的资产市场。第二，参照物及其与被评估无形资产可比较的指标、技术参数等资料是可收集到的。运用市场法的关键是找到与被评估无形资产相同或相似的参照物。从理论上讲，该方法应当作为评估无形资产最优的方法。但在实际操作中，收集相关资料和挑选合适的无形资产作为参照物的难度非常大，所以市场法在实践中较少使用。

第三节　专利资产和专有技术评估

一、成本法的基本含义

（一）专利资产的概念及类型

专利资产是指权利人所拥有的、能持续发挥作用且带来经济利益的专利权益。专利资产包括发明专利、实用新型专利，以及外观设计专利。根据《中华人民共和国专利法》（以下简称《专利法》）的定义，发明是指对产品、方法或者其改进所提出的新的技术方案。发明专利的期限为自申请日起 20 年。实用新型是指对产品的形状、构造或者其结合所提出的适于实用的新的技术方案。该专利类型的期限为自申请日起 10 年。外观设计是指对产品的形状、图案或者其结合以及色彩与形状、图案的结合所做出的富有美感并适于工业应用的新设计。外观设计专利的期限为自申请日起 10 年。

（二）专利资产的特点

1. 专利资产作为无形资产的基本特点

（1）专利资产确认复杂。由于专利技术的盈利能力是通过法律保护获得的，法律在对专利技术提供保护的同时，也对专利技术获得保护的条件做了明确的规定。另外，法律还对专利技术获得保护的范围及时限等做了明确规定。这就使专利资产与一般有形资产相比，在资产确认方面比较复杂。

（2）盈利能力有一定的不确定性。与有形资产相比，专利资产的盈利能力具有一定的不确定性。这种不确定性主要体现为专利资产在应用过程中有可能面临的技术风险、市场风险、资金风险及管理风险。另外，专利资产作为一种无形资产，在交易过程中存在一定的困难，包括专利技术交易价格的不确定性、专利技术移植的复杂性及专利技术交易的多样性等，这都造成了专利资产价值实现的困难。因此，评估人员在评估过程中应充分考虑到专利资产的这一特点。

2. 专利资产的自身特点

（1）时间性。它是指依法取得的专利权在法定期限内有效，且受法律保护。期满后，专利权人的权利自行终止。我国《专利法》规定，发明专利的保护期限是 20 年，实用新型和外观设计的保护期限为 10 年。超过规定的保护期限后，《专利法》将不再提供保护，该技术成为公知技术，不能够再为所有者带来超额收益，因此也就不再具有无形资产价值。

（2）地域性。它是指任何一项专利只在其授权范围内有法律效力，在其他地域范围内不具有法律效力。

（3）排他性。也称独占性，是指同一内容的技术发明只授予一次专利，对于已取得专利权的技术，任何人未经许可不得进行营利性实施。

（4）共享性。它是指专利权人可以许可多方在同一时间同时使用该专利资产。

（三）专利资产的评估目的

专利权的转让形式可以分为全权转让（所有权转让）和许可使用权转让。许可使用权转让多数通过专利许可证的贸易形式进行，这种使用权的权限、时间期限和地域范围都是在专利许可合同中加以明确的。许可使用权转让中的要素有如下几个。

（1）使用权限。按专利使用权限的大小，可分为独占使用权、排他使用权，以及普通使用权。

1）独占使用权（只有一个使用者，价格较高）是指在许可合同所规定的时间和地域范围内，卖方只把专利转让给某一特定买主，买方不得卖给第二家买主，同时卖方自己也不得在合同规定范围内使用该专利和销售使用该专利生产的产品。显然，这种转让的卖方索价会比较高。

2）排他使用权（只有两个使用者）是指卖方在合同规定的时间和地域范围内把专利授予买方使用，同时自己保留专利使用权和产品销售权，但不再将该专利转让给第三者。

3）普通使用权（两个以上使用者）是指卖方在合同规定的时间和地域范围内可以向多家买主转让专利，同时自己保留专利使用权和产品销售权。

（2）地域范围。大多数专利许可证都规定了明确的地域范围，如某个国家或地区，买方的使用权不得超出这个地域范围。

（3）时间期限。专利许可合同一般都规定了有效期，时间的长短因技术而异。一项专利技术的许可期限一般要和该专利的法律保护期限相适应。

二、专利资产的评估程序

专利资产评估一般按如下程序进行。

（一）确认专利资产的基本情况及存在状态

明确专利资产的基本情况通常是展开评估的第一步。专利资产的基本情况如表 4-2 所示。

表 4-2　专利资产的基本情况

基本情况	注释
专利名称	专利申请时的主题名称。发明与实用新型的名称一般不得超过 25 个字，外观设计的名称不超过 20 个字。
专利类型	发明、实用新型、外观设计。
申请的国家或者地区	专利申请的地域范围，通常一个国家或地区所授予和保护的专利权仅在该国家或地区的范围内有效。
申请号/专利号	申请号是指在提交专利申请时给出的编号；专利号是指在授予专利决定时给出的编号。
专利的法律状态	包括专利权人或专利申请人及变更、审批阶段、年费缴纳情况、专利权的终止、诉讼、质押等方面。
专利申请日	通常是指行政管理部门收到专利申请相关文件时的日期。该日期记录在专利申请受理通知书和专利证书上。
专利授权日	专利的法定公告日，也是专利的生效日。
权利要求	专利所要求的保护范围。
使用权利	专利许可使用的权利，包括专利权人和其他使用人。专利权许可分为独占许可、排他许可、普通许可等。

对专利技术有效性的判断包括两个层次：

（1）核实该专利是否为有效专利，著录项目是否属实。在授权后，专利权可能会由于各种原因而失效，如未交年费或是经过无效程序都可能丧失专利权。根据我国的专利管理制度，失效后的专利证书国家并不予以收回，而是在《中国专利公报》上公告作废。因此，要综合专利证书和其他资料确认专利权的法律状态是否有效，不能仅仅凭专利证书进行判断，还必须要求委托方提供专利局或省、自治区、直辖市、国务院有关部委专利管理机关出具的确权证明，或通过检索确认该专利权的法律状态是否有效。对于已向专利局提出专利申请并正在受理中的专利申请权，要核实专利局发出的受理通知书和缴费凭证。

（2）核实该专利是否经过有效程序。我国对实用新型专利实行初步审查制度，很多已经授权的实用新型专利是不符合《专利法》的实质性要求的，可能经过无效程序后丧失专利权。

（二）收集资料与选择评估方法

应收集的相关资料主要包括四类：技术资料、经济及市场资料、法律法规资料、资产占有方管理方面的资料，如表4-3所示。

表4-3　专利资产评估所需相关资料

技术资料	（1）专利申请全套资料：专利证书或专利受理通知书、专利说明书、权利要求书、说明书附图；（2）技术总结报告；（3）技术产品检测报告；（4）技术鉴定报告；（5）技术产品简介；（6）专家咨询意见书；（7）检索报告；（8）专利权转让、许可使用、专利权出资入股等合同书；（9）专利缴纳年费资料。
经济及市场资料	（1）专利技术研制开发费用表；（2）以前年度该专利技术产品销售收入、成本统计表；（3）企业现有的生产能力资料；（4）企业准备扩建的生产能力资料；（5）企业的销售网络资料；（6）项目可行性研究报告；（7）企业的税收政策；（8）企业的合同订单资料；（9）类似专利的转让公告；（10）被评估专利技术产品所在的行业状况、市场容量、市场前景等资料，国内、国外同行业投资收益率、平均成本利润率、资金利润率；（11）专利技术产品获奖情况。
法律法规资料	（1）经济法律法规（特别是国有企业改制、合资合作、技术贸易等经济行为法规，合同法，公司法）；（2）专利相关的法律法规；（3）资产评估法规；（4）评估对象所处行业的政策。
资产占有方管理方面的资料	（1）企业合同、章程、简介、企业基本情况；（2）企业会计制度或会计核算方法；（3）内部管理制度（包括生产经营、劳动管理、工资奖励、劳保福利及财产物资管理制度等）；（4）企业所有权人及经营决策管理者关于经营管理和财务会计的重要问题的历次决议及决定。

专利资产评估应用收益法的情形较多，也可以使用成本法和市场法。评估时应注意以下问题对评估方法选取的影响：（1）不能够确认为资产的技术，不能够进行评估；（2）尚未完成，但是预计能够完成，且未来市场参数、财务参

数、投资参数不确定性较大时，不宜采用收益法评估；(3) 对于被评估专利资产的发明与研制成本无关而重要的是发明思想的情形，不应选取成本法评估。

(三) 资料核查分析与评定估算

1. 技术状况分析

技术状况分析包括：(1) 技术所属领域分析；(2) 替代技术分析；(3) 技术先进性分析；(4) 技术新颖性分析；(5) 技术成熟度分析；(6) 相关技术配合度分析；(7) 技术应用范围分析；(8) 技术防御力分析。

2. 盈利能力分析

盈利能力分析是指对是否具有盈利能力进行分析。

3. 市场分析

市场分析是指应用该专利技术的产品市场需求总量分析、市场占有率分析。

4. 风险分析

风险分析包括以下四个方面：技术风险、市场风险、经营风险、资金风险。

(四) 编制评估报告

在进行分析、判断的基础上，确定评估参数，按照评估报告准则的要求完成评估报告。

三、专利资产的评估方法

专利资产主要采用的评估方法是收益法，在一些特殊的情况下可以采用成本法或市场法。这里主要介绍收益法和成本法。

(一) 收益法

收益法应用于专利资产评估前面已经做了介绍，使用收益法评估的根本问题是确定各项技术指标和参数，即确定专利资产的收益、折现率和收益期。根据超额收益的来源可以将专利资产分为收入增长型和费用节约型。另外，专利资产的收益还可以通过利润分成率法来计算。利润分成率法即以专利资产投资产生的总收益为基础，按一定比例（利润分成率）分成确定专利资产的收益。

利润分成率反映专利资产对整体利润额的贡献程度。根据联合国工业发展组织对部分发展中国家引进技术价格的分析，利润分成率在16%～27%之间是合理的；1972年在挪威召开的许可贸易执行协会会议上，多数代表提出利润分成率在25%左右较为合理；美国一般认为利润分成率在10%～30%之间是合理的；我国在评估专利权时，利润分成率取值在15%～33%之间较多。常见行业的利润分成率如表4-4所示。

表 4-4 常见行业的利润分成率

行业名称	分成率（%）
石油化学工业	0.5～2.0
机械制造工业	1.5～3.0
电气工业	3.0～4.5
精密机器工业	4.0～5.5
光学及电子产品等高技术工业	7.0～10.0
日用消费品工业	1.0～2.5
制药工业	2.5～4.0
木材加工业	3.5～5.0
汽车工业	4.5～6.0

资料来源：Business International Corporation. Investing，Licensing and Trading Conditions. New York：Business International Corporation，1985.

在确定折现率时，无风险报酬率一般应考虑社会平均收益率。对我国的企业进行评估时，将当年中国人民银行发行的国债利率换算为复利计算的年利率即可。

（二）成本法

当评估人员无法确定某项技术专利所带来的超额收益或者利润分成率时，可以采用成本法。

1. 研发成本

专利资产分为外购和自创两种，自创专利资产的成本较为复杂，一般由直接成本和间接成本两部分构成。

（1）直接成本。它是指直接的物质消耗和直接的劳动消耗，包括：材料费用，即为完成技术研制所耗费的各种材料费用；工资费用，即参与研制技术的科研人员和相关人员的薪酬费用；仪器设备费用，主要指为进行研究而添置的仪器、仪表和其他专用或辅助设备所支出的费用；外协费用，即项目开发研制过程中某些零部件的外加工费以及使用外单位资源的费用；资料与咨询费用，即为完成该项目所发生的图书、资料费用和技术咨询、技术鉴定费用；培训和差旅费用；其他费用。

（2）间接成本。它是指与研制开发有关的费用，主要包括：管理费用，即为管理、组织本项目开发所负担的管理费用；非专用设备折旧费用，即采用通用设备、其他设备所负担的折旧费用；应分摊的公共费用及能源费用。

2. 交易成本

交易成本包括发生在交易过程中的费用支出。例如，谈判人员参加技术洽谈会及在交易过程中发生的食宿及交通费用等。

3. 专利费

专利费是指申请和维持专利需要缴纳的费用。国务院制定的《专利法实施细则》第九十条规定，向国务院专利行政部门申请专利和办理其他手续时，应当缴纳下列费用：

（1）申请费、申请附加费、公布印刷费、优先权要求费；

（2）发明专利申请实质审查费、复审费；

（3）专利登记费、公告印刷费、年费；

（4）恢复权利请求费、延长期限请求费；

（5）著录事项变更费、专利权评价报告请求费、无效宣告请求费。

四、专有技术的特点

专有技术又称技术秘密，是指为特定的人所知的未公开其完整形式、处于保密状态，但未申请专利的具有一定价值的知识或信息，主要包括设计资料、技术规范、工艺流程、材料配方、经营诀窍和图纸、数据等技术资料。从法律角度讲，专有技术不是一种法定的权利，而是一项收益性无形资产。

（一）专有技术存在的特点

可以根据以下特性确定专有技术存在：

（1）实用性，它是指专有技术的价值取决于其能否在实际的生产过程中应用。

（2）获利性，它是指专有技术能为企业带来超额利润。

（3）保密性，这是专有技术最主要的特征。由于专有技术不是一种法定的权利，其自我保护是通过保密方式进行的。

（二）专有技术与专利技术的区别

（1）专有技术具有保密性，而专利技术则是在《专利法》规定范围内公开的。

（2）专有技术的内容范围很广，包括设计资料、技术规范、工艺流程、材料配方、经营诀窍和图纸等。

（3）专利技术有明确的法律保护期限，专有技术没有法律保护期限。

（4）专利技术受《专利法》的保护，对专有技术进行保护的法律主要有《合同法》《反不正当竞争法》等。

五、影响专有技术价值的因素及其评估方法

影响专有技术价值的因素主要包括：专有技术的预期盈利能力；专有技术的市场情况；专有技术的开发成本；专有技术的使用期限；保密措施。

专有技术的评估方法与专利资产的评估方法基本相同。

[例 4－1]

一、案例背景

委托方为陕西某公司，成立于 2006 年，是一家为客户提供定制型节能环

保服务的高新技术企业。经中华环保联合会认定，获得2009年度“中国节能减排领军企业”荣誉称号。自2006年成立以来，公司培养了一支拥有丰富管理及技术经验的团队，专业从事节能环保技术的设计、研发与项目全过程管理，聘请国内知名大学和研究机构的专家、教授担任公司的技术顾问，致力于用最先进的节能环保技术为客户提供满足个性化需求的服务，现已发展成为国内环保行业极具影响力的为客户提供节能环保终身服务的高科技企业。

公司历史经营业绩较好，连续3年收益呈现较高态势。被评估资产为6项实用新型，均为2011年外购获得。这些实用新型已经有效地融入企业的生产经营之中，且与这些资产直接相关的产品收入占总收入的比重高达85%。

二、评估目的

该公司为扩大生产经营，委托B资产评估公司对6项实用新型进行评估，为其抵押贷款提供价值参考依据。

三、评估基准日

与委托方沟通后，确定评估基准日为2017年9月30日。

四、评估对象情况

纳入本次评估范围的无形资产为6项实用新型（见表4-5），均为该公司外购所得。原始入账价值为600万元，公司对其按照10年的年限进行摊销，截至评估基准日，账面摊余价值为3 237 588.38元。

表4-5　纳入本次评估的资产

序号	申请号	内容或名称	授权公告日	法定/预计使用年限（年）	原始入账价值（元）	账面价值（元）	尚可使用年限（年）
1	××	一体化旋风电袋烟气除尘装置	2013/07/20	10	1 000 000.00	633 333.33	5.72
2	××	一种脱氮除磷联合装置	2013/08/03	10	1 000 000.00	633 333.33	5.75
3	××	一种有机废水回用装置	2013/07/27	10	1 000 000.00	633 333.33	5.73
4	××	一种含油废水除油装置	2013/07/20	10	1 000 000.00	633 333.33	5.72
5	××	一种选择性催化还原法（SCR）脱硝反应器	2013/07/20	10	1 000 000.00	633 333.33	5.72
6	××	诱导气流分布的调节装置	2013/08/10	10	1 000 000.00	633 333.33	5.77

评估师对评估范围内的无形资产进行了全面核查，以正确反映上述权利在评估基准日的公允价格。

依据委托方出具的资料，以及评估师的核查，截至评估基准日，委托方未对上述 6 项专利所有权进行过转让、投资、许可使用、质押等行为。

五、评估方法及测算过程

根据以上无形资产的价值类型、技术特点、评估目的以及外部市场环境等情况，评估师确认被评估资产产品技术成熟，且归属于无形资产的收益及风险均可衡量，因而使用收益法进行估算。

1. 评估模型

$$P=\sum_{i=1}^{n}\frac{R_i}{(1+r)^i}\times C$$

式中，P 为无形资产评估价值；C 为技术分成率；R_i 为第 i 年收益；r 为折现率；n 为收益期。

2. 评估参数选取

(1) 收益预测。本次评估中，未来收益以与实用新型直接相关的产品销售收入为基础进行计算。被评估资产应用的产品近 3 年的销售收入统计情况如表 4－6 所示。

表 4－6　销售收入统计　　单位：元

项目	2014 年	2015 年	2016 年	2017 年 1—9 月
一种 SCR 脱硝反应器	4 925 612.60	330 188.67	1 058 563.30	2 602 564.07
一种有机废水回用装置	404 923.42	412 000.00	2 117 126.71	144 393.40
一种脱氮除磷联合装置	396 226.40	141 509.43	1 411 417.80	120 327.80
一种含油废水除油装置	2 110 976.80	121 641.51	1 129 134.20	72 196.80
诱导气流分布的调节装置	173 538.60	871 257.73	987 992.50	48 131.10
一体化旋风电袋烟气除尘装置	84 905.70	203 293.37	352 854.50	96 262.20
合计	8 096 183.52	2 079 890.71	7 057 089.01	3 083 875.37

评估师根据委托方对实用新型的应用规划，结合相关产品未来市场竞争状况，对实用新型应用产品未来的销售收入进行了预测（见表 4－7）。

表4-7　销售收入预测

单位：万元

项目	2017年10—12月	2018年	2019年	2020年	2021年
一种SCR脱硝反应器	180.00	486.96	471.32	509.26	515.20
一种有机废水回用装置	150.00	382.61	407.49	437.96	505.97
一种脱氮除磷联合装置	90.00	243.48	284.75	305.56	339.09
一种含油废水除油装置	90.00	208.70	255.30	346.30	415.42
诱导气流分布的调节装置	60.00	173.91	294.57	346.30	420.75
一体化旋风电袋烟气除尘装置	30.00	104.34	186.57	254.62	303.57
合计	600.00	1 600.00	1 900.00	2 200.00	2 500.00

（2）无形资产分成率。评估师选取所属相关行业的上市公司作为可比公司，然后参考这些上市公司的资本结构，估算实用新型的分成率。所选上市公司无形资产在资产结构中的比重计算如表4-8和表4-9所示。

表4-8　上市公司无形资产比重计算（一）

序号	对比公司	营运资产/主营业务资产（%）			
		2016/12/31	2015/12/31	2014/12/31	均值
1	甲	7.78	9.82	16.01	11.20
2	乙	15.98	14.63	31.96	20.86
3	丙	10.29	11.08	17.26	12.88
均值		11.35	11.85	21.74	

表4-9　上市公司无形资产比重计算（二）

序号	对比公司	（有形非流动资产＋土地使用权＋软件）/主营业务资产（%）			
		2016/12/31	2015/12/31	2014/12/31	均值
1	甲	6.51	4.65	6.04	5.74
2	乙	6.76	6.85	11.60	8.41
3	丙	29.88	29.10	22.10	27.03
均值		14.39	13.54	13.25	

评估师进一步分析了上述可比公司的主营业务收入、利润和现金流量水平，认为公司的现金流量是由公司所有资本共同创造的，因此无形资产创造的现金流量应

该是无形资产在资本结构中所占比重与主营业务现金流量（EBITDA）的乘积。经分析确定专利技术类无形资产在无形资产中所占比重为 50%，由此得出可比公司实用新型对主营业务收入的贡献率（见表 4-10）。

表 4-10 技术分成率

公司名称	技术类无形资产在资本结构中所占比重（%）	相应年份的业务息税折旧摊销前利润（元）	无形资产对主营业务现金流量的贡献（元）	相应年份的主营业务收入（元）	技术分成率（%）	均值（%）
A	B	C	D=B×C	E	F=D/E	
甲	46.87	76 981 498.27	36 080 759.66	901 140 330.15	4.00	4.92
	46.87	74 474 127.15	34 906 973.16	639 712 199.32	5.46	
	45.01	66 931 488.75	30 123 052.64	568 163 404.07	5.30	
乙	44.81	242 869 019.70	108 835 130.79	1 029 153 051.40	10.58	8.57
	45.13	151 919 689.22	68 562 585.73	771 990 269.46	8.88	
	38.39	94 579 744.61	36 306 569.32	580 921 634.51	6.25	
丙	39.13	421 995 737.52	165 145 104.40	3 730 068 539.57	4.43	5.57
	39.15	45 319 1615.03	177 412 431.12	3 167 752 858.11	5.60	
	39.58	457 348 956.65	181 037 817.09	2 706 121 160.16	6.69	

确定实用新型对其应用产品的收入分成率为（4.92%+8.57%+5.57%）/3=6.35%。

（3）收益期。通常情况下，收益期受技术寿命、技术成熟度以及技术产品寿命的影响。本次评估的实用新型技术成熟度较高。考虑到近年技术发展的步伐加快，特别是技术更新的周期缩短，在不久的将来可能会出现技术更先进、性能更优越的替代技术及其产品，因此根据此次被评估实用新型的成熟度、先进性和技术更新周期，同时考虑到实用新型的经济寿命，其评估基准日后的收益期确定为 4.17 年。

（4）折现率。采用可比上市公司的无形资产投资收益率作为本次无形资产评估的折现率。

我们由

$$WACC = w_c \times r_c + w_f \times r_f + w_i \times r_i$$

推导出

$$r_i = \frac{WACC - w_c \times r_c - w_f \times r_f}{w_i}$$

式中，w_c 为营运资产（资金）占全部资产比例；w_f 为不含无形资产的长期资产（资金）占全部资产比例；w_i 为无形资产（资金）占全部资产比例；r_c 为投资营运资产（资金）期望收益率；r_f 为投资不含无形资产的长期资产（资金）期望收益率；r_i 为投资无形资产（资金）期望收益率。

最终计算得到，可比上市公司无形资产的期望平均收益率为12.11%。由于被评估无形资产与可比上市公司无形资产在性能、影响力等因素上存在差异，评估人员综合考虑各个因素后确定技术个别风险调整系数为5%。

综上所述：

被评估技术类无形资产折现率=17.11%

（5）评估计算。将上述各参数代入评估模型，具体计算如表4-11所示。

表4-11 评估计算表

项目	2017年11—12月	2018年	2019年	2020年	2021年
收入（万元）	600.00	1 600.00	1 900.00	2 200.00	2 500.00
收入分成率（%）	6.35	6.35	6.35	6.35	6.35
所得税税率（%）	15	15	15	15	15
分成额（万元）	32.41	86.42	102.62	118.82	135.02
折现期（年）	0.17	1.17	2.17	3.17	4.17
折现率（%）	17.11	17.11	17.11	17.11	17.11
折现系数	0.974 0	0.831 7	0.710 2	0.606 4	0.517 8
现值（万元）	31.56	71.87	72.88	72.06	69.92
技术价值（万元）	318.29				

六、评估结果

在执行上述资产评估方法与程序后，被评估单位委托评估的无形资产的评估结果为318.29万元。

第四节 商标权评估

一、商标权评估对象的确认

（一）商标及其分类

1. 定义

商标是商品或服务的标记，是商品生产者或经营者为了使自己的商品或服务区别于他人的同类商品或服务，在商品上或服务中使用的一种特殊标记。这种标记一般由文字、图形、字母、数字、三维标志和颜色组合而成。

2. 商标的分类

（1）按照商标是否具有法律保护的专用权，可以分为注册商标和未注册商标。评估中的商标权指的是注册商标专用权。

（2）按商标的构成，可以分为文字商标、图形商标、符号商标、文字图形组合商标、色彩商标、三维标志商标。

（3）按商标的不同作用，可以分为商品商标、服务商标、集体商标和证明商标等。集体商标是指以团体、协会或者其他组织名义注册，供该组织成员在商事活动中使用，以表明使用者在该组织中的成员资格的标志。证明商标是指为对某种商品或者服务具有监督能力的组织所控制，而由该组织以外的单位或者个人用于其商品或者服务，用以证明该商品或者服务的原产地、原料、制造方法、质量或者其他特定品质的标志。

（4）按商标的享誉程度，可以分为普通商标和驰名商标。普通商标通常是指没有特别大的市场影响力和公众知晓程度不高的商标。而驰名商标则是指市场影响力较大，具有较高声誉的商标。驰名商标无论是否注册，均享有特别的法律保护。

（二）商标权及其特点

1. 商标权的审批依据

商标权以申请注册的时间先后为审批依据，而不以使用时间先后为审批依据。

《中华人民共和国商标法》（以下简称《商标法》）坚持注册原则和申请在先原则，强调申请在先必须建立在诚实信用的原则下，不允许盗窃他人已经使用并且建立信誉的商标作为自己的商标申请注册。

2. 商标权包括的内容

商标权包括的内容有排他专用权（或独占权）、转让权、许可使用权、继承权。

（1）排他专用权是指注册商标的所有者享有禁止他人未经许可而在同一种商品、服务或类似商品、服务上使用其商标的权利。

（2）转让权是商标所有者作为商标权人，享有将其拥有的商标转让给他人的权利。我国《商标法》规定，转让注册商标的转让人和受让人应当共同向商标局提出申请。受让人应当保证使用该注册商标的商品质量。转让注册商标经核准后，予以公告。

（3）许可使用权是指商标权人依法通过商标使用许可合同允许他人使用其注册商标。

（4）继承权是指商标权人将自己的注册商标交给指定的继承人继承的权利，但这种继承必须依法办理有关手续。

二、影响商标权价值的因素

商标设计、制作、注册和保护都需要花费一定的费用，广告宣传也是扩大商标知名度的重要因素。但是，这些费用并不是影响商标权价值的决定因素，因为商标是一定商品质量、性能、服务等效用因素的综合性、重复性显示，甚至是一定效用价格比的标志。商标实际上是对企业生产经营的素质，尤其是技术状况、管理状况、营销技能的综合反映。通过商标这一最简洁的标识可以反映企业的形象和声誉。因此，商标权的主要评估对象并不是其设计、制作、注册、广告等费用，而是它所带来的超额收益。商标权的经济价值在于其能够产生超额收益，而不在于其基本功能。

（一）商标权的法律状态

商标权的法律状态指商标的注册状况、注册商标的有效性、商品范围、服务范围和地域范围。在我国，非注册的商标和已经失效的商标不受法律保护，不能作为评估客体。根据《商标法》的相关规定，注册商标的有效期为10年，且可以按规定办理续展手续；未办理续展手续的，商标权失效。

由于商标权可以无限续展，因此该项资产的收益通常具有永久性。在评估实务中，商标的使用期限通常不做限制。但是，商标权的地域性和适用范围却需考虑在内。商标权一般只在一定的地域范围内有效，并且只能作用于所申请的使用范围。我国《商标法》和《商标法实施条例》中明确了“一标多类”的注册申请制度，即商标注册申请人可以通过一份申请来就多个类别的商品申请注册同一商标。在正常情况下，商标资产的价值与其服务的范围和地域范围呈正相关关系。

（二）商标的使用情况及市场影响力

商标所带来的收益是依托相应的商品来体现的。因此，商标是否被投入使用，使用程度及如何使用等情况均影响商标权价值。同时，商标的市场影响力也是价值影响的重要因素，通常包括商标的知名度和信誉度。商标的知名度和信誉度越高，其商品或服务受到的关注和认可程度就越高，所能带来的收益相应提高，从而影响价值大小。

（三）其他因素

另外，商标设计、广告宣传、类似商标的交易情况、宏观经济状况等都对商标权的价值有不同程度的影响。

三、商标权的评估程序

（1）接受委托，明确有关事项。主要包括以下事项：

1）商标权的评估目的，即商标权发生的经济行为。从商标权发生的经济行为方式来说，可分为商标权转让和商标权许可使用。

2）有关情况。一方面是商标的注册、使用等情况；另一方面是商标的拥有方、使用方及评估委托方的情况。

3）商标权的评估范围，包括被评估商标权的种类、数量及应用的商品种类和地域范围。

4）确定评估基准日，明确被评估商标权的价值时点。

5）可能影响被评估商标权价值的其他情况。

（2）向商标权人收集有关资料。需收集的资料包括：

1）商标权人的概况和经营业绩，包括之前3～5年的财务报表；

2）商标概况，包括商标注册有关的法律性证书、商标权人、注册时间、注册地点、注册证书号、有效期及续展条件、保护内容、商标的适用范围、商标的种类、许可使用和转让情况等；

3）商标权的成本费用和历史收益情况，包括商标权申报或购买、持有等项的支出成本和商标使用、许可使用及转让所带来的历史收益；

4）商标的知名度、广告宣传情况，同类产品的名牌商标；

5）商标的预期寿命和收益情况，包括使用该商标产品的预期寿命、单位售价、销售量、市场占有率和利润情况，同类产品单位售价，主要竞争对象的市场占有率、盈利情况等；

6）相关产业政策、财政政策等宏观经济政策对其的影响。

（3）市场调研和分析。主要内容包括：

1）产品市场需求量的调研和分析；

2）商标现状和前景分析；

3）商标产品在客户中的信誉、竞争情况的分析；

4）商标产品市场占有率的分析；

5）财务状况分析，主要分析判断商标产品现有的盈利能力，为确定未来收益发展趋势提供依据；

6）市场环境变化的风险分析；

7）其他相关信息资料的分析。

（4）确定评估方法，分析确定有关参数。

（5）计算、分析，得出评估结论，完成评估报告。

[例4-2]

某化妆品公司将已经使用了10年的注册商标进行转让。根据历史资料，该企业近2年使用这一商标的化妆品比商场上同类产品的单位售价高20元。该企业目前每年生产700万件化妆品，市场供求基本平衡。据预测，该商标获得超额利润的时间是5年，前3年基本维持当前水平，后2年其单位产品获得超额利润10元，但是年产量有望达到1 000万件。该商标权转让价值的简要计算过程如下。

（1）预期前3年的年超额利润为：

$$700\times20=14\,000(\text{万元})$$

（2）预期后2年的年超额利润为：

$$1\,000\times10=10\,000(\text{万元})$$

（3）根据该企业的资金成本和相应的风险报酬率，确定折现率为10%。

（4）估算该商标权的转让价值为：

$$[14\,000\times(1-1/1.1^{3})/0.1+10\,000\times(1-1/1.1^{2})/[0.1/(1+0.1)^{3}]\times(1-25\%)=3.59(\text{亿元})$$

案例分析

收益法在收益性房地产评估中的应用

一、项目背景介绍

A食品饮料公司为中外合资企业，多年来在市场上树立了信誉，销售量逐步提升，有的产品还进入了国际市场，深受国外用户的信赖。为了进一步扩大业务，A公司于2017年年末进行了股权结构的重组，除原有5家股东增加投资并吸收某国新股东投资，还将原属于A公司的"甲"牌商标评估作价，作为原5家股东所有的无形资产，共同投入新公司作为各自入资的一部分。经评估，该商标以评估价值作价投入新公司已被新股东接受，增资扩股工作已经完成，吸引了众多投资者的关注。

二、"甲"牌商标与产品概况

1. "甲"牌商标注册情况与美誉度（略）

2. 产品概况

产品B是北京最早上市的该类型食品，至今畅销不衰。产品C近两年来出口额逐年上升。"甲"牌商标的价值是A公司技术、经营、管理、信誉等所有无形资产的总体现。由于质量稳定可靠，"甲"牌商标已在消费者中取得信赖与认可，在市场上享有较高声誉，产品销售量稳步上升。

三、评估过程

（一）方法与参数的确定

本次评估基准日为2017年12月31日。根据评估目的的要求和对评估对象的分析，本评估的测算采用超额收益法与收益剩余法进行，将二者的结果进行对比检验，以其平均值作为最终评估价值。参数确定如下：

1. 超额收益法

（1）固定资产及其折旧额预测（表略）。

(2) 销售收入预测及预测期确定。根据对企业过去5年历史数据的分析，企业历年销售收入呈增长趋势。在分析行业发展状况和趋势后，评估人员得到企业未来5年预测的销售收入（见表4-12）。

表4-12　销售收入预测

品种	项目	年份					
		2018	2019	2020	2021	2022	永续
产品B	达产率（%）	45.00	50.00	50.00	50.00	47.00	47.00
	销售收入（万元）	4 500.00	5 000.00	5 000.00	5 000.00	4 700.00	4 700.00
产品C	达产率（%）	50.00	60.00	70.00	80.00	90.00	90.00
	销售收入（万元）	2 500.00	3 000.00	3 500.00	4 000.00	4 500.00	4 500.00
销售收入合计（万元）		7 500	8 000.00	8 500.00	9 000.00	9 200.00	9 200.00

注册商标“甲”有效期为10年，但可办理续展，因而其使用期限可视为与企业经营寿命一致。鉴于企业经营状况良好，发展前景乐观，因而作为持续经营处理，预测期确定为5年，自第6年开始按永续计算。

(3) 总成本预测。根据公司历年财务资料分析，各产品材料成本占销售收入的比例在45%～55%之间，此次评估确定按50%的比例预测材料成本；管理费用和销售费用按20%比例计算；财务费用为贷款300万元的利息，年利率按10%计算；增值税依据税制要求计算；鉴于物价波动因素今后对进价与售价均会产生相应影响，故评估计算中均忽略不计。综合上述因素编制总成本预测，如表4-13所示。

表4-13　总成本预测　　单位：万元

年份	2018	2019	2020	2021	2022	永续
材料成本Ⅰ	1 400.00	1 600.00	1 700.00	1 800.00	1 840.00	1 840.00
材料成本Ⅱ	2 100.00	2 400.00	2 550.00	2 700.00	2 760.00	2 760.00
管理费用	1 400.00	1 600.00	1 700.00	1 800.00	1 840.00	1 840.00
财务费用	30.00	30.00	30.00	30.00	30.00	30.00
增值税	350.00	400.00	425.00	450.00	460.00	460.00
折旧	350.00	350.00	350.00	350.00	350.00	350.00
总成本合计	5 630.00	6 380.00	6 755.00	7 130.00	7 280.00	7 280.00

(4) 税后利润预测。综合销售收入预测和总成本预测的结果，编制税后利润预测。所得税税率为25%。征收年度自2018年开始按“二免三减半”计算，从第6年恢复正常纳税标准（见表4-14）。

表 4-14　税后利润预测　　单位：万元

年份	2018	2019	2020	2021	2022	永续
销售收入	7 000.00	8 000.00	8 500.00	9 000.00	9 200.00	9 200.00
总成本	5 630.00	6 380.00	6 755.00	7 130.00	7 280.00	7 280.00
利润总额	1 370.00	1 620.00	1 745.00	1 870.00	1 920.00	1 920.00
所得税	—	—	218.13	233.75	240.00	480.00
净利润	1 370.00	1 795.31	1 526.88	1 636.25	1 680.00	1 440.00

（5）企业未来预计资产总额。根据企业经营计划，评估人员对企业未来正常经营水平下的资产负债表进行了预测，得到各年的年均固定资产和流动资产占用额（见表 4-15）。

表 4-15　预计资产总额　　单位：万元

年份	2018	2019	2020	2021	2022	永续
流动资产	1 000.00	1 100.00	1 100.00	1 200.00	1 250.00	1 250.00
固定资产	2 000.00	2 200.00	2 200.00	2 250.00	2 300.00	2 300.00

（6）超额收益预测。根据有关资料，评估人员在综合调整后，确定行业平均资金收益率为 25%。将企业各年预测利润与同类企业平均利润相比较，测算企业超额收益。其中：

同类企业平均利润＝企业预计未来各年资金占用额×行业平均资金收益率

＝(年均固定资产占用额＋年均流动资产占用额)×25%

（7）折现率的确定。根据对原公司 5 年历史数据的测算，新企业的未来预期收益率按 30%确定。即

折现率＝同类企业平均收益率＋风险报酬率＝25%＋5%＝30%

其中，未来风险主要考虑经营风险与市场风险。

（8）评估价值的计算。依据超额收益公式（包括 n 年后年金的本金化价格）计算。

$$P=\sum_{i=1}^{n}\frac{R_i}{(1+r)^i}+\frac{R_n}{r(1+r)^n}$$

式中，i 为年期；n 为预测期数；R_i 为年超额收益；r 为折现率；P 为评估价值现值。

将以上预测结果代入求得表 4-16。

表 4-16 评估价值计算表

年份	2018	2019	2020	2021	2022	永续
净利润（万元）	1 370.00	1 795.31	1 526.88	1 636.25	1 680.00	1 440.00
行业平均利润（万元）	750.00	825.00	825.00	862.50	887.50	887.50
超额收益（万元）	620.00	970.31	701.88	773.75	792.50	552.50
折现率（%）	30	30	30	30	30	30
折现期（年）	1.00	2.00	3.00	4.00	5.00	
折现值（万元）	476.92	574.15	319.47	270.91	213.44	496.01
“甲”商标价值（万元）	2 350.91					

经计算，得出“甲”商标价值为 2 350.91 万元。

2. 收益剩余法

依据现金流量概念，编制 A 公司国内投资现金流量表（表略），得出企业未来各年净现金流量。可根据以下公式计算各年净现金流量：

净现金流量＝税后利润＋折旧＋资产回收

将净现金流量按 30%折现率折现，按下式得出剩余收益即评估价值现值 P。

$$
\begin{aligned}
P &= \text{净现金流量现值} - \text{投资现值} \\
&= 5\,500 - 3\,200 \\
&= 2\,300(\text{万元})
\end{aligned}
$$

3. 评估价值的确定

两种方法计算所得结果十分接近，说明数据与方法正确，较为可信，据此得出“甲”牌商标的最终评估价值为：

$$(2\,350.91 + 2\,300) \div 2 = 2\,325.46(\text{万元})$$

资料来源：www.imcpv.com.

第五节 著作权评估

一、著作权的基本概念

著作权也称版权，是依据《中华人民共和国著作权法》（以下简称《著作权法》）形成的一种权利，是指文学、艺术作品和科学作品的创作者依照法律规定对这些作品所享有的各项专有权利。这些权利可以分为人身权和财产权。

（一）著作权的主体与客体

著作权的主体是指著作权的所有人。《著作权法》规定，著作权人包括两种，即作者本人和其他依照法律享有著作权的公民、法人或者非法人单位。

著作权的客体是指《著作权法》保护的对象。一般情况下，一部作品可以分为两个部分：作品的内容和作品的表现形式。《著作权法》保护的是作品的表现形式，而不是内容本身。也就是说，只要是作者自行创作的作品，无论其内容上是否与已出版作品雷同，都是受法律保护的。

1. 作品的构成要件

作品应该符合创造性、可复制性及合法性。

2. 著作权保护的作品

（1）《著作权法》所称的作品。《著作权法》所称的作品包括下列形式的作品：1）文字作品；2）口述作品；3）音乐、戏剧、曲艺、舞蹈、杂技艺术作品；4）美术、建筑作品；5）摄影作品；6）电影作品和以类似摄制电影的方法创作的作品；7）工程设计图、产品设计图、地图、示意图等图形作品和模型作品；8）计算机软件；9）法律、行政法规规定的其他作品。

（2）不受《著作权法》保护的作品。1）依法禁止出版、传播的作品；2）法律、法规，国家机关的决议、决定、命令和其他具有立法、行政、司法性质的文件，及其官方正式译文；3）时事新闻；4）历法、数表、通用表格和公式。

（二）著作权归属的确定及著作权的内容

著作权归属的基本原则是：除法律另有规定的，著作权属于作者。著作权的内容就是法律赋予著作权人的权利内容，它是《著作权法》的核心。

作品的著作权包括精神权利和经济权利，即著作人身权和著作财产权。

著作人身权是指作者通过创作表现个人风格的作品而依法享有获得名誉、声望和维护作品完整性的权利。该权利由作者终身享有，不可转让、剥夺和限制。作者死后，一般由其继承人或者法定机构予以保护。根据《著作权法》的规定，著作人身权包括：

（1）发表权，即决定作品是否公布于众的权利；

（2）署名权，即表明作者身份，在作品上署名的权利；

（3）修改权，即修改或者授权他人修改作品的权利；

（4）保护作品完整权，即保护作品不受歪曲、篡改的权利。又称著作精神权利，指作者对其作品所享有的各种与人身相联系或者密不可分而又无直接财产内容的权利。

著作财产权是作者对其作品的自行使用和被他人使用而享有的以物质利益为内容的权利。评估时主要考虑的是财产权利。根据《著作权法》的规定，著作财产权的内容具体包括：

（1）复制权，即以印刷、复印、拓印、录音、录像、翻录、翻拍等方式将作品制作一份或者多份的权利；

（2）发行权，即以出售或者赠与方式向公众提供作品的原件或者复制件的权利；

（3）出租权，即有偿许可他人临时使用电影作品和以类似摄制电影的方法创作的作品、计算机软件的权利，计算机软件不是出租的主要标的的除外；

（4）展览权，即公开陈列美术作品、摄影作品的原件或者复制件的权利；

（5）表演权，即公开表演作品，以及用各种手段公开播送作品的表演的权利；

（6）放映权，即通过放映机、幻灯机等技术设备公开再现美术、摄影、电影和以类似摄制电影的方法创作的作品等的权利；

（7）广播权，即以无线方式公开广播或者传播作品，以有线传播或者转播的方式向公众传播广播的作品，以及通过扩音器或者其他传送符号、声音、图像的类似工具向公众传播广播的作品的权利；

（8）信息网络传播权，即以有线或者无线方式向公众提供作品，使公众可以在其个人选定的时间和地点获得作品的权利；

（9）摄制权，即以摄制电影或者以类似摄制电影的方法将作品固定在载体上的权利；

（10）改编权，即改变作品，创作出具有独创性的新作品的权利；

（11）翻译权，即将作品从一种语言文字转换成另一种语言文字的权利；

（12）汇编权，即将作品或者作品的片段通过选择或者编排，汇集成新作品的权利。

需要注意的是，摄制、改编、翻译及汇编后的作品的所有权发生改变，由完成此项工作的人员或依据法律享有著作权的公民或组织所有。因此在评估时，需要将这几种权利单独考虑。

此外，与著作权相邻的另外一种权利被称为邻接权，它是作品传播者所享有的权利，主要包括表演者权、录制者权、广播电视组织权等。著作权往往与邻接权相互联系共同发挥作用。因此，在实务操作中，往往需要处理这两种权利之间的关系。比如，可以通过支付演艺费的方式将邻接权价值分割出来。

（三）著作权的限制

著作权的赋予具有一定的地域限制、时间限制，并需要合理使用，评估时需要充分考虑。

（四）著作权的保护期

（1）作者的署名权、修改权、保护作品完整权的保护期不受限制。

（2）公民的作品，其发表权、使用权和获得报酬权的保护期为作者终生及其死亡后 50 年，截止于作者死亡后第 50 年的 12 月 31 日；如果是合作作品，截止于最后死亡的作者死亡后第 50 年的 12 月 31 日。

（3）电影、电视、录像和摄影作品的发表权、使用权和获得报酬权的保护期截止于作品首次发表后第50年的12月31日。

二、著作权价值的影响因素

除了宏观经济情况和市场需求状况外，著作权价值的影响因素主要为其所依托的作品本身的情况，包括作品的类型、作品的内容、作者的知名度、作品的传播方式等。此外，作品的收益期限和如何处理著作权及其相关权利、资产的关系也是影响著作权价值的重要因素。

许多作品的价值来源于其为消费者带来的感受，而这一感受即为影响作品创收时间的决定力量。比如，电影和电视剧作品就较为典型。通常情况下，电影放映持续一两个月，其绝大部分收入也是在此期间获得的；电视剧作品首轮播放获得的收入一般可以占总收入的80%以上。因此在评估中，需要额外关注著作权的收益期限。

另外，作品的收益是由多种资源共同创造的。比如，在一部电视剧的创作过程中，使用了资本、人力、设备、剧本等多种资源，而每一种资源所带来的收益又可能归属于不同的主体。因而，在评估中需要将不属于著作权本身创造的收益部分划分出来。虽然这些资源的协同功能难以分割，但在实务操作中也可以通过层次分析等技术方法将其大致量化。

案例分析

影视版权评估

A公司为湖南一家影视制作公司，2018年5月将其所拥有的《××》剧本作价出资成立C公司。A公司聘请B评估公司对该影视版权进行评估。

本次评估的评估基准日为2018年5月31日。价值类型确定为市场价值。

《××》电视剧于2017年8月1日开始发行，截至评估基准日，A公司已经实现收入3 400万元。具体收入板块如表4-17所示。

表4-17　2017年8月1日至2018年5月31日《××》电视剧收入明细

轮次	内容	收入（万元）
第一轮 2017年8月至2017年12月	向2家媒体出售首轮播映权	2 000
第二轮 2018年1月至2018年5月	向1家媒体出售二轮播映权	900
其他收入		500

A公司已经建立了较为广泛的发行网络，可以为《××》电视剧未来持续发行提供基本保证。

(1) 收益期的确定。根据我国《著作权法》，著作权的保护期为50年，截止于首次发表后第50年的12月31日。因此，在评估基准日《××》电视剧的剩余著作权保护期为 48 年 7 个月。根据目前的市场状况，评估师估测该影视版权的经济寿命为 10 年。

(2) 折现率的确定。本次评估折现率采用无风险报酬率与风险报酬率之和。无风险报酬率取国债 5 年期复利 3.71%。风险报酬率的确定考虑了法律风险、市场风险、经营风险、财务风险，综合评定为 11%。因此，本次评估折现率为 14.71%。

(3) 收益的预测。通过对《××》电视剧及行业的调研，评估师对其做出如下预测（见表 4-18）。

表 4-18　《××》电视剧收益预测　单位：万元

年份	2018 年 6—12 月	2019 年	2020 年	2021 年	2022 年	2023 年	2024 年	2025 年	2026 年	2027 年
销售收入	300.00	500.00	500.00	500.00	500.00	420.00	320.00	256.00	204.80	163.84
利润	235.51	392.51	392.51	392.51	392.51	286.53	213.52	200.96	160.77	128.61
所得税	58.88	98.13	98.13	98.13	98.13	98.13	62.80	50.24	40.19	32.15
净利润	176.63	294.38	294.38	294.38	294.38	188.40	150.72	150.72	120.58	96.46

根据《××》电视剧的具体情况，评估师确定著作权的利润分成率为 50%。因此，归属于著作权的净利润如表 4-19 所示。

表 4-19　归属于著作权的净利润　单位：万元

年份	2018 年 6—12 月	2019 年	2020 年	2021 年	2022 年	2023 年	2024 年	2025 年	2026 年	2027 年
分成后利润	88.32	147.19	147.19	147.19	147.19	94.20	75.36	75.36	60.29	48.23

通过 14.71% 的折现率折现，最终测算出该著作权的价值为 611.10 万元。

第六节　商誉评估

一、商誉、商誉的分类及其特点

有观点认为，商誉通常是指企业在一定条件下，由能获取高于正常投资收益率的收益形成的价值。这是由于企业所处地理位置优越、经营效率高、管理基础好、生产历史悠久、人员素质优良等，与同行企业相比较，可以获得超额利润。但这一观点未必合理实用。从会计学和资产评估的角度考虑，则更侧重商誉的确认和计量。

反映在商誉中的收益包含以下内容：第一，协同效应。比如，因企业合并，营运成本减少或产生规模经济。第二，增长机会。比如，由于企业合并，市场拓展更加便利。第三，组织优化。比如，由于企业并购，企业的组织形态发生变化，信息传递更加准确便捷，从而提高了运作效率。

依据来源不同，商誉可以分为并购商誉和自创商誉。并购商誉是在企业并购过程中，并购企业所支付的价格高于被并购企业可辨认资产公允价值的部分。根据美国财务会计准则委员会在SFAS 141《企业合并》中的描述，这一差价通常可能由以下原因造成：

（1）被并购方未确认的其他净资产的公允价值；

（2）被并购方的自创商誉或之前并购所形成的外购商誉；

（3）协同价值；

（4）并购方因自身计算错误或高估/低估而支付的金额。

自创商誉是企业经过自身的长期经营而产生的，具体体现为超额获利的能力。由于自创商誉具有不可辨认性、依附性、整体性、风险性，因而其价值计量难度较大。根据我国的会计准则，财务报表中只确认外购商誉，而不确认自创商誉。

商誉具有下列特点：

（1）依附性。商誉不能离开企业而单独存在，且不能与企业可确指的资产分开出售。

（2）整体性。商誉是多项因素作用的结果，但形成商誉的个别因素不能以任何方法单独计价。商誉本身不是一项单独的、能产生收益的无形资产，而是超过企业可确指的各单项资产价值之和的价值。

（3）积累性。商誉是企业长期积累起来的一项价值。它是经过企业长期的市场营销、创新、服务等一系列活动所逐渐形成的。并非所有企业都有商誉，商誉形成的原因是复杂的。

（4）动态性。商誉本身是一种不可确认的无形资产，但随着计量方法和技术的不断进步，商誉中的某些部分也可能会成为可确认的部分而被提取出来。而且随着企业的经营，企业的收益能力和单项资产价值也可能会产生变化。因此，无论是从组成还是从数额分析，商誉均不是一成不变的。

二、商誉评估的方法

（一）割差法

1. 理论依据

企业价值与企业净资产价值是两个不同的概念。如果两个企业净资产价值大体相当，但由于经营业绩悬殊，预期收益悬殊，其企业价值自然悬殊。构成企业价值的净资产，包括有形资产和可确指的无形资产，由于可以独立存在和转让，其评估价值在不同企业中趋同。但由于不同的组合、不同的使用情况和管理，使之运行的效果不同，其组合的企业价值也不同。使各类资产组合后产生的超过可确指的各单项资产价值之和的价值，即为商誉。

2. 基本公式

确定商誉评估价值的公式为：

$$\text{商誉的评估价值}=\text{企业整体资产评估价值}-\text{企业可确指的各单项资产评估价值之和（含可确指的无形资产）}$$

3. 企业整体资产评估价值的计算

(1) 通过预测企业未来预期收益并进行折现或资本化获取。

(2) 对于上市公司，也可以按股票市价总额确定。

4. 企业可确指的各单项资产评估价值之和（含可确指的无形资产）的计算

运用各种资产的价值评估方法计算。

[例 4-3]

某企业进行中外合资，根据企业过去经营情况和未来市场形势，预测未来5年的净利润分别是13万元、14万元、11万元、12万元和15万元，并假定从第6年开始，以后各年净利润均为15万元。根据银行利率及企业经营风险情况确定的折现率和资本化率均为10%。而且，采用单项资产价值评估方法，评估确定该企业各单项资产评估价值之和（包括有形资产和可确指的无形资产）为80万元，试确定该企业商誉的评估价值。

首先，采用收益法确定该企业整体评估价值。

$$\begin{aligned}\text{企业整体评估价值}&=13\times0.9091+14\times0.8264+11\times0.7513+12\\&\quad\times0.6830+15\times0.6209+15\div10\%\times0.6209\\&=142.2967(\text{万元})\end{aligned}$$

因为该企业各单项资产评估价值之和为80万元，由此可以确定商誉的评估价值，即

$$\text{商誉评估价值}=142.2967-80=62.2967(\text{万元})$$

（二）超额收益法

商誉是企业收益与按行业平均收益率计算的收益差额（即超额收益）的本金化价格。

超额收益法可分为超额收益本金化法和超额收益折现法。

1. 超额收益本金化法

超额收益本金化法（实质上是收益年期无限情况下的收益法）是把被评估企业的超额收益经本金化还原来确定商誉评估价值的一种方法，计算公式是：

$$\text{商誉评估价值}=\frac{\left(\text{企业预期年收益}-\text{行业平均收益率}\times\text{企业各单项资产评估价值之和}\right)}{\text{适用资本化率}}$$

$$=\frac{\begin{matrix}\text{企业各单项资产}\\\text{评估价值之和}\end{matrix}\times\left(\begin{matrix}\text{企业预期}\\\text{收益率}\end{matrix}-\begin{matrix}\text{行业平均}\\\text{收益率}\end{matrix}\right)}{\text{适用资本化率}}$$

式中

$$\text{企业预期收益率}=\frac{\text{企业预期年收益}}{\text{企业各单项资产评估价值之和}}\times 100\%$$

超额收益本金化法主要适用于经营状况一直较好、超额收益比较稳定、预测企业预期收益能够保持无限年的企业。

2. 超额收益折现法

超额收益折现法是把企业可预测的若干年预期超额收益进行折现，将其折现值确定为企业商誉价值的一种方法。其计算公式为：

$$\text{商誉的价值}=\sum_{i=1}^{n}\frac{R_i}{(1+r)^i}$$

式中，R_i为第 i 年企业预期超额收益；r 为折现率；n 为收益期。

三、商誉评估需要注意的几个问题

（1）不是所有企业都有商誉，商誉只存在于少数长期具有超额收益的企业之中。一个企业在同类型企业中超额收益越高，商誉评估价值越大。

（2）商誉评估必须坚持预期原则。企业是否拥有超额收益是判断企业有无商誉和商誉大小的标志。

（3）商誉价值形成既然是建立在企业预期超额收益基础之上，那么，商誉评估价值高低与企业中为形成商誉投入的费用和劳务没有直接联系，因此，商誉评估不能采用投入费用累加的方法进行。

（4）商誉由众多因素共同作用形成，但形成商誉的个别因素不能够单独计量，导致商誉评估也不能采用市场类比的方法进行。

（5）企业负债与否、负债规模大小与企业商誉没有直接关系。从财务学原理分析，企业负债不影响资产收益率，而影响投资者收益率，即资本金收益率。资本金收益率与资产收益率的关系可以表述为：

$$\text{资本金收益率}=\text{资产收益率}/(1-\text{资产负债率})$$

在资产收益率一定且超过负债资金成本的条件下，增大资产负债率，可以增加资本金收益率，并不直接影响资产收益率。

商誉评估价值取决于预期资产收益率，而非资本金收益率。当然，资产负债率应保持在一定的限度内，资产负债率增大会增大企业风险，最终会对资产收益率产生影响。这在商誉评估时应有所考虑，但不能认定负债企业没有商誉。

本章小结

无形资产这一术语从狭义上说，有大量与法律、会计、税收等相关的有特定针对性的定义；从广义上说，无形资产是指特定主体所控制的、不具有物质实体形态、对生产经营长期发挥作用，而且能带来经济利益的资源。无形资产的评估范围包括专利权、专有技术、商标权、版权、特许权和商誉等。

无形资产的评估方法有收益法、成本法和市场法。目前的实际操作中，收益法的使用最为普遍。在使用收益法对无形资产进行评估时，根本问题还是确定各项技术指标和参数，即超额收益、折现率和收益期。

专利资产的评估通常使用收益法，除了通用的收益法公式，还可以用利润分成率来确定，该比率的取值可以参考被评估专利资产所在行业的分成率。专有技术的评估方法与专利资产的评估方法基本相同。

只有注册商标才具有能够确认的经济价值。商标权评估中，收益期的确认需要注意注册商标的失效、续展以及可能导致其无效的情况。方法的选择上，评估商标的知名度、设计宣传应当选择收益法，而类似商标的交易情况则应使用市场法。

著作权的评估中，确定著作权的客体、著作权归属等问题需要参考相关法律。

商誉的评估方法常用的有割差法和超额收益法。

常用数据来源

1. 中华人民共和国文化和旅游部：http://www.mct.gov.cn
2. 国家知识产权局：http://www.cnipa.gov.cn
3. 国家重点产业专利信息服务平台：http://chinaip.cnipa.gov.cn/
4. 中国及多国专利审查信息查询：http://cpquery.sipo.gov.cn
5. 国家知识产权局商标局中国商标网：http://sbj.cnipa.gov.cn
6. 中华人民共和国国家版权局：http://www.ncac.gov.cn
7. 中国版权保护中心：http://www.ccopyright.com.cn

名词和术语

无形资产评估（intangible assets valuation）

可确指的无形资产（assignably intangible assets）
无形损耗（moral wear）
无形资产收益（earnings of intangible assets）
行业平均收益率（industry average rate of return）
增值税（appreciation tax）
预计使用年限（expected service life）
商标权（trade marks/trade names）
注册商标（registered trade mark）
专利权转让（assignment of patent right）
专有技术评估（know-how valuation）
特许权评估（special privilege valuation）
租赁权（leasehold）
著作权评估（valuation of copyright）
专利权评估（valuation of patent right）
专有技术（proprietary technology）
知识产权（intellectual property right）
单项资产（single assets）
商誉（trade credit）

思考题

1. 无形资产的定义是什么？无形资产有哪些特性？
2. 无形资产如何分类？
3. 影响无形资产价值的因素有哪些？
4. 无形资产评估应履行哪些程序？
5. 应用收益法评估无形资产，其超额收益的确定有哪几种方法？
6. 应用收益法评估无形资产，折现率和收益期如何确定？
7. 简述用成本法和市场法评估无形资产的适用性。
8. 简述影响专利资产价值的因素。
9. 商标权评估的程序与方法是什么？
10. 商誉评估的方法是什么？

计算题

1. 某企业转让一项专利。预计被转让企业使用该专利将使其产品的单位售价提高100元，且每年多销售10万单位，达到50万单位的销售量，其销售利润率为10%。双方约定，专利许可费按照每年超额利润的50%收取，每年年末结算，共支付3年，折现率取15%。请测算该项专利使用权的价值。

2. 企业的预期年收益为30万元，根据估算，企业各单项资产的价值之和为100万元，所在行业的平均收益率为11%，该企业的个别风险调整系数为4%。计算其商誉价值。

3. 甲企业因股份制改制需要进行评估，评估基准日为2021年1月1日。经评估人员调查分析，甲企业2016—2020年的净利润分别为100万元、110万元、120万元、120万元、130万元，从2021年起，甲企业净利润将保持在按2016—2020年各年净利润计算的年金水平上。该企业有形资产账面净值为867万元，评估基准日评估价值为916万元。该企业的可确指的无形资产仅有一项——A专利技术。该项专利技术可改善企业现有产品的性能，使现有产品能以更高的价格在市场上出售，并且可维持3年的超额收益期。预计该专利产品第一年售价为300元/台，销量为4 500台；第二年售价为250元/台，销量为5 000台；第三年售价为210元/台，销量为6 000台，同类产品的正常市场销售价格为200元/台，A专利产品的单位成本与同类产品大体相同。假设折现率和资本化率均为10%，该企业适用的所得税税率为25%（如果不考虑流转税因素）。请评估甲企业的商誉价值（以万元为单位）。

案例分析

甲公司拥有一项专利技术——制冷系统用铜铝组合管路及其制备方法。评估目的为质押该专利技术并获得银行贷款。乙评估机构对其在评估基准日的市场价值进行了评估。通过考察当前该无形资产的占有方对其利用的方式和生产的产品，预测出该产品未来的收益，再乘以无形资产分成率，继而采用折现的方式测算出该无形资产的现值。折现率采用了风险累加法，综合考虑了该无形资产当前所在企业和无形资产自身的风险状况后计算得到。

乙评估机构在对此项无形资产评估的过程中，收益预测基于当前对无形资产的利用方式和产品收益。这一方法所对应的价值类型是什么？请结合你的理解，分析在质押目的下无形资产评估价值类型应当如何选择。

第五章

房地产评估

案例引导

记者在某市采访到这样一件事：该市的一座标志性建筑竟先后由6个单位评估出10个价格，最高价和最低价相差近3倍！对此，该大厦的产权人Z非常气愤，却无可奈何，因为又将面临第11次评估了。

据悉，该建筑物建成于1994年12月，总建筑面积达4.4万平方米，因其设计标准和建筑质量最高而成为该市的标志性建筑。

1997年4月，甲评估公司对该大厦进行了首次综合评估：每平方米均价为7 120元；其中A，D栋7 522元/平方米；B栋6 801元/平方米；C栋6 394元/平方米。当时Z因无力偿还贷款和借款，愿意通过法律诉讼程序以楼抵债。然而，该大厦却被法院先后委托的5家评估所评估出9个价格，加上甲评估公司评估出的价格，共有10个价格。Z认为，虽然楼与楼、层与层之间的价格会有差别，但对该大厦评估出10个价格，不得不让人生疑。首先，同样是A栋，2 874元/平方米的最低价与7 522元/平方米的最高价竟相差近2倍！其次，同是一个不动产评估所评估，最好的楼层房价为2 874元/平方米，而几个月前评估同一大厦的地下室却为6 443元/平方米，“地下”价格竟比“地上”贵1倍多。

以上案例引导来自一篇新闻报道，对同一幢大楼及大楼的不同楼层，在几年内多次评估，评估出的价值相差很大，引起有关当事人及媒体的关注。出现这种现象是评估机构或评估师本身的问题吗？这需要我们在了解房地产评估的基本原理和方法基础上，结合案例的实际情况做出合理判断。

第一节　房地产评估概述

一、土地的特性

土地资源是自然本身的产物，具有不可再生性。一般来说，土地是指地球表层的陆地部分，包括内陆水域和滩涂。土地具有两重性，不仅是资源，也是资产。

土地及其定着物通称为不动产。定着物是指附着于土地，在与土地不可分离的状态下才能使用的物体，如建筑物、构筑物等。定着物与土地分离要花费相当大的劳动和费用，因而会使地价发生变化。地产和房产均属不动产。

土地的特性可以分为自然特性和经济特性两个方面。

(一) 土地的自然特性

1. 土地位置的固定性

土地具有位置的固定性，不随土地产权的流动而改变其空间的位置。

2. 土地质量的差异性

土地的位置不同，造成了土地之间存在自然差异，这个差异导致土地级差地租的产生。

3. 土地资源的不可再生性

土地是自然的产物，是不可再生资源，土地资源只有在科学合理的情况下，才能供人类永续利用。

4. 土地效用的永续性

只要使用得当，土地的效用即利用价值就会一直延续下去。

(二) 土地的经济特性

1. 土地产权的可垄断性

土地的所有权和使用权都可以垄断。由于土地具有可垄断性，因此，在土地所有权或使用权让渡时，必然要求实现其垄断利益，在经济上获得收益。

2. 土地利用的多方向性

一块土地的用途有多种，可以作为农田，也可以建住宅或办公楼，或者造商场。土地利用的多方向性客观上要求在房地产评估中需要确定土地的最佳用途。

3. 土地效益的级差性

由于土地质量的差异性而使不同区位土地的生产力不同，因此在经济效益上具有级差性。

在我国，城市土地的所有权属于国家；农村和城市郊区的土地，除由法律规定属于国家所有的，属于农民集体所有；宅基地和自留地、自留山属于农民集体所有。在符合规划的前提下，村庄、集镇、建制镇中的农民集体所有建设用地的使用权可以依法流转。

我国实行国有土地有偿使用制度，国有土地所有权与使用权相分离，国有土地所有权不进入地产市场流转，国有土地使用权可以出让和转让，因此地价一般是国有土地使用权的价格。土地使用权价格可按土地使用年限的长短区分为各种年期的使用权价格，国有土地使用权出让的最高年限由国务院确定。

国有土地使用权出让是指国家以土地所有者的身份将国有土地使用权在一定年限内让与土地使用者，并由土地使用者向国家支付土地使用权出让金的行为。国有土地使用权出让可以采取协议、招标、拍卖和挂牌方式。国有土地使用权出让最高年限按下列用途确定：（1）居住用地70年；（2）工业用地50年；（3）教育、科技、文化、卫生、体育用地50年；（4）商业、旅游、娱乐用地40年；（5）综合或者其他用地50年。

土地使用权出让合同约定的使用年限届满前，因公共利益需要提前收回该土地的，应当依法对该土地上的房屋及其他不动产给予补偿，并退还相应的出让金。

土地使用权出让合同约定的使用年限届满，住宅建设用地使用年限届满的，自动续期；非住宅建设用地使用者需要继续使用土地的，应当最迟于届满前一年申请续期，除根据社会公共利益需要收回该幅土地的，应当予以批准。经批准准予续期的，应当重新签订土地使用权出让合同，依照规定支付土地使用权出让金。土地使用权出让合同约定的使用年限届满，土地使用者未申请续期或者虽申请续期但依照法律规定未获批准的，土地使用权由国家无偿收回。

二、房地产的特性

房地产是土地和房屋及其权属的总称。土地是房屋不可缺少的物质载体，任何房屋都不能离开土地而独立存在。《中华人民共和国城市房地产管理法》（以下简称《城市房地产管理法》）规定："房地产转让、抵押时，房屋的所有权和该房屋占用范围内的土地使用权同时转让、抵押。"

房地产一般具有如下特性：

1. 位置固定性

由于房屋固着在土地上，因此房地产的相对位置是固定不变的。可以说，地球上没有完全相同的房地产，即使有两宗房地产的地上建筑物设计、结构和功能等相同，因土地位置的差异，也会造成价格的差异。

2. 供求区域性

由于土地位置的固定性，房地产还具有区域性的特点。一个城市房地产的供给过剩并不能解决另一个城市房地产供给不足的问题。例如，海南省大量空置的房地产并不能解决上海市房地产供给不足的问题。房地产供求关系的地区差异又造成区域之间房地产价格的差异。

3. 使用长期性

由于土地可以永续利用，建筑物也是耐用品，使用年限可达数十年甚至上百年，在使用期间即使房屋变旧或受损，也可以通过不断的翻修，延长其使用年限。

4. 投资大量性

房地产生产和经营管理要经过一系列过程：取得土地使用权、土地开发和再开发、建筑设计和施工、房地产销售等，在这些过程中要投入大量的资金。

5. 保值与增值性

一般物品在使用过程中由于老化、变旧、损耗、毁坏等原因，其价值会逐渐减少。与此相反，在正常的市场条件下，从长期来看，土地的价值呈上升走势。土地资源的有限性和固定性制约了对房地产不断膨胀的需求，特别是对良好地段物业的需求，导致价格上涨。同时，土地的改良和城市基础设施的不断完善，使土地原有的区位条件改善，导致土地增值。

6. 投资风险性

房地产使用的长期性和保值增值性使之成为投资收益率较高的行业，因而房地产投资风险也比较大。

7. 难以变现性

由于位置固定、用途不易改变等，房地产不像股票和外汇那样，可以迅速变现，其变现性较差。

8. 政策限制性

房地产市场受国家和地区政策影响较大。城市规划、土地利用规划、土地用途管制、住房政策、房地产信贷政策、房地产税收政策等都会对房地产的价格产生直接或间接的影响。

三、房地产评估的原则

所谓房地产评估，是指专业评估人员为特定目的对房地产的特定权益在某一特定时点上的价值进行估算。由于土地具有固定性、稀缺性、个别性等特性，房地产市场是一个不完全竞争市场即不充分市场。房地产价格通常依交易要求个别形成，受许多个别因素影响，因此评估师在评估时，是在个人经验基础之上对市场做出判断，是科学方法和经验判断的结合。评估师在进行评估活动时，必须受到行业行为准则的约束，在一定的评估原则下开展评估活动。在进行房地产评估时，除了需要遵循供求原则、替代原则、贡献原则等，还需要特别注意遵循最有效使用原则和合法原则。

（一）最有效使用原则

土地及其建筑物可以有商业、居住、工业等多种用途。但同一房地产在不同用途下，其收益并不相同。房地产权利人为了获得最大收益，总是希望房地产达到最有效使用状态。但是房地产的最有效使用必须在法律法规允许的范围内，且受城市规划的制约。在市场经济条件下，房地产用途可以通过竞争决定，使房地产达到最有效使用状态。因此评估房地产价值时，不能仅仅考虑房地产现时的用途和利用方式，而是要结合预期原则考虑何种情况下房地产才能达到最有效使用状态以及实现的可能性，以最有效使用所能带来的收益评估房地产的价值。

（二）合法原则

合法原则是指房地产评估应以评估对象的合法产权、合法使用和合法处分等为前提进行。在分析房地产的最有效使用时，必须根据城市规划及有关法律的规定，依据规定用途、容积率、建筑高度与建筑风格等要素确定该房地产的最有效使用。测算房地产的净收益时，其经营用途应为合法用途，比如不能用作赌场；城市规划为居住用地的，评估该地块的价值时，必须以居住用地作为其用途，不能用作工业用地或商业用地。同时，不能以临时建筑或违章建筑的净收益作为测算依据。

四、房地产评估程序

房地产评估一般应依照以下程序进行：明确评估基本事项、签订评估合同、制定工作计划、实地勘察与收集资料、测算被评估房地产的价值、确定评估结果和撰写评估报告。

（一）明确评估基本事项

在房地产评估时，必须了解评估对象的基本情况，这是拟定房地产评估方案、选择评估方法的前提。评估基本事项包括以下内容。

1. 明确评估目的

不同的评估目的，其所评估价值的内涵也不完全相同，例如，土地使用权出让评估、房地产转让价值评估、房地产租赁价值评估、房地产抵押评估、房地产保险评估、房地产课税评估、征地和房屋拆迁补偿评估等。因此，在受理评估业务时，通常应由委估方提出评估目的，并将评估目的明确写在评估报告中。

2. 了解评估对象

对被评估房地产的实体和权益状态进行了解。对房地产实体的了解包括：土地面积、土地形状、临路状态、土地开发程度、地质、地形及水文状况；建筑物的类型、结构、面积、层数、朝向、平面布置、工程质量、新旧程度、装修和室内外的设施。对房地产权益状态的了解包括：土地权利性质、权属、土地使用权的年限、建筑物的权属、评估对象设定的其他权利状况等。

3. 确定评估基准日

所谓确定评估基准日，就是确定评估对象的评估时点，通常以年、月、日表示。由于房地产价格经常变化，而且房地产价格随其价格影响因素的变化而变动，因此，必须事先确定所评估的是某一具体时点的价值。

（二）签订评估合同

在明确评估基本事项的基础上，双方便可签订评估合同，用法律的形式保护各自的权益。评估合同是委托方和受理方就评估过程中双方的权利和义务达成的协议，包括对评估对象、评估目的、评估时点、评估收费、双方责任、评估报告等事宜的约定。评估日期一般也要写入评估项目的委托合同中，一旦确定，评估人员必须按期保质完成。评估合同的内容要明确规定双方的权益和应尽的义务，以及对违反合同的处理办法。合同一旦签订，任何一方未经对方同意不得随意更改相关内容，如有未尽事宜，需通过双方协商解决。

（三）制定工作计划

制定工作计划就是对评估工作日程、人员组织等做出安排。在对评估对象有基本了解之后，就可以对资料的收集、分析和价值的测算等工作的程序和组织做出科学的安排。制定合理的工作计划有助于提高工作效率和评估质量。

（四）实地勘察与收集资料

实地勘察是房地产评估工作一个重要的步骤。房地产市场是地域性很强的市场，房地产交易都是个别交易，非经实地勘察难以对房地产进行评估。实地勘察就是评估人员亲临房地产所在地，对被评估房地产实地调查，以充分了解房地产的特性和所处区域环境。实地勘察要做记录，形成工作底稿。

评估资料的收集在评估过程中是一项耗时较长而且艰苦细致的工作。其内容涉及选用评估方法和撰写评估报告所需的资料数据，包括：(1) 评估对象的基本情况；(2) 有关评估对象所在地段的环境和区域因素资料；(3) 与评估对象有关的房地产市场资料，例如市场供求状况、建造成本、租售价格等；(4) 国家和地方涉及房地产评估的政策、法规和定额指标。获得上述资料的途径除了委托方提供，主要通过现场的勘测和必要的调查访问。所需资料如表 5-1 所示。

表 5-1　房地产评估所需资料清单

资料类型	资料目录		说明
业务类资料	1	房屋建筑物清查评估明细表	
	2	与建筑物价值有关的账目、凭证资料、原始发票复印件	
	3	评估建筑物照片	
	4	评估基准日或近期的会计报表	
	5	房产证复印件	
	6	购房、购买土地使用权合同复印件	
	7	区域总平面图、建筑面积图、房屋及建筑物设计说明书、竣工决算书、竣工验收单、监质证	
	8	工程项目批文	
	9	国有土地使用证、建设用地规划许可证、建设工程规划许可证、建设工程开工许可证、销售许可证	查看原件

续表

资料类型	资料目录		说明
备查类资料	10	资产评估业务委托合同	
	11	向上级单位或股东会报告评估经济行为的申请	
	12	上级单位或股东会同意评估经济行为的批准文件	
	13	委托方与资产占有方营业执照副本复印件、自然人身份证复印件	
	14	委托方与资产占有方承诺函	
	15	设立、变更验资报告	工商备案
	16	公司章程、协议	工商备案
	17	股东会、董事会重大决议等文件	
	18	与评估经济行为有关的合同、协议复印件	

（五）测算被评估房地产的价值

在调查研究和资料分析的基础上，便可根据选定的评估方法，进行价值测算。评估的基本方法有成本法、市场法和收益法。由这三种基本评估方法派生的其他评估方法，如假设开发法和基准地价修正法也是目前常用的房地产评估方法（见图5-1）。基于被评估房地产的性质差异和资料取得的难易，并非每一种评估方法都适用于各类具体条件下的房地产。为求得一个公平合理的价值，一般以一种评估方法为主，同时以另一种或几种评估方法为辅，以求互相对照和检验修正。

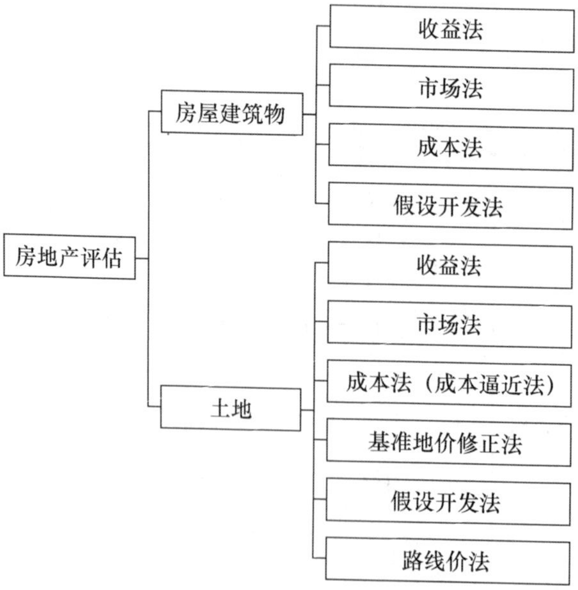

图5-1　房地产评估方法

无论采用何种方法，评估师都应对收集到的数据、参数认真分析检验，特别是对一些有变化幅度的参数，例如市场法中的修正系数，收益法中的资本化率，成本法中的土地开发成本、房屋新旧程度等。虽然都有一些经验参数可供参考，但最终确定还要依靠评估师的正确判断和选择。此时评估师的经验对计算结果具有重要的影响。

（六）确定评估结果

同一宗房地产运用不同评估方法评估得出的价值往往不一致，需要进行综合分析。综合分析是对所选用的评估方法、资料及评估程序的各阶段，做客观的分析和检查。此时应特别注意以下几点：选用的资料是否适当；评估原则的运用是否适当；对资料的分析是否准确；对影响因素权重的赋值是否恰当。

（七）撰写评估报告

评估报告是评估过程和评估成果的综合反映，通过评估报告，不仅可以得到房地产评估的最后结果，还能了解整个评估过程的技术思路、评估方法和评估依据。

第二节　房地产价格及其影响因素

一、房地产价格的种类

房地产价格有各种表现形式，可根据权益、实物形态、价格表示单位和其他价格类型等加以分类（见表 5-2）。

表 5-2　房地产价格的种类

分类标准	具体分类
权益	所有权价格
	使用权价格
	其他权利价格
实物形态	土地价格
	建筑物价格
	房地产价格
价格表示单位	总价格
	单位价格
	楼面地价
其他价格类型	公告地价
	申报价格

（一）权益

根据权益的不同，可划分为所有权价格、使用权价格、其他权利价格。

房地产发生交易行为时，所针对的权益有所有权、使用权、抵押权、租赁权、典权等。所针对的房地产权益不同，其价格就不同，如房地产使用权价格、房地产抵押权价格、房地产租赁权价格等。房地产使用权价格是指房地产使用权的交易价格。一般情况下，房地产所有权价格高于房地产使用权价格。房地产抵押权价格是为房地产抵押而评估的房地产价格。房地产租赁权价格是承租方为取得房地产租赁权而向出租方支付的价格。

（二）实物形态

按房地产的实物形态，可划分为土地价格、建筑物价格和房地产价格。

土地价格包括基准地价、标定地价和土地交易价格等。基准地价是指按照城市土地级别或均质地域分别评估的商业、住宅、工业等各类用地和综合土地级别的土地使用权的平均价格。基准地价评估以城市为单位进行。标定地价是指市、县政府根据需要评估的正常地产市场中，具体宗地在一定使用年限内的价格。标定地价可以以基准地价为依据，根据土地使用年限、地块大小、土地形状、容积率、微观区位等条件，通过系数修正进行评估得到，也可以通过市场交易资料，直接进行评估得到。

单纯的土地及附有建筑物的房地产中的土地，其价格都是土地价格。但是同一块土地，其开发条件不同，会有不同的价格，例如拟作为国家建设用地而未进行征地补偿的农地，购地者需办理土地征收手续，支付征地补偿费；即使已征为国家所有的土地，尚需看其开发情况是否达到三通一平、五通一平或七通一平等；在其他条件相同的情况下，在城区内附有待拆迁建筑物的土地与城区内空地的价格亦相差很大。

建筑物价格是指纯建筑物部分的价格，不包含其占用土地的价格。

房地产价格是指建筑物连同其占用土地的价格。

（三）价格表示单位

按房地产价格表示单位，可划分为总价格、单位价格、楼面地价。

房地产总价格是指一宗房地产的整体价格。房地产单位价格有三种情况：对土地而言，是指单位土地面积的土地价格；对建筑物而言，是指单位建筑面积的建筑物价格；对房地产而言，是指单位建筑面积的房地产价格。房地产单位价格能反映房地产价格水平的高低，而房地产总价格一般不能说明房地产价格水平的高低。楼面地价又称单位建筑面积地价，是指平均到每单位建筑面积上的土地价格。

$$楼面地价=土地总价格/建筑总面积$$

因为

$$容积率=建筑总面积/土地总面积$$

所以

楼面地价=土地单价/容积率

(四) 其他价格类型

公告地价是政府定期公布的土地价格，在有些国家和地区，一般作为征收土地增值税和对征收土地进行补偿的依据。

申报价格是房地产权利人向政府申报的房地产交易成交价格。《城市房地产管理法》第三十四条规定，国家实行房地产成交价格申报制度。房地产权利人转让房地产，应当向县级以上地方人民政府规定的部门如实申报成交价，不得瞒报或者做不实的申报。

二、房地产价格的特征

(一) 房地产价格是权益价格

由于房地产位置不可移动，因此房地产的买卖、抵押等并不能转移房地产的物质实体本身，而是转移与房地产有关的各种权益。房地产的权益有多种表现形式，例如所有权、使用权、抵押权、租赁权等。因此，发生经济行为的房地产转移方式不同，形成的房地产权益不同，其权益价格也不同，评估时必须对此仔细考虑。

(二) 房地产价格与用途相关

一般商品的价格由其生产成本、供给和需求等因素决定，通常并不因使用状况不同而产生差别。但是，同样一宗房地产，在不同的用途下，产生的收益是不一样的。特别是土地，在不同的规划用途下，其使用价值是不一样的，土地价格与其用途相关性极大。例如，在市场经济条件下，一宗土地如果合法地用于商业比用于居住更有利，其价格必然由商业用途决定。

(三) 房地产价格具有个别性

房地产具有个别性，没有两宗房地产条件完全一致。同时，在房地产价格的形成过程中，交易主体之间的个别因素也很容易影响房地产价格。因此，房地产价格形成具有个别性。由于房地产位置的固定性，其交易往往是单个进行的，因此形成的房地产市场是一个不完全竞争市场。房地产不像一般商品，它不可以开展样品交易、批量交易。每一宗房地产的交易都具有个别性。

(四) 房地产具有可比性

房地产价格虽然具有许多与一般商品不同的特性，但并不意味着其价格之间互不联系。事实上，人们可以根据房地产价格的形成规律，对影响房地产价格的因素进行比较，从而比较房地产的价格。

三、房地产价格的影响因素

影响房地产价格的因素众多而复杂。由于这些因素本身具有动态性，因此它们对房地产价格的影响也是动态的。随着时间不同、地区不同、房地产用途不同，这些因素的影响作用也不相同。本来影响较小的因素有可能会成为主导因素；相反，主导因素也可能会成为次要因素。它们对房地产价格的影响程度有的可以量化，有的难以量化，只能凭借评估师的经验加以判断。影响房地产价格的因素通常可划分为一般因素、区域因素和个别因素（见表5-3），下面分别予以阐述。

表5-3 房地产价格的影响因素

一般因素	经济因素	经济发展因素
		财政金融因素
		产业结构因素
	社会因素	人口因素
		家庭规模因素
		房地产投机因素
		教育科研水平和治安因素
		社会福利因素
	行政因素	土地使用制度与住房制度、地价政策
		城市规划、土地利用规划、城市发展战略
		税收制度、投资倾斜、优惠政策
		行政隶属关系变更
		交通管制
	政治因素	
	心理因素	
区域因素	商服繁华因素	
	道路通达因素	
	交通便捷因素	
	城市设施状况因素	基础设施
		生活设施
		文体娱乐设施
	环境状况因素	
个别因素	土地个别因素	区位因素
		面积因素、宽度因素、深度因素
		形状因素
		地力因素、地质因素、地势因素、地形因素
		容积率因素
		用途因素
		土地使用年限因素
	建筑物个别因素	面积、结构、材料等
		设计、设备等是否良好
		施工质量
		法律限制
		建筑物是否与周围环境协调

（一）一般因素

一般因素是指影响一定区域范围内所有房地产价格的一般、普遍、共同因素。这些因素通常会对较广泛地区范围内各宗房地产的价格产生全局性影响，主要包括经济因素、社会因素、行政因素、政治因素和心理因素等。

1. 经济因素

（1）经济发展因素。国民经济增长速度、国民生产总值、居民收入水平、物价指数等经济因素都会对房地产价格的形成产生影响。比如，在国民经济增长快、国民生产总值高、居民收入水平高、资金充裕的地区，国民生产总值用于投资、消费的部分加大，用于生产性、投资性或消费性等方面的房地产的支出增加，从而促进房地产业的繁荣，带动房地产价格上涨。有关研究表明，房地产业发展周期与国民经济发展周期总体趋势基本一致。因此房地产价格总水平与地区经济发展状况正相关。图 5-2 显示了 2007—2016 年我国房地产开发企业营业利润与国内生产总值指数之间的变动关系。

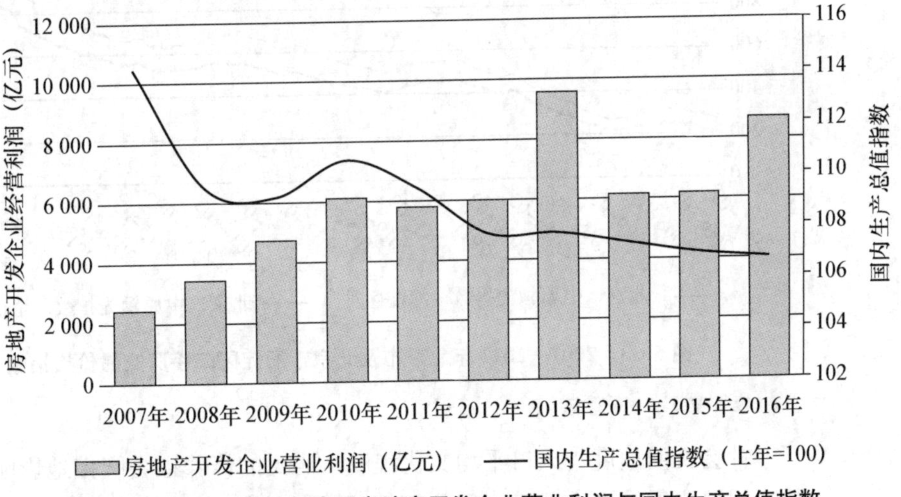

图 5-2　2007—2016 年我国房地产开发企业营业利润与国内生产总值指数

资料来源：国家统计局.

（2）财政金融因素。存款利率、贷款利率、物价上升指数、税率、贷款比例和土地资本化率等财政金融因素与房地产的价格有着密切的关系。比如利率和税率的变化，将会影响房地产的供给和需求，进而对房地产价格产生影响。土地资本化率与地价的关系非常明显，在地租一定的情况下，土地资本化率越高，地价越低；反之，土地资本化率越低，地价越高。

（3）产业结构因素。产业结构在这里主要是指第一产业、第二产业及第三产业在国民经济及国民生产总值中的比例关系以及房地产业在其中所占的比重。一般来说，第三产业的比重增大，房地产价格会相应上升。

2. 社会因素

（1）人口因素。房地产需求的主体是人，因此，人的数量和素质直接决定了对房地产的需求程度，因而对房地产价格有着很大的影响。具体来说，人口因素对房地产价格的影响表现为人口数量、人口密度和人口素质三个方面。

人口数量与房地产价格呈正相关关系。人口总量增长，对房地产的需求就会增大，房地产价格一般也就会上升；反之，房地产价格则下降。

人口密度是人口数量的相对指标。人口密度高的地区，一般房地产的供给相对缺乏，供不应求，因此，该地区的房地产价格水平趋高。比如，北京市海淀区2007—2017年的商品房交易价格均高于北京市平均水平（见图5-3）。同时，人口密度高，有可能刺激商业、服务业等产业的发展，因而会提高房地产价格。但是，在人口密度过高的地区，生活环境的舒适程度会受到影响，因此，房地产价格也有可能降低。

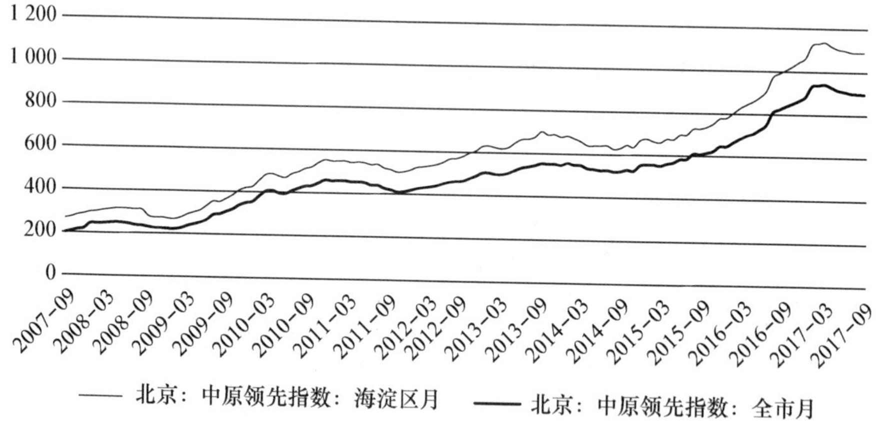

图5-3　2007—2017年北京市及北京市海淀区二手房交易价格指数

资料来源：中原地产.

社会文明程度、人口平均文化程度、居民的修养也会间接地影响房地产价格。居民素质较高的地区，居住环境维护得较好，房地产价格水平一般趋高；居民素质较低的地区，组成复杂，秩序欠佳，房地产价格则会低落，尤其是居住用地的房地产价格会降低。

（2）家庭规模因素。家庭规模是指社会或某一地区的家庭平均人口数。即使一个地区人口总数不变，家庭平均人口数的变化也将影响居住面积的变化。比如，随着家庭平均人口数的下降，即家庭小型化，对住宅的需求将增加，因此，对房地产的需求就会增加，房地产的价格就会上涨。

（3）房地产投机因素。房地产投机是市场经济下一种明显的社会现象，是投资者期望并利用房地产价格的变动获得超常利润的行为。这种现象主要体现在三个方面：第一，当房地产价格不断上涨时，预测房地产价格还将进一步上涨的房地产投机商会纷纷抢购，哄抬价格，造成一种虚假需求，这将促使房地产价格进一步上涨。第二，当房地产价格不断下跌时，预测房地产价格将进一步下跌的房地产投机商纷纷抛售，在市场上造成一种虚假的供过于求现象，引起房地产价格进一步下跌。第三，当房地产价格下跌时，预测将来房地产价格会上涨的房地产投机商收购房地产，造成房地产需求增加，从而抑制房地产价格的进一步下跌；或当房地产价格上涨时，囤积房地产的投机商抛出房地产，增加房地产供给，从而也能平抑房地产价格。

(4) 教育科研水平和治安因素。如果一个地区的教育水准高、科研水平高，则意味着接受教育的方便程度高，科学技术转化为生产力的可能性大，因而房地产价格水平也会上升。一个地区若经常发生偷盗、抢劫等犯罪案件，则意味着该地区居民的生命财产缺乏保障，因此会造成房地产价格低落。

(5) 社会福利因素。社会福利的状态会影响社会文化生活水平，从而间接地影响房地产价格水平。

3. 行政因素

行政因素通过对社会、经济等行为加以规范来影响房地产价格，主要指影响房地产价格的制度、政策、法规、行政措施等因素。

(1) 土地使用制度与住房制度、地价政策。土地使用制度科学合理，可以调动土地利用者或投资者的积极性，促进土地资源合理配置、带动土地增值，从而导致地价上涨。根据国民经济或地区经济宏观调控的需要，政府可能推行高地价政策，引导地价上涨；也可能实行低地价政策，抑制地价上涨。

(2) 城市规划、土地利用规划、城市发展战略。这些因素决定了一个城市的性质、发展方向和发展规模，还决定了城市用地结构、城市景观轮廓线、地块用途、利用程度等。土地被规划为住宅区、商业区、工业区、农业区等不同区域，对房地产价格影响极大。

(3) 税收制度、投资倾斜、优惠政策。房地产税收可以调节房地产投资者的积极性，抑制不正当的房地产投机，理顺房地产收益分配关系，稳定房地产市场。进行房地产评估时，需考虑不同税种对房地产市场中供求双方的不同影响。国家宏观经济政策向某地区倾斜，会诱发该地区房地产价格上涨。对某一地区在税收、管理等方面的优惠政策，会吸引投资，增加收益，促进房地产价格上涨。

(4) 行政隶属关系变更。一个地区的行政隶属关系发生变更，也会影响其房地产价格水平。行政隶属关系变更包括级别升格和管辖权变更。例如将非建制镇升格为建制镇，将建制镇升格为市，或将经济落后地区的土地划归经济发达地区管理，都会促进房地产价格上涨。

(5) 交通管制。交通管制包括禁止通行、实行单行道及限制通行时间等规定。一般而言，由于交通管制，该地区道路的通达性及便捷度受到影响，使房地产价格降低，但在住宅区内禁止货车通行，则可以减少噪声，保持环境清静和行人安全，使房地产价格提高。

相关链接

外国观光客旅行住宿带动日本地价上涨

日本国土交通省公布的调查数据显示，截至2016年7月1日，在作为调查对象的100个主要城市的地区当中，有88个地区的地价较上次调查时上涨，有12个地区的地价与上次调查时持平。

据日本媒体报道，日本国土交通省以全国主要城市的100个地区为对象，每季度实施地价动向调查。2016年8月26日公布了截至2016年7月1日的时点调查结果。

受办公室需求恢复和大城市再开发事业进展影响，整体地价呈现持续缓慢上升趋势。与截至2016年4月1日的上期调查相比，调查对象减少1个地区。其中，共有88个地区上升，12个地区与上期调查时持平。

东京都的银座中央地区、名古屋市的太阁口、大阪市的难波，三个地区地价较上一年同期增加6%以上。受线性中央新干线将要开通等因素的影响，名古屋车站前的太阁口地价上升。作为外国旅行者购物和住宿的据点，大阪市难波地区的地价也上涨。

资料来源：访日外国观光客旅行住宿带动日本地价上涨. 日本新华侨报，2016-08-28.

4. 政治因素

政治因素包含国内局势和对外局势两个方面。国内政局的稳定依赖于经济和社会的稳定，其动荡也一般由社会动乱、经济萧条等原因引发；对外局势的稳定则依赖外交的稳定，包括外交政策、边界问题等。毫无疑问，动荡的局势将阻碍房地产这种长期投资的发展。一般来说，一个地区如果政治局势比较稳定，很显然能够吸引房地产投资，房地产价格也会比较高；如果政局动荡，甚至发生战争，显然对房地产投资是不利的，投资效果也不大，土地或房地产价格就会下跌。但是，也有例外，例如在伊拉克战争之前，伊拉克部分城市的地价没有下降反而上升，很多投资者认为战后将获得更大的投资回报。因此，分析一个地区的政治局势对于房地产投资的影响，应该具体问题具体分析。同样，要针对具体的投资主体，才能得到正确的结论。

5. 心理因素

心理因素对房地产价格的影响是很微妙的，也是一个不可忽视的因素，主要表现为：购买或出售心态、对居住环境的认同度、个人欣赏趣味、时尚风气、接近名家住宅的心理、讲究门牌号码、讲究风水、价值观的变化等。

（二）区域因素

区域因素是指某一特定区域内的自然条件与社会、经济、行政、技术等因素相结合所产生的区域特性，对该区域内各块土地的价格水平产生影响。这类因素可细分为商服繁华因素、道路通达因素、交通便捷因素、城市设施状况因素和环境状况因素等。

1. 商服繁华因素

这是指所在地区的商业、服务业繁华状况及各级商业、服务业中心的位置关系。如果商服繁华度较高，该地区的房地产价格水平也会较高。

2. 道路通达因素

这是指所在地区道路系统通畅程度，道路的级别（主干道、次干道、支路）较高，该地区的房地产价格水平也较高。

3. 交通便捷因素

这是指交通的便捷程度，包括公共交通系统的完善程度和公共交通的便利程度。其便捷程度较高，房地产价格水平也较高。

4. 城市设施状况因素

城市设施可以分为以下三类：基础设施、生活设施和文体娱乐设施。

（1）基础设施主要包括供水、排水、供电、供气、供热和通信等。

（2）生活设施主要包括学校、医院、农贸市场、银行、储蓄所、邮局等。

（3）文体娱乐设施主要包括电影院、图书馆、博物馆、俱乐部、文化馆等。

以上三类设施可以用基础设施完善度、生活设施完备度、文体娱乐设施完备度等指标来衡量，这些指标一般都会对房地产价格产生影响。

5. 环境状况因素

若一个地区绿地较多、公园充足、环境优美，则该地区的房地产价格水平较高；若噪声污染、大气污染、水污染较严重，则房地产价格水平较低。

（三）个别因素

个别因素分为土地个别因素和建筑物个别因素。

1. 土地个别因素

土地个别因素也叫宗地因素，是宗地自身的条件和特征对该地块价格产生影响的因素。

（1）区位因素。区位是影响地价一个非常主要的因素。区位也叫宗地位置。区位有自然地理区位与经济地理区位之别。土地的自然地理区位是固定不变的，其经济地理区位却会随着交通建设和市政设施的变化而变化。当区位由劣变优时，地价会上升；相反，地价会下跌。

（2）面积因素、宽度因素、深度因素。一般来说，宗地面积必须适宜，规模过大或过小都会影响土地效用的充分发挥，从而降低单位地价。临街宽度过窄，会影响土地使用和土地收益，从而降低地价。临街深度过浅、过深，都不适合土地最佳利用，从而影响地价水平。

（3）形状因素。土地形状有长方形、正方形、三角形、菱形、梯形等。形状不规则的土地，不便于利用，从而地价较低。一般认为宗地形状以矩形为佳，特殊情况下，例如在街道的交叉口、三角形等不规则土地的地价也可能畸高。

（4）地力因素、地质因素、地势因素、地形因素。地力又称土地肥沃程度或土地肥力。这个因素只与农业用地的价格有关，土地肥沃，地价就高；相反，地价则低。地质条件决定着土地的承载力，直接关系到建筑物的造价和建筑结构设计。地质条件对于高层建筑和工业用地的地价影响尤其大。地质条件与地价呈正比关系，即地质条件越优，地价越高。地势因素是指该土地与相邻土地的高低关系，特别是与邻近道路的高低关系，一般来说，地势高的宗地比地势低的宗地价格高。地形是指地面的起伏形状，一般来说，土地平坦，地价较高；反之，土地高低不平，地价较低。

（5）容积率因素。该因素也是影响土地价格的主要因素之一。容积率越大，地价越高；反之，容积率越小，地价越低。容积率与地价一般不呈线性关系。

（6）用途因素。土地的用途对地价的影响相当大，同样一块土地，规划为不同用途，则地价不相同。一般来说，对于同一宗土地而言，商业用地、居住用地、工业用地的地价是递减的。

2007年至2017年9月北京市不同用途土地的平均价格如图5-4所示。

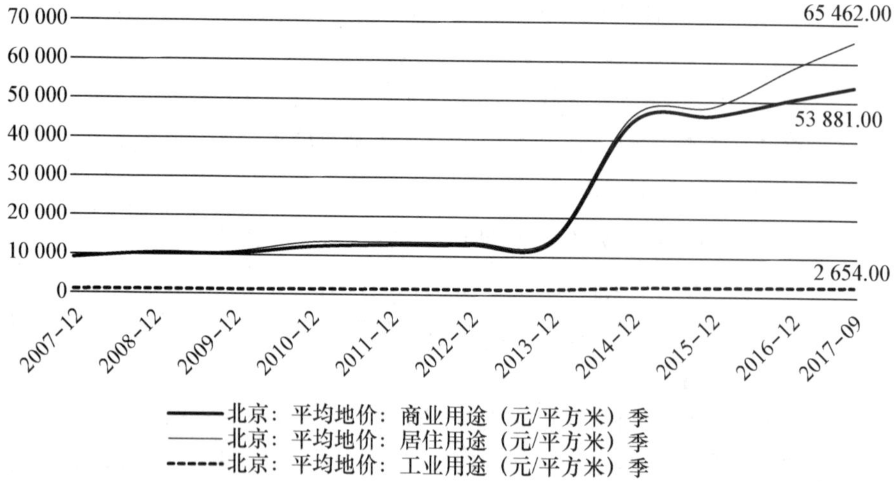

图5-4　2007年至2017年9月北京市不同用途土地的平均价格

资料来源：北京市统计局.

（7）土地使用年限因素。在年地租不变的前提下，土地使用年限越长，地价越高。

2. 建筑物个别因素

在影响房地产价格的个别因素中，影响土地价格的个别因素和影响建筑物价格的个别因素并不完全相同，以下阐述影响建筑物价格的个别因素。

(1) 面积、结构、材料等。建筑物的建筑面积、居住面积、高度等不同，则重建成本也不相同。建筑物的结构及所用建筑材料的质量也对建筑物的重建成本有影响，从而影响其价格。如果建筑物的面积或高度与基地及周围环境不协调，该建筑物的价值会大大降低。

(2) 设计、设备等是否良好。建筑物形状、设计风格、建筑装潢应与建筑物的使用目的相适应，建筑物设计、设备是否与其功能相适应，对建筑物价格有很大的影响。

(3) 施工质量。建筑物的施工质量不仅影响建筑物的投入成本，更重要的是影响建筑物的耐用年限和使用的安全性、方便性及舒适性。因此施工质量是否优良，对建筑物的价格也有很大影响。

(4) 法律限制。建筑物方面的具体法律限制主要是城市规划及相关建筑法规。例如建筑物高度限制、消防管制、环境保护等，评估时应考虑这些法律限制对建筑物价格已经产生和可能产生的影响。

(5) 建筑物是否与周围环境相协调。建筑物应当与其周围环境相协调，否则就不是处于最有效使用状态。建筑物不能充分发挥使用效用，其价值自然会降低。

相关链接

历史性不动产评估问题研究

历史性不动产属于历史性财产的一种类型。一般而言，历史性不动产是指公众认可或者政府组织官方认可的与某一历史事件或历史时期有关、具有国家传统的建筑风格以及具有文化或历史重要性的不动产。历史性财产则是一个十分宽泛的术语，包含很多财产类型。一些历史性财产被恢复成它的原始状态，一些进行了部分恢复，有的则完全没有恢复。历史性财产也包含部分适用于现代标准的财产，如内部空间以及性能已经非常现代化的资产。

与一般不动产评估不同，历史性不动产的评估需要考虑很多与其重要性、知名度、典型性等相关的因素，一般包括：第一，法律及法令保护。历史性不动产往往具有历史、文化或者环境意义，许多历史性不动产掌握在公共部门手中，诸如历史建筑物、纪念碑、考古遗址、保护区、自然保护区及艺术品等，兼有普通房地产价值的影响因素和文物价值的影响因素，后者一般包括历史因素、人文因素、科学因素、艺术因素、纪念因素、教育因素等。同时，相关的法律法规会对此类不动产的使用、处置等制定严格的规定，以保护历史性不动产的安全性、完整性及可持续性。第二，使用、修改和处理上的各种限制。历史性资产是无法替代的，尽管它们的物理状态恶化，经济效益却会随着时间的推移而不断增加。评估师可以根据具体情况确定其有效使用年限，在一些状态下，可能会是几百年。《国际公共部门会计准则》指出，一些历史性资产除了历史价值还有服务潜在价值，比如将历史建筑作为办公用楼。对于其他历史性资产，其服务潜在价值是受其资产特征限制的，比如纪念碑和遗址。第三，财政补贴、税率或免税政策。在一些司法管辖区内，资产所有者有可能获得财政补贴、优惠税率或免税，这也是评估师应当考量的因素之一。第四，历史性不动产的特性和评估目的。对历史性不动产进行评估时，需要对其特性和评估目的的下列事项进行考虑：修复和维护成本；历史性不动产的使用；一些特殊的考虑，比如根据“修旧如旧”的原则进行等。历史性不动产所处的土地或地址都将限制其使用；反过来，任何限制也都将影响历史性不动产的整体价值。

资料来源：郭化林，蒋恩平．历史性不动产评估问题研究．商业会计，2014（6）．

第三节 收益法在房地产评估中的应用

一、基本思路

收益法在国外广泛用于收益性房地产价值的评估。收益法又称为收入资本化法、投资法、收益还原法，在我国也是最常用的评估方法之一。

房地产在交易时，随着房地产所有者权利的让渡，房地产的收益转归房地产购买者。房地产所有者让渡出去的权利必然要在经济上得以实现，房地产购买者必须一次性支付一定的金额，补偿房地产所有者失去的收益。这一货币额每年给房地产所有者带来的利息收入必须等于他每年能从房地产获得的净收益。这个金额就是该收益性房地产的理论价格，用公式表示为：

$$房地产价值=\frac{净收益}{资本化率}$$

这种理论的抽象包含三个假设前提：（1）净收益每年不变；（2）资本化率固定；（3）收益年期无限。运用收益法评估房地产价值，首先要求取净收益，可以通过总收益减总费用求得；然后确定资本化率；最后选用适当的计算公式求得被评估房地产的价值。

收益年期有限的房地产，其价值计算公式为：

$$P=\frac{a}{r}\times\left[1-\frac{1}{(1+r)^n}\right]$$

这是一个在评估实务中经常运用的计算公式，成立条件为：（1）净收益 a 每年不变；（2）资本化率 r 固定且大于零；（3）收益年期有限为 n。

二、适用范围

收益法适用于收益性房地产的价值评估，如商场、写字楼、旅馆、公寓等，对于政府机关、学校、公园等公用、公益性房地产的价值评估大多不适用。

三、净收益

（一）净收益的含义

净收益是指归属于房地产的除去各种费用后的收益，一般以年为单位计算。在确定净收益时，必须注意房地产的实际净收益和客观净收益的区别。实际净收益是指在现状下被评估房地产实际取得的净收益，实际净收益由于受到多种因素的影响，通常不能直接用于评估。例如，当前收益权利人在法律上、行政上享有某种特权或受到特殊的限制，致使房地产的收益偏高或偏低，而这些权利或限制又不能随同转让；当前房地产并未处于最有效使用状态，收益偏低；收益权利人经营不善，导致亏损，净收益为零甚至为负值；土地处于待开发状态，无当前收益，同时还必须支付有关税费，净收益为负值。如果评估的结果是用来作为正常市场交易的参考，评估的价值类型为市场价值，那么，必须对存在上述偏差的实际净收益进行修正，剔除其中特殊、偶然的因素，得到在正常的市场条件下房地产用于法律允许的最有效使用方向的净收益，其中还应包含对未来收益和风险的合理预期。我们把这种净收益称为客观净收益，只有客观净收益才能作为评估的依据。

净收益由总收益扣除总费用求得。

（二）总收益

总收益是指以收益为目的的房地产和与之有关的各种设施、劳动力及经营管理者要素相结合产生的收益，也就是指被评估房地产在一年内所能得到的所有收益。求取总收益时应以客观收益即正常收益为基础，而不能以实际收益计算。

在计算以客观收益为基础的总收益时，房地产所产生的正常收益必须是其处于最有效使用状态下的结果。最有效使用状态是指该房地产处于最有效使用方向和最有效使用程度。在现实经济中，应为正常使用下的正常收益。

由于现实经济过程的复杂性，呈现在评估人员面前的收益状况也非常复杂，因而确定收益较难。如某种经营能带来的收益虽较丰厚，但在未来存在激烈竞争或者潜在风险，使现实收益具有下降趋势，则不能用现实收益估价，而必须对其加以修正。为此，在确定收益时：一是需要以类似房地产的收益做比较；二是需要对市场走势做准确的预测；三是必须考虑收益的风险性和可实现性。

运用收益法评估房地产时，有租约限制的，租约期内的租金宜采用租约所确定的租金，租约期外的租金应采用正常客观的租金，并在评估报告中恰当披露租约情况。

（三）总费用

总费用是指取得该收益所必需的各项支出，如维修费、管理费等，也就是为创造总收益所必须投入的正常支出。总费用也应该是客观费用。

总费用所应包含的项目随被评估房地产的状态不同而有所区别。费用支出中，有些是正常支出，有些是非正常支出。由于计算净收益时要从总收益中扣除总费用，因此要对总费用做认真分析，剔除非正常支出，选择正常支出作为费用。

用来求取房地产净收益的房地产总费用不包含折旧费，通常包括管理费、维修费、保险费、税费等。

四、资本化率

资本化率又称还原利率，它是决定评估价值最关键的因素。这是因为评估价值对资本化率最为敏感。资本化率的每个微小变动都会使评估价值发生显著改变。

（一）资本化率的实质

收益性房地产的购买实际上是一种投资行为。资本化率在一定程度上反映了投资收益率。因此，资本化率的大小同投资风险的大小正相关。投资风险越大，期望利润率越高；投资风险越小，期望利润率越低。收益性房地产的交易之所以能够达成，是因为投资于房地产的利润率与投资于其他具有同等风险项目的利润率相当。一般来说，银行存款的风险很小，因而存款利率较低，资本化率几乎都要比银行存款利率高。对投资行为来说，几乎所有投资都存在不同程度的风险。资本化率越高，意味着投资风险越大，在净收益不变的情况下，房地产价值越低。处于不同用途、不同区位、不同交易时间的房地产，投资风险各不相同，因此，资本化率也各不相同。

（二）求取资本化率的方法

1. 净收益与售价比率法

该方法是指评估人员通过收集市场上近期交易的与被评估房地产相同或相似的房地产的净收益、价格等资料，反算出它们各自的资本化率。这种方法运用的基础是房地产商品的可替代性。选取的交易案例均来自市场，能直接反映市场供求状况，因此，反算出来的资本化率基本上能够反映投资该房地产的利润率。此时的各资本化率是用实际收益与房地产价格之比求出的，可以通过对多个案例的资本化率取平均值的办法来消除各种偶然因素的影响。具体可以根据实际情况，采取简单算术平均值或加权算术平均值。这种方法要求房地产市场发育比较充分，交易案例比较多。评估人员必须拥有充裕的资料，并尽可能采用与被评估房地产情况接近的资料作为参照。

[例 5-1]

在房地产市场中收集到 5 个与被评估房地产类似的交易实例，如表 5-4 所示（假设交易价格为无限年期的价格）。

表 5-4 交易实例的净收益与交易价格

可比实例	净收益（元/年·平方米）	交易价格（元/平方米）	资本化率（%）
1	418.9	5 900	7.1
2	450.0	6 000	7.5
3	393.3	5 700	6.9
4	459.9	6 300	7.3
5	507.0	6 500	7.8

对以上 5 个可比实例的资本化率进行简单算术平均，就可以得到资本化率为：

$$r=(7.1\%+7.5\%+6.9\%+7.3\%+7.8\%)\div 5=7.32\%$$

2. 安全利率加风险调整值法

该方法通常选择银行中长期存款利率作为安全利率，然后根据影响被评估房地产的社会经济环境状况，估计投资风险程度，确定一个调整值，再把它与安全利率相加。这种方法简便易行，对市场要求不高，应用比较广泛，但是确定风险调整值的主观性较强，不容易掌握。

3. 各种投资收益率排序插入法

评估人员收集市场上各种投资的收益率资料，然后把各项投资按收益率的大小排序。评估人员估计被评估房地产投资风险，并将它插入其中，然后确定资本化率的大小。

(三) 资本化率的种类

1. 综合资本化率

这是将土地和附着于其上的建筑物看作一个整体进行评估所采用的资本化率。此时评估的是房地产整体的价值，采用的净收益也是房地合一的净收益。

2. 建筑物资本化率

建筑物资本化率用于评估建筑物的自身价值。这时采用的净收益是建筑物自身所产生的净收益，把房地产整体收益中的土地净收益排除在外。

3. 土地资本化率

土地资本化率用于求取土地自身的价值。这时采用的净收益是土地自身的净收益，把房地产整体收益中的建筑物净收益排除在外。土地资本化率又称为还原利率。

综合资本化率、建筑物资本化率和土地资本化率的关系，可用公式表示如下：

$$r=\frac{r_1\times L+r_2\times B}{L+B}$$

或

$$r_1=\frac{r\times(L+B)-r_2\times B}{L}$$

式中，r 为综合资本化率；r_1 为土地资本化率；r_2 为建筑物资本化率；L 为土地价值；B 为建筑物价值。

五、计算公式

运用收益法，只要评估对象具有连续的、可预测的净收益，就可以评估其价值。可以单独评估土地的价值，也可以单独评估地上建筑物的价值，还可以评估房地合一的房地产的价值。在评估实务中计算公式如下：

（一）评估房地合一的房地产的价值

房地产价值＝房地产净收益÷综合资本化率

房地产净收益＝房地产总收益－房地产总费用

房地产总费用＝管理费＋维修费＋保险费＋税费

（二）单独评估土地的价值

1. 由土地收益评估土地价值

一般适用于空地出租的情况。

土地价值＝土地净收益÷土地资本化率

土地净收益＝土地总收益－土地总费用

土地总费用＝管理费＋维护费＋税费

2. 由房地产收益评估土地价值

方法（1）：

土地价值＝房地产价值－建筑物现值

建筑物现值＝建筑物重置价值－年贬值×已使用年限

$$年贬值=\frac{建筑物重置价值-残值}{耐用年限}=\frac{建筑物重置价值\times(1-残值率)}{耐用年限}$$

方法（2）：

土地价值＝（房地产净收益－建筑物净收益）÷土地资本化率

建筑物净收益＝建筑物现值×建筑物资本化率

房地产价值和房地产净收益的求法和前面相同。

（三）单独评估建筑物的价值

建筑物价值＝房地产价值－土地价值

＝(房地产净收益－土地净收益)÷建筑物资本化率

在运用以上公式求取房地产净收益时，都是通过房地产总收益减去房地产总费用得到的。这里需要特别说明的是，用来求取房地产净收益的房地产总费用不包含建筑物折旧费。同时，以上所列计算公式均假设年期无限，但在评估实务中应注意土地使用的有限年期。

[例 5-2]

有一宗土地，出让年期为 50 年，资本化率为 10%，预计未来前 5 年的净收益分别为 15 万元、16 万元、18 万元、15 万元、20 万元，第 6 年开始净收益稳定在 25 万元左右，试评估该宗土地的价值。

解：该宗土地的价值为：

$$P=\frac{15}{(1+10\%)}+\frac{16}{(1+10\%)^2}+\frac{18}{(1+10\%)^3}+\frac{15}{(1+10\%)^4}+\frac{20}{(1+10\%)^5}+\frac{25}{10\%\times(1+10\%)^5}\times\left[1-\frac{1}{(1+10\%)^{50-5}}\right]$$

$$=216.1(万元)$$

[例 5-3]

有一宗房地产，2020 年的净收益为 50 万元，资本化率为 5%，若：(1) 未来各年的净收益将在上一年的基础上增加 1 万元；(2) 未来各年的净收益将在上一年的基础上增长 1%。试分别评估两种情况下 2020 年年初的房地产价值。

解：净收益按等差级数递增，收益年期无限的价值计算公式为：

$$P=\frac{a}{r}+\frac{b}{r^2}$$

式中，a 为第一年净收益；b 为以后各年净收益按等差级数递增的数额；r 为资本化率。

净收益按等比级数递增，收益年期无限的价值计算公式为：

$$P=\frac{a}{r-s}$$

式中，a 为第一年净收益；s 为以后各年净收益按等比级数递增的比率；r 为资本化率。

因此：

（1）$P=\frac{50}{5\%}+\frac{1}{(5\%)^2}=1\,400$（万元）

（2）$P=\frac{50}{5\%-1\%}=1\,250$（万元）

［例 5－4］

某房地产开发公司于 2014 年 3 月以有偿出让方式取得一块土地的 50 年使用权，并于 2016 年 3 月在此地块上建成一座砖混结构的写字楼，当时造价为每平方米 2 000 元，经济耐用年限为 55 年，残值率为 2%。目前，该类建筑重置价格为每平方米 2 500 元。该建筑物占地面积为 500 平方米，建筑面积为 900 平方米，现用于出租，每月平均实收租金为 3 万元。另据调查，当地同类写字楼的出租租金一般为每月每建筑平方米 50 元，空置率为 10%，每年需支付的管理费为年租金的 3.5%，维修费为建筑重置价格的 1.5%，土地使用税及房产税合计为每建筑平方米 20 元，保险费为建筑重置价格的 0.2%，土地资本化率为 7%，建筑物资本化率为 8%。假设土地使用权出让年限届满，土地使用权及地上建筑物由国家无偿收回。试根据以上资料评估该宗地 2020 年 3 月的土地使用权价值。

1. 选定评估方法

该宗房地产有经济收益，适宜采用收益法。

2. 计算总收益

总收益应该为客观收益而不是实际收益。

年总收益＝50×900×12×(1－10%)＝486 000(元)

3. 计算总费用

年管理费＝486 000×3.5%＝17 010(元)

年维修费＝2 500×900×1.5%＝33 750(元)

年税费＝20×900＝18 000(元)

年保险费＝2 500×900×0.2%＝4 500(元)

年总费用＝年管理费＋年维修费＋年税费＋年保险费
＝17 010＋33 750＋18 000＋4 500＝73 260(元)

4. 计算房地产净收益

年房地产净收益＝年总收益－年总费用
＝486 000－73 260
＝412 740(元)

5. 计算房屋净收益

(1) 计算年贬值。年贬值本来应该根据房屋的耐用年限确定，但是，在本例中，土地使用年限小于房屋耐用年限，土地使用权出让年限届满，土地使用权及地上建筑物由国家无偿收回。这样，房屋的重置价必须在可使用期限内全部收回。因此，房地产使用者可使用的年限为 50－2＝48（年），并且不计残值，视为土地使用年限届满，地上建筑物一并由国家无偿收回。

$$年贬值=\frac{建筑物重置价值}{使用年限}=\frac{2\,500\times 900}{48}=46\,875(元)$$

(2) 计算房屋现值。

$$\begin{aligned}房屋现值&=房屋重置价值-年贬值\times 已使用年限\\&=2\,500\times 900-46\,875\times 4=2\,062\,500(元)\end{aligned}$$

(3) 计算房屋净收益（假设房屋收益年期无限）。

$$\begin{aligned}年房屋净收益&=房屋现值\times 房屋资本化率\\&=2\,062\,500\times 8\%=165\,000(元)\end{aligned}$$

6. 计算土地净收益

$$\begin{aligned}年土地净收益&=年房地产净收益-年房屋净收益\\&=412\,740-165\,000=247\,740(元)\end{aligned}$$

7. 计算土地使用权价值

土地使用权在 2020 年 3 月的剩余使用年限为 50－6＝44（年）。

$$\begin{aligned}P&=\frac{247\,740}{7\%}\times\left[1-\frac{1}{(1+7\%)^{44}}\right]\\&=3\,358\,836.15(元)\end{aligned}$$

$$单价=3\,358\,836.15\div 500=6\,717.67(元)$$

8. 评估结果

本宗土地在 2020 年 3 月的土地使用权价值为 3 358 836.15 元，单价为每平方米 6 717.67 元。

第四节　市场法在房地产评估中的应用

一、基本思路

市场法是房地产评估方法中最常用的基本方法之一，也是目前国内外广泛应用的评估方法。市场法又称买卖实例比较法、交易实例比较法、市场比较法、市场资料比较法、现行市价法等。

市场法的基本含义是：在求取一宗被评估房地产的价值时，依据替代原理，将被评估房地产与类似房地产的近期交易价格进行对照比较，通过对交易情况、交易日期、房地产状况等因素进行修正，得出被评估房地产在评估基准日的价值。

二、适用范围

只要有适合的类似房地产交易实例，即可应用市场法。因此在房地产市场比较发达的情况下，市场法得到广泛应用。在同一地区或同一供求范围内的类似地区中，与被评估房地产类似的房地产交易越多，市场法应用越有效。而在下列情况下，市场法往往难以适用：

（1）没有发生房地产交易或房地产交易发生较少；

（2）某些类型很少见的房地产或交易实例很少的房地产，如古建筑等；

（3）很难成为交易对象的房地产，如教堂、寺庙等；

（4）风景名胜区土地；

（5）图书馆、体育馆、学校用地等。

三、计算公式

市场法通过与近期交易的类似房地产进行比较，并对一系列因素进行修正，从而得到被评估房地产在评估基准日的市场状况下的价值水平。这些因素主要有交易情况因素、交易日期因素、房地产状况因素三类。通过交易情况因素修正，将可比交易实例价格修正为正常交易情况下的价格；通过交易日期因素修正，将可比交易实例价格修正为评估基准日的价格；通过房地产状况因素修正，将可比交易实例价格修正为评估对象房地产状况下的价格。房地产状况修正可以分为区位状况修正、权益状况修正和实物状况修正，这些因素修正还可以细分为若干因素修正。容积率和土地使用年限（年期）这两个因素属于房地产状况因素，由于影响力较大、情况特殊，因此可以拿出来单独进行修正。

市场法的基本计算公式为：

$$P=P'\times A\times B\times C$$

式中，P 为被评估房地产价值；P' 为可比交易实例价值；A 为交易情况修正系数；B 为交易日期修正系数；C 为房地产状况修正系数。

实际评估工作中，其计算公式为：

$$P=P'\times A\times B\times C=P'\times\frac{100}{(\ )}\times\frac{(\ )}{100}\times\frac{100}{(\ )}$$

式中，各符号含义同前，具体内容为：

$$A=\frac{100}{(\ )}=\frac{\text{正常交易情况指数}}{\text{可比实例交易情况指数}}$$

$$B=\frac{(\ )}{100}=\frac{\text{评估基准日价格指数}}{\text{可比实例交易时价格指数}}$$

$$C=\frac{100}{(\ )}=\frac{\text{评估对象房地产状况指数}}{\text{可比实例房地产状况指数}}$$

在上列各式中，交易情况修正系数 A 中的分子 100 表示以正常交易情况下的价格为基准而确定可比实例交易情况的价格修正参数；交易日期修正系数 B 中的分母 100 表示以可比实例交易时的价格指数为基准而确定评估基准日的价格指数；房地产状况修正系数 C 中的分子 100 表示以评估对象房地产状况为基准而确定可比实例房地产状况的修正系数。

市场法的计算公式也可以为：

$$P=P'\times A\times B\times C=P'\times\frac{100}{(\ )}\times\frac{(\ )}{100}\times\frac{(\ )}{100}$$

式中，P'，A，B 含义同前，C 为以可比实例的房地产状况为基准即 100 而确定评估对象房地产状况的修正系数。

如果将容积率、年期进行单独修正，则计算公式为：

$$P=P'\times A\times B\times C\times\text{容积率修正系数}\times\text{年期修正系数}$$

在这里需要说明的是，构成房地产状况因素的各个因子都可以独立地扩展出来进行修正。

四、操作步骤

运用市场法评估房地产价值，一般经过下列程序：收集交易资料，确定可比交易实例，对交易情况、交易日期、房地产状况等因素进行修正，确定房地产价值。房地产状况因素修正中的容积率修正和年期修正这两项因素比较重要，一般单独列出。以下对各操作步骤做具体介绍。

（一）收集交易资料

运用市场法评估房地产价值，必须有充裕的交易资料，这是市场法运用的基础和前提条件。评估人员必须注意积累资料，时刻关注房地产市场变化，随时收集有关房地产交易的实例。如果等到需要时才去临时找实例，往往时间紧迫，来不及收集到足够的交易实例。而交易实例太少，用市场法评估的价值就不能满足客观、合理的要求。

（二）确定可比交易实例

在进行一宗房地产的价值评估时，需要针对被评估房地产的特点，从平时收集的众多房地产交易实例中选择符合一定条件的交易实例，作为供比较参照的可比实例。可比实例选择是否适当，直接影响运用市场法评估的结果的精度，因此对可比实例的选择应特别慎重。如果房地产市场较为稳定，评估基准日与可比实例交易日期可相差较远，但所选取的可比实例资料通常不应该超过3年。如果市场变动剧烈，变化较快，则只宜选取较近时期的可比实例，最好是近2年以内的。

（三）因素修正

包括交易情况修正、交易日期修正、房地产状况修正、容积率修正、年期修正等。

1. 交易情况修正

房地产的自然特性和经济特性决定了房地产市场不能成为完全竞争市场，而是一个不完全竞争市场。在房地产市场上，房地产价格的形成往往具有个别性，因此运用市场法进行房地产评估，需要对选取的可比实例进行交易情况修正，将交易中由于个别因素产生的价格偏差予以剔除，使其成为正常价格。房地产交易中的特殊情况较为复杂，主要有以下几种：

（1）有特殊利害关系的经济主体间的交易，如亲友之间、有利害关系的公司之间、公司与本单位职工之间，通常会以低于市价的价格进行交易。

（2）交易时有特别的动机，以急于脱售或急于购买最为典型。如有人为了扩大经营面积收购邻近的建设用地，往往会使交易价格升高。

（3）买方或卖方不了解市场行情，往往使房地产交易价格偏高或偏低。

（4）其他特殊交易的情形。如契税本应由买方负担，却转嫁给了卖方。

（5）特殊的交易方式。如拍卖、招标等。

分析了交易情况的特殊性，就要将特殊情况下的交易修正到正常交易。上述第（4）种情况可直接计算，但对于其他一些交易情况，要测定其交易价格与正常价格发生偏差的程度，经分析后量化处理。这时评估师对市场的了解程度以及丰富的评估经验就显得至关重要。

通过交易情况修正，即可将可比实例价格修正为正常交易情况下的价格。计算公式为：

$$\text{交易情况修正后的正常价格} = \text{可比实例价格} \times \frac{\text{正常情况指数}}{\text{可比实例情况指数}}$$

$$= P' \times \frac{100}{(\ )}$$

如果可比实例交易时的价格低于正常情况下的交易价格，则分母小于100；反之，则大于100。

2. 交易日期修正

可比实例的交易日期与被评估房地产的评估基准日往往有一段时间差。在这一期间，房地产市场可能不断发生变化，房地产价格可能升高或降低。因此需要根据房地产价格的变动率，将可比实例房地产价格修正为评估基准日房地产价格。这就是交易日期修正，也称期日修正。

房地产价格的变动率一般用房地产价格指数来表示。利用价格指数进行修正的公式如下：

评估基准日价格＝评估基准日价格指数×可比实例价格

[例 5-5]

现选取一可比房地产实例，成交价格为 6 000 元/平方米，成交日期为 2016 年 7 月。假设 2016 年 1 月至 2017 年 7 月，该类房地产价格每月比上月上涨 1%，2017 年 7 月至 2018 年 1 月，该类房地产价格每月比上月下跌 0.2%，则对该可比实例进行交易日期修正后 2018 年 1 月的房地产价格为：

$$
\begin{aligned}
P &= 6\,000\times(1+1\%)^{12}\times(1-0.2\%)^{6} \\
&= 6\,000\times1.127\times0.988 \\
&= 6\,681\ (\text{元/平方米})
\end{aligned}
$$

3. 房地产状况修正

对可比实例进行交易情况修正和交易日期修正后，还需要进行房地产状况修正。

可比实例房地产与被评估房地产状况不相同的，应将可比实例房地产状况与被评估房地产状况加以比较，找出由于房地产状况的差别而引起的可比实例房地产与被评估房地产价格的差异，然后对可比实例房地产价格进行修正。

4. 容积率修正

容积率与地价并非呈线性关系，需根据具体区域的情况具体分析。

容积率修正可采用下式计算：

$$
\text{容积率修正后的价格}=\text{可比实例价格}\times\frac{\text{被评估宗地容积率修正系数}}{\text{可比实例容积率修正系数}}
$$

[例 5-6]

某城市某用途土地的容积率修正系数如表 5-5 所示。

表 5-5　容积率修正系数表

容积率	0.1	0.4	0.7	1.0	1.1	1.3	1.7	2.0	2.1	2.5
修正系数	0.5	0.6	0.8	1.0	1.1	1.2	1.6	1.8	1.9	2.1

如果确定可比实例地价每平方米为 800 元，容积率为 2.1，被评估宗地规划容积率为 1.7，则被评估宗地容积率修正计算如下：

容积率修正后的价格＝800×1.6÷1.9＝673.7(元/平方米)

5. 年期修正

我国实行有限年期的土地使用权有偿使用制度，土地使用年限的长短直接影响土地收益的多少。土地的年收益确定以后，土地的使用年限越长，总收益越多，土地利用效益也越高，土地的价格也会因此提高。通过年期修正，可以消除由于使用年限不同而对房地产价格造成的影响。

年期修正系数可按下式计算：

$$k=\frac{1-\frac{1}{(1+r)^m}}{1-\frac{1}{(1+r)^n}}$$

式中，k 为将可比实例使用年限修正到评估对象使用年限的年期修正系数；r 为资本化率；m 为评估对象的使用年限；n 为可比实例的使用年限。

$$年期修正后的价格=可比实例价格\times k$$

[例 5-7]

若选择的可比实例成交地价为每平方米 1 000 元，对应土地使用年限为 30 年，而被评估宗地出让年限为 20 年，土地资本化率为 8%，则土地使用年限修正如下：

$$年期修正后的地价=1\,000\times\frac{1-\frac{1}{(1+8\%)^{20}}}{1-\frac{1}{(1+8\%)^{30}}}=872(元/平方米)$$

（四）确定房地产价值

经过上述交易情况修正、交易日期修正、房地产状况修正、容积率修正、年期修正，就可得到在评估基准日被评估房地产的若干个价格。如果交易实例选取 5 个，就可能有 5 个价格。

通过计算公式求取的若干价格可能不完全一致，而被评估房地产的价值却只能有一个。求取最终的房地产价值可采用统计学方法，如简单算术平均数法、加权算术平均数法、众数法、中位数法、混合法等。

[例 5-8]

有一块被评估宗地 G 需要评估，现收集到与被评估宗地条件类似的于 2019 年进行交易的 6 宗地块，具体情况如表 5-6 所示。

表 5-6 可比实例情况

宗地	成交价（元/平方米）	交易时间	交易情况	容积率	土地状况
A	680	4月	+1%	1.3	+1%
B	610	4月	0	1.1	-1%
C	700	3月	+5%	1.4	-2%

续表

宗地	成交价（元/平方米）	交易时间	交易情况	容积率	土地状况
D	680	5月	0	1.0	−1%
E	750	6月	−1%	1.6	+2%
F	700	7月	0	1.3	+1%
G		7月	0	1.1	0

该城市 2019 年该类地产的地价指数如表 5－7 所示。

表 5－7　地价指数

时间	1月	2月	3月	4月	5月	6月	7月	8月	9月	10月	11月	12月
指数	100	103	107	110	108	107	112	109	111	108	109	113

另据调查，该市此类用地容积率与地价的关系为：当容积率在 1～1.5 之间时，容积率每增加 0.1，宗地单位地价比容积率为 1 时增加 5%；超过 1.5 时，超出部分的容积率每增长 0.1，单位地价比容积率为 1 时增加 3%。对交易情况、土地状况的修正，都是将可比实例宗地与被评估宗地比较，表中负号表示可比实例宗地条件比被评估宗地差，正号表示可比实例宗地条件优于被评估宗地，数值大小代表对宗地地价的修正幅度。

试根据以上条件，评估该宗土地 2019 年 7 月的价值。

解：

1. 建立容积率地价指数表（见表 5－8）

表 5－8　容积率地价指数表

容积率	1.0	1.1	1.2	1.3	1.4	1.5	1.6
地价指数	100	105	110	115	120	125	128

2. 可比实例修正计算

A. $680\times\frac{112}{110}\times\frac{100}{101}\times\frac{105}{115}\times\frac{100}{101}=620$(元/平方米)

B. $610\times\frac{112}{110}\times\frac{100}{100}\times\frac{105}{105}\times\frac{100}{99}=627$(元/平方米)

C. $700\times\frac{112}{107}\times\frac{100}{105}\times\frac{105}{120}\times\frac{100}{98}=623$(元/平方米)

D. $680\times\frac{112}{108}\times\frac{100}{100}\times\frac{105}{100}\times\frac{100}{99}=748$(元/平方米)

E. $750\times\frac{112}{107}\times\frac{100}{99}\times\frac{105}{128}\times\frac{100}{102}=638$(元/平方米)

F. $700\times\frac{112}{112}\times\frac{100}{100}\times\frac{105}{115}\times\frac{100}{101}=633$(元/平方米)

3. 评估结果

经分析判断，可比实例D的值为异常值，应予剔除。其他结果较为接近，取其平均值作为评估结果。

因此，被评估宗地G的评估结果为：

$$(620+627+623+638+633)\div 5=628(\text{元/平方米})$$

第五节　成本法在房地产评估中的应用

一、基本思路

成本法是房地产评估的基本方法之一。其评估原理建立在重置成本的理论基础之上。成本法是以假设重新复制被评估房地产所需要的成本为依据而评估房地产价值的一种方法，即以重置一宗与被评估房地产可以产生同等效用的房地产所需投入的各项费用之和为依据，再加上一定的利润和应交税费来确定被评估房地产的价值。该方法认为，生产成本与价格之间有密切联系。

由于房屋与其所依附的土地具有不同的自然及经济特性（例如，房屋是人类劳动的产物，一般随时间推移会发生贬值，而城市土地既是自然的产物，又由于人类的改造而凝结着人类劳动），因此，房产价值评估与土地价值评估的成本法计算公式并不相同。

二、适用范围

成本法与其他评估方法相比具有特殊用途，一般特别适用于房地产市场发育不成熟，成交实例不多，无法利用市场法、收益法等方法进行评估的情况。对于既无收益又很少有交易情况的政府办公楼、学校、医院、图书馆、军队营房、机场、博物馆、纪念馆、公园、新开发地等特殊性的房地产评估，成本法比较适用。

但由于土地的价格大部分取决于它的效用，并非仅仅是它所支出的成本，也就是说，由于土地成本的增加并不一定会增加它的使用价值，因此，成本法在土地评估中的应用范围受到一定限制。

三、土地评估成本法的操作步骤

用成本法评估地价必须分析地价中的成本因素。土地作为一种稀缺的自然物，即便未经开发，由于土地所有权的垄断，使用土地也必须支付地租。同时，由于开发土地投入的资本及利息也构成地租的一部分，因此成本法的基本公式为：

$$土地价值=待开发土地取得费+土地开发费+利息+利润+税费+土地增值收益$$

用成本法评估地价的程序一般为：计算土地取得费；计算土地开发费；计算利息；计算利润和税费；确定土地增值收益。

（一）计算土地取得费

土地取得费是为取得土地而向原土地使用者支付的费用，分为两种情况：

（1）国家征收集体土地而支付给集体土地所有者的费用，包括土地补偿费、地上附着物和青苗补偿费及安置补助费等。一般认为，土地补偿费中包含一定的级差地租。地上附着物和青苗补偿费是对被征地单位已投入土地而未收回的资金的补偿，类似地租中所包含的投资补偿部分。安置补助费是为保证被征地农业人口在失去其生产资料后的生活水平不致降低而设立的，因而也可以看成具有从被征土地未来产生的增值收益中提取部分作为补偿的含义。

关于征地费用各项标准，《中华人民共和国土地管理法》（以下简称《土地管理法》）有明确规定：

1）征收耕地的补偿费用包括土地补偿费、安置补助费以及地上附着物和青苗补偿费。征收耕地的土地补偿费，为该耕地被征收前 3 年平均年产值的 6～10 倍。征收耕地的安置补助费，按照需要安置的农业人口数计算。需要安置的农业人口数，按照被征收的耕地数量除以征地前被征收单位平均每人占有耕地的数量计算。每一个需要安置的农业人口的安置补偿费标准，为该耕地被征收前 3 年平均年产值的 4～6 倍。但是，每公顷被征收耕地的安置补助费，最高不得超过被征收前 3 年平均年产值的 15 倍。

2）征收其他土地的土地补偿费和安置补助费标准，由各省、自治区、直辖市参照征收耕地的土地补偿费和安置补助费的标准规定。

3）被征收土地上附着物和青苗的补偿标准，由省、自治区、直辖市规定。

4）征收城市郊区的菜地，用地单位应当按照国家有关规定缴纳新菜地开发建设基金。

5）按照以上规定支付土地补偿费和安置补助费，尚不能使需要安置的农民保持原有生活水平的，经省、自治区、直辖市人民政府批准，可以增加安置补助费。但是，土地补偿费和安置补助费标准的总和不得超过土地被征收前 3 年平均年产值的 30 倍。

6）在特殊情况下，国务院根据社会经济发展水平，可以提高被征收耕地的土地补偿费和安置补助费标准。

（2）为取得已利用城市土地而向原土地使用者支付的拆迁补偿费用，是对原城市土地使用者在经济上的补偿，补偿标准各地有具体规定。

（二）计算土地开发费

一般来说，土地开发费涉及基础设施配套费、公共事业建设配套费和小区开发配套费。

（1）基础设施配套费。基础设施配套常常概括为三通一平和七通一平。三通一平指通水、通路、通电、平整地面。七通一平指通上水、通下水、通电、通讯、通气、通热、通路、平整地面。基础设施配套费没有统一的计价标准，各地根据具体情况有所不同。

（2）公共事业建设配套费。主要指邮电、图书馆、学校、公园、绿地等设施的费用。这与项目大小、用地规模有关，各地情况不一，视实际情况而定。

（3）小区开发配套费。同公共事业建设配套费类似，根据各地用地情况确定合理的项目标准。

（三）计算利息

投资利息就是资金的时间价值。在土地评估中，投资者贷款需要向银行偿还贷款利息，利息应计入成本；投资者利用自有资金投入，也可以看作损失了利息，从这种意义上看，也属于投资机会成本，应计入成本。

在用成本法评估土地价格时，投资包括土地取得费和土地开发费两大部分。由于两部分资金的投入时间和占用时间不同，土地取得费在土地开发动工前即要全部付清，在开发完成并销售后方能收回，因此，计息期应为整个开发期和销售期。土地开发费在开发过程中逐步投入，销售后收回，若土地开发费是均匀投入的，则计息期为开发期的一半。

（四）计算利润和税费

投资的目的是获取相应的利润，作为投资的回报，对土地投资当然也要获取相应的利润。该利润计算的关键是确定利润率或投资收益率。利润率计算的基数可以是土地取得费和土地开发费，也可以是开发后土地的地价。计算时，要注意所用利润率的内涵。税费是指土地取得和开发过程中所必须支付的税负和费用。

（五）确定土地增值收益

土地增值收益主要是由于土地的用途改变或土地功能变化引起的。由于农地转变为建设用地，新用途的土地收益将远高于原用途土地，必然会带来土地增值收益，这种增值是国家允许改变土地用途带来的。如果土地的性能发生变化，提高了土地的经济价值，也能使土地盈利能力增加。这种增加的收益总体上是由土地发展权带来的，应该在土地所有者、土地投资者和土地使用者之间合理分配。目前，土地增值收益率通常为10%～25%。计算基础为土地取得费、相关税费、土地开发费、利息与利润之和。

四、新建房地产评估成本法的操作步骤

如果评估基准日为房地产开发建成日，新建房地产项目无须考虑折旧，可直接用开发成本计算。开发成本为房地产开发过程中发生的各种费用，包括土地征收及拆迁补偿费、前期工程费、基础设施费、建筑安装工程费、配套设施费和管理费等。

新建房地产评估成本法的基本公式为：

新建房地产价值＝土地取得费＋开发成本＋利润＋管理费用
＋利息＋销售税费

（一）土地取得费

土地取得的途径有征收、拆迁改造和购买等，根据取得土地的不同途径，分别测算取得土地的费用，包括有关土地取得的手续费及税费。

（二）开发成本

开发成本主要由五个部分构成：

（1）勘察设计和前期工程费：包括临时用地、水、电、路、场地平整费；工程勘察测量及工程设计费；城市规划设计、咨询、可行性研究费；建设工程许可证执照费等。

（2）基础设施建设费：包括由开发商承担的红线内外的自来水、雨水、污水、煤气、热力、供电、电信、道路、绿化、环境卫生、照明等建设费用。

（3）房屋建筑安装工程费：可假设为开发商取得土地后将建筑工程全部委托给建筑商施工，开发商应当付给建筑商的全部费用，包括建筑安装工程费、招投标费、预算审查费、质量监督费、竣工图费等。

（4）公共配套设施建设费：包括由开发商支付的非经营性用房，如居委会、派出所、托幼所、自行车棚、信报箱、公厕等的建设费；附属工程，如锅炉房、热力点、变电室、开闭所、煤气调压站的费用和电贴费等；文教卫系统，如中小学、文化站、门诊部、卫生所用房的建设费；而商业网点，如粮店、副食店、菜店、小百货店等经营性用房的建设费用应由经营者负担，按规定不计入商品房价格。

（5）开发过程中的税费及其他间接费用。

（三）利润

利润率应根据开发类似房地产的平均利润率来确定。

（四）管理费用

管理费用主要是指开办费和开发过程中管理人员的工资等。

（五）利息

以土地取得费和开发成本之和作为计算利息的基数。

（六）销售税费

销售税费主要包括：

（1）销售费用：包括销售广告宣传费、委托销售代理费等。

（2）销售税费及附加：包括城市维护建设税、教育费附加等。

（3）其他销售税费：包括应当由卖方负担的印花税、交易手续费、产权转移登记费等。

五、旧建筑物评估成本法的操作步骤

运用成本法评估旧建筑物的价值时，由于建筑物是在过去某时点建造的，不能采用建筑物原来的建造成本，而应以评估时点的重新建造成本为基础，考虑评估对象的使用和磨损，扣除建筑物的贬值。旧建筑物价值的现值可以通过下列公式计算得到：

建筑物价值＝重置成本－年贬值×已使用年限

重置成本是采用新的建筑材料和工艺建造与原建筑物功能结构基本相同的建筑物的成本。重置成本应当包括利息、利润和税费等。

贬值是指建筑物的价值减损。这里所指的贬值与会计上的折旧内涵是不一样的。建筑物的价值减损一般由两方面因素引起：一是物理化学因素，即因建筑物使用而磨损、建筑物自然老化、自然灾害引起的建筑物结构缺损和功能减弱，所有这些因素均导致建筑物价值减损，故这种减损又称为自然折旧或有形损耗。二是社会经济因素，即由于技术革新、建筑工艺改进或人们观念的变化，引起建筑设备陈旧落后、设计风格落后，由此引起建筑物陈旧落后，致使其价值降低，这种减损称为无形损耗。从建筑物重置成本中扣除建筑物损耗，即为建筑物现值，因此确定建筑物的贬值就成为房产评估中的关键一环。

计算贬值的方法有很多种，如直线折旧法、余额递减法、年数合计法、成新折扣法等。常用的方法是直线折旧法和成新折扣法。

（1）直线折旧法又称定额法。假设建筑物的价值损耗是均匀的，即在耐用年限内每年的贬值相等，则建筑物每年的贬值为：

$$D=\frac{C-S}{N}=C\times\frac{1-R}{N}$$

式中，D 为年贬值；C 为建筑物的重新建造成本；S 为建筑物的净残值，即建筑物在达到耐用年限后的剩余价值扣除建筑物拆除、清理等处理费用后所剩余的价值；N 为建筑物的耐用年限；R 为建筑物的残值率，即建筑物的净残值与重新建造成本的比率。

各种结构非生产性用房的耐用年限和残值率如表 5－9 所示。

表 5-9 各种结构非生产性用房的耐用年限及残值率

结构	耐用年限（年）	残值率
钢筋混凝土结构	60	0
砖混结构	50	2%
砖木结构	40	3%～6%
简易结构	10	0

耐用年限用下式计算更为准确：

耐用年限＝建筑物已使用年限＋建筑物尚可使用年限

2017 年 9 月 8 日，中国资产评估协会印发的《资产评估准则——不动产》（中评协〔2017〕38 号）规定，资产评估专业人员应当综合考虑可能引起不动产贬值的主要因素，估算各种贬值。建筑物的贬值包括实体性贬值、功能性贬值和经济性贬值。确定建筑物的实体性贬值时，通常综合考虑建筑物已使用年限、经济寿命和土地使用权剩余年限的影响。确定住宅用途建筑物实体性贬值时，需要考虑土地使用权自动续期的影响。当土地使用权自动续期时，可以根据建筑物的经济寿命确定其贬值。

（2）成新折扣法是根据建筑物的建成年代、新旧程度、功能损耗等，确定建筑物的成新率，直接求取建筑物价值的现值。其计算公式为：

建筑物价值＝重置成本×成新率

[例 5-9]

现有一块宗地需要评估，宗地面积为 78 374.08 平方米，为国有出让工业用地并已获得国有土地使用证，开发程度为七通一平，土地剩余使用年限为 48.14 年。此次评估基准日为 2019 年 12 月 31 日。

土地价值测算公式为：

土地价值＝(土地取得费＋土地开发费＋利息＋利润＋税费
＋土地增值收益)×年期修正系数×容积率修正系数
×个别因素修正系数

1. 土地取得费

包含土地补偿费、安置补助费、青苗补偿费、社会保障费。根据该市相关规定，其费率及测算基数如表 5-10 所示。

表 5-10 土地取得费费率及测算基数

类别	测算方法（元/平方米）
土地补偿费	统一年产值×7÷666.67
安置补助费	统一年产值×16÷666.67

续表

类别	测算方法（元/平方米）
青苗补偿费	统一年产值÷666.67
社会保障费	统一年产值×5÷666.67

按照当地的每亩年产值计算得到土地取得费为65.73元/平方米。

2. 税费

包含耕地占用税、耕地开垦费，以及征地管理费。根据当地相关规定，费率及测算基数如表5-11所示。

表5-11　相关税费费率及测算基数

类别	测算方法
耕地占用税	20元/平方米
耕地开垦费	统一年产值×8÷666.67
征地管理费	3%×土地取得费

耕地占用税=20(元/平方米)

耕地开垦费=1 543×8/666.67=18.52(元/平方米)

征地管理费=3%×65.73=1.97(元/平方米)

相关税费=20+18.52+1.97=40.49(元/平方米)

3. 土地开发费

根据当地基础设施配套造价相关信息，确定土地开发费为120元/平方米。

4. 利息

以1年期固定资产投资贷款利率为基础，以复利方式计算。假设开发周期为1年，土地取得费和相关税费一次性投入，土地开发费在开发期内均匀投入。则利息的计算过程如下：

$$\begin{aligned}\text{利息}&=(\text{土地取得费}+\text{相关税费})\times\text{利率}\times\text{开发周期}\\&\quad+\text{土地开发费}\times\left[(1+\text{利率})^{\frac{\text{开发周期}}{2}}-1\right]\\&=(65.73+40.49)\times4.35\%\times1+120\times\left[(1+4.35\%)^{\frac{1}{2}}-1\right]\\&=7.20(\text{元/平方米})\end{aligned}$$

5. 利润

根据对本地土地市场的分析，确定开发利润率为15%。则

$$\begin{aligned}\text{利润}&=(\text{土地取得费}+\text{相关税费}+\text{土地开发费})\times\text{利润率}\\&=(65.73+40.49+120)\times15\%\\&=33.93(\text{元/平方米})\end{aligned}$$

6. 重置成本合计

$$\begin{aligned}重置成本合计 &= 土地取得费+税费+土地开发费+利息 \\ &\quad +利润+土地增值收益 \\ &= 65.73+40.49+120+7.20+33.93 \\ &= 267.35(元/平方米)\end{aligned}$$

7. 修正系数

包含年期修正系数、容积率修正系数及个别因素修正系数。其中，年期修正系数以土地还原利率为基础。本次确定还原利率为 5.5%。则年期修正系数为：

$$年期修正系数=[1-1/(1+5.5\%)^{48.14}]=0.924$$

容积率和个别因素在本案例中无须进行修正。

8. 评估价值

$$\begin{aligned}评估价值 &= 重置成本合计\times修正系数\times宗地面积 \\ &= 267.35\times0.924\times78\,374.08 \\ &= 19\,361\,000(元)(千位取整)\end{aligned}$$

[例 5 - 10]

某市经济技术开发区内有一块土地面积为 15 000 平方米，该地块的土地征地费用（含安置补助费、拆迁费用、青苗补偿费和耕地占用税）为每亩 10 万元，土地开发费为每平方公里 2 亿元，土地开发周期为 2 年，第一年投入资金占总开发费用的 35%，开发商要求的投资收益率为 10%，当地土地出让增值收益率为 15%，银行贷款年利率为 6%，试评估该土地的价值。

该土地的各项投入成本均已知，可用成本法评估。

1. 计算土地取得费

$$土地取得费=10(万元/亩)=150(元/平方米)$$

2. 计算土地开发费

$$土地开发费=2(亿元/平方公里)=200(元/平方米)$$

3. 计算投资利息

土地取得费的计息期为 2 年，土地开发费为分段均匀投入，则

$$土地取得费利息=150\times[(1+6\%)^2-1]=18.54(元/平方米)$$

$$\begin{aligned}土地开发费利息 &= 200\times35\%\times[(1+6\%)^{1.5}-1] \\ &\quad +200\times65\%\times[(1+6\%)^{0.5}-1] \\ &= 10.23(元/平方米)\end{aligned}$$

4. 计算开发利润

开发利润＝(土地取得费＋土地开发费)×10%
＝35(元/平方米)

5. 计算土地价值

土地单价＝(土地取得费＋土地开发费＋土地取得费利息
＋土地开发费利息＋开发利润)×(1＋15%)
＝(150＋200＋18.54＋10.23＋35)×(1＋15%)
＝475.84(元/平方米)

土地总价＝475.84×15 000＝7 137 600(元)

该宗地单价为475.84元/平方米，总价为7 137 600元。

第六节　假设开发法在房地产评估中的应用

一、基本思路

假设开发法又称剩余法、倒算法或预期开发法，是将被评估房地产开发后的预期价值，扣除正常投入费用、正常税费及合理利润后，依据该剩余值测算被评估房地产价值的方法。在评估待开发土地价值时，假设开发法运用较为广泛。

运用该方法评估地价时，首先估算开发完成后房地产正常交易的价值，然后扣除建筑物建造费用和与建筑物建造、买卖有关的专业费、利息、利润、税收等费用，以价值余额来确定被评估土地价值。具体来说，作为一个房地产开发商，购买这块土地进行开发的目的是将其出售并赚取利润。开发商买地，进行土地投入，必须有收益，而且这个收益越高越好。因此，开发商就会根据规划部门对该地块的限制条件，如用途、容积率、绿地覆盖度、最高层数、朝向等，以及有关法律法规的限制，来确定该块土地的最有效使用状态；然后根据目前的房地产市场状况，预测建筑完成后房地产售价，以及为完成这一开发所需支出的建筑费、设计费、相关税费、各类预付资本的利息和应得的正常利润。这样，开发商就知道了为取得这块土地所支付的最高价是多少。也就是说，这个最高价等于开发完成后的房地产价值扣除开发成本和相应利息、利润等之后的余额。

二、适用范围

假设开发法主要适用于下列房地产的评估：

（1）待开发土地的评估。

（2）将生地开发成熟地的土地评估。

（3）待拆迁改造的再开发地产的评估。

三、计算公式

假设开发法的计算公式形式较多，根据基本思路，其基本公式是：

$$P=A-(B+C+D+E)$$

式中，P 为土地价值；A 为开发完成后房地产的价值；B 为整个开发项目的开发成本；C 为投资利息；D 为开发商的合理利润；E 为正常税费。

目前，现实评估中假设开发法一个较具体的计算公式为：

被评估土地价值＝开发完成后房地产的价值－开发成本－投资利息－投资利润－销售税费

四、操作步骤

假设开发法的评估程序为：调查基本情况，确定被评估房地产的最佳开发利用方式，预测房地产总价，估算各项成本费用，确定开发商的合理利润，估算评估对象价值。

（一）调查基本情况

（1）调查土地的限制条件，如土地政策的限制，城市规划、土地利用规划的制约等。

（2）调查土地位置，掌握土地所在城市的性质、其在城市中的具体位置，以及周围土地的条件和利用现状。

（3）调查土地面积大小、土地形状、地质状况、地形地貌、基础设施状况、生活设施状况以及公用设施状况等。

（4）调查房地产利用要求，掌握城市规划对此宗地的规划用途、容积率、覆盖率、建筑物高度限制等要求。

（5）调查此地块的权利状况，包括权利性质、使用年限、能否续期、是否已设定抵押权等。这些权利状况与开发完成后的房地产价值、售价及租金水平有着非常密切的关系。

（二）确定被评估房地产的最佳开发利用方式

根据调查的土地状况和房地产市场条件等，在城市规划及法律法规等允许的范围内，确定地块的最佳开发利用方式，包括确定用途、建筑容积率、土地覆盖率、建筑高度、建筑装修档次等。在选择最佳开发利用方式时，最重要的是选择最佳的土地用途。土地用途的选择要与房地产市场的需求相结合，并且需要进行合理的预测。最佳开发利用方式决定了开发完成后销售时能获得最高的收益。

（三）预测房地产总价

根据所开发房地产的类型，开发完成后的房地产总价可通过两个途径获得：

（1）对于出售的房地产，如居住用商品房、工业厂房等，可采用市场法确定开发完成后的房地产总价。

（2）对于出租的房地产，如写字楼和商业楼宇等，其开发完成后房地产总价的确定，首先采用市场法，确定所开发房地产出租的净收益，再采用收益法将出租净收益转化为房地产总价。具体确定时需要估计以下几个要点：单位建筑面积月租金或年租金；房地产出租费用水平；房地产还原利率；可出租的净面积。其中，租金水平可依据类似房地产确定。

[例5-11]

根据当前房地产市场的租金水平，与所开发房地产类似的房地产未来月租金净收益为每建筑平方米300元，该房地产的资本化率为8%，总建筑面积为5 000平方米，出租率为80%，则所开发房地产的总价可确定为（假设房屋收益年期无限）：

$$\text{房地产总价}=300\times12\times5\,000\times80\%\times\frac{1}{8\%}=18\,000(\text{万元})$$

（四）估算各项成本费用

（1）估算开发建筑成本费用。开发建筑成本费用（包括直接工程费、间接工程费、建筑承包商利润等）可采用市场法来测算，即通过当地同类建筑物当前平均或一般建造费用来测算，也可通过建筑工程概预算的方法来估算。

（2）估算专业费用。专业费用包括建筑设计费、工程概预算费用等，一般采用建造费用的一定比例估算。

（3）确定开发建设工期，估算预付资本利息。开发建设工期是指从取得土地使用权到房地产全部销售或出租完毕这一段时期。根据等量资本要获取等量利润的原理，利息应为全部开发预付资本的融资成本，不仅是建造工程费用的利息，还应包括土地资本的利息。房地产开发的预付资本包括地价款、开发建造费、专业费和不可预见费等，即使这些费用是自有资金，也要计算利息。这些费用在房地产开发建设过程中投入的时间是不同的。在确定利息额时，必须根据地价款、开发费、专业费等的投入额，各自在开发过程中所占用的时间长短和当时的贷款利率进行计算。例如，预付地价款的利息额应以全部预付的价款按整个开发建设工期计算；假设开发费、专业费在建造期内均匀投入，则利息以全部开发费和专业费为基数，按建造期的一半计算。若有分年度投入数据，则可进一步细化。如建造期两年，第一年投入部分计息期为一年半，第二年投入部分计息期为半年等。开发费、专业费在建设竣工后的空置及销售期内应按全额全期计息。表 5－12 概述了银川市某 400 间客房的五星级酒店造价信息。

表 5－12　银川市某五星级酒店造价信息

客房数	400			
总建筑面积（平方米）	40 998			
每客房平均建筑面积（平方米）	102			
	开发成本（元）	每客房（元）	每平方米（元）	占比（%）
建筑成本（包括陈设、家居、设备和机电）	368 978 432	922 000	9 000	81
专业费（8%）	29 518 275	73 796	720	7
紧急储备金（5%）	18 450 000	46 125	450	4
建设期利息（2 年期均匀投入）	34 023 878	85 060	830	8
开业筹备金	2 200 000	5 500	54	0
预计总开发成本	453 170 584	1 132 926	11 054	100
取整：总开发成本	453 200 000	1 133 000	11 100	

（4）估算税费。税费主要指建成后房地产销售税费、印花税、契税等，应根据当地政府的税收政策估算，销售税费主要包括增值税、城市维护建设税、教育费附加、地方教育附加等。① 销售房地产需要缴纳增值税销项税额，购进业务会产生增值税进项税额，最终缴纳的增值税即为销项税额减去进项税额。

其中，销售额的计算公式如下：

$$\text{销售额}=(\text{全部价款和价外费用}-\text{当期允许扣除的土地价款})\div(1+10\%)$$

当期允许扣除的土地价款的计算公式如下：

$$\text{当期允许扣除的土地价款}=\frac{\text{当期销售房地产项目建筑面积}}{\text{房地产项目可供销售建筑面积}}\times\text{支付的土地价款}$$

式中，当期销售房地产项目建筑面积，是指当期进行纳税申报的增值税销售额对应的建筑面积；房地产项目可供销售建筑面积，是指房地产项目可以出售的

① 《国家税务总局关于发布〈房地产开发企业销售自行开发的房地产项目增值税征收管理暂行办法〉的公告》（国家税务总局公告 2016 年第 18 号）规定，房地产开发企业中的一般纳税人销售自行开发的房地产项目，适用一般计税方法计税，按照取得的全部价款和价外费用，扣除当期销售房地产项目对应的土地价款后的余额计算销售额。

总建筑面积，不包括销售房地产项目时未单独作价结算的配套公共设施的建筑面积；支付的土地价款，是指向政府、土地管理部门或受政府委托收取土地价款的单位直接支付的土地价款。《关于明确金融 房地产开发 教育辅助服务等增值税政策的通知》（财税〔2016〕140 号）规定："七、《营业税改征增值税试点有关事项的规定》（财税〔2016〕36 号）第一条第（三）项第 10 点中'向政府部门支付的土地价款'，包括土地受让人向政府部门支付的征地和拆迁补偿费用、土地前期开发费用和土地出让收益等。"

（5）估算开发完成后的房地产租售费用。租售费用主要指用于建成后房地产销售或出租的中介代理费、市场营销广告费、买卖手续费等，一般以房地产总价或租金的一定比例计算。

（五）确定开发商的合理利润

开发商的合理利润一般以房地产总价或预付总资本的一定比例计算。投资利润率的计算基数一般为地价、开发费和专业费三项，销售利润率的计算基数一般为房地产售价。

（六）估算评估对象价值

在运用公式求取评估对象价值时需注意评估对象所对应的时点。

[例 5－12]

有一宗七通一平的待开发建筑用地，土地面积为 2 000 平方米，建筑容积率为 2.5，拟开发建设写字楼，建设期为 2 年，建筑费为 3 000 元/平方米，专业费为建筑费的 10%，建筑费和专业费在建设期内均匀投入。该写字楼建成后即出售，预计售价为 9 000 元/平方米，销售费用为楼价的 2.5%，当地银行年贷款利率为 6%，开发商要求的投资利润率为 10%。假定建筑费增值税税率为 10%，专业费、销售费用的增值税税率为 6%。

试估算该宗土地目前的单位地价和楼面地价。

1. 确定评估方法

现已知楼价的预测值和各项开发成本及费用，可用假设开发法评估，计算公式为：

地价＝楼价－建筑费－专业费－利息－销售费用－销售税费
　　－利润－契税

2. 计算楼价

楼价＝2 000×2.5×9 000＝45 000 000(元)

销项税额＝(45 000 000－地价)÷(1＋10%)×10%
　　＝4 090 909.09－0.090 9×地价

3. 计算建筑费和专业费

建筑费＝3 000×2 000×2.5＝15 000 000(元)

进项税额＝15 000 000÷(1＋10%)×10%＝1 363 636.36(元)

专业费＝建筑费×10%＝15 000 000×10%＝1 500 000(元)

进项税额＝1 500 000÷(1＋6%)×6%＝84 905.66(元)

4. 计算销售费用和销售税费

销售费用＝45 000 000×2.5%＝1 125 000(元)

进项税额＝1125 000÷(1＋6%)×6%＝63 679.25(元)

增值税＝销项税额－进项税额
＝4 090 909.09－0.090 9×地价－1 363 636.36－84 905.66
－63 679.25＝2 578 687.82－0.090 9×地价

城市维护建设税、教育费附加、地方教育附加＝(7%＋3%＋2%)×增值税
＝12%×(2 578 687.82－0.090 9×地价)
＝309 442.54－0.010 9×地价

销售税费＝2 578 687.82－0.090 9×地价＋309 442.54－0.010 9
×地价＝2 888 130.36－0.101 8×地价

5. 计算利润

利润＝(地价＋契税＋建筑费＋专业费)×10%
＝(地价＋3%×地价＋16 500 000)×10%
＝0.103×地价＋1 650 000

6. 计算利息

利息＝(地价＋契税)×[(1＋6%)^2－1]＋(15 000 000＋1 500 000)
×[(1＋6%)^1－1]＝0.127 3×地价＋990 000

7. 求取地价

地价＝45 000 000－16 500 000－1 125 000－(2 888 130.36－0.101 8×地价)
－(0.103×地价＋1 650 000)－(0.127 3×地价＋990 000)
－3%×地价
＝2 1846 869.64÷1.158 5＝18 857 894(元)

8. 评估结果

单位地价＝18 857 894÷2 000＝9 429(元/平方米)

楼面地价＝9 429÷2.5＝3 772(元/平方米)

第七节　基准地价修正法在房地产评估中的应用

一、基准地价的含义

基准地价是按照城市土地级别或均质地域分别评估的商业、住宅、工业等各类用地和综合土地级别的土地使用权的平均价格。从其定义可以看出，基准地价不同于宗地地价，它有一个重要特点——是特定区域的平均价格。

二、基准地价测算的基本思路

基准地价测算主要采用如下方法：依据土地使用权出让、转让、出租和房屋出租、买卖等资料，分别采用多种方法试算样点地价，对样点地价经过年期、容积率、交易情况、土地条件等修正，得到标准宗地地价，然后根据评估区域内的标准宗地地价求取基准地价。

基准地价确定后，还要评估标定地价。标定地价是市、县政府根据需要评估的正常土地市场中，在正常经营管理条件下，具体宗地在一定使用年限内的价值。标定地价评估可以以基准地价为依据，根据土地使用年限、地块大小、形状、容积率等条件通过修正系数进行评估，也可以利用房地产市场交易资料，采用宗地评估的一般方法评估。因此在基准地价评估项目中，一般都要编制基准地价修正系数表，以满足评估标定地价的需要。

三、基准地价的特点与作用

（一）基准地价的特点

基准地价一般具有下列特点：

（1）基准地价是区域性价格。这个区域可以是级别区域，也可以是区段，因而基准地价的表现形式通常为区片价和路段价，或两者结合。

（2）基准地价是土地使用权价格。

（3）因为基准地价是区域性价格，所以必定是平均价格。

（4）基准地价一般都要覆盖整个城市建成区。

（5）基准地价是单位土地面积的地价。

（6）基准地价具有现实性，是评估出的特定时点的价格。

（二）基准地价的作用

基准地价的作用如下：

（1）具有政府公告作用。

（2）是宏观调控地价水平的依据。

（3）是国家征收城镇土地税收的依据。

（4）是政府参与土地有偿使用收益分配的依据。

（5）是进一步评估宗地地价的基础。

（6）能够引导土地资源在行业部门间合理配置。

四、基准地价修正法的基本思路

基准地价修正法是利用城镇基准地价和基准地价修正系数表等评估成果，按照替代原则，将被评估宗地的区域条件和个别条件等与其所处区域的平均条件相比较，并对照修正系数表选取相应的修正系数对基准地价进行修正，从而求取被评估宗地在评估基准日价值的方法。基准地价修正法也是常用的方法之一。

基准地价修正法的基本原理是替代原理，即在正常的市场条件下，具有相似土地条件和使用功能的土地，在正常的房地产市场中，应当具有相似的价格。基准地价是某级别或均质地域内分用途的土地使用权平均价格，基准地价相对应的土地条件是土地级别或均质地域内该类用途土地的平均条件。因此，通过被评估宗地条件与级别或区域内同类用地平均条件的比较，并根据二者在区域条件、个别条件、使用年限、容积率和价格期日等方面的差异，对照修正系数表选取适宜的修正系数，对基准地价进行修正，即可得到被评估宗地地价。

五、基准地价修正法的适用范围

（1）适用于完成基准地价评估的城镇的土地评估，即该城市具备基准地价成果图和相应修正体系成果。当前，我国许多市县的国土资源部门都会定期发布本市/县基准地价的相关信息，但基准地价修正体系却鲜有发布。

（2）基准地价修正法可在短时间内进行大批量宗地地价评估，因此，可快速、方便地进行大面积数量众多的土地价值评估。

（3）基准地价修正法估价的精度取决于基准地价及其修正系数的精度，因此，该方法一般在宗地地价评估中不作为主要评估方法，而作为一种辅助方法。

六、基准地价修正法评估的程序

（一）收集、整理土地定级估价成果资料

定级估价成果资料是采用基准地价修正法评估宗地地价所必不可少的基础性资料。因此在评估前必须收集当地的定级估价成果资料，主要包括土地级别

图、基准地价图、样点地价分布图、基准地价表、基准地价修正系数表和相应的因素条件说明表等，并归纳、整理和分析，作为宗地评估的基础资料。

（二）确定修正系数表

根据被评估宗地的位置、用途、所处土地级别、所对应基准地价，确定相应的因素条件说明表和修正系数表，以确定地价修正的基础和需要调查的影响因素项目。

（三）调查宗地地价影响因素的指标条件

按照与被评估宗地所处级别和用途相对应的基准地价修正系数表和因素条件说明表中所要求的因素条件，确定宗地条件的调查项目，调查项目应与修正系数表中的因素一致。

宗地因素指标的调查应充分利用已收集的资料和土地登记资料及有关图件，不能满足需要的，应进行实地调查采样，在调查的基础上整理归纳宗地地价因素指标数据。

（四）确定被评估宗地因素修正系数

根据每个因素的指标值，查阅相对应用途土地的基准地价影响因素指标说明表，确定因素指标对应的优劣状况；按优劣状况再查阅基准地价修正系数表，得到该因素的修正系数。对所有影响宗地地价的因素都同样处理，即得到宗地的全部因素修正系数。

（五）确定被评估宗地年期修正系数

基准地价对应的使用年限是各用途土地使用权的最高出让年限，而具体宗地的使用年限可能各不相同，因此必须进行年期修正。年期修正系数可按下式计算：

$$y=\frac{1-\frac{1}{(1+r)^m}}{1-\frac{1}{(1+r)^n}}$$

式中，y为宗地年期修正系数；r为土地资本化率；m为被评估宗地可使用年限；n为该用途土地法定最高出让年限。

（六）确定期日修正系数

基准地价对应的是基准地价评估基准日的地价水平。随时间推移，土地市场的地价水平会有所变化，因此必须进行期日修正，把基准地价对应的地价水平修正到宗地地价评估基准日的地价水平。期日修正一般可以根据地价指数的变动幅度进行。

（七）确定容积率修正系数

这是一个非常重要的修正系数。基准地价对应的是该用途土地在该级别或均质地域内的平均容积率，各宗地的容积率可能各不相同，同时容积率对地价的影响也非常大。在同一个级别区域的，各宗地的容积率差异甚至很大，因此，一定要重视容积率的修正。也就是说，必须将区域平均容积率下的地价水平修正到宗地实际容积率下的地价水平。

（八）评估宗地地价

依据前面的分析和计算得到的修正系数，按下式求算被评估宗地的地价水平。

$$\text{被评估宗地地价}=\text{被评估宗地所处地段的基准地价}\times\text{年期修正系数}\times\text{期日修正系数}\times\text{容积率修正系数}\times\text{其他因素修正系数}$$

第八节　路线价法在房地产评估中的应用

一、路线价法的含义和理论依据

（一）路线价法的含义

路线价法是根据土地价值高低随土地与街道的距离增大而递减的原理，在特定街道上设定单价，并依此单价配合深度百分率表及其他修正率表，用数学方法来计算临接同一街道的宗地地价的一种评估方法。与市场法、收益法等评估方法针对个别宗地地价的评估方法相比，这种方法能对大量土地迅速评估，是评估大量土地的一种常用方法。

所谓路线价，是指对面临特定街道而接近距离相等的市街土地设定标准深度，而后求取的该标准深度的若干宗地的平均单价。路线价法在欧美早已施行，应用于课税标准价格的评定。1923 年，日本采用这种方法确定在关东大地震后复兴城市办理市地重划事业的补偿金额标准，之后在课税方面也采用这种评估方法。

（二）路线价法的理论依据

路线价法认为市区内各宗土地的价值与其临街深度大小关系很大，土地价值随临街深度增加而递减，越接近道路土地价值越高，离街道越远土地价值越低。临接同一街道的宗地根据其地价的相似性，可划分为不同的地价区段。在同一路线价区段内的宗地，虽然地价基本接近，但由于深度、宽度、形状、面积、位置等仍有差异，地价也会出现差异，所以需要制定各种修正率，对路线价进行调整。因此，路线价法的理论基础也是替代原理。路线价是标准宗地的单位地价，可看作可比实例，对路线价进行的各种修正可视为因素修正。

二、路线价法的计算公式

路线价法的计算公式有不同的形式，下面是常用的一种：

宗地总价=路线价×深度百分率×临街宽度

如果宗地条件特殊，如宗地属街角地、两面临街地、三角形地、梯形地、不规则形状地、袋地等，则需依下列公式计算：

宗地总价=路线价×深度百分率×临街宽度×其他条件修正率

或

宗地总价=路线价×深度百分率×临街宽度±其他条件修正额

三、路线价法的适用范围

一般的土地评估方法如收益法、市场法仅适用于对单个宗地进行评估，路线价法则适用于同时对大量土地进行评估，特别适用于土地课税、土地重划、征地拆迁等需要在大范围内对大量土地进行评估的情况。路线价法是否运用得当，还依赖于是否具有较为完整的道路系统和排列整齐的宗地以及完善合理的深度修正率表和其他条件修正率。

四、路线价法的程序

路线价法的操作步骤主要包括：路线价区段的划分、标准深度的确定、路线价的评估、深度百分率表的制作、宗地价值的计算。

（一）路线价区段的划分

地价相近、地段相连的地段一般划分为同一路线价区段，路线价区段为带状地段。街道两侧接近性基本相等的地段长度称为路线价区段长度。路线价区段一般以路线价显著增减的地点为界。原则上街道不同的路段，路线价也不相同，如果街道一侧的繁华状况与对侧有显著差异，同一路段也可划分为两种不同的路线价，繁华街道有时需要附设不同的路线价。住宅区用地区位差异较小，所以住宅区的路线价区段较长，甚至几个街道路线价区段都相同。

路线价区段划分完毕，对每一路线价区段求取该路线价区段内标准宗地的平均地价，附设于该路线价区段上。

（二）标准深度的确定

路线价是标准宗地的单位价格，设定路线价必须先确定标准宗地面积。标准宗地是指从城市一特定区域沿主要街道的宗地中选定的深度、宽度和形状标准的宗地。标准深度是指标准宗地的临街深度。临街深度是指宗地离开街道的垂直距离。标准宗地的面积大小因各国而异。美国为使城市土地的面积单位计算容易，把位于街区中间宽 0.304 8 米、深 30.48 米的细长形地块作为标准宗地。日本的标准宗地为宽 3.63 米、深 16.36 米的长方形土地。实际评估中的标准深度通常是路线价区段内临街各宗土地深度的众数。

（三）路线价的评估

路线价的评估主要采取两种方法：第一种是由熟练的评估人员依买卖实例用市场法等基本评估方法确定；第二种是采用评分方式，将形成土地价格的各种因素分成几类分别评分，然后合计，换算成附设于路线价上的点数。

第一种方法是各国通用的方法。根据选定的标准宗地的形状、大小，评估标准宗地价格；根据标准宗地价格水平及街道状况、公共设施的接近情况、土地利用状况，划分地价区段，附设路线价。标准宗地价格计算适用宗地地价计算方法，如收益法、市场法等。在应用市场法评估标准宗地价格时，应对评价区域调查的买卖实例宗地，进行地价影响因素分析。实例宗地条件如果与标准宗地条件不同，应对不同条件部分进行因素修正，由此求得标准宗地的正常买卖价格。不同地段标准宗地价格应能反映区位差异，互相均衡。

（四）深度百分率表的制作

深度百分率又称深度指数，深度百分率表又称深度指数表。深度百分率是地价随临街深度长短变化的比率。深度百分率表的制作是路线价法的难点和关键所在。路线价法在美国的施行由来已久，长久以来根据丰富的实际资料，制定了各种路线价法则，如四三二一法则、苏慕斯法则（克利夫兰法则）、霍夫曼法则、哈柏法则等。

（五）宗地价值的计算

依据路线价和深度百分率及其他条件修正率表，运用路线价法计算公式，则可以计算得到宗地价值。

五、深度百分率表

临接同一街道的土地，虽然路线价相同，但由于宗地的宽度、深度、形状、面积不同，单位面积的价格也不同。在影响地价的因素当中，深度对地价影响较大。现在假设有一临街宽度 m 米，深度 n 米的长方形宗地，每平方米平均单价为 A 元，则该宗地的总价格为 mnA 元。对图 5－5 中的宗地，沿道路的平行方向，将深度以某单位（在此设为 1 米）区分成 n 个细片土地，从临街方向起每片土地的单位面积价格依次为 a_1，a_2，…，a_{n-1}，a_n，且 $a_1>a_2>a_3>\cdots>a_{n-1}>a_n$，因为地块越接近道路，利用价值越高。虽然深度同为 1 米之差，但其地价不同，即 a_1 与 a_2 之差最大，a_2 与 a_3 之差次之，依次缩小（参见图 5－5

中的土地价值与地块临街距离关系曲线）。由此土地总价值为：

$$mnA=ma_1+ma_2+\cdots+ma_{n-1}+ma_n$$

从而

$$A=(a_1+a_2+\cdots+a_{n-1}+a_n)/n$$

即土地单位面积价格等于各地块单位面积价格的面积加权平均值。如将各小地块单位面积价格以百分率表示，即为单独深度百分率。

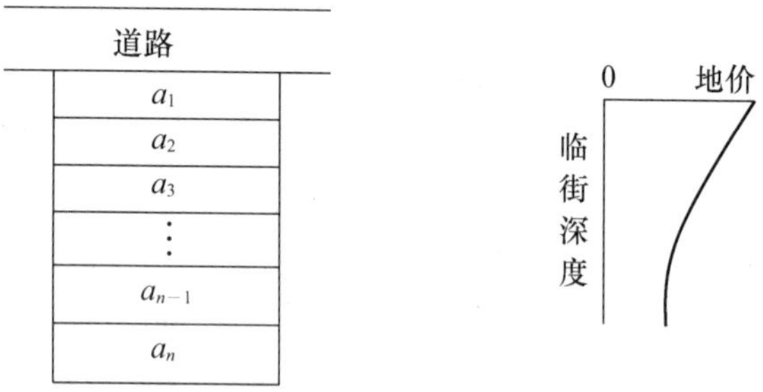

图5-5 土地价值与地块临街距离关系

深度百分率的表现形式有三种：单独深度百分率、累计深度百分率和平均深度百分率。单独深度百分率呈递减现象，累计深度百分率呈递增现象，平均深度百分率呈递减现象。

单独深度百分率表现为：

$$a_1>a_2>a_3>\cdots>a_{n-1}>a_n$$

累计深度百分率表现为：

$$a_1<(a_1+a_2)<(a_1+a_2+a_3)<\cdots<(a_1+a_2+\cdots+a_n)$$

一般来说，将标准深度的平均深度百分率设为100%，平均深度百分率与累计深度百分率之间的关系就表现为：

平均深度百分率 ＝累计深度百分率×标准深度÷宗地深度

制作深度百分率表要考虑以下几个方面：(1) 确定标准深度；(2) 确定级距；(3) 确定单独深度百分率；(4) 根据需要采用累计或平均深度百分率。

根据深度百分率表的制作要求，以标准宗地的平均深度百分率（平均单价）作为100%，将单独深度百分率、平均深度百分率、累计深度百分率综合制成一表，即得到深度百分率表。

下面以四三二一法则为例，说明深度百分率表的制作方法。

如图5-6所示，标准深度为30.48米的宗地，每7.62米其单独深度百分率为40%，30%，20%，10%，9%，8%，7%，6%，求出其深度百分率表。

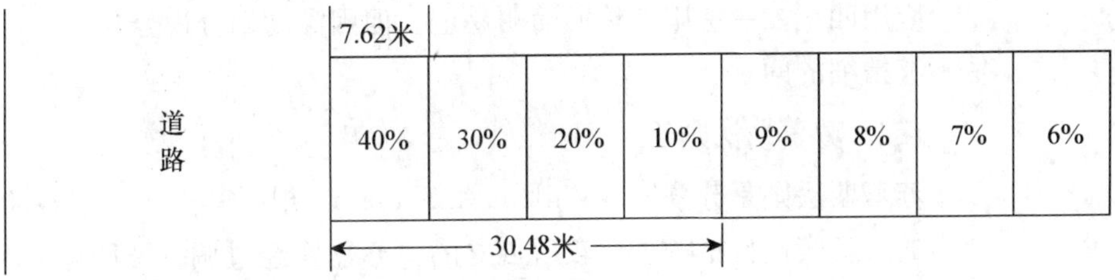

图 5-6　四三二一法则深度百分率表计算示意图

累计、平均深度百分率计算示例如下：

15.24 米的累计深度百分率等于前 7.62 米的单独深度百分率加上后 7.62 米的单独深度百分率，即

$$40\%+30\%=70\%$$

15.24 米的平均深度百分率等于前 7.62 米的单独深度百分率加上后 7.62 米的单独深度百分率的和乘以 100 再除以 50，即

$$(40\%+30\%)\times100\div50=140\%$$

22.86 米的平均深度百分率为：

$$(40\%+30\%+20\%)\times100\div75=120\%$$

采用同样的计算方法，得到表 5-13。

表 5-13　深度百分率表制作示例（%）

深度（米）	7.62	15.24	22.86	30.48	38.1	45.72	53.34	60.96
单独深度百分率	40	30	20	10	9	8	7	6
累计深度百分率	40	70	90	100	109	117	124	130
平均深度百分率	160	140	120	100	87.2	78	70.9	65

六、几种路线价法则介绍

欧美很早就将路线价法应用于课税，下面主要介绍欧美几种著名的路线价法则。

(一) 四三二一法则

四三二一法则是将标准深度 30.48 米的普通临街地，与街道平行区分为四等分，即由临街面算起，第一个 7.62 米的价值为路线价的 40%，第二个 7.62 米的价值为路线价的 30%，第三个 7.62 米的价值为路线价的 20%，第四个 7.62 米的价值为路线价的 10%。如果超过 30.48 米，则需用九八七六法则来补充，即超过 30.48 米的第一个 7.62 米的价值为路线价的 9%，第二个 7.62 米的价格为路线价的 8%，第三个 7.62 米的价值为路线价的 7%，第四个 7.62 米的价值为路线价的 6%。

应用四三二一法则评估，简明易记，但因深度划分过分粗略，可能出现评估不够精细的问题。

（二）苏慕斯法则

苏慕斯法则是苏慕斯（Willam A. Somers）根据其多年实践经验并经过对众多的买卖实例价格调查比较后创立的。苏慕斯经过调查证明，30.48米深的土地价值，前半临街15.24米部分占全宗地总价的72.5%，后半15.24米部分占27.5%，若再深15.24米，则该宗地所增的价值仅为15%。其深度百分率即在这种价值分配原则下拟定。由于苏慕斯法则在美国俄亥俄州克利夫兰市应用广泛，因此一般称为克利夫兰法则。

（三）霍夫曼法则

霍夫曼法则是1866年纽约市法官霍夫曼（Hoffman）所创立的，是最先被承认的对于各种深度的宗地进行评估的法则。霍夫曼法则认为：深度30.48米的宗地，最初15.24米的价值应占全宗地价值的2/3。在此基础上，深度30.48米的宗地，最初的7.62米所占价值等于37.5%，最初的一半，即15.24米等于67%，22.86米等于87.7%，全体的30.48米等于100%。

在霍夫曼之后，尼尔（Neil）修正了霍夫曼法则，由此创立了霍夫曼-尼尔法则（Hoffman-Neil Rule）。

（四）哈柏法则

哈柏法则创设于英国，该法则认为一宗土地的价值与其深度的平方根成正比，即深度百分率为其深度平方根的10倍。

$$\text{深度百分率}=(10\times\sqrt{\text{深度}})\%$$

例如，一宗15.24米深土地的价值，相当于30.48米深土地价值的70%。因为深度百分率＝（$10\times\sqrt{50}$)%，约等于70%。但标准深度不一定为30.48米，所以经修订的哈柏法则认为：

$$\text{深度百分率}=\sqrt{\text{所给深度}}/\sqrt{\text{标准深度}}\times100\%$$

案例分析

收益法在收益性房地产评估中的应用

一、被评估资产概况

被评估资产为A公司投资性房地产，包含30层住宅、6层部分办公区及珠宝广场、4层全部商铺，均已办理房地产证，证载权利人均为A公司。此外房地产证均注明：房地产不得买卖，抵押（典当）、出租须按有关规定办理。评估对象为框剪结构建筑，装修为精装修，水、电等配套设施齐全。房屋建筑物所占用土地使用权为出让，土地用途为商住混合用地，共有使用权面积

10 870.4 平方米。周边有学校、医院、酒店、商场、金融机构等，基础配套设施齐全，交通较为便利。本次评估的目的为抵押贷款，确定价值类型为市场价值，评估基准日为2013年9月30日。

二、评估方法

本次评估对象目前状态为对外出租的房屋，其租金收入、成本、费用等可以预测，故采用收益现值法进行评估。具体公式如下：

$$P=\sum_{i=1}^{t}\frac{R_i}{(1+r)^i}+\frac{A}{r\,(1+r)^t}[1-\frac{1}{(1+r)^{n-t}}]$$

式中，P 为评估价值；r 为资本化率，每年不变且大于零；R_i 为第 i 年净收益；i 为收益期；n 为有限收益年期；A 为第 $t+1$ 年及之后每年的净收益。

1. 收入分析

该房地产至评估基准日已对外租赁使用，该租赁期结束前，被评估房地产的有效毛租金收入按房屋租赁合同约定的租金计算，即17元/平方米·月；租赁期至2017年2月28日止，租赁期结束后，按照市场客观租金计算有效毛租金收入并考虑一定的空置率，空置率为2%；根据近几年房屋租金水平增长状况，预计评估基准日后未来5年，租金年均增长率为10.4%；据此测算出有效毛收入。

通过选取与被评估资产类似的三个房地产租金作为可比实例，并进行修正，最终计算得到当前（2013年9月30日）比准租金为48.9元/平方米·月。

根据上述分析，租赁期结束前被评估房地产的有效毛租金收入按房屋租赁合同约定的租金计算，即17元/平方米·月；租赁期结束后，2017年客观综合租金价格为49.13元/平方米·月，2018年客观综合租金价格为80.2元/平方米·月，2018年后保持此租金水平。有效毛租金收入预测如表5-14所示。

表5-14　有效毛租金收入预测

项目	2014年9月30日	2015年9月30日	2016年9月30日	2017年2月28日以前17；2017年2月28日以后72.6	2018年9月30日
单位租金（元/平方米·月）	17	17	17	49.13	80.2
出租率（%）	100	100	100	98	98
租金总计（千元）	11 587.2	11 587.2	11 587.2	33 116.44	53 571

其中

$$\text{可租面积}=\frac{\text{租金总计(2013 年 9 月 30 日到 2014 年 9 月 30 日)}}{\text{单位租金}}\div\text{出租月份}$$

$$=11\,587.2\div17\div12$$

$$=56.8(\text{千平方米})$$

$$2017年租金总计 = 单位租金(2017年2月28日前) \times 出租面积 \times 出租月份 + 单位租金(2017年2月28日后) \times 出租面积 \times 出租月份$$
$$= 17 \times 56.8 \times 5 + 72.6 \times 56.8 \times 98\% \times 7$$
$$= 33\,116.44(千元)$$

2. 运营费用分析

运营费用包括税费、维护管理费、维修费及保险费等。

(1) 税费。税费是指房地产所有人按照有关规定向税务机关缴纳的房产税等。根据《中华人民共和国房产税暂行条例》和地方税务局的有关规定，房产税按有效毛收入计算缴纳，税率为12%；城市维护建设税和教育费附加等按有效毛收入的5.61%计算缴纳。

(2) 维护管理费。维护管理费是指对出租房屋进行必要的维护及管理所需的费用。计费基数为有效毛收入，根据评估对象实际情况，确定写字楼的维护管理费率为3%。

(3) 维修费。维修费指为保证房屋正常使用每年需支付的修缮费，评估人员结合评估对象实际情况，按重置价值的2%计算。

(4) 保险费。建筑物保险费一般为建筑物重置价格的0.15%，根据《常用房屋建筑工程技术经济指标》以及市场同种规模、同种结构的建筑物工程造价案例，该种结构类型的房地产估计建造成本为2 500元/平方米。

经综合测算后，确定评估对象运营费用如表5-15所示。

表5-15　评估对象运营费用

单位：千元

项目	费率（%）	2014年9月30日	2015年9月30日	2016年9月30日	2017年9月30日	2018年9月30日
维护管理费	3	347.62	347.62	347.62	993.49	1 607.13
税费	5.61	650.04	650.04	650.04	1 857.83	3 005.33
房产税	12	1 390.46	1 390.46	1 390.46	3 973.97	6 428.52
保险费	0.15	213	213	213	213	213
维修费	2	2 840	2 840	2 840	2 840	2 840
运营费用合计		5 441.12	5 441.12	5 441.12	9 878.29	14 093.98

3. 净收益的确定

$$净收益 = 有效毛租金收入 - 运营费用$$

具体如表5-16所示。

表 5-16　净收益预测　　单位：千元

日期	2014 年 9 月 30 日	2015 年 9 月 30 日	2016 年 9 月 30 日	2017 年 9 月 30 日	2018 年 9 月 30 日
净收益预测	6 100	6 100	6 100	23 200	39 500

4. 收益期的确定

被评估房地产性质为出让，土地出让合同上明确标注土地使用权终止日期为 2045 年 6 月 17 日，土地使用年限为 50 年，剩余使用年限为 31.73 年，收益期确定为 31.73 年。

5. 折现率的确定

本次评估采用市场提取法确定资本收益率。市场提取法是利用与评估对象房地产具有类似收益特征的可比实例房地产的价格、净收益等资料，选用相应的报酬资本化法公式，反求出收益率的方法。公式如下：

$$Y=A/V$$

式中，Y 为收益率；A 为净收益；V 为房地产市场价格。

评估人员通过查询市场上同类房地产净收益与价格，求取其净收益与价格之比的平均数，得出最终的折现率（见表 5-17）。

表 5-17　折现率的测算

可比实例	净收益（元/平方米·年）	价格（元/平方米）	收益率（%）
1	387	23 000	1.68
2	387	23 000	1.68
3	486	23 000	2.21
4	504	23 000	2.29
5	378	22 000	1.72
平均数			1.92
折现率			1.9

综合市场情况分析，确定 1.9%作为本次评估的资本收益率。

6. 评估结果

将上述各值代入前面的公式，即可得到评估对象价值，过程如下：

$$\begin{aligned}P &= \sum_{i=1}^{t}\frac{R_i}{(1+r)^i}+\frac{A}{r(1+r)^t}\left[1-\frac{1}{(1+r)^{n-t}}\right]\\ &=6\,100\div(1+1.9\%)+6\,100\div(1+1.9\%)^2+6\,100\div(1+1.9\%)^3\\ &\quad+23\,200\div(1+1.9\%)^4+39\,500\div(1+1.9\%)^5+39\,500\\ &\quad\div1.9\%\div(1+1.9\%)^5\times[1-1\div(1+1.9\%)^{31.73-5}]\\ &=82\,320(\text{万元})(\text{万元取整})\end{aligned}$$

则被评估房地产的价值为 82 320 万元。

本章小结

土地及其定着物通称为不动产。土地的特性可以分为自然特性和经济特性两个方面。

房地产是土地和房屋及其权属的总称。房地产一般具有如下特性：位置固定性、供求区域性、使用长期性、投资大量性、保值与增值性、投资风险性、难以变现性、政策限制性。

进行房地产评估时，除了需要遵循供求原则、替代原则、贡献原则等，还特别需要注意遵循最有效使用原则和合法原则等。

房地产评估一般应依照以下程序进行：明确评估基本事项、签订评估合同、制定工作计划、实地勘察与收集资料、测算被评估房地产的价值、确定评估结果和撰写评估报告。

房地产价格有各种表现形式，可根据权益、实物形态、价格表示单位和其他价格类型等加以分类。影响房地产价格的因素通常可划分为一般因素、区域因素和个别因素。

收益法、市场法和成本法是进行房地产评估最常用的方法。此外，还有假设开发法、基准地价修正法和路线价法。

收益法适用于有收益房地产的价值评估，如商场、写字楼、旅馆、公寓等。收益法可以单独评估土地的价值，也可以单独评估地上建筑物价值，还可以评估房地合在一起的房地产价值。

市场法适用于有类似房地产交易实例的房地产评估。运用市场法，就是通过与近期交易的类似房地产进行比较，并对一系列因素进行修正，从而得到被评估房地产在评估基准日的市场状况下的价值水平。

成本法与其他评估方法相比具有特殊用途，一般特别适用于房地产市场发育不成熟，成交实例不多，无法利用市场法、收益法等方法进行评估的情况，但是在土地评估中应用范围受到一定限制。

假设开发法主要适用于评估待开发土地的价值。

基准地价修正法适用于完成基准地价评估的城镇的土地评估。

路线价法适宜于同时对大量土地进行评估，特别适用于土地课税、土地重划、征地拆迁等需要在大范围内对大量土地进行评估的场合。

常用数据来源

1. 中国建设工程造价信息网：http://www.cecn.gov.cn

2. 国家工程建设标准化信息网：http://www.ccsn.org.cn
3. 中国土地市场网：http://www.landchina.com
4. 中国土地资源网：http://www.tdzyw.com
5. 土地市场动态监测与监管系统：http://jcjg.mlr.gov.cn
6. 中华人民共和国自然资源部：http://mnr.gov.cn
7. 中华人民共和国住房和城乡建设部：http://www.mohurd.gov.cn
8.《建筑结构可靠度设计统一标准》(GB 50068—2001)

名词和术语

土地（land）
房地产（real estate）
权益（equity）
净收益（net income）
资本化率（capitalization rate）
替代原理（substitution theory）
可比实例（comparable case）
修正（revise）
重置成本（replacement cost）
贬值（depreciation）
假设开发法（hypothetical development method/residual method）

思考题

1. 土地有哪些特性？房地产有哪些特性？
2. 简述房地产评估中一般遵循哪些原则，并分析最有效使用原则和合法原则的含义。
3. 房地产评估应遵循哪些程序？
4. 请简要说明房地产价格的分类。
5. 简述房地产价格影响因素包括哪些，并说明其对房地产价格的具体影响。
6. 请说明各种房地产评估方法的适用范围。
7. 收益法中净收益的含义是什么？如何测算？
8. 简述求取资本化率的方法。

9. 在评估实务中，收益法的计算公式有哪些？请列出。
10. 请列出运用市场法评估房地产价值的计算公式。
11. 运用市场法评估房地产价值的基本程序是怎样的？
12. 土地评估成本法的操作步骤是怎样的？
13. 新建房地产评估成本法的操作步骤是怎样的？
14. 旧建筑物评估成本法的操作步骤是怎样的？
15. 假设开发法的评估思路是什么？
16. 运用假设开发法评估房地产价值的基本程序是怎样的？
17. 基准地价修正法的评估思路及评估程序是怎样的？

计算题

1. 被评估宗地的剩余使用年限为40年，还原利率为6%。采用市场法评估，共有A，B，C，D四个可比实例。情况如表5-18所示。被评估宗地所在地的容积率与地价的关系为：容积率在1.5～2.0之间，容积率每增加0.1，地价比容积率为1.5时增加2%。该地区2010—2015年每年地价上升1%。请评估被评估宗地在2015年1月的价值。

表5-18 可比实例情况

项目	被评估宗地	A	B	C	D
成交价（元/平方米）		3 200	3 600	3 300	3 000
交易时间	2015年1月	2014年1月	2014年1月	2013年1月	2012年1月
交易情况	0%	−2%	−1%	−1%	−3%
容积率	1.6	1.5	1.7	1.8	1.5
区域因素	0%	1%	0%	0%	1%
个别因素	0%	−1%	0%	−1%	0%
剩余使用年限	40	35	38	36	30

2. 已知某房地产土地资本化率为7%，建筑物资本化率为9%，土地价值为房地产价值的30%，建筑物价值为房地产价值的70%，则该房地产的综合资本化率为多少？

3. 某在建工程按照正常进度建设了1.5年后停工，停工半年后基坑进水，预计处理基坑进水需要一个季度。经市场调查，类似开发项目正常建设期为3年，开发完成后市场价格为6 000元/平方米。折现率为10%。请计算开发完成后市场单价的现值。

案例分析

被评估无电梯的写字楼建筑面积为 1 000 平方米，剩余使用年限为 30 年，当前空置率为 5%，每平方米租金价格为每年 400 元。假设该租金价格很好地反映了市场租金水平。同类有电梯写字楼的租金为每年每平方米 600 元，空置率为 3%。

预计 5 年后该写字楼周边将新建一规模较大的工业园区。届时周边写字楼价格将在原有基础上提高 20%，空置率降低 1 个百分点。

在评估基准日，如果将该写字楼改造增加电梯，所需成本为 100 万元。

假设收益率为 10%，运营费用为 30%。请测算分析该写字楼功能缺乏是否可以修复，并计算考虑未来周边规划后的写字楼总价值。

第六章

企业价值评估

案例引导

2016 年 5 月 26 日，证监会向万达院线发出问询函，针对公司拟向北京万达投资有限公司（以下简称万达投资）等 33 名交易对象发行股份购买其持有的万达影视传媒有限公司（以下简称万达影视）100%股权这一交易事件，要求评估机构进一步披露评估结果的合理性。在本次评估中，评估公司经过测算，以收益法结果作为最终评估结果，对万达影视所有者权益估值 375 亿元，较评估基准日账面数额增长约 171.46%。

根据万达影视未经审计的合并财务报表，2014 年和 2015 年归属于母公司所有者的净利润分别为−26.91 亿元和−39.70 亿元。而万达投资承诺，万达影视在接下来的 3 年中合计净利润将达到 50.98 亿元。

我们知道，收益法评估基于企业未来的现金流量。虽然企业未来与过去的经营结果并不必然存在紧密相关性，但通常情况下，过去的信息对未来的盈利预测也会产生指导作用。此案例中，万达影视 375 亿元的价值产生于其未来较高的净利润和现金流量。那么，如何判断估值的合理性呢？

该项目中，评估对象已经不再是作为企业生产经营要素的单项资产，而是作为要素组合的企业，即整个企业的价值。企业价值评估有别于单项资产评估，那么，如何通过技术手段来对企业估值？如何判断估值结果的合理性，以回应社会各方面对价值的质疑？这些问题均亟待解决。这就需要我们了解什么是企业价值及其评估技术等问题。

第一节　企业价值评估的特点及对象

一、企业价值评估的特点

（一）企业的定义

企业是指由各个要素资产围绕一个系统目标，发挥各自特定的功能，共同构成的具有生产经营能力和盈利能力的有机载体及其相关权益的集合或总称。

（二）企业价值评估的特点

1. 整体性

企业价值评估的对象是企业的全部资产或某一资产组合体，所要反映的是其生产经营能力和盈利能力，因此，企业价值的评估强调从整体上计量企业全部资产或某一资产组合体的评估价值。企业各单项资产评估价值的简单加总并不一定等于企业价值的评估值。一个具有良好经营业绩和较高企业管理水平的企业具有较强的盈利能力，因而其企业价值评估值一般会大于各单项资产评估价值之和。

2. 收益性

企业单项资产的组合、配置和运营过程也是在企业中获得预期收益的过程。因此，企业价值评估具有反映资产收益的功能。

3. 动态性

企业价值评估是将企业全部资产或某一资产组合体体现为一个整体，通过对其未来收益的预测以及适用资本化率的确定，计算出企业全部资产或某一资产组合体未来盈利能力的现值。这个评估值反映的是以一定评估期间为评估假设前提的企业全部资产或某一资产组合体的动态现值。这一点与企业单项资产评估以某一时点作为评估假设前提所反映的资产静态实体价值是不一样的。

综上所述，企业价值评估的特点包括以下三点：

（1）评估对象是由多个或多种单项资产组成的资产综合体。

（2）决定企业价值高低的因素是企业的整体盈利能力。

（3）企业价值评估是一种整体性评估。

二、企业价值评估的目的和对象

（一）企业价值评估的目的

企业价值评估的目的是导致企业价值评估行为产生的原因，通常称为经济行为。当前，企业价值评估的目的主要有以下几种。

（1）企业改制。企业体制改革分为多种形式。比如，非公司制企业改制为有限责任公司或股份有限公司，有限责任公司改制为股份有限公司，集体企业改制为其他类型企业等。在企业改制的过程中，只要涉及企业产权的变动、需要了解股权价值或企业整体价值，均属于企业价值评估的范畴。

（2）企业并购。企业并购通常包括合并、股权收购、资产收购等方式。其中，合并又分为吸收合并、新设合并和控股合并三种形式。在企业并购过程中，通常需要通过企业价值评估来为并购行为中涉及的对价提供参考。

（3）企业清算。企业清算通常分为三种情况，即企业破产清算，依照国家规定改组、合并、撤销法人资格时的企业清算，以及依照合同等规定终止经营的企业清算。有时，需要通过企业价值评估来测算企业非持续经营条件下的价值，为产权变动提供依据。但是，为了变价出售破产企业而对这部分单项资产进行评估的，不属于企业价值评估的范畴。

（4）财务报告。以财务报告为目的的企业价值评估主要服务于企业合并产生的商誉减值测试、权益工具公允价值计量所对应的企业价值评估，以及为企业判断未来获利能力提供帮助。

（5）税收。主要服务于股权保有、交易、赠与、继承等行为所涉及的纳税税基评估。

（6）企业管理。将企业价值的变化作为股东对管理层的考察指标，是当今企业管理的必然需求。企业价值评估服务于此，为企业管理提供直接可量化的评价标准。同时，通过企业价值评估来判断企业投融资决策也拥有巨大的市场空间。

（7）其他目的。通过企业价值评估，也可为涉及企业价值的法律诉讼、员工持股计划、企业投资决策、公开发行股票等行为提供参考和咨询。

（二）企业价值评估的对象

中国资产评估协会最新发布的《资产评估执业准则——企业价值》第二条明确指出："本准则所称企业价值评估，是指资产评估机构及其资产评估专业人员遵守法律、行政法规和资产评估准则，根据委托对评估基准日特定目的下的企业整体价值、股东全部权益价值或者股东部分权益价值等进行评定和估算，并出具资产评估报告的专业服务行为。"

这一条文对企业价值评估的对象进行了界定：企业整体价值、股东全部权益价值以及股东部分权益价值。这三类评估对象的价值都是企业在特定时期、地点和条件的约束下所具有的持续盈利能力的市场表现。

1. 企业整体价值

企业整体价值是企业总资产价值减去企业负债中的非付息债务价值后的余值，或用股东全部权益价值加上企业的全部付息债务价值表示。

$$\begin{matrix}\text{企业}\\\text{整体价值}\end{matrix}=\begin{matrix}\text{总资产}\\\text{价值}\end{matrix}-\begin{matrix}\text{非付息}\\\text{债务价值}\end{matrix}=\begin{matrix}\text{股东全部}\\\text{权益价值}\end{matrix}+\begin{matrix}\text{全部付息}\\\text{债务价值}\end{matrix}$$

需要注意的是，评估企业的整体价值，并不是完全依照企业资产负债表的内容评估，而是应当包含表外的资产及负债。由于有些企业存在大量的表外资产，比如高新技术企业的未入账技术，采用资产基础法测算的企业价值并不全面。因而，在表外资产难以测算时，应当考虑资产基础法的适用性。

2. 股东全部权益价值

股东全部权益价值又称为所有者权益价值或净资产价值，是归属于股东部分的价值。通常情况下，我们可以用企业整体价值减去全部付息债务价值得到。

$$\text{股东全部权益价值}=\text{企业整体价值}-\text{全部付息债务价值}$$

3. 股东部分权益价值

股东部分权益价值其实就是企业一部分股权的价值，或股东全部权益价值的一部分。

由于存在控股权溢价和少数股权折价因素，股东全部权益价值并不必然等于股东部分权益价值与股权比例的乘积。

在资产评估实务中，股东部分权益价值通常是在取得股东全部权益价值后再来评估。评估师及其他评估专业人员应当在评估报告中披露是否考虑了控股权和少数股权等因素产生的溢价或折价。

相关链接

企业价值评估理论的发展历程

企业价值评估的思想源于20世纪初欧文·费雪（Irving Fisher）的资本价值论。1906年，费雪在《资本和收入的性质》中完整论述了资本和收入的关系以及价值的源泉问题，为现代企业价值评估理论奠定了基石。1907年，费雪在《利息理论》中分析了利率的本质和决定因素，并且进一步研究了资本收入与资本价值的关系，初步形成了完整、系统的资本价值评估框架。

1938年，约翰·伯尔·威廉姆斯（John Burr Williams）在其博士论文《投资价值理论》中首次提出折现现金流量的概念，开创了内在价值论的先河，从此折现现金流量法（DCF）得到广泛应用。威廉姆斯的重要贡献表现在：一是建立了股利折现模型（dividend discount model，DDM），这是许多衍生的现值评估模型的基础；二是把股利看作现金流量。

1952年，哈里·马克维茨（Harry Markowitz）建立了现代资产组合管理理论，威廉·夏普（William Sharpe）、约翰·林特纳（John Lintner）与简·莫辛（Jan Mossin）将其发展为资本资产定价模型。该模型包含风险分类和风险测度的重要思想，是公司价值评估理论的一个突破性发展。

1958年，弗兰科·莫迪利安尼（Franco Modigliani）和默顿·米勒（Merton Miller）发表了《资本成本、公司理财和投资理论》，对投资决策、融资决策与企业价值之间的相关性进行了深入研究，第一次系统地将不确定性引入企业价值评估理论体系之中，精辟论述了企业价值与企业资本结构之间的关系，创立了现代企业价值评估理论。

资料来源：王舒健，李钊．企业价值评估理论演变与新发展．工业技术经济，2008（1）．

三、企业价值评估的价值类型和评估假设

（一）企业价值评估常用的价值类型

在企业价值评估中，常用的价值类型有市场价值、投资价值和清算价值。

市场价值是自愿买方和自愿卖方在各自理性行事且未受任何强迫的情况下，评估对象在评估基准日进行正常交易的价值估计数额。一般情况下，在以确定拍卖底价、公开市场交易为目的的评估中，采用市场价值作为价值类型。

投资价值是评估对象对于具有明确投资目的的特定投资者或者某一类投资者所具有的价值估计数额。比如，在以企业并购为目的的评估中，若包含双方自身资源所带来的协同效应，则此评估的价值类型为投资价值；若在评估时考虑的是企业以社会平均的运营能力和水平状况下的收入，而未包含双方特有的资源或运营水平，则此时的价值类型为市场价值。

清算价值是评估对象处于被迫出售、快速变现等条件下的价值估计数额。一般情况下，当评估目的为清算时，采用清算价值。但并不一定如此。若清算时并不要求快速变现，而是出售时间足够长，则可能采用市场价值类型。

（二）企业价值评估假设

企业价值评估需要首先模拟市场，并在此基础上判断企业价值。这就需要一系列的假设条件对模拟的市场进行限定，而评估值只有在这样的假设条件下才可以实现。若假设条件发生变化，则评估值一般会改变。

评估假设分为基本假设和具体假设。其中，基本假设包含持续经营假设和清算假设；具体假设一般是对企业外部环境的假设和企业内部运营环境的假设。

（1）持续经营假设是假设被评估企业在评估基准日后仍然按照原来的经营目的、经营方式持续经营下去。是否使用持续经营假设，要判断经济行为是否要求企业持续经营，企业提供的产品或服务是否能够持续满足市场需求，企业的生产要素是否能够满足企业持续经营的条件等。在评估实务中，持续经营假设是最常用的假设。

以评估目的和企业实际生产经营状况为基础，又可以把持续经营假设分成若干种。比如，在企业计划扩大生产规模且其资源能够完全满足扩大经营的条件和效益时，则可以采用增量持续经营假设；以企业并购为目的的评估考虑协同效应时，其假设可以为并购整合持续经营假设；若企业的内外环境均维持基本稳定，则宜采用存量持续经营假设。

（2）清算假设是对资产在非公开市场条件下被迫出售或者快速变现条件下的假设，适用范围比较有限。由于在清算假设下，企业不再持续经营，因而其资产将在短期内被处置，其价值也是在短期内所体现的价值。一般情况下，清算假设下的资产价值会低于正常条件下的价值。

（3）具体假设是评估师根据被评估企业的具体情况做出的一系列合理的假设。在设定假设时，应当特别注意假设的科学合理性。具体假设并不是随意设定的，而是应当在充分考虑企业所处的宏观环境和自身环境的基础上合理设定。不得在已知委托人或其他信息来源方提供的资料不真实的情况下，设定诸如“委托方提供的资料真实”等假设，更不能用评估假设来代替必要的评估程序。

另外，不得对所收集的评估资料不加以分析就设定假设。比如，在采用收益法评估时，若委托方提供了相关的盈利预测，则资产评估专业人员不宜直接采用“假设委托方提供的盈利预测可以实现”这样的假设。资产评估专业人员做出的未来收益预测是收益法评估结果的基础，也是资产评估的工作结果，资产评估专业人员需要对未来收益预测承担相应的专业责任。资产评估专业人员应当分析盈利预测的具体内容，并结合行业和企业真实情况合理做出判断。

第二节　企业价值评估的范围界定

一、企业价值评估的一般范围

从产权的角度界定，企业价值评估的一般范围是企业产权涉及的全部资产。企业价值评估的范围包括：

(1) 企业产权主体自身拥有并已投入经营的部分。

(2) 企业产权主体自身拥有但未投入经营的部分。

(3) 企业实际拥有但尚未办理产权的资产。

(4) 虽不为企业产权主体自身所占用及经营，但可以由企业产权主体控制的部分，如全资子公司、控股子公司，以及非控股公司中的投资部分；企业拥有的非法人资格的派出机构、分部及第三产业。

在具体界定企业价值评估的一般范围时，应根据以下有关数据资料进行：

(1) 企业价值评估申请报告及上级主管部门批复文件所规定的评估范围。

(2) 企业有关产权转让或产权变动的协议、合同、章程中规定的企业资产变动的范围。

(3) 企业有关资产产权证明、账簿、投资协议、财务报表。

(4) 其他相关资料等。

二、企业价值评估中资产的分类

(一) 有效资产和无效资产

企业价值评估中，按照具体资产在企业中发挥的功效，资产划分为有效资产和无效资产。

(1) 有效资产。有效资产指企业中正在运营或虽未运营但具有潜在运营能力，并能对企业盈利能力做出贡献的资产。

（2）无效资产。无效资产指企业中不能参与生产经营，不能对企业盈利能力做出贡献的非经营性资产、闲置资产，以及虽然是经营性资产，但在被评估企业中已失去运营能力和盈利能力的资产的总称。

划分有效资产和无效资产的意义如下：

第一，有效资产是企业价值评估的基础，无效资产虽然也可能有交换价值，但其与有效资产价值的决定因素、形成路径是有差别的。

第二，能够正确界定与区分有效资产和无效资产，将企业的有效资产作为运用各种评估途径与方法评估企业价值的基本范围或具体操作范围，对无效资产单独进行评估或进行其他技术处理。

（二）经营性资产、非经营性资产、溢余资产

在实务中采用收益法对企业价值进行评估时，通常会采用另一种分类方法，即区分经营性资产、非经营性资产以及溢余资产。

（1）经营性资产是指与被评估企业生产经营相关的资产，这部分资产影响企业股权自由现金流量，也是对企业未来收益进行预测时所考虑的资产及负债。

（2）非经营性资产是指与被评估企业生产经营无关的资产，也是在对未来收益进行预测时未考虑的部分。比如投资性房地产在一般情况下可以界定为非经营性资产。但如果在进行收益预测时已经考虑了该房地产所带来的收益，则不需要单独测算该资产的价值。

（3）溢余资产是指超过企业正常经营所需的资产，比如多余的现金及现金等价物、有价证券等。显然，这里所指的溢余资产本质上可以归属于经营性资产，只不过是经营性资产中超过正常经营所需的部分。图6－1概括了这三者之间的关系。

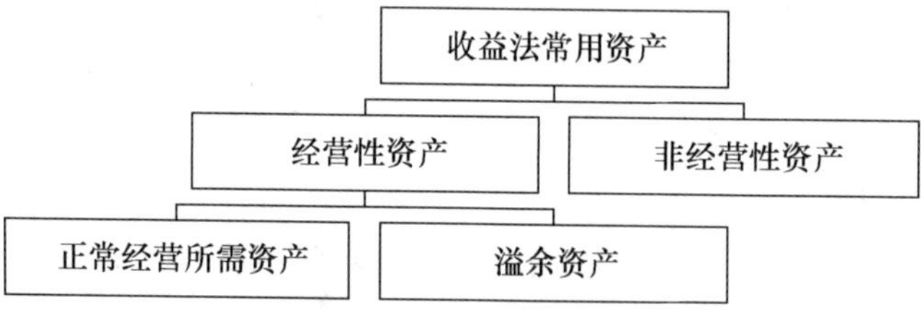

图6－1 经营性资产、非经营性资产、溢余资产的关系

三、企业价值评估范围界定的注意事项

（1）对于在评估时点产权不清的资产，应划为“待定产权资产”项目，可以列入企业价值评估的一般范围，但在具体操作时，应做特殊处理和说明，并在评估报告中披露。

（2）在产权清晰的基础上，对企业的有效资产和溢余资产进行区分。在进行区分时应注意把握以下几点：

1）对企业有效资产的判断，应以该资产对企业盈利能力形成的贡献为基础，不能背离这一原则。

2）在有效资产的贡献下形成的企业盈利能力，应是企业的正常盈利能力。由于偶然因素而形成的短期盈利及相关资产，不能作为判断企业盈利能力和划分有效资产的依据。

3）评估人员应对企业价值进行客观揭示，如果企业的出售方拟进行企业资产重组，则应以不影响企业盈利能力为前提。

（3）在企业价值评估中，应明确溢余资产属于股东权益。对于溢余资产评估价值不计入企业价值中的，应做特殊说明，并在评估报告中予以披露；通常在运用多种评估途径和方法进行有效资产及其企业价值评估前，将企业的溢余资产单独剥离出去，再用适合溢余资产的评估方法对其进行单独评估，将评估价值加总到企业价值评估的最终结果之中，并在评估报告中予以披露。

（4）如企业出售方拟通过填平补齐的方法对影响企业盈利能力的薄弱环节进行改进，评估人员应着重判断该改进对揭示企业盈利能力的影响。就目前我国的具体情况而言，应该主要改进由工艺瓶颈和资金瓶颈等因素导致的企业盈利能力的薄弱环节。

第三节 企业价值评估中的评估思路与资料收集

一、企业价值评估中的基本思路

根据前面对企业价值评估的理解与分析，企业价值评估可从以下基本思路和方法出发。

（一）收益还原思路及收益法

收益还原思路就是将利求本的过程，即把企业在未来持续经营中可能产生的净收益还原成当前的资本额或投资额。收益法是具体实现或完成收益还原思路的评估方法。

从企业价值的定义以及资产评估的角度出发，收益法显然是评估企业整体价值的一条重要途径。企业价值是以企业的整体盈利能力为基础的，而收益法就是以企业的整体盈利能力为基础进行评估的。从这个意义上讲，收益法直接反映了企业价值的来源，因而是企业价值评估中常见的方法。

由于收益法涉及企业未来的收益以及折现率等参数，因此运用时需具备以下前提条件：

（1）被评估企业的未来净收益能够预测，并能基本保证预测收益数额的合理性和可用性。

（2）与企业获得未来收益相联系的风险能够估量，并能提供令人信服的根据。

（二）市场比较思路及市场法

市场比较思路是一种利用与被评估企业相同或相似的已交易企业的价值或上市公司的价值作为参照物，通过被评估企业与参照物之间的对比分析和必要调整，来估测被评估企业价值的评估思路。前者称为并购案例比较法，后者称为上市公司比较法。在评估实务中，通常采用更为具体的方法，即市净率法、市销率法，以及市盈率法。

理论上，上市公司的股票市场价格基本上反映了市场对该上市公司的评价。因此，用与被评估企业大致相同的上市公司作为参照物，并以上市公司的股票市场价格作为评估被评估企业价值的出发点是可行的。市盈率、市净率、市销率是反映上市公司价值的重要指标，因此可以通过上市公司的指标，经过调整，推导出被评估企业的价值。在美国，市场法通常是进行企业价值评估最常用的方法之一，原因是市场交易较为活跃且数据可信。

显然，市场法的实施需要在存在一个活跃、成熟的交易市场的前提下进行。如果交易市场发育程度较低，尤其是当市场存在大量的投机现象或市场低迷时，该法的应用将会受到极大限制，甚至无法使用。

（三）企业重建思路及资产基础法

企业重建思路是把在评估时点重新购建一个与被评估企业相同的企业所需的投资额作为判断企业价值的根据的评估思路。资产基础法（或称加和法、成本法等）是具体实现或完成企业重建评估思路的评估方法。

如前所述，企业的单项资产评估价值之和未必与企业整体评估价值相吻合，但是企业的单项资产评估价值之和与企业整体评估价值之间存在内在联系，是企业整体评估价值的一个重要组成部分。企业重建思路正是利用企业单项资产价值与企业整体价值这种内在联系设计的，以便能够从企业的构成要素（单项资产）重置的角度，汇总估算出企业的整体价值。

二、企业价值评估中的信息资料收集

（一）企业内部信息

企业内部信息主要包括企业的法律文件、经营信息、财务信息、管理信息和其他信息。

（1）企业的法律文件，例如公司章程，公司各项规章制度，企业重要经营协议与合同，包括供货、销货、特许经营、技术转让、房屋设备租赁、银行贷款、保险、劳动协议与合同等。

（2）企业的经营信息，例如企业的类型、规模、主要产品或服务、行业竞争地位、年度生产经营计划及执行情况分析、发展规划及其相应配套规划等。

（3）企业的财务信息，例如企业的财务报表，包括近几年的资产负债表、利润表、现金流量表，企业资产清单，以及上述资料的比较表等。

（4）企业的管理信息，例如企业组织结构、主要领导者简介、人员管理模式等。

（5）企业其他信息，例如企业已完成的资产评估报告、尚未判决的法律诉讼、税务信息等。

（二）企业外部信息

企业外部信息主要是指与企业经营发展密切相关的宏观经济信息以及产业经济信息。

（1）宏观经济信息，例如当前国家经济发展趋势、经济增长速度、宏观经济政策等。

（2）产业经济信息，例如产业发展趋势、产业布局、产业在国民经济发展中的地位和作用、产业发展速度、产业技术指标和财务指标等。

（三）市场信息

企业价值评估需要的市场信息从大的方面讲主要是资本市场上的相关信息，如与被评估企业相同或相似上市公司的股票市场价格、投资收益率、各种价值比率；与被评估企业相同或相似企业的并购交易价格、投资收益率、各种价值比率等。

企业价值评估信息收集的内容归纳如表 6－1 所示。

表 6－1　企业价值评估信息收集的内容

内部信息	法律文件	公司章程、规章制度、各类经营协议与合同等
	经营信息	企业类型、规模、年度生产经营计划、行业竞争地位等
	财务信息	资产负债表、利润表和现金流量表等
	管理信息	组织结构、人员管理模式等
	其他信息	已完成的资产评估报告、未决诉讼、税务信息等
外部信息	宏观经济信息	国家宏观经济信息和政策等
	产业经济信息	产业发展趋势、布局和技术指标等
市场信息	资本市场信息	上市公司股票市场价格、投资收益率等

第四节　收益法在企业价值评估中的应用

收益法的基本思路是将未来的收益折现来测算出企业价值。在实务中，常用的评估模型主要有股利折现模型、股权自由现金流折现模型、企业自由现金流折现模型等。

其中，股利折现模型假设股票的价值是由未来取得的股利体现的，因此，股票的价值就是通过将未来获取的股利折现测算的。股利折现模型一般适用于标的企业的股利分配政策较为稳定的情况。在实务中，这一方法通常用来测算缺乏控制权的股东部分权益价值的评估。

股权自由现金流折现模型是建立在股东可以支配全部财务要求和投资要求后的剩余现金流的基础上。股权自由现金流是在扣除经营费用、偿还债务资本对应的本息支付和为保持预定现金流量增长所需的全部资本性支出后的现金流量。股权现金流量可以理解为潜在的股利，因此这一模型也可以理解为股利折现模型的另一种形式。当股权自由现金流量和分配的全部股利数额相等时，用这两种方法计算出的股权价值应当一致。但在实务中，企业每期所产生的股权自由现金流量和分配的股利数额往往不一致。因而，在这样的情况下，采用股权现金流量测算就有比较好的可操作性。相对于股利折现模型适用于缺乏控制权的股权价值评估，股权自由现金流折现模型更适用于具有控制权的股权价值评估。

企业自由现金流折现模型测算所用的现金流是股权自由现金流和债券自由现金流的合计，因此测算出的价值为企业整体价值，等于所有者权益价值与付息债务价值之和。因此，若采用企业自由现金流折现模型测算股权价值，应当在测算结果的基础上扣除付息债务价值。在评估实务中，一般情况下采用企业自由现金流扣减付息债务的方法测算股权价值，但在某些情况下也会选择股权自由现金流折现模型直接测算股权价值。比如，在测算金融机构的股权价值时，考虑到这类机构的财务杠杆较高，且付息债务变动频繁，通常采用股权自由现金流折现模型。

一、收益法评估企业价值的核心问题

无论采用上述哪一种测算模型，均应当关注以下三个问题：

（1）正确界定企业收益。企业的收益将以多种形式出现，包括净利润、股权自由现金流量、企业自由现金流量等。

（2）合理预测企业收益。

（3）恰当选择折现率。

二、收益法的具体评估技术与思路

（一）企业持续经营假设前提下的收益法

1. 年金法

（1）基本公式。

$$P=A/r$$

式中，P 为被评估企业价值；A 为企业每年的年金收益；r 为资本化率。

(2) 公式变形。用于企业价值评估的年金法是将已处于均衡状态，且其未来具有充分的稳定性和可预测性的企业收益进行年金化处理，然后把已年金化的企业预期收益进行收益资本化，估测企业的价值。

因此，上述公式又可写成：

$$P=\sum_{i=1}^{n}[R_i\times(1+r)^{-i}]\div\sum_{i=1}^{n}[(1+r)^{-i}]\div r$$

式中，$\sum_{i=1}^{n}[R_i\times(1+r)^{-i}]$ 为企业前 n 年预期收益折现值之和；$\sum_{i=1}^{n}[(1+r)^{-i}]$ 为年金现值系数之和；r 为折现率或资本化率。

[例 6-1]

被评估企业未来 5 年的预期收益为 100 万元、120 万元、110 万元、130 万元、120 万元，假定资本化率为 10%，试用年金法估测被评估企业的价值。

解法一：

(1) 先计算未来 5 年预期收益的现值。

$$\begin{aligned}\text{现值}&=100\times0.909\,1+120\times0.826\,4+110\times0.751\,3+130\times0.683\\&\quad+120\times0.620\,9\\&=437(\text{万元})\end{aligned}$$

(2) 计算 5 年预期收益的等额年金值。

$$A\times(P/A,10\%,5)=437$$
$$A=437\div3.790\,7=115.3(\text{万元})$$

(3) 按照上述公式，计算被评估企业的价值。

$$P=A/10\%=115.3/10\%=1\,153(\text{万元})$$

解法二：

运用上述公式，计算被评估企业的价值。

$$\begin{aligned}P&=(100\times0.909\,1+120\times0.826\,4+110\times0.751\,3+130\times0.683\\&\quad+120\times0.620\,9)\div(0.909\,1+0.826\,4+0.751\,3\\&\quad+0.683+0.620\,9)\div10\%\\&=1\,153(\text{万元})\end{aligned}$$

2. 分段法

分段法将持续经营企业的收益预测分为前后两段。对于前一段通常进行详细的预测，而对后一段则采用永续增长等模型预测。

（1）假设以前段最后一年的收益作为后段各年的年金收益，分段法的公式可写成：

$$P=\sum_{i=1}^{n}[R_i\times(1+r)^{-i}]+\frac{R_n}{r}\times(1+r)^{-n}$$

（2）假设从 $n+1$ 年起（后段），企业预期年收益将按某一固定比率（g）增长，则分段法的公式可写成：

$$P=\sum_{i=1}^{n}[R_i\times(1+r)^{-i}]+\frac{R_n(1+g)}{r-g}\times(1+r)^{-n}$$

［例6－2］

被评估企业未来5年的预期收益为100万元、120万元、150万元、160万元、200万元。根据企业的实际情况推断，从第6年开始，企业的年收益将维持在200万元水平上，假定资本化率为10%，使用分段法估测被评估企业的价值。

$$\begin{aligned}P=&(100\times0.9091+120\times0.8264+150\times0.7513+160\times0.683\\&+200\times0.6209)+200\div10\%\times0.6209\\=&1778(\text{万元})\end{aligned}$$

承上述资料，假如评估人员根据实际情况推断出，企业从第6年起，收益将在第5年的水平上以每年2%的增长率增长，其他条件不变，估测被评估企业的价值如下：

$$\begin{aligned}P=&(100\times0.9091+120\times0.8264+150\times0.7513+160\times0.683\\&+200\times0.6209)+200\times(1+2\%)\div(10\%-2\%)\times0.6209\\=&2119(\text{万元})\end{aligned}$$

（二）企业有限持续经营假设前提下的收益法

一般企业价值评估都应该在持续经营前提下进行，特殊情况下按照有限持续经营假设进行。企业有限持续经营假设是指从最有利于回收企业投资的角度争取在不追加资本性投资的前提下，充分利用企业现有的资源，最大限度地获取投资收益，直至企业无法持续经营。评估思路与分段法类似。

三、收益法核心问题之一：企业收益界定

（一）企业收益界定需要注意的问题

（1）企业创造的不归企业权益主体所有的收入不能作为企业价值评估中的企业收益。例如税收，不论是流转税还是所得税都不能视为企业收益。

（2）凡是归企业权益主体所有的企业收支净额都可视为企业收益。无论是

营业收支、资产收支，还是投资收支，只要形成净现金流入量，就可视为企业收益。

（二）企业收益的表现形式及其选择

（1）企业收益的基本表现形式：企业净利润和企业净现金流量。由于企业的净现金流量不易被人为操纵，相比利润更为客观，因而通常情况下选用净现金流量作为企业的收益基础。

（2）企业收益的其他表现形式：息前净利润、息税前净利润、息前净现金流量、息税前净现金流量等。

（三）收益口径的选择

常用的收益口径包含净利润、净现金流量（股权自由现金流量）、息前净现金流量（企业自由现金流量）。在不同收益口径基础上测算的企业价值内涵有所不同。以净利润或净现金流量为基础测算的是股东全部权益价值；在净利润或净现金流量的基础上，加上长期负债的税后利息，并将此口径的收益折现后测算得到的是投资资本价值；而将净利润或净现金流量加上扣税后的全部利息折现所得到的为企业整体价值。

这三者之间的关系如表 6-2 所示。

表 6-2　不同收益口径之间的关系

投资资本价值＝	股东全部权益价值 （净资产价值或所有者权益价值）	＋长期负债价值
企业整体价值＝	股东全部权益价值 （净资产价值或所有者权益价值）	＋全部付息债务价值

（四）收益法下企业收益口径的选择

口径的选择应当服从企业价值评估的目的。在不影响企业价值评估目的的前提下，选择最能客观反映企业正常盈利能力的收益作为对企业进行价值评估的收益基础。

虽然以上三种收益的现值代表的价值各不相同，但它们之间仍存在关系，因此，也可以在一定的条件下选择这三种收益口径中的任意一种计算出对应的价值，再利用三种价值之间的关系计算得出需要评估的价值。在评估实务中，常用以下公式来计算股东全部权益价值：

股东全部权益价值＝企业整体价值－全部付息债务价值

四、收益法核心问题之二：企业收益预测

通常，在对企业收益进行预测时要遵循一定的逻辑思维过程。首先，对企业收益的历史及现状进行分析，作为预测未来的基础；其次，对企业未来某一

预测期内的收益进行预测，比如评估基准日后3～5年的收益；最后，对企业持续经营条件下的长期收益趋势进行判断，确定永续增长率。

（一）企业收益历史与现状分析的目的

关注历史与现状的目的是掌握和了解企业正常的盈利能力，以便为企业收益的预测创造一个工作平台，通过对企业收益历史及现状的分析判断企业的正常盈利能力。首先，要根据企业的具体情况确定分析的重点；其次，要对财务数据结合企业的实际生产经营情况加以综合分析。

可以作为分析判断企业盈利能力参考依据的财务指标有：企业资金利润率、投资资本利润率、净资产利润率、成本利润率、销售收入利润率、企业资金收益率、投资资本收益率、净资产收益率、成本收益率、销售收入收益率等。

利润率指标与收益率指标的区别主要在于：前者是企业的利润总额与企业资金占用额之比，而后者是企业的净利润与企业资金占用额之比。

为了客观地判断企业的正常盈利能力，还必须结合影响企业盈利能力的内部及外部因素进行分析。首先，要对影响企业盈利能力的关键因素进行分析与判断；其次，要对企业所处的产业及市场地位有一个客观的认识；最后，对影响企业发展的可以预见的宏观因素也应该加以分析和考虑。

（二）企业收益预测的基础

（1）企业价值评估中的预期收益应该是在正常的经营条件下，排除影响企业盈利能力的偶然因素和不可比因素之后的企业正常收益。

（2）企业预期收益的预测应以企业的存量资产为出发点，可以考虑对存量资产的合理改进乃至合理重组，但必须以反映企业的正常盈利能力为基础，任何不正常的个人因素或新产权主体的超常行为因素对企业预期收益的影响均不应予以考虑。

（三）企业收益预测的步骤

首先，对评估基准日审计后的企业收益进行调整。剔除非经常性的收益和费用，并根据审计报告的说明事项分析经营行为和经营能力，从而调整收益，使得历史数据尽量反映企业的正常盈利能力。其次，对企业的收益趋势进行分析和判断。比如可以根据企业的发展现状以及行业总体发展预期，预估企业未来在市场中的地位。例如，A企业当前在市场中的销售份额为5%，随着自身的发展和行业的走势，评估师判断在未来3年内公司的市场份额将会达到8%。在把握企业未来收益趋势的基础上，就可以进行进一步的预测。最后，对企业收益进行预测。

对企业详细预测期内的收益进行预测时，目前较为常用的方法有综合调整法、产品周期法、实践趋势法。不论用哪种方法测算企业收益，都需注意以下基本问题：第一，收益预测时应保持企业预测收益与其资产及盈利能力之间的对应关系；第二，要考虑价格需求弹性的制约；第三，分析企业所处产业及细分市场的需求、竞争情况；第四，科学合理预测企业的销售收入及各项成本费用的变化；第五，企业收益预测应与企业未来实行的会计政策和税收政策保持一致。

对企业未来持续经营条件下的长期收益趋势进行预测时，可以采用以下几种方式：第一，未来收益以一定的比率稳定增长，增长率可以用 g 来表示；第二，未来收益保持一个固定值；第三，未来收益以等差级数变化。当前，我国最常用的方式是第二种，即将详细预测期之后的收益维持在详细预测期最后一年的收益水平之上，未来不再增长。

(四）企业收益预测结果的检验

(1）将预测结果与企业历史收益的平均趋势进行比较。

(2）对影响企业价值评估的敏感性因素进行检验。

(3）对所预测企业收入与成本费用的变化的一致性进行检验。

(4）企业收益的预测应该与评估结果的价值类型联系起来，保证收益预测的相对合理。

五、收益法核心问题之三：折现率选择

选择折现率时应把握以下基本原则：

(1）折现率不低于投资的机会成本。在存在正常资本市场和产权市场的条件下，任何一项投资的收益率均不应低于该投资的机会成本。国库券和银行储蓄利率可看成是其他投资的机会成本，相当于无风险报酬率。

(2）行业基准收益率不宜直接作为折现率，但是行业平均收益率可作为折现率的重要参考指标。

(3）银行票据的贴现率不宜直接作为折现率。

此外，应当着重关注收益口径与折现率的一致性问题。根据不同的评估目的，用于企业价值评估的收益可以有不同的口径，因此要选取与之对应的折现率。具体如表 6-3 所示。

表 6-3 收益口径与折现率的一致性

收益口径	折现率	测算公式
净利润、股权自由现金流量	股权投资收益率	$r_e=r_f+\beta_e\times(r_m-r_f)+\varepsilon$ 式中，r_f 为无风险报酬率；r_m 为市场期望收益率；β_e 为评估对象股权资本预期风险系数；ε 为评估对象个别风险调整系数。
企业自由现金流量、息前净利润、息前净现金流量	股权和债权的加权平均资本成本	$WACC=(1-t)\times r_d\times w_d+r_e\times w_e$ 式中，t 为所得税税率；w_d 为评估对象的债务资本比率；w_e 为评估对象的股权资本比率。

常用的股权投资收益率测算模型有资本资产定价模型、风险累加法（加合法）。此外，也有学者提出套利定价模型、多因素模型等。

[例6-3]

本次评估A公司（非上市）的整体价值使用DCF模型，折现率采用WACC，企业所得税税率为25%。

$$WACC=r_e\times\frac{E}{D+E}+r_d\times(1-t)\times\frac{D}{D+E}$$

（1）无风险报酬率的确定。无风险报酬率通常可以参考政府发行的长期国债到期收益率来确定，本次采用大于或等于5年的长期国债平均到期收益率，确定无风险报酬率为3.73%。

（2）市场期望收益率的确定。以沪深300指数每月的收盘价格测算的年几何收益率均值作为市场期望收益率，约为9.59%。

（3）评估对象权益资本预期风险系数的确定。鉴于评估对象的主营业务属于××行业，查询国内A公司所在行业的上市公司近24个月剔除财务杠杆的β系数后，以平均值确定预期无财务杠杆风险系数的估计值$\beta_u=0.973\,2$，最后得到评估对象权益资本预期风险系数的估计值$\beta_e=\beta_u[1+(1-T)D/E]=1.009\,7$。

（4）评估对象个别风险调整系数的确定。本次评估考虑到评估对象在资产规模、融资条件、资本流动性、公司治理结构和资本债务结构等方面与可比上市公司的差异，可能导致其风险高于所选上市公司平均水平，因而取公司个别风险调整系数$\varepsilon=4\%$。

（5）债务资本成本取5年期贷款利率6.55%。

（6）债权比率的确定。此次采用可比上市公司平均的债权比率作为被评估公司的目标资本结构，为$D/E=0.05$。

（7）$$\begin{aligned}r_e&=r_f+\beta_e\times(r_m-r_f)+\varepsilon\\&=3.73\%+1.009\,7\times(9.59\%-3.73\%)+4\%=13.65\%\end{aligned}$$

（8）$$\begin{aligned}WACC&=r_e\times\frac{E}{D+E}+r_d\times(1-t)\times\frac{D}{D+E}\\&=13.65\%\times0.952\,4+6.55\%\times(1-25\%)\times0.047\,6=13.23\%\end{aligned}$$

第五节　市场法与成本法在企业价值评估中的应用

一、市场法在企业价值评估中的应用

（一）基本原理

企业价值评估的市场法是通过在市场上找出一个或几个与被评估企业相同

或相似的参照企业，分析、比较被评估企业和参照企业的重要指标，在此基础上修正、调整参照企业的市场价值，最后确定被评估企业的价值。

(1) 企业价值评估的市场法基于类似资产应该具有类似交易价格的理论推断。

(2) 运用市场法评估企业价值存在两个障碍：首先是企业个体之间存在差异。由于不同企业的资产规模、市场定位、发展战略等存在差异，因此很难找到完全相同的两家企业。其次是企业交易案例存在差异，主要是指交易背景和条件。即使能够获取充足的交易案例，但每次交易所发生的时间、市场状况均有不同，也难以直接用交易案例的价格反映评估对象的价值。

(3) 市场法中常用的两种具体方法是上市公司比较法和并购案例比较法。上市公司比较法是在资本市场中选取与被评估企业处于同一行业的公司，通过对其经营和财务数据的分析，计算价值比率，然后将该价值比率运用于被评估公司，再通过其相对应的财务数据乘以价值比率，从而得到被评估企业价值的方法；并购案例比较法通常是选取与被评估企业处于同一行业的企业交易案例，包含并购、增资等经济行为，通过分析交易案例中企业的相关财务数据，测算价值比率，然后将其运用于被评估企业测算其价值的方法。

因此，这两种方法的核心问题均是确定适当的价值比率或经济指标。价值比率的测算思路可以用公式表示如下：

$$\frac{V_1}{X_1}=\frac{V_2}{X_2}$$

即

$$V_1=X_1\times\frac{V_2}{X_2}$$

式中，V_1为被评估企业价值；V_2为可比企业价值；X_1为被评估企业与企业价值相关的可比指标；X_2为可比企业与企业价值相关的可比指标。

$\frac{V}{X}$通常又称为可比价值倍数，式中 X 参数通常选用以下财务变量：息税折旧摊销前利润、企业自由现金流量、净现金流量、净利润、销售收入、净资产等。

确定价值比率有两个关键点。首先，在选择可比企业时，通常以行业标准和财务标准作为选择依据。处于同一行业的企业具有一定的可比性，但诸如不同公司所处市场环境、公司主营产品的差异等因素，都可能导致不同企业即使处于同一行业，也会存在较大的不同。另外，随着我国市场经济的发展，很多企业通过并购等行为，开始涉足与之前完全不同的行业，这可能预示着未来其经营方向的转变。因而，需要综合判断行业标准，从而选择适合的可比企业。同时，要充分考虑所选企业的财务状况。通常综合考虑企业的业务结构、规模、资产配置和使用情况、所处发展阶段、成长性、经营风险等因素。在寻找参照企业的过程中，为了降低单一样本、单一参数带来的误差，国际上通用的办法是采用多样本、多参数的综合方法。

在资产评估实务上，上述因素被综合反映至表6－4所示的可比指标中。

表6－4 可比指标

指标类型	指标名称
规模性指标	总股本
	资产总计
	股本
	所有者权益合计
	营业收入
	营业利润
	利润总额
	净利润
盈利性指标	每股收益——基本
	净资产收益率（%）
	总资产收益率（%）
	销售净利率（%）
	销售毛利率（%）
稳健性指标	资产负债率（%）
	流动比率
	速动比率
运营效率指标	存货周转率
	应收账款周转率
	资产现金回收率（%）
成长性指标	营业收入同比增长率（%）

其次，对可比指标进行选择。在进行指标选择时，需要明确该指标与企业的价值直接相关，即与企业未来的收益直接关联。在上市公司比较法中，经常使用的指标有三个，分别为市盈率、市净率和市销率。对这三者的选择可以参考行业状况。比如，对于零售行业，其价值来源更多地与销售收入的变化相关，可以采用市销率指标；对于处于成熟阶段的信息技术行业，通常采用市盈率指标。同时，应当考虑企业自身的状况。比如，对于亏损企业，则不宜采用市净率指标来计算。

以下重点讲解市盈率指标。基本原理如下：

$$市盈率=每股市价/每股收益$$

$$公司的市值=市盈率\times每股收益\times公司的股数$$

市盈率乘数法的基本步骤是：

首先，从证券交易所中收集与被评估企业相同或相似的可比公司，包括所在行业、生产产品、生产经营规模等方面的条件要大体接近，把上市公司的股票价格按公司不同口径的收益计算出不同口径的市盈率，作为评估被评估企业整体价值的乘数。

其次，分别按可比企业市盈率相对应口径计算被评估企业的各种收益。

再次，用相同口径市盈率乘以被评估企业的收益得到一组被评估企业初步整体价值。

最后，对得到的这组企业初步整体价值分别赋予权重，加权平均算出企业整体评估价值。

相关链接

企业价值影响因素的备选指标体系如表6-5所示。

表6-5　企业价值影响因素的备选指标体系

盈利能力	营运能力	偿债能力	成长能力	股本扩张能力
主营业务利润率	总资产周转率	资产负债率	主营业务收入增长率	每股股利
销售毛利率	固定资产周转率	流动比率	净利润增长率	股利支付率
销售净利率	流动资产周转率	速动比率	净资产增长率	每股资本公积
总资产利润率	存货周转率	现金比率	总资产增长率	总股本
净资产收益率	应收账款周转率	利息支付倍数	每股收益增长率	流通股本
净资产报酬率	每股净资产	长期负债比率	资本扩张率	注册资本
营业利润率	销售现金比率	风险控制能力（证券公司）		
总资产报酬率	每股经营现金流量			
股本报酬率				
资本金利润率				
每股销售收入				
每股未分配利润				
EBIT				
EBITDA				
收益指数				
行业平均利润率				

[例6-4]

为了评估W公司的价值，我们从市场上找到了三个（一般为三个以上的样本）相似的公司A，B，C，然后分别计算各公司的市场价值与销售额的比率、与账面净资产价值的比率以及与净现金流量的比率，这些比率即称为可比价值倍数（V/X），得到的结果如表6-6所示。

表6-6　相似公司可比价值倍数汇总表

比率	A公司	B公司	C公司	平均
市场价值/销售额	1.2	1.0	0.8	1.0
市场价值/账面净资产价值	1.3	1.5	1.7	1.5
市场价值/净现金流量	20	18	22	20

假设W公司的销售额为1亿元，账面价值为6 000万元，净现金流量为500万元，我们使用从上表得到的三个倍数计算出W公司的指示价值，再将三个指示价值进行算术平均得出公司的评估价值，如表6-7所示。

表6-7　W公司的评估价值

项目	W公司实际数据（万元）	可比公司平均比率	W公司的指示价值（万元）
销售额	10 000	1.0	10 000
账面净资产价值	6 000	1.5	9 000
净现金流量	500	20	10 000
W公司的平均价值			9 700

二、成本法在企业价值评估中的应用

企业价值评估中的成本法也称资产基础法或加和法，是在合理评估企业各项资产价值和负债的基础上确定企业价值的评估方法。具体来讲，是将构成企业的各种要素资产的评估价值加总求取企业价值。需要关注的是，企业重建并不是对被评估企业的简单复制，而主要是对企业生产能力和盈利能力的重建。可以通过下述公式计算：

企业整体价值＝有形资产＋无形资产

股东全部权益价值＝企业整体价值－全部付息债务价值

在不同的假设前提下，运用成本法评估出的企业价值是有区别的。比如，在持续经营假设前提下，各单项资产的评估应按贡献原则进行；在非持续经营假设前提下，各单项资产应按变现原则评估。

由于成本法难以反映企业的某些资产，比如自创的商誉和知识产权价值，因而一般情况下，当企业持续经营时，不宜单独采用。尽管如此，当前我国评估实务界对成本法的使用率仍然较高。重要的原因之一是投资方出于谨慎性的考虑，不仅关注被投资企业未来的收益，也关心其实际所购置有形资产和无形资产的价值。

运用成本法评估持续经营的企业时，应同时运用其他评估方法进行评估，分析选择最终评估结果。

第六节 企业价值评估方法的综合运用与结果分析

一、企业整体价值评估方法的比较与结果分析

在企业价值评估的实际运作中，对最终评估价值的确定是十分谨慎的。各种方法均存在一定的适用条件、优势和弊端。比如，企业价值评估所使用的评估方法是收益法。收益法可以对企业整体盈利做出判断，然而所求得的资产评估价值是否准确、可靠则取决于对资产未来收益的预测、适用资本化率的确定等因素，使用收益法计算出的企业整体资产评估价值往往存在一定误差，这也是收益法受到责难的重要原因。表 6－8 是对三种方法的综合比较。

表 6－8 企业价值评估方法比较

项目	收益法	市场法	成本法
假设前提	企业价值是企业整体未来所能获得收益的现值，是未来收益的货币化，风险收益可计量	股票市场成熟有效，市场规模足够大，数据真实，有参照企业可比指标	企业价值等于所有有形资产和无形资产成本之和，成本资料齐备，有效耗费可计量
计价标准	收益现值标准	变现净值标准	重置成本标准
使用方法	收益资本化	行业相关财务比率	账面价值
	盈利能力	销售额比较	调整后账面价值
	未来收益贴现	市盈率/利润率	重置成本
评估结果	内在价值	市场价值	市场公允价值/清算价值
优点	建立在价值分析的基础上，反映企业整体未来盈利能力	数据来自市场，直接客观	根据财务报表调整得出，具有客观性
缺点	主观性强；评估的准确性完全取决于对企业未来盈利能力的预测	很难找到条件一致的可比企业；股票市场价格经常波动，影响评估结果的准确性	只强调企业单项资产的现行成本，不考虑企业整体盈利能力；忽视某些无形资产的价值；耗时耗力

因此，要使企业价值评估值科学合理、客观公正，必须采取措施，提高评估质量。可能的措施包括对收益法本身不断加以完善，如进一步提高对未来收

益预测的精度，科学地确定适用的资本化率等。此外，一个很重要的方面就是利用其他评估方法对企业价值的评估值从不同角度加以分析，进行调整，尽可能保证评估结论准确无误。因此在企业价值评估实践中，通常采用两种以上评估方法对评估值进行分析。

面对不同方法得出的不同结论，存在以下三种方式来确定企业价值的最终评估值。

（1）一种方法的参数及要素的选用明显比另一种或两种方法有把握时，直接将该方法确定的评估值作为最终评估结果。

（2）一种方法的参数及要素的选用只是比另一种或两种方法略有把握时，分别赋予各种方法适当的权重，将各种方法得出的结果进行加权平均，从而得出最终评估结果。

（3）一种方法的参数及要素的选用与另两种方法相差无几，而且评估结果接近时，采用两种或三种评估结果的算术平均值作为最终评估结果。

目前，在评估实际操作中，对不同评估方法的评估结果一般是在评估师进行分析比较后，选择其中一种评估方法的评估结论作为企业价值的最终评估结果。

二、企业中局部资产组合的价值评估

企业价值评估的客体不仅包括整个企业资产，也包括其他具有盈利能力的资产组合体。

企业中局部资产组合是指独立的生产车间、分厂或生产线等，对这些资产组合进行价值评估的步骤及方法与企业整体价值评估基本相同。不同的是，企业局部资产组合的价值评估需要考虑评估对象在企业生产经营及盈利能力等方面的地位和作用。按照资产评估的贡献原则，企业中某一局部资产组合价值的确定除了考虑这一资产组合自身的盈利能力，还要考虑这一资产组合对企业生产能力和盈利能力的影响，即被评估的资产组合占多大的比重。因此，分离出去的资产组合的价值不仅包括其自身盈利能力的价值，还包括企业因这一部分资产组合分离而遭受的损失价值的相应部分。

案例分析

一、被评估公司介绍

A公司于2006年12月2日经自治区工商局批准成立，章程设立的有效期为30年。主要经营工业和城镇供排水工程的投资、建设、经营和管理；供排水设备的检修、运行、维护及设计、安装、调试、污水处理；项目区工程建设有关的水利资源的开发利用。A公司在评估基准日前3年财务状况良好，收入稳步上升。截至评估基准日，其股东全部权益价值为2.76亿元。

二、评估目的

本次评估的目的是对C公司持有A公司的股东全部权益进行评估，提供其在评估基准日的市场价值，作为C公司拟转让所持有A公司股权价值的参考依据。

三、评估对象和评估范围

本项目的评估对象为A公司的股东全部权益，评估范围为A公司的全部资产及相关负债。

四、价值类型

根据经济行为和评估目的等相关条件，此次评估的价值类型为市场价值，即自愿买方和自愿卖方在各自理性行事且未受任何强迫的情况下，评估对象在评估基准日进行正常公平交易的价值估计数额。

五、评估基准日

经过与委托方沟通，确定本次评估基准日为2017年5月31日。

六、评估方法及测算过程

根据评估方法的适用性，采用收益法、市场法、成本法分别进行评估。

1. 收益法评估

(1) 宏观经济分析（略）。

(2) 行业分析及发展趋势分析（略）。

(3) 企业业务情况分析。企业主要业务为供水，一期供水工程2009年开始运转，设计日供水能力为40万立方米，现阶段基本可以达到设计能力。二期供水工程即将开展，设计日供水能力为40万立方米，共分为两个单元。截至评估基准日，第一供水单元已经基本建设完毕，开始进行试供水。

A公司竞争优势明显，拥有当地垄断地位。

(4) 企业资产、财务分析。

1) 企业财务分析（见表6-9和表6-10）。

表6-9　企业评估基准日及近3年财务状况　单位：万元

项目	2017年5月31日	2016年12月31日	2015年12月31日	2014年12月31日
流动资产	18 026.34	20 845.69	13 056.20	4 391.54
非流动资产：	119 160.69	116 373.99	92 806.04	81 934.20
其中：持有至到期投资	—	—	—	—
长期股权投资	1 176.00	1 176.00	1 176.00	1 176.00
固定资产	76 727.38	78 501.46	77 556.24	64 334.22
在建工程	39 248.89	34 681.74	12 085.08	16 402.87
无形资产	0.76	0.81	0.42	0.48

续表

项目	2017年5月31日	2016年12月31日	2015年12月31日	2014年12月31日
递延所得税资产	3.16	3.73	1.84	1.76
资产总计	137 187.03	137 219.68	105 862.24	86 325.74
其他非流动资产	2 004.50	2 010.25	1 986.46	18.87
资产总计	137 187.03	137 219.68	105 862.24	86 325.74
流动负债	21 534.79	26 001.98	31 286.03	15 607.83
非流动负债	88 086.75	86 940.06	54 599.00	58 592.67
负债合计	109 621.53	112 942.04	85 885.03	74 200.50
股东权益合计	27 565.49	24 277.64	19 977.21	12 125.24

说明：因四舍五入，部分项目加总值与表中给出值有出入。全书同。

表6-10 2014年度、2015年度、2016年度利润表及评估基准日利润表

单位：万元

项目	2017年5月31日	2016年12月31日	2015年12月31日	2014年12月31日
营业收入	9 512.21	28 254.41	23 242.21	20 194.22
减：营业成本	5 637.81	12 938.27	11 749.02	10 243.81
税金及附加	45.29	149.48	150.72	129.55
销售费用	16.43	47.89	43.96	—
管理费用	274.69	1 189.87	1 075.67	1 241.51
财务费用	1 365.51	3 735.60	4 489.14	4 276.25
资产减值损失	−2.27	7.54	0.33	1.84
加：公允价值变动收益	—	—	—	—
投资收益	—	—	—	—
营业利润	2 174.77	10 185.76	5 733.37	4 301.26
加：营业外收入	403.50	204.09	2 065.65	20.82
减：营业外支出	2.74	4 006.66	64.41	7.95
利润总额	2 575.53	6 383.19	7 734.61	4 314.13
减：所得税费用	337.46	2 583.56	−0.08	−0.46
净利润	2 238.07	3 799.63	7 734.69	4 314.59

2）资产结构分析（略）。

3）偿债能力分析（略）。

4）资产营运能力分析（略）。

5）盈利能力分析（略）。

（5）评估分析及测算。本次评估采用DCF模型评估股东全部权益价值。

1）收益预测。通过对历史数据及未来规划的考察，评估师对A公司收益预测如下（见表6-11）。

表6-11　A公司收益预测

年度	2017年6—12月	2018年度	2019年度	2020年度	2021年度	2022年度	永续
总供水量（万立方米）	5 595.80	12 921.00	15 914.00	16 206.00	16 206.00	16 206.00	16 206.00
工业（万立方米）	—	12 205.60	15 178.16	15 449.72	15 449.72	15 449.72	15 449.72
绿化（万立方米）	—	715.40	735.84	756.28	756.28	756.28	756.28
平均单价（元）							
工业		2.64	2.64	2.64	2.64	2.64	2.64
绿化		1.30	1.30	1.30	1.30	1.30	1.30
供水收入							
工业（万元）	14 131.32	32 241.21	40 093.25	40 810.58	40 810.58	40 810.58	40 810.58
绿化（万元）	795.58	930.02	956.59	983.16	983.16	983.16	983.16
其他业务利润（万元）	14.03	24.05	24.05	24.05	24.05	24.05	24.05
合计（万元）	14 940.92	33 195.28	41 073.90	41 817.80	41 817.80	41 817.80	41 817.80

2）营业成本预测。营业成本主要分为材料费、工资薪金、电费、折旧、摊销、长期待摊费用摊销、安全生产费、维护费、其他费用。具体预测如表6-12所示。

表6-12　公司成本预测　　单位：万元

项目	2017年6—12月	2018年度	2019年度	2020年度	2021年度	2022年度
材料费	198.70	340.63	458.81	565.08	575.45	575.45
工资薪金	629.21	1 078.65	1 442.70	1 817.80	1 908.69	2 004.12
电费	3 045.37	5 220.64	7 031.93	8 660.79	8 819.71	8 819.71
折旧	2 932.74	5 230.76	6 970.89	6 970.89	6 970.89	6 970.89
摊销	0.06	0.11	0.11	0.11	0.11	0.11
长期待摊费用摊销	8.05	13.81	13.81	13.81	13.81	13.81
安全生产费		234.75	217.31	260.98	300.37	304.09
维护费	282.92	396.09	859.86	1 095.43	1 126.44	1 147.11
其他费用	321.45	551.05	693.30	837.39	842.87	842.87
合计	7 418.51	13 066.48	17 688.70	20 222.28	20 558.33	20 678.15

3）税金及附加预测（略）。

4）期间费用预测（略）。

5）所得税预测（略）。

6）折旧及摊销预测（略）。

7）资本性支出预测（略）。

8）营运资金预测（略）。

9）折现率的确定。本次评估收益口径为企业自由现金流量，则折现率选取 WACC。通过对可比上市公司的测算，以及自身的风险估算，最终得到折现率为：

$$r = r_d \times w_d + r_e \times w_e$$
$$= 4.91\% \times 20.16\% + 12.40\% \times 79.84\%$$
$$= 10.89\%$$

10）预测年限确定。本次收益法评估是在企业持续经营的前提下做出的，因此，确定收益期为无限期，根据公司经营历史及行业发展趋势等资料，采用两阶段模型，即评估基准日后5年根据企业实际情况和政策、市场等因素对企业收入、成本费用、所得税等进行合理预测，第6年及以后的各年与第5年持平。

11）经营性资产价值。根据预测的净现金流量和折现率，即可得到A公司的经营性资产价值为139 055.52万元，具体情况如表6-13所示。

表6-13　经营性资产价值测算金额　　单位：万元

项目	2017年度6—12月	2018年度	2019年度	2020年度	2021年度	2022年度	永续
营业收入	14 940.92	33 195.28	41 073.90	41 817.80	41 817.80	41 817.80	41 817.80
减：营业成本	7 418.51	13 066.48	17 688.70	20 222.28	20 558.33	20 678.15	20 678.15
税金及附加	77.03	165.98	205.37	209.09	209.09	209.09	209.09
销售费用	27.00	65.79	66.44	67.11	67.11	67.11	67.11
管理费用	587.42	1 115.04	1 147.65	1 181.73	1 213.17	1 213.17	1 213.17
财务费用	3 348.50	5 740.28	5 740.28	5 740.28	5 740.28	5 740.28	5 740.28
资产减值损失							—
加：公允价值变动收益							
投资收益							—
营业利润	3 482.47	13 041.71	16 225.46	14 397.31	14 029.82	13 910.00	13 910.00
加：营业外收入							—
减：营业外支出							—
利润总额	3 482.47	13 041.71	16 225.46	14 397.31	14 029.82	13 910.00	13 910.00
所得税税率	25.00%	25.00%	25.00%	25.00%	25.00%	25.00%	25.00%

续表

项目	2017年度6—12月	2018年度	2019年度	2020年度	2021年度	2022年度	永续
减：所得税费用	870.62	3 260.43	4 056.37	3 599.33	3 507.46	3 477.50	3 477.50
净利润	2 611.85	9 781.28	12 169.10	10 797.98	10 522.37	10 432.50	10 432.50
加：折旧	2 932.74	5 230.76	6 970.89	6 970.89	6 970.89	6 970.89	6 970.89
加：摊销	8.12	13.91	13.91	13.91	13.91	13.91	13.91
减：追加资本性支出	10 590.91	18 155.85	4 185.61	4 185.61	4 185.61	4 185.61	4 185.61
减：营运资金净增加	−2 684.51	1 513.31	1 305.51	132.52	10.81	—	—
加：扣税后利息	2 511.37	4 305.21	4 305.21	4 305.21	4 305.21	4 305.21	4 305.21
净现金流量	157.68	−338.00	17 967.99	17 769.86	17 615.96	17 536.90	17 536.90
折现期	0.25	1.25	2.25	3.25	4.25	5.25	—
折现率	10.89%	10.89%	10.89%	10.89%	10.89%	10.89%	10.89%
折现系数	0.974 5	0.878 8	0.792 5	0.714 7	0.644 5	0.581 2	5.336 9
净现值	153.66	−297.03	14 239.63	12 700.12	11 353.48	10 192.45	93 592.68
经营性资产价值	141 934.99						

12）非经营性资产和溢余资产价值。评估值为−2 350.57万元。

13）长期股权投资价值。对于长期股权投资价值，由于是非控股子公司，难以获取相关资料，因此以其净资产乘以母公司对其持股比例作为母公司股权投资价值的评估值。

A公司的非控股子公司D评估基准日的净资产为64 060 017.47元，根据出资协议，A公司对其持股比例为12%，则长期股权投资价值为：

$$64\,060\,017.47\times 12\%=7\,687\,200.00\text{(元)(取整)}$$

14）付息债务价值估算。在评估基准日，经会计师审计的资产负债表披露，账面付息债务金额合计90 800.00万元，为长、短期借款及一年内到期的非流动负债。根据被评估单位评估基准日的付息债务余额以及借款利率和本金偿还的约定，得到评估基准日的付息债务价值为90 800.00万元。

(6) 收益法评估结果。将所得到的经营性资产价值141 934.99万元，评估基准日存在的其他溢余资产和非经营性资产的价值−2 350.57万元，长期股权投资价值768.72万元，代入公式

$$B=P+\sum C_i$$

得到被评估单位的企业价值为140 353.14万元。将企业价值140 353.14万元、

付息债务90 800.00万元代入公式

$$E=B-D$$

得到被评估单位的股东全部权益价值为49 553.14万元。

采用收益法评估A公司股东全部权益价值增值约2.20亿元，增值率为79.54%。

2. 市场法评估

（1）可比公司的选取。通过比较产业、行业、资产规模及收入、盈利能力、现金流量的相对价值和绝对价值等方面，评估师选取了3家上市公司作为可比公司。

（2）可比参数和指标的确定。为选择合适的可比参数，评估师首先查看了3家公司最近12个月的市盈率、市净率。3家公司的情况如表6-14所示。

表6-14　可比公司情况

证券代码	证券简称	总股本（交易日期为2017年5月31日，单位：万股）	总市值（交易日期为2017年5月31日，单位：万元）	市盈率（PE，TTM，交易日期为最新）	市净率（PB，最新，交易日期为最新）
000685.SZ	中山公用	77 868.32	776 347.17	12.99	1.29
601199.SH	江南水务	23 380.00	360 987.20	25.65	2.05
600 283.SH	钱江水利	28 533.00	221 701.41	133.32	2.57

通过行业分析，水务行业作为地域性的垄断行业，无论其某一期收益如何，最终的收益均应当是稳定的，据此判断其股权价值可行。另外，对于垄断行业来说，资产的质量也是其核心价值的衡量指标。这里包含两层意思：一是资产的绝对量；二是与公司垄断性业务相关的资产量。据此，本次评估采用资产类指标作为可比参数，其中首选参数为市净率。

（3）价值比率的计算及调整。3家公司的市净率有较大差异。分析原因可知，是业务结构中供水业务资产质量的区别所致，评估人员通过计算供水业务的毛利占各公司总毛利的比例来对市净率进行修正（见表6-15）。

表6-15　可比公司毛利率水平

	江南水务	钱江水利	中山公用
总毛利（万元）	32 226.55	28 740.89	29 151.94
供水业务毛利（万元）	24 580.08	23 682.75	15 177.55
其他业务毛利（万元）	7 646.47	5 058.14	13 974.39
供水业务毛利占比（%）	76.27	82.40	52.06

评估人员试图建立供水业务毛利占比与市净率的模型，结果得到了两个模型，如下所示：

1）模型一。

$$市净率=-20.300\times供水业务比+18.333\times供水业务比^2+6.889$$

2）模型二。

$$市净率=-7.687\times供水业务比+8.730\times供水业务比^3+4.060$$

评估师对两个方程进行拟合优度判断、F 检验、t 检验以及逻辑判断，最终确定用模型二对市净率进行修正。

经分析，被评估公司净资产中与供水业务无关的内容如表 6-16 所示。

表 6-16　被评估公司与主营业务无关的业务收益　单位：元

污水处理厂	
暂估转入固定资产——污水处理厂	42 233 738.43
递延收益——污水处理厂补贴	23 152 500.00
净资产	19 081 238.43
往来	
其他应收款——代付贷款及利息	91 718 284.55
其他应付款——借款	39 000 000.00
净资产	52 718 284.55
与供水业务无关净资产合计	71 799 522.98

被评估公司净资产为 275 654 937.57 元，则供水业务净资产占比为 73.95%，代入模型二可得：

$$\begin{aligned}市净率&=-7.687\times供水业务比+8.730\times供水业务比^3+4.060\\&=1.906\,1\end{aligned}$$

（4）股权价值估算。

$$\begin{aligned}被评估企业股权价值&=被评估企业比率乘数\times被评估企业相应财务参数\\&=1.906\,1\times275\,654\,937.57\\&=525\,425\,876.50(元)\end{aligned}$$

本次评估采用市场法均根据公开市场的信息估算 A 公司的股权价值，因此，评估人员采用上述方法计算的前提是，假定 A 公司是上市公司。由于本次评估的是企业非上市前提条件下的价值，因此需要对上述评估结论进行不可流通性的折扣调整。通过行业 2017 年统计信息，得到电力、煤气及水的生产和供应业的缺少流动性折扣率为 22.4%。因此

$$\begin{aligned}A公司折扣后的股权价值&=525\,425\,876.50\times(1-22.4\%)\\&\approx40\,773.16(万元)\end{aligned}$$

采用市场法评估 A 公司股东全部权益价值较其评估基准日账面价值增值

1.32亿元，增值率为47.73%。

3. 成本法评估

纳入本次评估范围的资产为A公司申报的于评估基准日经审计的资产负债表中列示的资产和负债，评估目的是确定A公司在持续经营前提下于评估基准日2017年5月31日所表现的股东全部权益的市场价值，评估采用资产基础法，各类资产的评估方法略。

通过对各申报资产及负债的评估，确认最终的评估结果如表6-17所示。

表6-17 成本法评估表

序号	科目名称	账面价值（元）	评估价值（元）	增减值（元）	增值率（%）
1	一、流动资产合计	180 263 368.42	180 240 992.42	−22 376.00	−0.01
2	货币资金	55 067 584.85	55 067 584.85	—	—
3	交易性金融资产	—	—	—	
4	应收票据	6 500 000.00	6 500 000.00	—	—
5	应收账款	9 231 844.26	9 231 844.26	—	—
6	预付款项	11 836 296.61	11 836 296.61	—	—
7	应收利息	—	—	—	
8	应收股利	—	—	—	
9	其他应收款	95 863 266.70	95 863 266.70	—	—
10	存货	1 764 376.00	1 742 000.00	−22 376.00	−1.27
11	一年内到期的非流动资产	—	—	—	
12	其他流动资产	—	—	—	
13	二、非流动资产合计	1 191 606 885.92	1 217 816 828.54	26 209 942.62	2.20
14	可供出售金融资产	—	—	—	
15	持有至到期投资	—	—	—	
16	长期应收款	—	—	—	
17	长期股权投资	11 760 000.00	13 212 000.00	1 452 000.00	12.35
18	投资性房地产	—	—	—	
19	固定资产	767 273 849.98	792 032 000.00	24 758 150.02	3.23
20	在建工程	392 488 856.74	392 488 856.74	—	—
21	工程物资	—	—	—	
22	固定资产清理	—	—	—	
23	生产性生物资产	—	—	—	
24	油气资产	—	—	—	

续表

序号	科目名称	账面价值（元）	评估价值（元）	增减值（元）	增值率（%）
25	无形资产	7 631.40	7 424.00	−207.40	−2.72
26	开发支出	—	—	—	
27	商誉	—	—	—	
28	长期待摊费用	913 526.67	913 526.67	—	—
29	递延所得税资产	31 624.14	31 624.14	—	—
30	其他非流动资产	19 131 396.99	19 131 396.99	—	—
31	三、资产总计	1 371 870 254.34	1 398 057 820.96	26 187 566.62	1.91
32	四、流动负债合计	215 347 858.29	215 347 858.29	—	—
33	短期借款	99 000 000.00	99 000 000.00	—	—
34	交易性金融负债	—	—	—	
35	应付票据	—	—	—	
36	应付账款	40 495 362.68	40 495 362.68	—	—
37	预收款项	96 778.40	96 778.40	—	—
38	应付职工薪酬	—	—	—	
39	应交税费	3 212 363.54	3 212 363.54	—	—
40	应付利息	10 045 550.00	10 045 550.00	—	—
41	应付股利	—	—	—	
42	其他应付款	41 497 803.67	41 497 803.67	—	—
43	一年内到期的非流动负债	21 000 000.00	21 000 000.00	—	—
44	其他流动负债	—	—	—	
45	五、非流动负债合计	880 867 458.48	880 867 458.48	—	—
46	长期借款	788 000 000.00	788 000 000.00	—	—
47	应付债券	—	—	—	
48	长期应付款	—	—	—	
49	专项应付款	—	—	—	
50	预计负债	—	—	—	
51	递延所得税负债	—	—	—	
52	其他非流动负债	92 867 458.48	92 867 458.48	—	—
53	六、负债总计	1 096 215 316.77	1 096 215 316.77	—	—
54	七、净资产（股东全部权益）	275 654 937.57	301 842 504.19	26 187 566.62	9.36

使用资产基础法评估A公司股东全部权益价值为3.02亿元，较账面价值

增值2 618.76万元，增值率约为9.36%。

七、评估结论及分析

A公司股东全部权益价值采用收益法和市场法评估的结果差额为8 779.98万元，产生差异的原因为：市场法主要依托可比案例，其交易价格受短期市场因素影响较大；而收益法是从企业的未来盈利能力角度考虑，对于持续经营的企业其价值主要体现为未来的预期收益，采用收益法评估能够较好地体现企业的市场价值。

采用收益法和成本法评估的结果差额为1.94亿元。产生差异的原因主要为：成本法是从资产重置的角度出发，在合理评估企业各项资产价值和负债的基础上确定评估对象价值的评估思路，反映的是资产投入（购建成本）所耗费的社会必要劳动；收益法是从各项资产对企业价值贡献的角度，通过将被评估企业预期收益资本化或折现来确定评估对象价值，反映的是资产产出能力、盈利能力的大小。由于被评估公司属于地域垄断型公共服务行业，其经营的核心是向具有相对垄断地位的区域供水并获得报酬，从而实现企业的价值。这种竞争优势和垄断地位只有通过持续经营才能转化为企业的盈利能力，而这点无法从公司已有资产本身得到体现。因此，收益法更能体现A公司的内在价值。

考虑到A公司可单独作为获利主体进行评估，同时结合本次评估的目的，股权交易双方主要考虑未来A公司可以提供给投资者的盈利，因此以收益法评估结果为最终评估结果，即A公司全部股东权益在2017年5月31日所表现的市场价值为49 553.14万元。

本章小结

企业价值评估是指资产评估师为特定目的对评估基准日企业整体价值、股东全部权益价值或股东部分权益价值进行分析、估算并发表专业意见的行为和过程。评估企业价值评估时，应对评估范围进行合理界定，明确有效资产和无效资产。企业价值评估中需要收集大量信息，包括企业内部信息、企业外部信息和市场信息。

运用收益法评估企业价值的关键是正确界定企业收益、合理预测企业收益并恰当选择折现率。企业的收益以多种形式出现，包括净利润、股权自由现金流量、企业自由现金流量等。所选择的折现率不应低于投资的机会成本。

运用市场法评估企业价值常用的两种具体方法是上市公司比较法和并购案例比较法。要选择市场中与被评估企业情况类似的可比实例和恰当的可比指标。

企业评估中的成本法也称资产基础法或加和法，是在合理评估企业各项资产价值和负债的基础上确定企业价值的评估方法。应对企业有形资产与无形资产进行全面评估，将各部分评估价值进行加总。

在利用多种方法评估企业价值的前提下，要对评估结果进行合理分析，明确各种方法的优缺点，综合判断企业整体价值。采用两种或两种以上评估方法时，对不同评估方法的评估结果，一般是经过评估师分析比较后，选择其中一种评估方法的评估结果作为企业价值的最终评估结果。

常用数据来源

1. CVSource 投中数据：http://www.cvsource.com.cn
2. Wind 资讯：http://www.wind.com.cn
3. 同花顺 iFinD-金融数据终端：http://www.51ifind.com

名词和术语

企业价值（enterprise value）
价值评估（valuation）
有形资产（tangible assets）
无形资产（intangible assets）
折现率（discount rate）
资本化率（capitalization rate）
市场价值（market value）
收益法（income approach）
市场法（market approach）
成本法（cost approach）
净利润（net profit）
净现金流量（net cash flow）
净现值（net present value）
息税前利润（earning before interest and tax）
长期负债（long-term liability）
净资产（net assets）
市盈率（price-earning ratio）

思考题

1. 什么是企业价值评估？企业价值评估有哪些特点？
2. 企业价值评估的范围应如何界定？界定时应注意哪些问题？
3. 企业价值评估的对象一般有哪些？与其对应的收益口径和折现率是什么？
4. 企业价值评估有哪些评估思路？一般应收集哪些方面的信息资料？
5. 详述收益法评估企业价值的技术思路。
6. 简述运用市场法评估企业价值的基本原理和局限性。
7. 企业价值评估中评估方法如何综合应用？评估结果应如何确定？

计算题

1. 企业所在行业的平均收益率为12%，无风险报酬率为4%，企业的个别风险调整系数为2%。被评估企业的资本结构由负债及所有者权益构成，且两者的比重为0.02。利率为6%，企业所得税税率为25%，被评估企业的β系数为0.8。请计算被评估企业的综合资本成本率。

2. 被评估企业为某一非上市餐饮企业，由于受到突发性大规模流感影响，该企业在当年的收入下降20%，为150万元。根据往年数据的分析，该公司总营业成本占收入的55%，税金及附加占3%，管理费用占5%，销售费用占10%，企业所得税税率为25%。经评估人员分析，并选取同行业上市企业作为参照企业，得到市盈率为10，市销率为1.9，每股市价与每股息税前利润的比值为7.2。假设非上市公司与上市公司相比其流动性折扣为27.5%。请运用市场法对被评估企业的所有者权益价值进行评估。

案例分析

甲公司为我国一家影视动漫制作公司。在过去2年内公司大规模投入开发一影视动漫产品，导致净利润持续为负值。在评估基准日，该动漫产品已经开发完毕，准备投入市场。乙评估公司受甲公司委托，对其所有者权益价值进行评估，评估目的为股权转让。甲公司利润情况及资产负债情况如表6-18和表6-19所示。请讨论以何种方法对该公司进行评估最为妥当，以及用该种方法评估时可能面临哪些问题。

表 6-18　利润情况

单位：元

项目	2018 年	2019 年	2020 年第一季度
营业收入	9 692 914.515	11 216 780.823	3 875 621.989
净利润	−6 027 966.790	−4 962 534.812	867 167.607

表 6-19　资产负债情况

单位：元

项目	2018 年 12 月 31 日	2019 年 12 月 31 日
流动资产	3 418 178.348	4 134 341.475
速动资产	3 192 099.610	3 831 798.748
存货	226 078.738	302 542.727
非流动资产	48 867 459.464	46 112 789.723
长期股权投资	1 156 441.529	1 643 658.907
固定资产	37 420 018.395	36 574 975.008
无形资产	10 013 565.140	7 616 721.408
其他	277 434.400	277 434.400
资产总额	52 285 637.812	50 247 131.198
流动负债总额	15 783 784.909	19 049 090.151
非流动负债总额	26 661 264.294	26 314 789.406
负债总额	42 445 049.203	45 363 879.557
所有者权益总额	9 840 588.609	4 883 251.641

第七章

债券评估

案例引导

2017 年 10 月 26 日，中国人民银行与证监会联合发布了《绿色债券评估认证行为指引（暂行）》（以下简称《指引》）。《指引》包括七章四十六条，内容非常详细，涵盖机构资质、业务承接、业务实施、报告出具、监督管理等方面，对绿色债券评估认证工作做了详细的规定。其中强调，评估认证机构应具备一定资质条件，按照“诚实守信、客观公正和勤勉尽责原则”开展业务。

《指引》主要明确了三个方面的核心要求。首先，明确了机构资质的要求。根据国际市场的同业情况来考虑国内市场第三方的资质，一方面看专业背景，另一方面看作业品质。其次，明确了业务和技术规范。关于评估内容，《指引》要求主要评估项目的合规性、筛选决策制度的流程、资金管理制度、信息披露制度以及环境效益监测，与国际上的标准、方法保持一致，现行评估认证也基本上是这么做的。最后，明确了行业监管和自律机制。《指引》在第五条中说明了自律主体和监管条线：绿色债券评估认证机构由绿色债券标准委员会统筹实施自律管理，绿色债券标准委员会是在公司信用类债券部际协调机制下设立的绿色债券自律管理协调机构。

这是首次对绿色债券评估认证行为制定统一标准。《指引》的发布进一步夯实了我国绿色债券市场的制度体系，不仅巩固了我国在全球绿色债券市场的引领地位，更为我国绿色金融体系的整体建设做出了重要的探索，也将大大提高评估报告的公信力和权威性，有利于大幅提高绿色债券评估认证对市场参与各方的有用性。

资料来源：陈婉．首次统一绿色债券评估认证标准．环境经济，2018-01-08.

第一节　债券评估概述

一、我国债券的分类及市场情况

我国债券类别繁多，不同类别债券的条款、风险和估值方式有较大差异，下面介绍几种常见的债券分类方式。

（一）以是否在证券交易所发行区分

以是否在证券交易所发行为依据，可以将债券分为上市债券和非上市债券。经国务院授权的部门或者国务院证券监督管理机构批准后，在证券交易所公开发行的债券，称为上市债券。上市债券与我国上市公司股票类似，对债券本身和债券发行单位有比较严格的资质要求，例如发行人主体评级不低于 AA 级，当期债券发行总规模不少于人民币 10 亿元，累计债券余额不超过公司净资产的 40%，最近 3 年平均可分配利润足以支付公司债券一年的利息，等等。上市债券公开发行后，任何投资者都可以在证券交易所进行公开交易，因此上市债券的流动性较高。总的来说，上市债券比较注重投资者保护，信息披露制度较完善，发行量远高于非上市债券。除了在证券交易所发行的上市债券外，在银行间市场发行的债券性质与上市债券类似，都有公允的市场价值。

不在证券交易所发行，不在证券交易所市场和银行间市场交易，而是在场外发行和交易的债券，称为非上市债券。非上市债券一般只对特定投资者发行，不在公开市场上流通，因此流动性相对较差，且较难查询到市场价格，一般采用收益法进行估值。由于缺乏有效的投资者保护措施，非上市债券的风险较同类上市债券高。

（二）以发行主体的性质区分

以债券发行主体是否为政府或与政府同等信用级别的单位为依据，可以将债券分为利率债和信用债。

债券发行主体为政府或与政府同等信用级别的单位的债券，称为利率债。我国现有的利率债包括中央政府发行的国债、地方政府发行的地方政府债和三大政策性银行（国家开发银行、中国农业发展银行、中国进出口银行）发行的政策性银行金融债。利率债有政府或高级别政府机构的信用做背书，因此债券违约基本可以视为不可能事件，债券风险和利率一般比较低。值得一提的是，1995 年出台的《中华人民共和国预算法》（以下简称《预算法》）规定，“除去法律和国务院另有规定外，地方政府不得发行地方政府债券”。因此，地方政府债在我国债券市场中缺席了较长一段时间，直到 2014 年《预算法》的修订重新赋予地方政府发行地方政府债的权利。另外，国债是利率债乃至所有债券中风险最低的，因此国债的利率常被视为无风险利率，作为其他类型债券的估值工具之一。实务中也常用国家开发银行发行的国开债作为无风险利率的代表。

债券发行主体并非政府或同等信用级别单位的债券，称为信用债。我国现有的信用债主要包括以下几种。一是公司债，由公司制企业发行，在证券交易所交易，受证监会监管，发行主体一般是国有企业和非上市公司。二是企业债。在国外企业债与公司债是相同的概念，但在我国有些区别。企业债由具有法人资格的企业发行，在证券交易所市场和银行间市场交易，受发改委监管，发行主体一般是国有企业。三是非金融企业债务融资工具，由非金融业的具有法人资格的企业发行，在银行间市场交易，受中国人民银行监管。非金融企业债务融资工具在一级市场的买方为银行间债券市场的机构投资者，包括银行、证券公司、保险资产管理公司、基金公司等，此类债券可以进一步细分为短期融资券、中期票据等类别。四是政府支持机构债券，目前特指中央汇金投资有限责任公司或中国铁路总公司这两个单位发行的政府机构证券。需要强调的是，我国包括国有独资企业在内的所有国有企业，均不具备政府同等的信用级别，因此发行的债券属于信用债，而不是利率债。

（三）以特殊债券条款区分

一般来说，债券是一种要求债务人按固定利率支付利息并到期偿还本金的债权凭证。除了基础的条款，债券的某些条款会配合实务的需求进行修改，进而衍生出多种具有特殊条款的债券，并对债券的评估产生较大的影响。下面对几类常见的特殊条款债券进行介绍。

按债券的付息方法，可以将债券分为固息债券、零息票债券和浮息债券。固息债券是我国最常见的债券类型，即每期按固定利率支付利息的债券。零息票债券算是固息债券的一种特殊情况，每期均不支付任何利息，仅在债券期限结束时偿还面值金额，投资者的收益来自面值金额与债券购入价格的差额。浮息债券每期支付的利息不固定，一般是根据当期的市场利率进行调整，与市场利率的高低保持一致。我国的市场利率一般指中国人民银行对国家专业银行和其他金融机构规定的存贷款利率。美国的市场利率主要参照3个月期限的国债利率，欧洲则主要参照伦敦同业拆借利率。

按债券的期限，可以将债券分为有期债券和永续债券。我国绝大部分债券都是有期债券，即有一个确定的偿还期限，在偿还期限到来时债务人要支付债券面值的金额。永续债券是指不约定偿还期限、在债券被债务人赎回前一直支付利息的债券，名义上利息支付是永久持续的，但现实中永续债券一般附有发行人赎回权。我国在2013年首次有企业发行永续债券，但在国际资本市场上，永续债券早已是比较成熟的金融产品。商业银行为募集资本会加大永续债券的发行量，预计未来我国永续债券的供给量会逐步上升。

按债券的后续处理条款分类，除了最基础的普通债券，还有可转换债券、可赎回债券、可续期债券等特殊类别，这些债券一般统称为含权债券。可转换债券是指债券条款给予债券持有人一个权利，可以按发行时约定的价格将债券转换为公司的普通股，将债券持有人从公司的债权人变成公司的股东。可转换条款对债券持有人来说是个纯粹的权利而没有义务，因此可转换债券的利率比同等条件下的普通债券要低，可以减少公司的融资成本。可赎回债券是指债券条款给予债务人一个权利，可以在满足某些条件的前提下以约定价格从债券持有人手上强制回购债券。可赎回条款对债券持有人来说是个纯粹的义务而没有权利，因此可赎回债券的利率比同等条件下的普通债券要高。可续期债券是指债券条款给予债务人一个权利，可以在满足某些条件的前提下，将原来约定的付息期限或偿还期限延后到一个指定日期，从而延缓债务人的还款压力，但这一段延后的期限也需要计算一笔对应利息。可续期条款对债券持有人来说是个纯粹的义务而没有权利，因此可续期债券的利率比同等条件下的普通债券要高。

相关链接

2017 年 4 月 26 日，财政部、发展改革委、司法部、人民银行、银监会、证监会六部委联合发布了《关于进一步规范地方政府举债融资行为的通知》（财预〔2017〕50 号）（以下简称《通知》），全面组织开展地方政府融资担保清理整改工作。

《通知》提出六方面举措规范地方政府举债融资行为，包括：全面组织开展地方政府融资担保清理整改工作，切实加强融资平台公司融资管理，规范政府与社会资本方的合作行为，进一步健全规范的地方政府举债融资机制，建立跨部门联合监测和防控机制，大力推进信息公开。

《通知》明确提出，开展跨部门联合监管，建立财政、发展改革、司法行政机关、人民银行、银监、证监等部门以及注册会计师协会、资产评估协会、律师协会等行业自律组织参加的监管机制，对地方政府及其所属部门、融资平台公司、金融机构、中介机构、法律服务机构等的违法违规行为加强跨部门联合惩戒，形成监管合力。

《通知》要求，对中介机构、法律服务机构违法违规为融资平台公司出具审计报告、资产评估报告、信用评级报告、法律意见书等的，依法依规追究中介机构、法律服务机构及相关从业人员的责任。

资料来源：关于进一步规范地方政府举债融资行为的通知. 中国资产评估协会，2017-05-05.

二、债券的价值构成和风险因素

（一）债券的价值构成

债券的价值是指债券持有人通过持有债券获得的经济利益，可以分为每期获得债券利息的收益和停止持有债券获得的收益两部分。对于每期都支付利息且持有人将一直持有至偿还期的债券来说，各期利息的现值与期末债券票面金额的现值之和，就是债券的价值。

债券价值中每期获得债券利息的收益部分，等于持有债券期间所有利息收入的现值之和。由于债券的每期利息等于债券的面值乘以票面利率，因此对于持有期限确定的固定利率债券来说，每期利息的未来现金流是确定的，其现值之和只受折现率的影响。而对于浮动利率债券，或者持有期限不确定的债券，债券利息收益受更多方面因素的影响。

债券价值中停止持有债券获得的收益，等于停止持有债券时原持有人获得的现金流或其他资产的现值。这里说的收益，包括偿还期限到来时债务人按债券的面值支付的金额、债务人按可赎回条款提前回购债券支付的金额、持有人将债券转售给第三方获得的对价、持有人按可转换条款将债券转化成公司股份的价值等。在债券评估时，一般要遵循持续使用假设，即按债券持有人会一直持有债券而不会提前出售给第三方的情况进行评估。在这个假设下，停止持有债券的时间点就是债券偿还期限，获得的现金流就是债券的面值，计算现值时也只受折现率的影响。

（二）债券的风险因素

债券作为一种金融投资品，价格会随市场情况不同而发生波动，不可避免地存在一定的风险。了解影响债券价值的风险因素，有助于更好地理解债券资产评估方法。一般来说，债券的风险因素可以分为违约风险、利率风险和流动性风险三大部分。部分学者还提出了税收风险、购买力风险等细分因素，但这些观点尚未得到学术界和业界的一致认可，故本书仅介绍三类主要风险。

违约风险也称为信用风险，是指债务人由于自身财务状况出现问题，无法依照原定的债券条款如期支付足额的利息或本金的风险，即债务人违反债券合约的风险。违约风险是信用债的主要风险，这是因为信用债的发债主体存在一定的违约可能性，而一旦发生违约，债券的未来利息收入和停止持有债券时的收益都将大大降低（甚至降至0），债券价值也会因此暴跌。而利率债的发行主体拥有与政府同等信用级别，违约可以被视为不可能事件，因此一般认为利率债没有违约风险。由于违约风险的存在，投资者在投资债券时更愿意投资财务状况良好、偿债能力强的发债主体，而那些财务状况较差的发债主体，则需要提高债券的票面利率或降低债券的售价，才能吸引投资者购买其发行的债券。此外，债券合约中的担保、质押、抵押等增信手段，可以使违约发生后债券持有人获得一定的补偿，即降低违约风险造成的损失，减小债券价值的跌幅，也可以吸引投资者购买债券。

利率风险是指市场利率的变化导致债券价值波动从而可能对债券持有人造成损失的风险。利率风险对债券价值的影响体现为影响计算未来现金流现值时采用的折现率。前面提到，折现率一般与交易市场环境息息相关，当市场利率较高时，投资者会要求更高的回报率，因此评估债券时采用的折现率会随之提高，进而导致债券价值下降。相比违约风险，利率风险的影响比较不直观，因为这种风险一般不影响未来现金流的分布，仅仅影响未来现金流的现值。如果债券持有人不考虑提前出售债券，也不准备将收到的利息进行再投资，那么利率风险实际上不会造成损失。此外，固息债券的利息是固定的，因此受利率风险的影响较大，而浮息债券的利息一般与市场利率同方向变化，会形成对冲效应，因此受利率风险的影响较小。

流动性风险是指债券的可交易性下降导致投资者受到损失的风险，该风险主要影响准备出售债券的投资者，而对一直持有债券至偿还期限的投资者没什么影响。债券的流动性指债券在市场中迅速进行低成本交易的能力。要理解流动性风险，可以把在市场上自由交易的债券当作一种商品。债券的流动性下降表示市场上的投资者购买该债券的意愿下降，即商品的需求下降，因此会导致商品价格下降，从而对准备出售债券的投资者造成损失。债券的可交易性与多种因素有关，如债券自身是否满足市场中投资者的需求、市场中投资者的数量、市场中债券交易的交易成本等。对于非上市债券，由于在场外交易，市场中投资者较少，因此流动性风险比较高。流动性风险也与违约风险和利率风险有关，例如一个发债单位的财务状况出了问题，债券违约风险上升，愿意购买该债券的投资者自然会减少，因此原持有人不得不折价出售债券，该流动性风险对持有人造成了损失。

三、债券资产评估的基础

（一）债券资产评估的目的

债券资产评估的目的，从微观上说，在于保障债券交易双方合理正常地进行交易；从宏观上说，由于债券的交易会影响相关利率曲线的变化，而利率曲线对整个金融市场和宏观经济有着重要影响，因此合理的债券评估有利于维护金融市场运行机制的有效性，保证经济资源有效合理地配置。

就债券资产评估的实践而言，债券资产评估在不同的评估环境下具有不同的评估目的，一般可以分为以下两个方面。

1. 以编制财务报告为目的的评估

根据《企业会计准则第 22 号——金融工具确认和计量》的要求，企业的部分金融工具和金融资产需要以公允价值计量，此时为符合财务报表编制的要求，应当对该类金融工具和金融资产进行评估，使其在财务报表中得到公允反映。

2. 以交易为目的的评估

债券市场是一个交易活跃、规模庞大的市场，每一笔交易前买卖双方均需要对债券进行价值评估，以获得该债券在交易时点合理的价格。债券的评估结果可以为交易双方提供合理的参考。

（二）债券资产评估的基本假设

债券资产评估同其他类型资产的价值评估一样，其理论体系和方法体系也是建立在一系列假设的基础之上。通常涉及的假设包括交易假设、公开市场假设、清算假设和持续使用假设。

1. 交易假设

交易假设是债券资产评估常用的假设之一。交易假设假定被评估债券已经处在交易过程中，评估人员根据相关的交易条件等模拟市场进行估价。评估结果是假设债券进行交易而形成的。交易假设可以适用于部分非公开发行债券的价值评估，以及部分公开发行但是交易不活跃的债券的价值评估。

2. 公开市场假设

公开市场假设也是债券资产评估常用的假设之一。我国债券交易的公开市场包括银行间市场和证券交易所市场。在公开市场中，有大量的买者和卖者，债券的交易价格反映了这些市场主体对债券价值的估计。公开市场假设可以用于公开发行且交易较活跃的债券的价值评估，比如利率债和部分中高等级信用债。

3. 清算假设

清算假设是对资产在非公开市场条件下被迫出售或快速变现条件的假定说明。在债券的价值评估中，清算假设有两种含义：一是发行人实质性违约后，债券持有人快速出售所持有的该发行人的部分或者全部债券，该过程一般较为迅速；二是由于某些原因使债券不能快速变现，债券持有人只能通过与发行人协商或者通过法律手段追回投资，该过程持续时间一般较长。另外，当发行人的某一只债券发生违约，附带交叉违约条款的债券也会同时到期，而未附带交叉违约条款的债券则依然存续，即未违约。即使均使用清算假设，同一发行人的违约债券和未违约债券的价值也可能有所不同，评估人员应当注意区分。

一般来说，清算假设下的债券价值比前两种假设下的评估价值要低。但应当注意的是，发行人发生违约后并不会直接进入破产程序，经过一定的违约处置程序和债务人与债权人的协商后，可能会有和解、重组、破产清算等多种结果，相应的发行人存续债券的评估价值也会有较大不同。评估人员应当根据发行人的资产与负债情况、债权人与债务人的协商情况、政府支持等多种条件，合理判断违约处置流程的走向，才能对清算假设下的债券价值有一个合理的估算。

由于我国债券市场中针对违约债券的处置方法、流程尚不成熟，且违约债券属于不良资产，目前对这类不良资产的价值评估研究较少，因此本章暂不涉及对违约债券的评估。

4. 持续使用假设

投资人可以持有债券至到期，以获得价值。由于不需进行交易，持续使用假设主要用于对债券绝对收益的评估。

（三）债券资产评估的价值类型

价值类型是在不同的假设前提下对价值的定义。对于债券这类资产，同一只债券在不同的假设前提下，可能会有不同类型的价值，也就是说同一只债券的价值并不是唯一的。评估人员应当根据评估目的以及发行人的具体情况，选择合适的评估假设，进而确定使用何种价值类型。

1. 市场价值

债券的市场价值是指债券在评估基准日的公开市场上，最有可能实现的交换价格的估计数额。从市场价值的一般定义出发，它是指在自愿买方和自愿卖方各自理性行事且未受任何强迫的情况下，评估对象在评估基准日进行正常公平交易的价值估计数额。对于债券来说，债券的市场价值是评估人员在上述市场条件下得到的评估结果。

在交易假设和公开市场假设下，对于大部分可以交易的债券来说，都可以通过一定的评估程序得到合理的市场价值。同时，市场价值也是债券交易双方最为关注的价值。

2. 市场价值以外的价值

资产评估领域中市场价值以外的价值不是指一种具体的价值类型，而是指一系列不符合市场价值定义条件的价值类型的总称，主要有投资价值、在用价值、清算价值、残余价值等。

对于债券来说，市场价值以外的价值一般包括在用价值和清算价值。在用价值一般指在持续使用假设下，债权人持有债券至到期所获得的全部绝对收益。清算价值一般指在债券发行人违约后，基于清算假设，通过一系列合理的分析和推演得到被评估债券的价值。评估人员应当在评估报告中说明预计的最可能的违约处置方案，以证明评估结果的合理性。

（四）债券资产评估的基本程序

《资产评估准则——基本准则》指出，资产评估程序是资产评估机构和从业人员在执行资产评估业务、形成资产评估结论时所履行的系统性工作步骤。债券资产评估的基本程序也应当符合该准则的要求。

（五）债券资产评估的原则

债券资产评估主要遵循收益现值原则和实际变现原则。

1. 收益现值原则

债券的价格最终是由其发行主体的情况决定的，投资者关心的是购买债券所能获得的收益。评估一种债券的价格，就需要把长期债券的预期收益折现。因此，要对发行人的信誉、经营状况、财务状况和盈利能力等进行综合分析，恰当地预测其价值。

2. 实际变现原则

在证券市场比较发达的条件下，债券作为一种特殊的商品可以在市场上流通，长期债券的价格还受到供求关系、投机行为、触发附加条款等因素的影响。因此，对债券的评估要考虑市场的实际变现情况。

在评估非上市流通债券时，要侧重于收益现值原则，采用收益法进行评估；在评估上市流通债券时，要侧重于实际变现原则，采用市场法进行评估。

第二节 债券评估方法

一、收益法（现金流折现法）

债券的价值等于每期获得债券利息的收益与停止持有债券获得的收益之和，也就是持有债券期间所有利息收入的现值与停止持有债券时原持有人获得的现金流或其他资产的现值之和。这个说法实际上来源于评估金融资产价值的最常用的方法之一——收益法。

债券的一个特征是，持有者可以在未来一段期限内获得稳定的现金流，现金流产生的时间和金额基本上是确定的。收益法的思路是将这些现金流用合理的折现率折算成现值，加总后就是债券价值的一个合理估计，因此收益法也称为现金流折现法。一般而言，所有现金流可以可靠预测的资产均适合用收益法进行估值，例如固息债券。此外，收益法也适用于对缺少活跃公允交易市场的资产进行估值，例如非上市债券。

收益法应用于债券评估的公式可以表示为：

$$P=\sum_{t=1}^{n}\frac{C_t}{(1+r_t)^t}$$

式中，P 为债券的价值；t 为时期；C_t 为第 t 期的净现金流入；r_t 为第 t 期适用的折现率；n 为持有该资产的期限。

对于固息债券，收益法估值公式也可以转化为下面的公式：

$$P=\sum_{t=1}^{n}\frac{R}{(1+r_t)^t}+\frac{F}{(1+r_n)^n}=\sum_{t=1}^{n}\frac{F\times r}{(1+r_t)^t}+\frac{F}{(1+r_n)^n}$$

式中，F 为债券的面值，即债券到期后债务人支付的金额；R 为每期收到的债券利息，等于债券面值 F 乘以票面利率 r。

由于固息债券的面值 F 和票面利率 r 是给定的，因此使用收益法估计债券价值的结果，实际上取决于每期折现率 r_t 的估计值。国际金融市场上普遍使用资本资产定价模型（capital asset pricing model，CAPM）来估计折现率。记 β

为被评估资产的价格对整体经济波动的敏感性系数，该系数与对应资产的风险正相关，且可由 CAPM 估计得到。β 取值为 0～1 的属于低风险资产，取值大于 1 的属于高风险资产。无风险利率一般用与被评估资产相同期限的国债或国开债利率代表。

CAPM 的公式可以表示为：

$$折现率=无风险利率+\beta\times(市场平均利率-无风险利率)$$

式中，β 为被评估资产的价格对整体经济波动的敏感性系数。

从上面的公式可以看出，被评估资产风险越大，折现率就越高，资产价值也越低。而当市场平均利率上升时，折现率也会随之上升，导致资产价值下跌，这就是债券利率风险的影响机制。此外，由于不同期限的无风险利率不同，故不同期限的折现率一般也不同，但有时为了简化计算，会设定为统一的折现率，即 $r_1=r_2=\cdots=r_n$。

上述 CAPM 是国际金融市场中常用的折现率估值模型。而在我国，由于证券市场存在发展时间较短、市场化条件尚不成熟、公开数据失真等问题，不一定适合使用 CAPM。在实务中，常用简单的风险溢价公式对折现率进行估计，具体公式如下：

$$折现率=无风险利率+风险溢价$$

式中，风险溢价是指由于被评估资产存在的风险（违约风险、利率风险、流动性风险）而使投资者要求资产的回报率高于无风险利率的部分。资产风险越高，投资者要求的风险溢价越高，因此折现率越高，债券的价值越低。而当市场利率上升时，投资者也会相应要求更高的风险溢价，使折现率上升，债券价值下跌。风险溢价是一种略带主观因素的估值标准，不同投资者对同一项资产要求的风险溢价可能不同，从而最终的估值结果也不同。确定了合理的风险溢价，就可以计算得到对应的折现率，结合未来现金流的预测值则可以得到债券价值的一个合理评估。

二、市场法

市场法又称为市场价格比较法，是一种适用于存在活跃、公允的交易市场的资产的估值方法。市场法的核心思想是，当两种资产的各方面属性相同或相似时，这两种资产的定价应该是相同或接近的。若定价差异很大，投资者就可以在交易市场中做多低价的资产、做空高价的资产，完成无风险套利，而有效市场中是不存在无风险套利机会的。因此，在交易市场中寻找各方面属性与被评估资产比较接近的资产参照物，交易以参照物的价格为基础，加上一定的调整数后，就可以得到被评估资产价值的一个合理评估。

市场法适用于样式比较标准化、交易市场比较活跃而公允的资产。样式标准化使资产之间有可比性且容易找到属性接近的资产参照物，交易市场活跃而公允使参照物的价格被市场上绝大多数投资者认可，保障了市场法的合理性。而对于不具有这两个属性的资产，例如拍卖市场中的艺术品，一般不适用市场法对其估值。对于债券来说，市场法适用于在证券交易所市场或银行间市场交易的债券，不适用于场外交易的非上市债券。

对于使用市场法评估的债券，一般需要关注下列几个债券属性来寻找参照物和确定调整数大小。

（1）债券风险。正如前面所说，债券的价值与其风险大小息息相关，风险高的债券就要靠提高票面利率、降低售价来吸引投资者，因此在寻找类似资产的过程中应该重点考虑债券的风险大小。一般来说，若两种债券的发债主体属于同一行业，且企业规模接近，则两种债券的违约风险应该是比较接近的，而利率风险和流动性风险一般来源于相对宏观的、会对整个债券市场产生相同效果的冲击，因此可以认为两种债券的总风险比较接近。基于这一点，最佳的参照物应选择同一个发债主体的已发行债券。若无法找到风险接近的债券，则应该在低风险参照物的价格基础上进行下调，在高风险参照物的价格基础上进行上调。

（2）票面利率和面值。债券的价值来源于利息收入和停止持有债券时的收益，这两者很大程度上取决于债券的票面利率和面值大小。我国债券市场每张债券的面值统一为100元，但在国际市场上债券面值不一定统一，此时应该在低面值参照物的价格基础上进行上调，在高面值参照物的价格基础上进行下调。一般来说不容易找到票面利率完全相同的参照物债券，此时应该在低票面利率参照物的价格基础上进行上调，在高票面利率参照物的价格基础上进行下调。此外，固息债券应该选择相同或相似的固息债券作为参照物，浮息债券应该选择利息计算方式接近的浮息债券作为参照物。

（3）未来现金流结构。债券的未来现金流结构主要受债券的两个特点影响：一是债券到期期限；二是还本付息方式。债券到期期限不仅影响收益法中折现率的估计值，而且代表了债券风险在未来出现的不确定性。债券到期期限越长，不确定性越大，债券价值越低。除非将全部现金流折算为现值后求和，否则不同到期期限的债券现金流之间难以比较，故债券参照物应该尽量选取到期期限相同的债券。对于到期期限接近的参照物，应该在短期限参照物的价格基础上进行下调，在长期限参照物的价格基础上进行上调。还本付息方式的属性主要针对零息票债券、永续债券等特殊现金流结构的债券，以及可转换债券等含权债券。由于未来现金流结构与一般债券差异很大，特殊现金流结构的债券应该选择同类型债券作为参照物。如零息票债券应该找另一种零息票债作为参照物，与普通债券之间可比性不高。而含权债券的参照物一般是普通债券，但对于赋予债务人权利的债券（如赋予提前赎回权、续期权的债券），应该在普通债券的价格基础上进行下调；对于赋予债权人权利的债券（如赋予可转换权的债券)，应该在普通债券的价格基础上进行上调。

此外，对于在证券交易所市场或银行间市场中处于活跃交易状态的债券，可以直接选择交易日的收盘价作为市场法的评估结果。债券处于活跃交易状态，是指一段时间内该债券在每个交易日都发生买卖交易，债券的价格一直受到市场的广泛认可，因此，此时的价格可以直接作为债券价值的合理代表。

三、期权定价法

含权债券的定价一般不适宜直接采用收益法或市场法。以可转换债券为例，债券持有人是否执行转换权是一个不确定事件，因此无法确定未来现金流，不适宜用收益法评估价值；在特定时间段获得将债券转换为某个特定公司股票的权利，是一个高度非标准化的条款，因此难以在债券市场上找到类似的参照物，不适宜用市场法评估价值。对于含权债券，一般先考虑剥离权利条款后的纯债券价值，用收益法或市场法确定纯债券价值后，再用期权定价法确定权利条款的价值，两者加和后的价值即为含权债券价值的一个合理评估。

期权（option）是指一种合约，该合约赋予持有人在特定时间段以固定价格购进或售出特定资产的权利。该固定价格称为期权行使价（exercise price），该特定资产称为标的资产（underlying assets）。可转换债券就是赋予了债权人按发行时约定的价格购入公司股票的权利，而可提前赎回债券就是赋予了债务人以约定价格回购债券的权利，本质上都属于一种期权。期权的定价一般采用二项树（binomial tree）模型和布莱克-斯科尔斯（Black-Scholes）模型，下面以看涨期权（赋予购入资产的权利）为例对期权定价的估值原理进行简单介绍。

二项树模型假设标的资产的价格波动只有向上和向下两个方向，且在持有期权到可行使期权的时间段内，价格每次向上（或向下）波动的概率和幅度不变。这个假设听起来与现实情况有差异，但若增加价格波动的次数，标的资产的最终价格就会趋向正态分布，因此是符合现实的。依据这个假设，在估计标的资产价格变动的概率、幅度以及次数后，就可以算得标的资产最终价格的离散概率分布情况。然后再分析并计算每种价格情况下是否会行权和行权的收益，构造出一个从银行贷款并购入标的资产的投资组合，使投资组合的未来现金流分布与购入期权的收益分布完全相同。此时可算得投资组合的成本，这个成本就是该项期权的价格。

布莱克-斯科尔斯模型则是假设标的资产的价格在任意时刻均呈对数正态分布，这个假设来源于金融学上常用的“金融资产价格服从几何布朗运动”假设。在此基础上，结合标的资产当前的价格、价格波动的标准差以及期权到期时间，就可以得到标的资产在可行权时的价格的连续概率分布。由于该分布中低于期权行使价的部分表示投资者不会行权也没有收益，故仅考虑该分布中标的资产价格高于期权行使价的部分。将此部分的函数值减去期权行使价后求积分得到的结果，即为该期权带来收益的期望值。用无风险利率将此期望值折算成现值，即得到期权价格的合理估计值。

二项树模型和布莱克-斯科尔斯模型都是业界常用的期权定价模型，在本章第三节将详细介绍这两种模型的计算公式并举例进行运算。

第三节　债券分类评估

一、上市债券评估

上市债券即在银行间市场或者证券交易所市场上自由买卖的债券。对于交易活跃的品种，一般可以将评估基准日的收盘价作为其评估价值；对于一级新发行的或者交易不太活跃的品种，可以采用市场法进行价值评估，即通过在参照物交易价格基础上调整估算得到被评估债券的价值。

活跃、成熟的市场条件和足够的具有可比性的交易数据是市场法应用的重要前提。对于上市债券的价值评估来说，重要的是如何找到可比的债券。对于新发行债券，可以在同一发行人的存续债券中找到参照物，并做相应的调整得到评估价值。计算公式为：

被评估债券价格＝参照物交易价格±到期期限调整

或

被评估债券到期收益率＝参照物交易价格对应的到期收益率±到期期限差异调整

[例 7-1]

某企业对新发行债券进行评估。该债券为 3 年期到期一次还本付息债券，预计平价发行。该企业存续的上市债券有三种，分别为 A，B，C，均交易活跃。评估人员得到 A，B，C 债券在评估基准日的交易价格对应的到期收益率（见表 7-1）。

表 7-1　到期收益率

比较因素	被评估债券	参照物 A	参照物 B	参照物 C
交易状态		交易活跃	交易活跃	交易活跃
到期期限（年）	3.00	3.00	2.95	3.05

续表

比较因素	被评估债券	参照物 A	参照物 B	参照物 C
票息类型	到期一次还本付息	到期一次还本付息	到期一次还本付息	到期一次还本付息
交易价格对应的到期收益率（%）		5.10	5.02	5.20

评估人员根据该行业债券的市场统计资料，结合对该企业对应收益率曲线的估计，认为参照物 B 到期期限比被评估债券短，应当调整到期期限差异 10BP（1BP=0.01%）；参照物 C 到期期限比被评估债券长，应当调整到期期限差异－6BP。因此，被评估债券到期收益率应当为：

被评估债券到期收益率 =[5.10%+(5.02%+0.10%)+(5.20%−0.06%)]/3

=5.12%

因此，该新发行债券的到期收益率评估结果为 5.12%，该评估结果可作为债券的发行参考票面利率。

二、非上市债券评估

对于非上市债券，由于不存在活跃、成熟的市场，难以找到可比的参照物，因此主要使用收益法进行评估。非上市债券一般是固定收益证券，其未来现金流一般是确定的，因此只需要将未来每期现金流按照对应的折现率折现并求和，即可得到债券的现值。

（一）到期收益率的概念

在介绍如何利用收益法对债券进行价值评估之前，我们首先需要简单了解到期收益率的概念。到期收益率是固定收益证券投资的一个重要价格指标，它是假定投资者持有证券一直到偿还期末的收益率。在数学上，到期收益率等于使债券未来现金流现值之和等于债券当前价格的折现率。

1. 到期收益率的计算公式

对于零息票债券，到期收益率计算公式为：

$$P_0=\frac{F}{(1+y)^n}$$

式中，y 为到期收益率；P_0 为债券当前价格；F 为面值，即债券的期末偿还价格；n 为债券的偿还期（年）。

对于每年支付一次利息、到期还本的债券，到期收益率的计算公式为：

$$P_0=\sum_{t=1}^{n}\frac{C}{(1+y)^t}+\frac{F}{(1+y)^n}$$

式中，y为到期收益率；C为每年利息；P_0为债券当前价格；F为面值，即债券的期末偿还价格；n为债券的偿还期（年）。

同理，对于每年支付两次利息、到期还本的债券，到期收益率的计算公式为：

$$P_0=\sum_{t=1}^{n}\frac{C}{(1+y/2)^t}+\frac{F}{(1+y/2)^n}$$

式中，y为到期收益率；C为每半年利息；t为付息日距零时点的时间间隔（多少个半年）；P_0为债券当前价格；F为面值，即债券的期末偿还价格；n为债券到期日距零时点还有多少个半年。

此时计算得到的到期收益率y属于约当收益率，是按照单利方法计算出的年收益率。同理，还可以计算其他付息方式（如每月付息一次）的约当收益率。

2. 到期收益率的缺陷

到期收益率的计算包含以下4个假定：

(1) 投资者持有证券至偿还期；

(2) 全部现金流量如约实现，没有违约风险；

(3) 再投资收益率等于到期收益率，即利率的期限结构呈水平状；

(4) 没有回购条款。

但是实际中，满足以上4个假定是非常困难的。对于期限长达10年及以上的债券，投资者持有到期是少见的，同时许多长期债券附有回购条款。信用债都是有违约风险的，现金流量不一定会如约实现。还需注意的一点是，再投资收益率通常不等于到期收益率。

到期收益率可以用来衡量债券的价格，这一价格衡量标准在实务中常常替代债券的绝对价格。

（二）到期收益率曲线与折现方程

到期收益率曲线指各种期限的付息债券到期收益率所构成的曲线。由于各种债券都可以计算出到期收益率，因此每一种债券都会有自己的到期收益率曲线。其中，无违约风险的零息票债券的到期收益率曲线最为重要，它的利率被称为即期利率。因此，通常意义上讲的到期收益率曲线就专指零息票债券的到期收益率曲线，也称为即期利率（spot rate）曲线。图7-1和图7-2分别为某日中债-国债的收益率曲线和中债-企业债的收益率曲线。

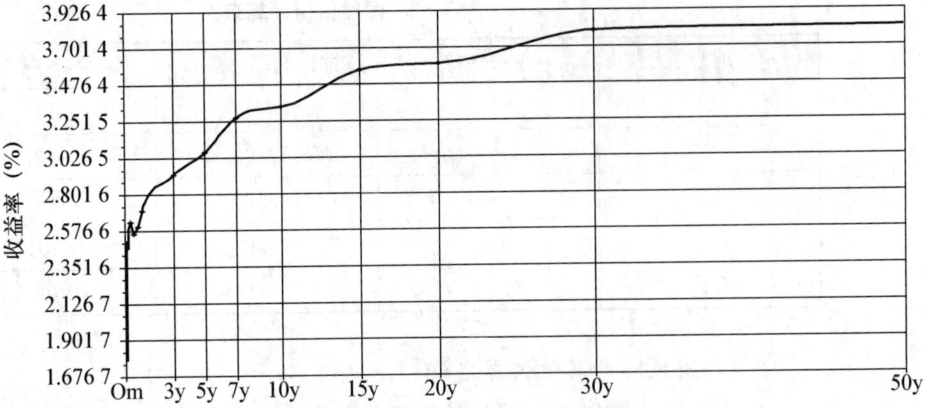

图 7-1　某日中债-国债收益率曲线

资料来源：中国债券信息网.

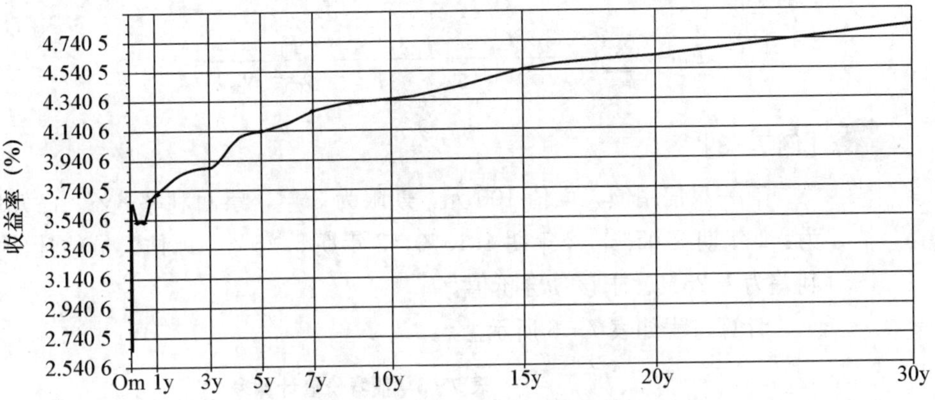

图 7-2　某日中债-企业债收益率曲线（AAA）

资料来源：中国债券信息网.

有了到期收益率曲线，就可以对其他债券进行定价和估值。

1. 给无风险债券定价

一年付息一次的债券定价公式为：

$$V_0=\sum_{t=1}^{n}\frac{C}{(1+y_t)^t}+\frac{F}{(1+y_n)^n}$$

式中，y 为零息票债券的到期收益率；n 为被评估债券的偿还期；t 为年限；C 为每年利息；F 为面值。

[例 7-2]

假定有一种国债，面值 100 元，票面利率 4%，期限为 3 年，一年付息一次。假设 1 年、2 年、3 年的无风险零息票债券到期收益率分别为 3.20%，4.12%，4.30%。求该国债价值。

计算过程如表 7-2 所示。

表 7-2　国债价值计算表

时点	现金流量	即期利率（%）	现值
0			
1	4	3.20	3.88
2	4	4.12	3.69
3	104	4.30	91.66
合计			99.23

2. 给有风险的其他证券定价

由于存在违约风险，债券的到期收益率中必须包含违约风险溢价。如果已经估计出某种债券的违约风险溢价——静态利差（static spread）y_{ss}，那么对这种债券的定价公式为：

$$P_0=\sum_{t=1}^{n}\frac{C_t}{(1+y_t+y_{ss})^t}+\frac{F}{(1+y_n+y_{ss})^n}$$

[例 7-3]

有一只信用债，面值 100 元，期限为 3 年，票面利率 8%。已知即期利率为：1 年期 3.05%，2 年期 4.15%，3 年期 5.25%。评估人员估计债券的静态利差为 1.25%。求该债券价值。

计算过程如表 7-3 所示。

表 7-3　债券价值计算表

时点	现金流量	即期利率（%）	加上静态利差后的利率（%）	折现因子	现值
0					
1	8	3.05	4.30	0.958 8	7.67
2	8	4.15	5.40	0.900 2	7.20
3	108	5.25	6.50	0.827 8	89.41
合计					104.28

（三）利差

不同债券的到期收益率之差，称为收益率溢价，或者简称利差（yield spread）。利差的计量有多种方式。

1. 绝对利差和相对利差

（1）绝对利差。绝对利差指某一债券的到期收益率与某一基准收益率之差。例如，某只 1 年期公司债的到期收益率是 6%，而 1 年期国债的到期收益率是 4%，那么绝对利差是 2%。

(2) 相对利差。相对利差表示的是绝对利差相对于基准收益率的倍数。计算公式为:

$$相对利差=\frac{某一债券到期收益率-某一基准收益率}{某一基准收益率}$$

例如,某只1年期公司债的到期收益率是6%,而1年期国债的到期收益率是4%,那么相对利差是(6%−4%)/4%=0.5。

2. 市场间利差与市场内利差

债券市场可以分为多个子市场,例如国债市场、企业债市场、公司债市场、资产支持证券市场等。不同子市场之间可比债券的到期收益率之差为市场间利差。例如,某只1年期公司债的到期收益率是6%,而1年期国债的到期收益率是4%,那么市场间利差为2%。

市场内利差是指共同的子市场内不同类别债券的到期收益率之差。例如,刚刚发行的10年期国债的到期收益率是3.3%,而前期已经发行但是偿还期剩余10年的国债的到期收益率是3.8%,那么市场内利差是0.5%。

3. 信用利差

债券的信用水平不同,到期收益率也不同。这种单纯由信用风险引起的利差称为信用利差。

4. 静态利差

利差仅仅比较了偿还期相同的情况下的某一债券与基准证券的到期收益率,主要体现的是某一债券与国债的收益率差别。但是由于该债券的现金流量与可比的国债的现金流量有着很大的不同,因此,这样的比较没有多大的意义。例如,同样是10年期限,国债的票面利率是2%,而公司债的票面利率为10%。由于公司债的现金流量相对而言更靠前,因此,简单比较利差就忽略了现金流量的影响。

若要更精确地计算出利差,则必须考虑现金流量。假定一只公司债的期限为10年,每年付息一次,那么可以在市场中找到一个10只零息票国债的组合来复制这只公司债的现金流。由于公司债是有风险的,那么该债券的价值一定低于零息票国债组合的价值。这一价值的差异会反映在价格上,该差异可以用静态利差这一指标来反映。

静态利差是指假定投资者持有到期,债券所实现的收益会在国债到期收益率曲线之上高多少个基点。静态利差不是公司债到期收益率与国债到期收益率简单相减,而是反映公司债到期收益率曲线超过国债到期收益率曲线的程度。

静态利差的计算公式为:

$$P_0=\sum_{t=1}^{n}\frac{C_t}{(1+y_t+y_{ss})^t}+\frac{F}{(1+y_n+y_{ss})^n}$$

式中，y 为付息债券的到期收益率；n 为被评估债券的偿还期；t 为年限；C 为每年利息；F 为面值；P_0 为债券市场价格；y_{ss} 为静态利差。

（四）非上市债券的收益法评估思路

由于金融创新的推动，债券的种类不断增加，现金流量更加复杂多样。但是无论如何变化，债券的现金流量一般是确定的，只要找到合适的折现率，就可以使用收益法对某一债券进行价值评估。

折现率的选取既要符合评估基准日的市场行情，也要依赖评估人员的经验判断。对于短期债券，比如6个月、1年期的债券，使用统一的折现率对各期现金流折现是简便且合理的，但是对于往往有多期现金流的中长期债券，使用统一的折现率来折现就是不合理的。因此，使用收益法对债券进行价值评估，应当找到该债券对应的收益率曲线，每一期现金流量都可以找到对应的折现率，折现后加总便可得到债券的价值。而对于非上市债券，其并没有第三方机构公布对应的到期收益率曲线，就需要评估人员结合国债到期收益率曲线和该债券的利差来估计出一条到期收益率曲线。

因此，使用收益法对非上市债券评估的思路大致如下：

第一，确定债券每期现金流的大小和时间。

第二，找到评估基准日的国债到期收益率曲线，一般中国债券信息网会在每个交易日后更新和公布。

第三，评估人员结合对发行人的了解和所属行业的研究，对被评估债券所属的某一类债券的利差进行统计分析，估算出一个合理客观且符合评估基准日市场行情的静态利差。这一静态利差必须反映该债券相对国债的全部风险，如违约风险、流动性风险等。将国债收益率曲线加上这一静态利差，得到被评估债券的到期收益率曲线。

第四，将每期现金流按照对应的折现率折现后加总，即可得到债券的评估价值。

三、含权债券的价值分析

为了避免投资者和证券发行者面临各种风险，债券在利率支付方式、期限、信用提升、流动性提升等多个方面进行创新，含权债券是创新的重要内容。债券的选择权一般有三种：认购选择权、回售选择权、可转换选择权。下面主要介绍可转换债券的价值评估方法。

可转换债券是可转换成股票的债券，它兼有公司债券和股票的双重特点。随着金融创新的发展，可转换债券暗含的选择权越来越多，一般含有以下三种选择权：

（1）投资者在是否将债券转换为股票上拥有选择权；

（2）发行人在是否执行赎回条款方面也拥有选择权；

（3）在股票价格过低时投资者有回售给发行者的选择权。

一般情况下，可转换债券要事先规定票面利率、转股价格、转股比例、转换期。可转换债券作为公司债券和股票的合成体，其价值由纯债券价值和转股权价值组成。计算可转换债券价值的公式为：

$$可转换债券价值=纯债券价值+转股权价值$$

纯债券价值可以用收益法评估得到，转股权价值则可以用二项树模型或者布莱克-斯科尔斯模型评估得到。

（一）二项树模型

二项树模型是用离散的随机游走模拟资产价格连续变动的可能路径。假设标的资产价格的运动由大量的小幅度二值运动构成，在每个小的时间间隔内，资产的价格只有两种运动的可能——上升或者下降。将期权的有效期平均分为 M 个相等的时间段，根据风险中性假设，欧式看涨期权二项树模型可表示为：

$$f_{i,j}=\mathrm{e}^{-r\Delta T}[pf_{i+1,j+1}+(1-p)f_{i+1,j}]$$

式中，$f_{i,j}$ 为 $i\Delta T$ 时刻节点（i，j）处的期权值；r 为无风险利率；p 为上升风险中性概率 $p=\dfrac{\mathrm{e}^{rt}-d}{u-d}\left(u=\mathrm{e}^{\sigma\sqrt{\Delta T}}, d=\dfrac{1}{u}\right)$；$u$ 为下降风险中性概率；$f_{i+1,j+1}$ 为（$i+1$）ΔT 时刻节点（$i+1$，$j+1$）处的期权值；$f_{i+1,j}$ 为（$i+1$）ΔT 时刻节点（$i+1$，j）处的期权值；ΔT 为均分的时间段；$0\leqslant j\leqslant i\leqslant m-1$，$i$ 为二项树节点；j 为在某一时刻对二项树节点从下至上进行排序的序号。

同样，可以得到美式看涨期权的二项树模型：

$$f_{ij}=\max(Su^jd^{i-j}-K,\mathrm{e}^{-r\Delta T}[pf_{i+1,j+1}+(1-p)f_{i+1,j}])$$

式中，Su^jd^{i-j} 为 $i\Delta T$ 时刻节点（i，j）股票价格；K 为期权执行价格。

［例 7-4］

假设投资者购买了一张可转换债券。该债券面值为 100 元，票面利率为 2%，转换期 2 年，转换比率 1∶1，转换价格为 125 元。目前股票价格为 100 元，1 年期的借贷利率为 8%。求该可转换债券的转换权的价值。假设 1 年后该公司股票价格变化如图 7-3 所示。

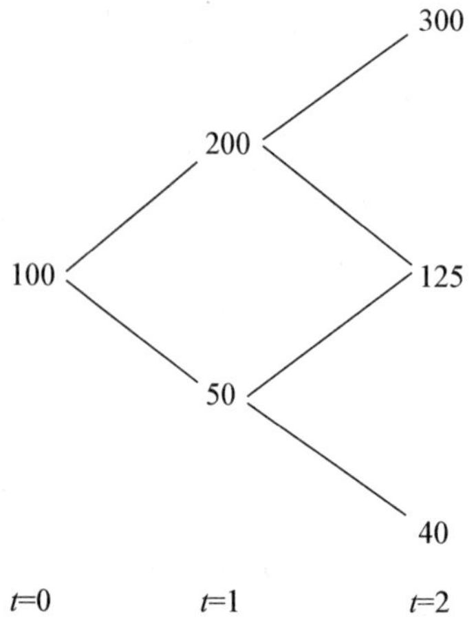

图7-3 该公司股票价格变化

根据股票价格变化和转换价格，可以得到转换期期末转换权的内在价值（见图7-4）。

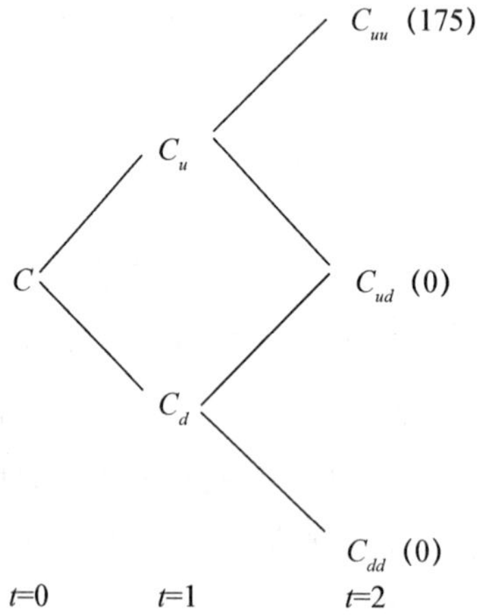

图7-4 该公司转换期期末转换权的内在价值

先求在 $t=1$ 时股票价格上升时转换权的价值，假设借款的数额为 B，买股票的数量为 Δ，那么

$$\Delta\times300-B\times(1+8\%)=175$$
$$\Delta\times125-B\times(1+8\%)=0$$

得

$$\Delta=1, B=115.74$$
$$\text{期权价值}=\Delta\times200-B=84.26(\text{元})$$

因此，$C_U=84.26$。同理，$C_d=0$，从而得到图7-5。

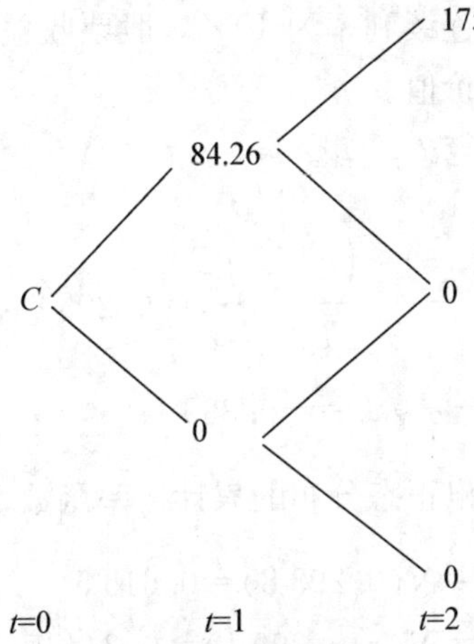

图 7-5　该公司的期权价值

再求 $t=0$ 时刻转换权的价值：

$$\Delta\times200-B\times(1+8\%)=84.26$$
$$\Delta\times50-B\times(1+8\%)=0$$

得

$$\Delta=0.562,\ B=26.019$$
$$\text{期权价值}=\Delta\times100-B=30.18$$

(二) 布莱克-斯科尔斯模型

布莱克-斯科尔斯模型常被用于对股票期权定价。因此，可以用该模型对可转换债券的转换权定价。布莱克-斯科尔斯模型可以用下列公式表示：

$$C=SN(d_1)-K\times e^{-rT}\times N(d_2)$$

其中

$$d_1=\frac{\ln\left(\frac{S}{K}\right)+\left(r+\frac{\sigma^2}{2}\right)\times T}{\sigma\times\sqrt{T}}$$

$$d_2=d_1-\sigma\times\sqrt{T}$$

式中，C 为转换权买入价值；S 为标的股票当前价格；K 为执行价格；N 为标准正态分布的累计概率函数；T 为距到期日时间；r 为 T 期的即期收益率；σ 为股价变动标准差。

[例 7-6]

假设投资者购买了一张可转换债券。该债券面值为 100 元，票面利率为 2%，转换期 3 年，转换比率 1∶1，转换价格为 140 元。目前股票价格为 100

元。假定3年期连续利率为10%，股票收益率的波动率为40%。求该可转换债券的转换权的价值。

第一步，计算d_1，d_2。

$$d_1=\frac{\ln\left(\frac{S}{K}\right)+\left(r+\frac{\sigma^2}{2}\right)T}{\sigma\sqrt{T}}=0.2938$$

$$d_2=d_1-\sigma\sqrt{T}=-0.3991$$

第二步，求出正态分布的累计概率函数$N(d_1)$，$N(d_2)$。

$$N(d_1)=N(0.2938)=0.6155$$
$$N(d_2)=N(-0.3991)=0.3449$$

第三步，计算转股价格的现值。

$$K\mathrm{e}^{-rT}=140\times\mathrm{e}^{-0.10\times3}=103.71(\text{元})$$

第四步，计算转换权的价值。

$$C=SN(d_1)-K\mathrm{e}^{-rT}N(d_2)=100\times0.6155-103.71\times0.3449$$
$$=25.78(\text{元})$$

相关链接

可转换债券的风险主要受以下三个因素影响：一是公司市场价值的波动或股价的波动；二是利率及其期限结构的波动；三是违约风险。国内外对可转换债券估值模型的研究较多，根据估值模型中考虑的风险因素的数量，可分为单因素模型、双因素模型和三因素模型。

上述模型又可以分为基于公司市场价值的估值模型和基于公司股票价值的估值模型。前者以公司市场价值为基本因素来评估可转换债券的价值。由于公司难以自由交易，公司市场价值及其波动率等参数的确定有较大困难，所以出现了以股价代替公司市场价值的估值模型。在这两种基本因素的基础上再引入其他因素，则发展为双因素估值模型和三因素估值模型。

国内外众多专业人士对可转换债券的估值模型都进行了深入的研究，但即使同样对单因素模型进行研究，模型的假设条件以及考虑的具体参数和侧重点也都有不同。

目前，在实践中并没有形成标准、统一的估值模型。由于各模型的假设条件以及考虑的具体参数和侧重点不同，在计算的难度和精度方面各有自己的优势和不足，所以在实际运用时要结合可转换债券的具体设计条款，选择合适的估值模型。

可转换债券由于嵌入许多期权，条款设计极为复杂，一般对估值模型的计算很难得到解析解，而常用数值方法来模拟。常用的数值方法有二项树方法、有限差分法和蒙特卡洛模拟等。二项树方法对相关条款的处理比较灵活，有限差分法在不确定因素较少的情况下，处理比较直观，准确性也较高，但二项树方法和有限差分方法较难对依赖变量历史路径的期权估值。蒙特卡洛模拟常用于欧式期权定价，在处理高维问题时比较有效，可以对依赖变量历史路径的期权估值，但处理美式期权比较复杂，计算比较费时。

资料来源：李忠余，王慧．关于对可转换债券评估的研究．中国资产评估，2014-01-15.

本章小结

我国债券类别繁多，不同类别债券的条款、风险和估值方式有较大差异。债券的价值是指债券持有人通过持有债券获得的经济利益，可以分为每期获得债券利息的收益和停止持有债券获得的收益两部分。一般来说，债券的风险因素可以分为违约风险、利率风险和流动性风险三大部分。

债券评估方法通常包括收益法、市场法、期权定价法。一般而言，收益法适用于所有现金流可以可靠预测的资产，此外也适用于缺少活跃、公允交易市场的资产。市场法适用于在证券交易所市场或银行间市场交易的债券，不适用于场外交易的非上市债券。期权定价法适用于含权债券的价值评估。

对于交易活跃的上市债券，一般可以将评估基准日的收盘价作为其评估价值；对于一级新发行的债券或者交易不太活跃的债券，可以采用市场法进行评估，即通过在参照物交易价格基础上调整估算得到被评估债券的价值；对于非上市债券，由于不存在活跃、成熟的市场，难以找到可比的参照物，因此主要使用收益法进行评估。可转换债券作为公司债券和股票的合成体，其价值由纯债券价值和转股权价值组成。对于纯债券价值，可以用收益法评估得到；对于转股权价值，可以用二项树模型或者布莱克-斯科尔斯模型评估得到。

常用数据来源

1. 中国证券业协会：https://www.sac.net.cn/
2. 深圳证券交易所固定收益信息平台：http://www.szse.cn/www/bond/
3. 中国证券登记结算有限责任公司：http://www.chinaclear.cn/

名词和术语

利率债（interest rate bond）
信用债（credit bond）
固息债券（fixed rate bond）
零息票债券（zero coupon bond）
浮息债券（floating rate bond）
有期债券（term bond）
永续债券（perpetual bond）
含权债券（option embedded bond）
违约风险（default risk）
利率风险（interest rate risk）
流动性风险（liquidity risk）
期权定价法（option pricing method）
二项树模型（binomial tree model）
布莱克-斯科尔斯模型（Black-Scholes model）
到期收益率（yield to maturity）
利差（yield spread）
可转换债券（convertible bond）

思考题

1. 债券主要的分类方式有哪几种？每类债券有何特点？
2. 债券的主要风险有哪几种？每种风险的具体含义是什么？
3. 债券的估值方法有哪几种？每种方法适用于哪些类型的债券？
4. 评估人员使用收益法对债券进行价值评估时，估算被评估债券对应的到期收益率曲线需要考虑哪些因素？
5. 评估人员用收益法对债券进行价值评估时使用的折现率与用收益法对其他类型资产进行评估时使用的折现率，在含义上有哪些相同点和不同点？
6. 对于含权债券中的其他权利，如回购/回售权、提前偿还权、可转换权等，应当使用什么方法或思路进行评估？

第八章

实物期权评估

案例引导

2017年9月8日，中国资产评估协会对《实物期权评估指导意见（试行）》进行了修订，印发了《实物期权评估指导意见》，自2017年10月1日起施行。该指导意见所称实物期权，是指附着于企业整体资产或者单项资产上的非人为设计的选择权，即指现实中存在的发展或者增长机会、收缩或者退出机会等。相应企业或者资产的实际控制人在未来可以执行这种选择权，并且预期通过执行这种选择权能带来经济利益。

企业整体资产或者单项资产可能会附带一种或者多种实物期权。实物期权评估是指资产评估机构及其资产评估专业人员遵守法律、行政法规和资产评估准则，根据委托对评估基准日特定目的下附着于企业整体资产或者单项资产上的实物期权进行识别、评定、估算，并出具资产评估报告的专业服务行为。

在金融市场上，期权是衍生金融产品；作为衍生产品，期权可以赋予持有者一定的权利和灵活性，这意味着持有者可以而不是必须按照约定价格买卖标的资产。实物期权是现实中自然存在的灵活性；实物期权评估其实就是借助期权定价方法评估现实灵活性的价值。因此，本章先介绍标准的金融期权的概念、价值与常见的期权定价模型，然后再探讨如何应用这些概念和模型评估实物期权的价值。

第一节 期权及其价值

一、期权的概念

期权（option）是一种关于某项资产（基础资产）的合约，其持有人在规定的时间内享有权利但不负有义务，可以但不是必须按约定的价格购买或出售该项资产。

按权利不同，期权可以分为买方期权（call option）和卖方期权（put option）。持有人拥有按约定价格购买的权利，称为买方期权（call option），也称为看涨期权，因为持有这种期权，将来价格上涨有利。持有人拥有按约定价格出售的权利，称为卖方期权（put option），也称为看跌期权，因为持有这种期权，将来价格下跌有利。买方期权和卖方期权可以分别简称为买权（call）和卖权（put）。

期权还可以分为欧式期权（European option）和美式期权（American option）。两者只是行权时间不同，并没有地域分布的差异。欧式期权持有者只能在期权到期日这一天行使其权利，不能提前，也不能推迟。美式期权持有者可在期权到期日这一天以及到期日之前的任何一个营业日行使其权利。目前，在欧美和亚洲等世界各主要期权市场上，美式期权的交易量远大于欧式期权的交易量。

按标的资产的不同，期权还可以分为商品期权（commodity option）和金融期权（financial option）。商品期权的标的资产包括石油、有色金属、钢铁等大宗商品；金融期权的标的资产包括股票、外汇、利率等，相对更为多见。

买权和卖权分别有各自的买卖双方。在原来都没有相应期权的情况下，买入期权（拥有期权）就成为期权的多头方，卖出期权（欠缺期权）就成为期权的空头方，从而就形成了四种基本的期权头寸，即多头买权（long call）、空头买权（short call）、多头卖权（long put）、空头卖权（short put）。其中，多头买权与空头买权是交易的双方；多头卖权与空头卖权是交易的双方。一般认为，从市场总体角度看，金融交易不创造财富，因此是“零和游戏”。这就意味着，多头方所赚就是空头方所亏；反之亦然。

期权的概念通常是从多头方的角度定义的。对于期权的空头方而言，实则只有义务而没有权利，即只有义务配合多头方执行或不执行相应期权。尽管如此，期权交易仍是公开公平的市场交易。这种公平体现在，交易之初，多头方要付给空头方合理的价格以补偿空头方承担的义务（风险）。如此交易之后，交易双方就各自拥有了相应的权利和义务。因此，在期权交易中，多头与空头双方都有盈亏的可能。

需要注意的是，在到期之前，期权的买卖是经常性的操作。期权的买方并不必然是期权的多头方；期权的卖方也不必然是期权的空头方。在原来都没有相应期权的情况下，买入期权成为期权的多头方；卖出期权成为期权的空头方。如果原来就有相应期权的空头或多头头寸，则买入和卖出期权就分别成为期权的平仓交易。

在我国以往的证券市场上，采用过认购权证和认沽权证；同时，为激励公司高管和核心人员，上市公司普遍实行了期权激励方式，这些都是期权概念的应用。

二、期权的价值

空头方承担的全部义务是否得到合理的补偿，或者说多头方支付的价格是否合理，取决于期权的价格是否符合其价值。期权的价值由内在价值和时间价值组成。

下面以股票期权为例，说明期权价值的相关概念及其评估方法，阐述的相关原理与方法也适用于其他期权，比如实物期权的分析与评估。股票期权是指以股票为标的资产的期权，即在有效期限内按约定价格买卖股票的期权。“股票”代表期权的基础资产，“股票价格”代表标的资产的当前价值，“红利”代表标的资产在期权有效期内预期产生的现金收益（与资本增值收益相对）。

1. 期权的内在价值

内在价值通常指资产的理论价值或公允价值，但期权的内在价值的含义有所不同。期权的内在价值是指执行期权可以获得的价值，所以也可称为期权的执行价值。对于多头买权来说，在到期之前，如果标的股票市场价格（S）低于或等于期权的约定价格（X），则不必执行期权，此时多头买权内在价值为零；如果标的股票市场价格（S）高于期权的约定价格（X），则可以或有必要执行期权，此时多头买权内在价值为 $S-X$，即股票价格高于约定价格多少，多头买权内在价值就为多少，如图 8-1（a）所示。

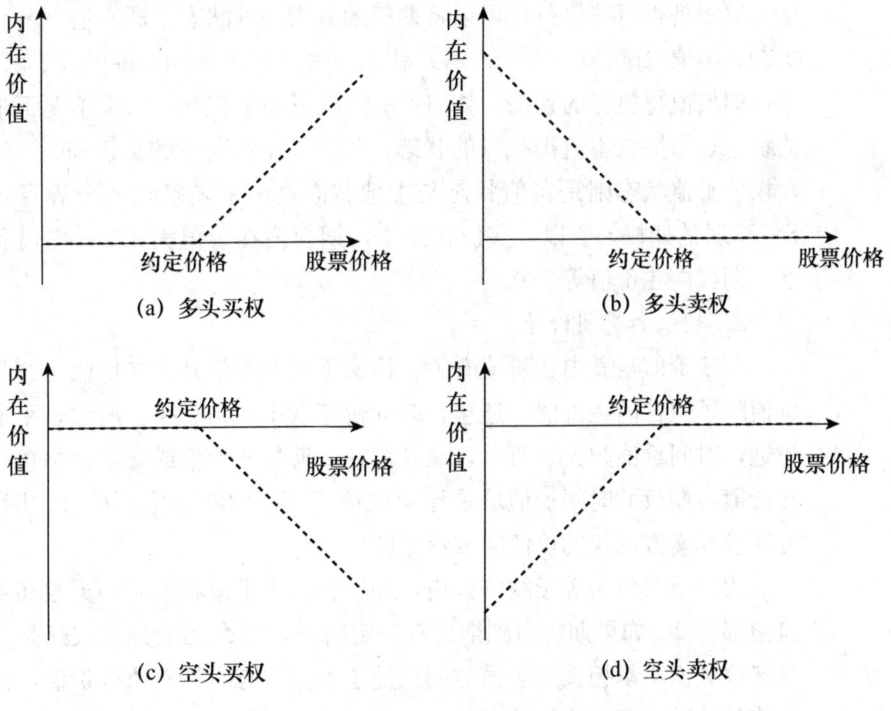

图 8-1　期权的内在价值

同理，对于多头卖权来说，在到期之前，如果股票市场价格（S）高于或等于约定价格（X），则不必执行期权，此时多头卖权内在价值为零；如果股票市场价格（S）低于约定价格（X），则可以或有必要执行期权，此时多头卖权内在价值为 $X-S$，即股票价格低于约定价格多少，多头卖权内在价值就为多少，如图 8-1（b）所示。

因此，在可执行的情况下，买权和卖权的内在价值线与横轴和纵轴的夹角都为 45 度，在非零取值（非水平）状态下，线上任意两点之间的水平距离和垂直距离总是相等。期权交易的多头和空头双方之间收益之和为零，风险之和也为零。同理，根据多头买权和卖权的内在价值线，画出对应的空头买权和卖权的内在价值线，如图 8-1（c）和（d）所示。

用 c_{in} 表示买权内在价值，p_{in} 表示卖权内在价值。多头买权和卖权的内在价值为：

$$c_{in}=\max(S-X,0)$$

$$p_{in}=\max(X-S,0)$$

同理，空头买权和卖权的内在价值为：

$$-c_{in}=\min(X-S,0)$$

$$-p_{in}=\min(S-X,0)$$

式中，max 和 min 分别是后面括号中选最大和最小的函数或运算符号。

按照是否值得执行，可以将期权划分为三种状态，即实值（in the money）状态、虚值（out of the money）状态与平值（at the money）状态。实值状态是指期权值得执行的状态，如 $S>X$ 情况下的买权和 $S<X$ 情况下的卖权。虚值状态是指期权不值得执行的状态，如 $S<X$ 情况下的买权和 $S>X$ 情况下的卖权。平值状态则是实值状态与虚值状态之间的转换点或分界点，也就是指 $S=X$ 时的期权。所以，实值状态下，期权内在价值大于 0；虚值和平值状态下，期权内在价值等于 0。

2. 期权的时间价值

期权价值与其内在价值有关，但又不完全等于其内在价值，这是因为期权价值除了包含内在价值，还包含时间价值（time value）。通常，距期权到期日越远，时间价值越大。所以，在到期前，期权的价值或交易价格总会高于其内在价值，期权的时间价值就是指期权价值高于内在价值的部分。图 8-2 是买方期权和卖方期权的价值组成示意图。

假设股票价格等于约定价格，即期权处于平值状态时，买权和卖权的内在价值都为 0。如果期权离到期还有一定时间，那么无论是买权还是卖权，都只享有权利而不承担义务。虽然期权处于平值状态时没有执行价值，但随着股票价格的波动，期权会逐渐进入实值状态，从而产生执行价值，此时价值不等

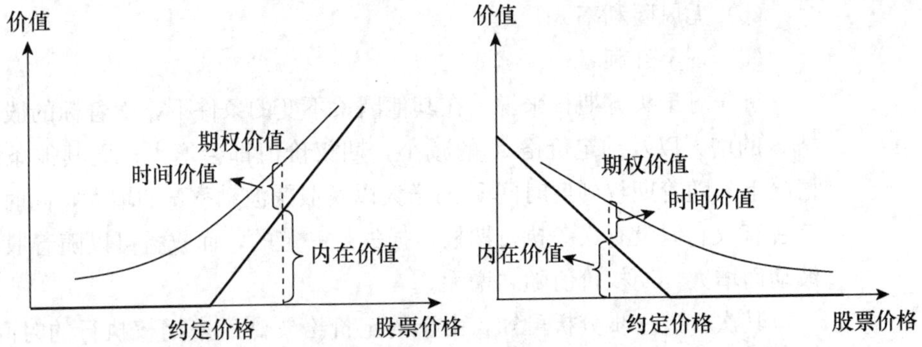

图 8-2 买方期权和卖方期权的价值组成示意图

于 0。换句话说，处于平值状态的期权价值实际高于其内在价值。同理，处于虚值和实值状态的期权价值也都高于其内在价值。期权价值高过内在价值的部分就是期权的时间价值。

期权的时间价值来源于股票（即基础资产）的价格波动。如果图 8-2 中的股票价格不波动，即在期权到期前股票价格始终等于约定价格，则无论是买权还是卖权的价值，都不可能高于当前期权的内在价值，即不存在时间价值。通常，每只股票（或基础资产）的价格都具有波动性，在一定的波动性下，到期时间越长，波动幅度越大。如果到期时间为 0，即已经到期，则股票价格在期权过期前不可能再有变化，此时，期权价值也不可能高于其内在价值，即不存在时间价值。因此，期权的时间价值取决于到期时间和股票波动性两大因素，两大因素一起决定了期权的时间价值。

综上所述，期权的价值高于期权的内在价值且随着期权内在价值的大小而增减；随着到期时间的临近，期权的时间价值逐渐减少为 0，期权的价值逐渐接近于其内在价值。

3. 影响期权价值的因素

在到期之前，期权的价值总是包含内在价值和时间价值两部分（包括内在价值和时间价值可能取值为零的情况）。内在价值取决于股票当前价格和期权约定价格的差异；时间价值取决于股票价格的波动和期权的到期时间。

期权的价值通常指期权在某个时间的价值，如果不特别说明，往往指当前价值。因此，在计算未来期权内在价值的现值时，会受到贴现率的影响。此外，标的股票的未来价格会受到期权到期前发放的红利的影响，由此会影响到未来期权的执行价值即内在价值，从而影响期权的当前价值。

因此，概括起来，有六大变量决定了期权的价值：

（1）股票当前价格 S；

（2）约定价格 X；

（3）到期时间 T（现在时间为 0）；

（4）股票波动率 σ；

（5）无风险利率 r；

（6）现金红利 d。

首先对于买方期权来说，在其他因素不变的条件下，随着标的股票当前价格 S 的增大以及约定价格 X 的减小，期权价值都会增大；而其他条件一定的情况下，随着期权到期时间 T 的增大以及股票波动率 σ 的增大，同时，由于持有者有权利但没有义务执行期权，损失是一定的，而收益可以随着股票价格的波动而增大，期权价值随之增大。

其次，进一步分析可知，由于约定价格要到后来期权执行的时间才支付，随着无风险利率 r 的增大，持有者支付的约定价格的现值将减小，从而也会使买方期权价值增大。最后，由于红利 d 增大将导致股票价格减小，因此，随着期权有效期内现金红利 d 的增大，买方期权的价值将减小。

同理可以得出六大因素对卖方期权价值的影响。

六大因素对买权和卖权价值的影响总结在表 8－1 中。

表 8－1　影响变量增大时期权价值的变化

变量名称	变量符号	买权价值	卖权价值
股票价格	S	增大	减小
约定价格	X	减小	增大
到期时间	T	增大	增大
股票波动率	σ	增大	增大
无风险利率	r	增大	减小
现金红利	d	减小	增大

注意：这里 σ 为股票波动率，代表股票（投资）的风险，准确地讲是股票年收益率的标准差。不考虑现金红利收益的情况下，相当于股票的资本增值收益率的标准差。

从原本意义上讲，风险的不确定性是指收益在一定时期（如一年或各年）内的不确定性，而不是指收益在各期或各年之间的差异。这个收益的不确定性通常用统计学上的标准差（σ）或方差（σ^2）来度量；σ 越大代表（投资）风险越大。

三、期权定价模型

1973 年，费希尔·布莱克（Fischer Black）和迈伦·斯科尔斯（Myron Scholes）两位美国金融学家经过多年潜心研究，推导出股票价格在连续时间变化下的期权定价模型，即布莱克-斯科尔斯模型。到 1979 年，约翰·考克斯（John C. Cox）、斯蒂芬·罗斯（Stephen A. Ross）和马克·鲁宾斯坦（Mark Rubinstein）三位美国金融学家又推导出了股票价格在离散时间变化下的期权定价模型，即二项树模型。

1. 布莱克-斯科尔斯模型

假定在股票价格随时间而随机连续变化的情况下，针对无红利股票的欧式期权，布莱克和斯科尔斯以及默顿分别推导建立了期权价值评估模型：

买方期权价值 $c=SN(d_1)-Xe^{-rT}N(d_2)$

卖方期权价值 $p=Xe^{-rT}N(-d_2)-SN(-d_1)$

式中，c 和 p 分别代表欧式买方期权和卖方期权的价值；S 为标的股票当前价值；X 为期权约定价格或行权价格；T 为期权有效期或行权期限；r 为无风险收益率；e^{-rT} 是利率为 r、到期时间为 T 情况下连续复利的现值系数；$N(d_1)$ 和 $N(d_2)$ 分别表示在正态分布下变量小于 d_1 和 d_2 时的累计概率。d_1 和 d_2 的取值如下：

$$d_1=\frac{\ln(S/X)+(r+\sigma^2/2)T}{\sigma\sqrt{T}}$$

$$d_2=\frac{\ln(S/X)+(r-\sigma^2/2)T}{\sigma\sqrt{T}}=d_1-\sigma\sqrt{T}$$

式中，σ 为标的股票当前价值的波动率。

布莱克-斯科尔斯模型解决了长期困扰经济和金融领域的难题。虽然该模型是针对无红利股票的欧式期权的价值评估，但经过简单变换，可以很方便地考虑期权有效期内的预计股票红利。另外，由于美式期权的价值在多数情况下接近于对应的欧式期权，而部分情况下等于对应的欧式期权，因此可以说，布莱克-斯科尔斯模型基本解决了期权定价的难题。

选择布莱克-斯科尔斯模型估算期权价值的步骤如下：

第一步，估计有关参数。

第二步，计算 d_1 和 d_2 以及 $N(d_1)$ 和 $N(d_2)$。

第三步，评估期权的价值。

例如，ABC 股票上的欧式买方期权和卖方期权，约定价格都为 30 元，到期时间都为 6 个月。已知资本市场上无风险利率为 4%，ABC 股票的目前价格为 32 元，波动率为 30%，在上述买方期权和卖方期权到期前不发放红利，则

$S=32$ 元，$\sigma=30\%$，$X=30$ 元，$T=0.5$ 年（$\sqrt{T}=0.7071$），$r=4\%$

$$d_1=\frac{\ln(S/X)+(r+\sigma^2/2)T}{\sigma\sqrt{T}}$$

$$=\ln\frac{(32/30)+(4\%+30\%^2/2)\times0.5}{30\%\sqrt{0.5}}$$

$$=0.5046$$

$$d_2=d_1-\sigma\sqrt{T}$$

$$=0.5046-30\%\times0.7071$$

$=0.2925$

应用 Excel 中的 NORMSDIST 函数可得：

$$N(d_1)=0.6931, N(d_2)=0.6150, N(-d_1)=0.3069, N(-d_2)=0.3850$$

应用 Excel 中的 EXP 函数可得：

$$现值系数\ e^{-rT}=e^{-4\%\times 0.5}=0.9802$$

因此

$$\begin{aligned}买方期权价值\ c &= SN(d_1)-Xe^{-rT}N(d_2)\\ &=32\times 0.6931-30\times 0.9802\times 0.6150\\ &=4.09(元)\end{aligned}$$

$$\begin{aligned}卖方期权价值\ p &= Xe^{-rT}N(-d_2)-SN(-d_1)\\ &=30\times 0.9802\times 0.3850-32\times 0.3069\\ &=1.50(元)\end{aligned}$$

布莱克-斯科尔斯模型的前提是符合实际的，结论是明确且唯一的。比如，现实中股票或其他资产的价格基本可以看作是随时间的推移而随机连续变化的；模型的明确性和唯一性完全可以从上面模型的形式看出来。另外，布莱克-斯科尔斯模型的推导过程遵循严格的逻辑，从模型的形式到模型中考虑的五大变量都是严格按照逻辑推导得到的。

2. **二项树模型**

在布莱克-斯科尔斯模型建立之后，考克斯、罗斯和鲁宾斯坦于 1979 年推导建立了新的期权定价方法，这就是后来得到广泛认可和应用的二项树模型。

所谓二项树模型，是指描述基础资产未来价值变化的一种方法，即假定每过一期（长度可人为决定），资产价值分别有上升、下降两个可能的结果。当然，经过若干期后，基础资产价值将有更多种可能的结果。比如，可以推算出期权到期时，标的股票有几种可能的价值及其出现的概率；然后计算各种可能价值下的期权执行价值（到期时只有执行价值）；最后再将这些可能的执行价值乘以相应的概率，并将得到的乘积相加，就可以得到期权到期时执行价值的期望值。将这种执行价值的期望值折现到当前，就得到期权的当前价值。

一期二项树和两期二项树的期权价值模型分别为：

$$f=e^{-rT}[pf_u+(1-p)f_d]$$

$$f=e^{-2rt}[p^2f_{uu}+2p(1-p)f_{ud}+(1-p)^2f_{dd}]$$

u 和 d 的取值可以根据实际情况进行估计，也可以根据标的资产波动性、无风险利率以及时间长度，运用公式计算确定。u，d，p 的计算公式如下：

$$u=e^{\sigma\sqrt{t}}$$

$$d=e^{-\sigma\sqrt{t}}$$

$$p=\frac{e^{rt}-d}{u-d}$$

式中，f 代表买方期权或者卖方期权的价值；T 代表期权行权期限；t 代表每期的时间长度；p 为标的资产价格在一期中上升的概率；相应地，$(1-p)$ 为标的资产价格在一期中下降的概率；u 和 d 分别代表标的资产价值一次上升后为原来的倍数和一次下降后为原来的倍数；f_u 和 f_{uu} 分别代表标的资产价值一次和两次上升后期权的价值；f_d 和 f_{dd} 分别代表标的资产价值一次和两次下降后期权的价值；f_{ud} 代表标的资产价值一次上升和一次下降后期权的价值；σ 与前面一样，代表标的股票收益率的标准差。

二项树模型是离散时间下的模型，在应用二项树模型进行期权评估时，可以根据需要将期权的到期期限划分为任意多个变化期，从而增加期权到期时标的资产价值的可能值个数及对应的期权价值的可能值个数。一般而言，划分的期数越多，考虑的期权执行的可能性越充分，评估结果越精确。在极限（即划分期数为无限多，每期长度为无限短）情况下，运用二项树模型和运用布莱克-斯科尔斯模型得到的期权价值相同。目前，借助于计算机辅助计算，在应用二项树模型时通常将期权的有效期划分为100～200期。

选择二项树模型评估期权价值的步骤如下：

第一步，估计或计算 u，d 和 p。

第二步，根据 u 和 d，计算出标的资产的到期价值，进而计算期权到期价值的各种可能值（执行价值），如一期二项树下为 f_u 和 f_d，两期二项树下为 f_{uu}，f_{ud} 和 f_{dd}。

第三步，如果是欧式期权，根据到期价值的可能值及其概率，计算期权到期价值的期望值，按到期时间长度折现上述期望价值，就能得到期权的当前价值。如果是美式期权，计算期权在各个时间节点的价值，并与该节点的执行价值相比较，判断期权在该节点是否应该执行，从而决定该节点的期权价值。从后向前重复这个过程，最终就会得到期权的当前价值。

计算期权在各个时间节点价值的方法是：先计算下期的期望价值，即 $pf_u+(1-p)f_d$；再按一期时间长度折现上述期望价值，得出该节点的期权价值，即 $e^{-rt}[pf_u+(1-p)f_d]$。

例如，根据前述ABC股票上的欧式买方期权和卖方期权，已知：$S=32$（元），$\sigma=30\%$，$X=30$（元），$T=0.5$（年）（$\sqrt{T}=0.707\,1$），$r=4\%$。如果将未来期权有效期作为一期，则

$$u=e^{\sigma}\sqrt{t}=e^{30\%\times 0.707\,1}=1.236\,3$$

$$d=e^{-\sigma\sqrt{t}}=e^{-30\%\times 0.707\,1}=0.808\,9$$

$$e^{rt}=e^{4\%\times 0.5}=1.020\,2$$

$$e^{-rt}=e^{-4\%\times0.5}=0.9802$$

$$p=\frac{e^{rt}-d}{u-d}=\frac{1.0202-0.8089}{1.2363-0.8089}=0.4944$$

$$1-p=0.5056$$

期权到期时股票有两个可能价值，分别为：

$$S_u=32\times1.2363=39.56(\text{元})$$

$$S_d=32\times0.8089=25.88(\text{元})$$

计算可知，买方期权的执行价值和内在价值分别为 9.56 元和 0 元；卖方期权执行价值和内在价值分别为 0 元和 4.12 元。根据概率 0.494 4 和 0.505 6，可以得到买方期权和卖方期权的到期期望价值分别为 4.73 元和 2.08 元。根据现值系数 0.980 2，可以得到买方期权和卖方期权的当前价值分别为 4.63 元和 2.04 元。与应用布莱克-斯科尔斯模型得到的结果（4.09 元和 1.50 元）相比，有较大的误差。

如前所述，将划分的期数增加，会提高评估的精确度。将期权的半年有效期划分为两期，则买方期权和卖方期权目前价值分别为 4.16 元和 1.57 元；将期权的有效期划分为 10 期，则两个期权价值分别为 4.15 元和 1.56 元；将期权的有效期划分为 100 期，则两个期权价值分别为 4.10 元和 1.50 元。这时得到的结果与应用布莱克-斯科尔斯模型得到的结果已经相差无几，仅在小数点之后第三位后有差异（买方期权价值为 4.098 7 元）。

需要注意的是，二项树模型同样是基于合理的前提、遵循严格的逻辑推导出来的；在极限（即划分的期数为无限多，近似于连续时间）情况下，该模型得到的期权价值接近于应用布莱克-斯科尔斯模型得到的结果。

与布莱克-斯科尔斯模型相比，二项树模型便于理解，但计算过程较为烦琐。其最大的特点和优势在于可以通过判断在各期末期权提前执行的必要性倒推计算各期末期权的价值，从而可以在一定程度上计算美式期权的价值；也可以考虑各种特殊的期权执行要求，从而实现对其价值的评估，如百慕大式期权等。在目前计算机办公软件（Excel）广泛普及的情况下，应用二项树模型，可以方便地模拟出多种期权价值。

第二节　常见的实物期权

如前所述，我们介绍和探讨金融期权的目的是应用期权定价模型评估实物期权的价值；本节就来探讨实物期权的相关概念以及应用期权定价模型进行评估的相关问题。

一、实物期权及其特征

作为一种交易合约，期权最大的特点是提供了自由选择的权利，即“可以但不是必须”的权利。在现实中，人们会面临各种灵活性、机会、调整余地、发展空间等。在这样的环境中，人们也就有了“可以但不是必须”的选择权。将期权的概念推而广之，现实中这些“可以但不是必须”的选择权也都是期权。这些期权是没有经过人为设计而天然存在的，为区别于人为设计的期权，将这些期权称为实物期权（real option）。1977 年，美国金融学家斯图尔特・C. 迈尔斯（Stewart C. Myers）首次提出实物期权的概念，并得到广泛认同。

1. 实物期权评估的必要性

作为一种客观事物，实物期权长期普遍存在。现实中存在的“可以但不是必须”的灵活性以及决策者拥有的选择余地都属于实物期权。虽然我国至今没有大范围推出正式的期权产品，但我国企业、组织同样面临多种多样的实物期权。虽然实物期权的评估还不普遍，但在评估各种单项或整体资产价值时，必然会经常遇到与实物期权评估相关的问题。

从资产的价值构成看，实物期权是许多资产特别是整体资产价值的重要组成部分。根据前面的分析，资产的价值来源于未来不确定的收益。这些不确定的收益可以分为波动收益和或有收益。这种或有收益（同时规模上有波动）正是实物期权。从企业价值来源的角度来看，波动收益是当前业务持续到未来所创造的收益，而或有收益则是未来新建业务的收益。这些新建业务的收益可能有，也可能没有，所以称为或有收益。

企业总价值可以看作当前业务价值与未来可能业务价值的总和。价值来源于未来收益。运用收益折现方法计算当前业务未来波动收益的总现值，可以评估出企业当前业务的价值。若要计算企业总价值，还需要加上计算出的未来可能业务的价值，这就需要计算或有收益的价值。从概念上讲，对于确定有但大小有波动的收益，可以通过折现期望值并加总计算出其价值，但或有收益可能有，也可能没有，不能直接通过折现期望值得出价值。因此，对于评估或有收益的价值，折现方法无能为力，只能依靠期权定价的方法。

2. 实物期权的特征

实物期权与人为设计的期权（商品期权或金融期权）并非完全相同。除了有类似的或有收益这一特征，相对于人为设计的期权而言，实物期权还有以下不同特性。

（1）非交易性。除了少数可以独立存在的无形资产，如专利、商标等，实物期权一般附着于各种实体资产特别是组合后的整体资产上，往往不可能单独进行交易，也没有活跃的交易市场。由此可知，其价值应该低于同等条件下可以灵活交易的期权，如场内交易的股票期权、各种大宗商品的期权等。

（2）非独占性。人为设计的期权往往可以清楚明确地给予持有人执行期权的权利，但实物期权的执行还取决于行业竞争情况以及拥有者审时度势、利用机会的策略和能力等。由此可知，实物期权的价值应该低于同等条件下人为设计的期权价值。

（3）战略相关性。与非独占性类似，实物期权的执行还与拥有方资源的保证程度以及各种战略的轻重缓急有关，因此在期权的执行方面有更多的不确定性。

（4）到期时间的不确定性。实物期权的到期时间并不完全确定，期权拥有方可以根据情况适当提前或延后执行，因此在期权的执行方面有更多的灵活性。

（5）约定价格的不确定性。实物期权的约定价格并不完全确定，这给期权的拥有方增加了执行的难度和风险，这也许会成为对执行期权的限制。

（6）有关参数估计困难。人为设计的期权往往标的资产单一，各种因素较为确定。与之相比，对于实物期权而言，包括标的资产价值及其波动率、期权的约定价格和到期时间等参数都更不确定，估计起来也更为困难。

综上所述，与人为设计的期权相比，实物期权有更多的不确定因素。由此也决定了其价值评估有更大的难度和不确定性，容易产生评估误差。

二、常见的实物期权

文献中有多种关于实物期权的定义，而实物期权本质上就是现实中的灵活性。在很多情况下，可以按照灵活性来识别实物期权。以灵活性为标准，现实中的实物期权有很多。在资产价值评估中，预期未来存在或有收益/成本的资产都有实物期权。

在管理领域，实物期权广泛分布于投资决策、融资决策、经营决策和各种合约条款中。在投资决策方面，管理者可能有资产增减方面的灵活性，表现为诸如投资扩张的选择权、资产变现或改变用途的选择权等。在经营决策方面，管理者可能有供、产、销和人、财、物等日常经营方面的灵活性，如产量增减的灵活性、开工与否的选择权等。在各种合约条款中，可能有合约各方的权利与义务不对等的情况，这正是期权的特征。

1.《实物期权评估指导意见》中归纳的实物期权

在中国资产评估协会颁布的《实物期权评估指导意见》中，特别提出并定义了评估业务中两种最为常见的实物期权，即增长期权和退出期权。

增长期权是指在现有基础上增加投资或者资产，从而可以扩大业务规模或者扩展经营范围的期权。常见的增长期权包括实业项目进行追加投资的期权，分阶段投资或者战略进入下一个阶段的期权，利用原有有形和无形资产扩大经营规模或者增加新产品、新业务的期权，文化艺术品以及影视作品开发实物衍生产品或者演绎作品的期权等。

退出期权是指在前景不好的情况下，可以按照合理价格即没有明显损失地部分或者全部变卖资产，或者低成本地改变资产用途，从而收缩业务规模或者范围以至退出经营的期权。常见的退出期权包括房地产类资产按接近或者超过购置成本的价格转让，制造业中的通用设备根据业务前景改变用途，股权投资约定退出条款等形成的期权。

2. 不可忽视的实物期权

增长期权和退出期权广泛分布于各种类型的企业和资产中。现实中企业的整体与单项资产都可能附带一些实物期权。实物期权的价值评估较为复杂，为便于理解和评估操作，《实物期权评估指导意见》特别强调，应当从可能发现的实物期权中选出不可忽视的实物期权加以评估，以利于平衡评估工作量与评估结论的准确性和稳健性。

不可忽视的实物期权可以根据实物期权的重要性和相互关系进行直觉判断。

实物期权的重要性可以根据以下标准进行评价：

（1）标的资产范围或者价值越大越重要。如评估企业价值时，以企业价值为标的资产的实物期权比以某个业务部门为标的资产的实物期权更为重要。

（2）实物期权执行的可能性越大越重要。在其他条件相同的情况下，实值实物期权比虚值实物期权重要；实物期权的实值越深越重要；实物期权的期限越近越重要；标的资产拥有方具备的执行实物期权的资源越充足越重要。

执行实物期权的资源多种多样，增长实物期权最重要的资源是对相应业务的垄断权，包括来自政府或者市场的特许权、来自技术专利的独占权，以及长期的买卖合同或者合作关系、产品或者业务预付定金等。

实物期权的相互关系可以根据以下标准进行评价：

（1）多个实物期权之间有互斥关系或者替代关系，即选择执行了其中一个实物期权，其他实物期权就不能或者不必要执行，则应当选择其中最重要的实物期权。

（2）多个实物期权之间有互补关系。常见的有互补关系的期权是各种可能的机会之间有战略协同性的期权。互补关系可进一步分为两类：一类是可或缺的互补关系，即两个或多个机会之间有互相补充的关系，但各自也可以单独成立；另一类是不可或缺的互补关系，即两个或多个机会之间有互相补充的关系，而且相互依存，各自不能单独成立。如果是可或缺的互补关系，可以选择其中最重要的一个或几个实物期权进行评估；如果是不可或缺的互补关系，则根据执行的可能性都选或都不选为评估对象。

（3）多个实物期权之间有因果关系或者前后关系，则根据执行的可能性只选在前或者为因的一个或少数几个实物期权进行评估。

第三节　实物期权评估

本节将举例说明实物期权的评估，旨在说明实物期权评估的一般步骤和方法。现实中实物期权多种多样，本节中所举的例子不能代表各种实物期权的情形。

一、实物期权评估的基本步骤

《实物期权评估指导意见》规定，资产评估专业人员评估实物期权，应当按照识别期权、判断条件、估计参数、估算价值四个步骤进行，并对识别期权、判断条件、估计参数、估算价值分别做了具体说明。

（一）识别期权

与其他评估方法的应用不同，实物期权评估首先要识别待评估的资产是否附带实物期权。企业整体或者单项资产通常会附带实物期权，但具体的评估要明确具体的实物期权，以便明确标的资产及其价值和波动率、约定价格、到期时间等具体参数。这些参数与资产的性质、市场的状况以及相关资源情况都相关。所以要在全面了解有关资产情况以及资产未来使用前景和机会后，再识别其中的实物期权。

一方面，企业的资产通常存在实物期权，甚至有大量的实物期权，高科技公司、网络公司等资产中的实物期权则更多。因此，在识别出实物期权之后，还要从中进一步筛选出不可忽视的实物期权。另一方面，识别重要的实物期权时，应结合实物期权的标的资产、期权种类、行权价格、行权期限等基本特征。也就是说，如果识别出重要的实物期权，应该同时初步考虑实物期权的标的资产（是什么）、期权种类（是什么）、行权价格（为多少）、行权期限（为多长）等。

以企业价值评估为例。企业当前业务如果预期在未来可以持续下去，则可根据其未来波动的现金流量运用收益法评估其价值；企业如果预期在未来可能通过投资建立新的业务，则应当根据或有的现金流量运用期权定价法评估其价值。对于企业而言，可能出现的新业务有很多，应当选择那些价值影响大、建立可能性大的业务作为实物期权进行评估。一般而言，可以作为实物期权进行评估的未来业务应当具备以下6个特征：（1）相应未来业务将是企业价值的重要组成部分；（2）企业已经将相应未来业务纳入自己的战略规划；（3）企业已经具备投资和开展相应业务的重要条件；（4）相应业务是涉及企业未来发展的不多见的机会；（5）与企业当前业务以及战略规划中的其他业务没有冲突；（6）企业关注外部条件和形势的变化，随时可以上马相应业务。

应当明确的是，实物期权的标的资产并不一定是待评估资产，甚至经常不是待评估资产。其中，多数退出期权的标的资产是待评估资产；多数增长期权的标的资产不是待评估资产，而是待评估资产中包含的未来业务。比如，一部文学作品（待评估资产）中包含未来改编为电影剧本并拍摄电影的增长期权。这个增长期权的标的资产就是该作品对应的电影项目；期权种类为买方期权；

行权价格为改编剧本和拍摄电影的总投资；行权期限为预计投资时间。标的资产不能与待评估资产混为一谈。

（二）判断条件

判断条件是指根据已经掌握和可能掌握的资料和数据，判断待评估资产是否具备评估实物期权价值的条件。如果判断其具备评估实物期权价值的条件，则可进行评估的后续步骤；如果判断其不具备评估实物期权价值的条件，则应该就此终止实物期权的评估，以确保实物期权评估的质量。在识别出实物期权的基础上，能否进行相应实物期权的价值评估，关键是看能否较为可靠地确定有关期权定价模型中的参数值。因此，应当根据有关参数所需信息的可获取性和可靠性，判断是否具备评估条件。

就评估方法而言，实物期权评估应用的是期权定价法；期权定价法比收益法难度大，需要估计的参数也多。在待评估资产具备评估条件，委托方也要求评估实物期权的情况下，不能因为收集资料、估计参数、计算期权价值等方面的麻烦，借口待评估资产不具备实物期权评估条件，从而不评估待评估资产中包含的重要的实物期权。正如《实物期权评估指导意见》所强调的，资产评估师应当勤勉尽责，尽可能获取充分、可靠的信息，恰当评估有关实物期权的价值。

《实物期权评估指导意见》对应当评估或不必评估实物期权的情况有若干规定，梳理总结如下。

1. 不必评估的情况

（1）待评估资产中包含实物期权，但没有较为重要的实物期权，即实物期权价值不大，或者实物期权执行的可能性不大，可以忽视。

（2）待评估资产中包含重要的实物期权，但由于基础信息、相关资料方面的限制而无法估计评估所需要的参数，或实物期权价值变化过于复杂而无法应用期权评估方法。

（3）待评估资产中包含重要的实物期权，也具备评估相应实物期权的条件，但委托方或者被评估单位认为不需要评估资产中包含的实物期权。

2. 应当评估的情况

在待评估资产中包含重要的实物期权且期权执行的可能性很大；具备评估相应实物期权的资料、信息和技术条件；委托方或者被评估单位也同意或认为需要评估资产中包含的实物期权等条件满足的情况下，就应当评估相应的实物期权。

（三）估计参数

实物期权评估中的参数通常包括标的资产的评估基准日价值、波动率、行权价格、行权期限和无风险收益率等。

1. 标的资产及其评估基准日价值

标的资产即实物期权所对应的基础资产。增长期权是买方期权，其标的资产是当前资产带来的潜在业务或者项目；退出期权是卖方期权，其标的资产是实物期权所依附的当前资产。执行评估业务时，增长期权的标的资产可能不存在，在未来利用相应增长机会时才能形成；而退出期权的标的资产往往已经存在或即将存在（如即将投资的项目等）。

在评估实物期权价值时，计算标的资产的评估基准日价值可以根据情况选择使用成本法、收益法或市场法。一般而言，运用成本法评估出的价值不可能包含实物期权的价值；运用收益法评估出的价值有可能包含实物期权的价值（但未必准确）；而运用市场法评估出的价值则很可能已经包含实物期权的价值（但未必准确）。在包含实物期权价值的情况下，再单独计算实物期权价值，就会造成价值的重复计算。因此有必要提醒，标的资产的评估价值中应该明确不含资产中的实物期权价值。

2. 标的资产波动率

波动率是指预期标的资产年收益率的标准差。资产收益包括当年现金收益和价值增值收益，如股票的年收益等于年现金红利收益加年股价上升带来的增值收益；而资产收益率是以相对数表示的资产收益，等于现金收益率加增值收益率。严格地讲，波动率是指预期未来各年可能收益率的标准差，是实物期权价值评估中较难确定的参数，主要原因是未来各年（多种）可能的收益通常难以有确切依据地估计或预测。针对这种情况，可以根据资产以往价格相对变动情况确定历史波动率，也可以通过类比风险相近资产过去或目前的波动率确定，这样得到的波动率再根据标的资产未来风险变化情况进行调整。

在不特别说明的情况下，各种资产的收益率（包括无风险收益率）都指有关资产的年收益率；而波动率作为标的资产的风险指标则指标的资产年收益率的标准差。在现实中，容易获得的时间序列数据往往不是年度数据，而是按月、周、日分布的数据，因此可以直接得到的是月、周、日的收益率，根据这些收益数据分别得到的是月、周、日的收益率的波动率。应用期权定价模型评估时，需要首先进行“年化”计算才能得到所需要的波动率。

3. 行权价格

行权价格即期权的执行价格，是指实物期权行权时，买进标的资产支付的金额或者卖出标的资产获得的金额。如前所述，并非所有实物期权的标的资产都是待评估资产。正确识别标的资产是正确评估实物期权以及确定行权价格的前提。增长期权的行权价格是形成标的资产所需要的投资金额，即建立相应潜在业务或者项目所需要的投资额。退出期权的行权价格是标的资产在未来行权时间可以卖出的价格，或者是在可以转换用途的情况下，标的资产在行权时间的评估值。买方期权价值与行权价格反向相关，而卖方期权价值与行权价格正向相关。因此，根据稳健原则，在估计行权价格时，如果因存在不确定因素而难以准确估计，可适当高估增长期权的行权价格、低估退出期权的行权价格。

4．行权期限

行权期限是指评估基准日至实物期权行权时间之间的时间长度。实物期权通常没有事先确定的行权期限，可以按照预计的最佳行权时间估计行权期限。买方期权和卖方期权的价值都与行权期限正向相关。因此，根据稳健原则，在估计行权期限时，如果因存在不确定因素而难以准确估计，可适当低估有关实物期权的行权期限。应该特别注意的是，许多实物期权有行权的最后期限。例如，专利资产的价值可以按照实物期权来评估，如果某公司在专利保护期内都可以投资生产与相应专利有关的产品，在计算相应专利的价值时，期权的行权期限就不能按照专利保护期来确定，而应该根据很可能实施投资的某个近期时间来确定。

5．无风险收益率

无风险收益率是指不存在违约风险的收益率，可以参照剩余期限与实物期权行权期限相同或者相近的国债到期收益率确定。这里有两点需要说明：一是无风险收益率与期限长短有关，因此在评估实物期权时，应该选择剩余期限与行权期限相同或者相近的国债来参照确定无风险收益率，而不是采用任意期限的国债。二是无风险收益率应该根据国债的到期收益率确定，而不是根据国债的利率来确定。债券（包括国债）的交易价格可能不同于面值，因此投资债券的预期收益率就不同于票面利率。这里的到期收益率是一个准确的概念，即购买债券后一直持有至到期并获得持有债券期间所有债券本息情况下的年均收益率，可以简单理解为债券投资的预期收益率。

（四）估算价值

前面已经介绍了评估期权价值的两个重要模型，即布莱克-斯科尔斯模型和二项树模型。资产评估专业人员可以根据实物期权的类型和情况，决定选择哪个模型评估实物期权。

一般而言，在参数都可以估计的情况下，与二项树模型相比，应用布莱克-斯科尔斯模型评估相对简单、方便。如果待评估资产的实物期权在未来行权期限内有若干明确的时间节点可供实物期权拥有者自行做出有利的选择，或者有特殊的执行或不执行的条件，则可选用二项树模型，以方便描述未来的收益特征。如美式实物期权在有利的情况下可以提前执行。如果没有这样的时间节点，则可采用布莱克-斯科尔斯模型进行评估。

在应用二项树模型时，将实物期权的有效期或行权期划分的期数越多，评估的结果越精确。一般而言，将分析期划分为 10～30 期已经可以得到较为精确的结果。从简化计算考虑，在采用二项树模型评估实物期权时，一般不必划分出太多的变化期。

无论采用哪个评估模型，当得到评估结果时，应当对其进行必要的合理性检验。这里的合理性检验，主要指根据各种简单标准判断评估结果有无合理性。所谓简单标准，是指直觉上易于理解的期权价值的方向性关系和合理范围。《实物期权评估指导意见》在附录中列举了部分简单标准，价值评估工作者应该在平时注意学习和积累这类简单标准。这种合理性检验有利于避免各种明显的错误，包括参数估计或模型应用中的错误。

相关链接

资产评估中实物期权应用的探讨

实物期权的应用存在限制。实物期权法并不是万能的，其计算方法较为复杂，假设条件较多，除非评估对象具有可靠的相关参数或比较准确的未来收益预测，否则其最终结果的可信度将大打折扣。实物期权法特别适用于大宗商品相关的评估业务，因为市场中有关大宗商品的相关数据和分析预测资料比较齐全。另外，实物期权中体现的管理灵活性并非对所有的企业都有价值。如果一个企业不愿及时对发展规划做出调整，或缺乏利用管理灵活性获利的能力，则期权价值在此类企业中是不存在的。此外，计划内发展规划的变动也与期权价值无关。只有当企业存在不确定性，并且这种不确定性对企业生产经营的影响较大时，实物期权法的使用才具有合理性，否则，管理灵活性以应对不确定性的权利与价值也不复存在。实务操作时，评估师应对上述适用性条件进行合理的分析和判断。

资料来源：王奇超，于志超. 资产评估中实物期权应用的探讨. 中国资产评估，2012(10).

二、实际评估问题举例——版权评估

下面通过一部小说版权的评估过程演示实物期权评估的基本步骤。

××年×月×日，A出版社接到一部10万字的科幻小说《星际留学》，需要评估其价值。该小说可以同时推出网络版和纸质版。出版专家预测，在未来3～5年中，该小说的网络版会有年收益（广告收入分成）4万～10万元；纸质版年销售1万～3万册，每册利润4～6元。同时，如果纸质版累计销售量达到6万册，就可考虑改编为电影剧本。专家估计，根据该小说的故事吸引力和文学水平，网络版和纸质版发行的风险属于中等。如果电影拍摄、发行成功（以补偿各种成本后有盈余为标准），则有进一步编写续集的机会。同样，续集也采用类似的经营模式，并有可能衍生出类似的后续机会。业内专家估计，由小说改编为电影剧本的总成本为10万～30万元；电影拍摄、发行的总成本为2 000万～4 000万元。

在演示该版权的评估过程之前，特别提醒注意，本案例的目的是以最小的篇幅演示实物期权评估的核心线索，实际评估中需要收集的有关数据远远超过上述信息。同样，下面对有关参数或变量的估计采用最简单的做法，实际中的估计也应该更为详细具体。

分析如下：

该版权价值显然由两部分组成：一部分是目前小说的直接价值；另一部分是该小说之上的实物期权的价值。按照上面给出的信息，该小说之上的实物期权包括未来改编和拍摄电影的机会、编写续集的机会以及续集再改编和拍摄电影以及电视剧的机会等。当然，可以想象，随着续集及其改编和拍摄电影的成功，小说和电影的发行可以扩展到国际市场；进一步，剧中人物、动物形象可能会有特许使用权的价值，如应用于玩具、服装等。

显然，在上述多个后续机会或期权中，每个后续机会或期权的价值都依赖于其前一步成功与否。根据《实物期权评估指导意见》的要求，在目前阶段进行评估，只有改编和拍摄电影的机会属于不可忽视的实物期权，需要进行评估。假定可以按照上面给出的信息，简单采用中间值或平均值的方式得到有关收益数据，整理数据如下。

在未来 4 年中，该小说的网络版会有年收益 7 万元；纸质版年销售 2 万册，每册利润 5 元。因此，每年收益为 17 万元（7＋5×2）。预期 4 年中每年销售 2 万册，意味着累计销售量有望达到 6 万册，因而现在可考虑改编和拍摄电影的期权。由小说改编为电影剧本的总成本为 20 万元；电影拍摄、发行的总成本为 3 000 万元。假定经过估计，无风险利率为 5％；该项目适用的贴现率为 12％。

小说的直接收益价值为：

$$\sum_{t=1}^{4}\frac{17}{(1+12\%)^{t}}=51.63(\text{万元})$$

改编和拍摄电影的期权价值评估较为复杂。首先，改编和拍摄电影的期权的总投资为 3 020 万元（20＋3 000）。对应地，应该估计电影发行的收益。这个收益的估计较为复杂，此处不做展开。可以肯定的是，由于这项投资是否进行以及能否成功都有很大的不确定性，在估计时应该根据类似投资情况尽可能保守一些。假定根据专家初步估计的收益折现加总后得到的总现值为 3 020 万元，即在补偿货币时间价值的情况下，达到盈亏平衡。

根据上面的信息，在应用布莱克-斯科尔斯模型所需要的 5 个基础数据中，已知 S＝3 020（万元）；X＝3 020(万元)；r＝5％。另外，还需要估计期权的到期时间 T 和标的资产价值波动率 σ。已知累积销售量达到 6 万册后考虑电影投资，根据每年销售 2 万册，可以计算出，累计销售 6 万册需要时间为 3 年。所以，确定期权的到期时间 T 为 3 年。根据专家估计的该小说发行风险属于中等，综合考虑电影投资相对风险较大的情况，波动率应该超过中等水平，即取值应该超过30%。另一方面，波动率越大，计算出的期权价值越大。遵从保守或稳健原则，确定波动率σ为30%。

应用布莱克-斯科尔斯模型，可得：

$d_1=0.54848$，$N(d_1)=0.70832$

$d_2=0.02887$，$N(d_2)=0.51151$

电影投资的期权$c=809.53$(万元)

因此，小说《星际留学》版权总价值为：

51.63+809.53=861.16(万元)

当然，上述评估过程基于一个前提，即该小说后续进行电影投资及其成功的可能性很高。电影投资期权的价值为809.53万元，远远超过小说自身估值51.63万元。

本章小结

本章介绍了期权的概念；期权的价值组成，即期权的内在价值、时间价值与总价值；期权的定价模型，即布莱克-斯科尔斯模型和二项树模型；常见的实物期权，即增长期权和退出期权，以及评估实物期权的基本步骤。本章还通过分析一个实际问题的评估过程演示了实物期权评估的应用和解决问题的能力。

常用数据来源

1. 上海证券交易所股票期权专栏：http://www.sse.com.cn/assortment/options
2. 期权论坛：https://www.optbbs.com/
3. 中国期货业协会：http://www.cfachina.org/

名词和术语

期权（option）

实物期权（real option）

波动率（volatility）
增长期权（growth option）
退出期权（exit option）

思考题

1. 什么是期权？它与期货有什么不同？
2. 什么是期权的内在价值？什么是期权的时间价值？
3. 期权的价值取决于哪些因素？它与这些因素的（方向性）关系是怎样的？
4. 什么是布莱克-斯科尔斯模型？什么是二项树模型？两者各是哪些人在什么年代创立的？两个模型之间是什么关系？
5. 什么是实物期权？什么是增长期权？什么是退出期权？
6. 说明评估实物期权的一般步骤。
7. 现实中实物期权是否多见？评估中遇到实物期权就应该评估吗？为什么？

第九章

资产评估报告

案例引导

甲资产评估有限公司接受A公司的委托，根据国家关于国有资产评估的有关规定，本着独立、客观、公正的原则，按照国际公允的资产评估方法，对A公司拟收购B公司全部股东权益之目的而委托评估的B公司的资产和负债进行了实地勘察，实施了必要的市场调查与征询，履行了公认的其他必要评估程序。据此，评估公司对委估资产在评估基准日的市场价值分别采用成本法和收益法进行了评估，为收购行为提供价值参考意见。目前资产评估工作业已结束，现谨将资产评估结果报告如下：

经评估，截至评估基准日2019年12月31日，在持续经营前提下，B公司全部股东权益的市场价值为人民币××万元。

本报告仅供委托方为本报告所列明的评估目的以及报送有关主管机关审查而做。评估报告使用权归委托方所有，未经委托方同意，不得向他人提供或公开。除依据法律需公开的情形外，报告的全部或部分内容不得发表于任何公开媒体上。

甲资产评估有限公司（盖章）

2020年3月10日

以上评估报告引自甲资产评估有限公司出具的资产评估报告。该评估结果是经过什么评估程序得出的？何谓资产评估报告？资产评估报告的制作有哪些要求？评估结果是如何披露的？评估报告有什么作用？这些就是本章所要解决的问题。

第一节　资产评估报告的概念和要素

一、资产评估报告的基本概念

（一）资产评估报告

资产评估报告是指资产评估机构及其资产评估专业人员遵守法律、行政法规和资产评估准则，根据委托履行必要的资产评估程序后，由资产评估机构对评估对象在评估基准日特定目的下的价值出具的专业报告。

资产评估师应当根据评估业务具体情况，提供能够满足委托方和其他评估报告使用者合理需求的评估报告，并在评估报告中提供必要信息，使评估报告使用者能够正确理解评估结论。资产评估报告是按照一定格式和内容来反映评估目的、假设、程序、标准、依据、方法、结果及适用条件等基本情况的报告。广义的资产评估报告还是一种工作制度，它规定评估机构在完成评估工作之后必须按照一定程序的要求，用书面形式向委托方及相关主管部门报告评估过程和结果。狭义的资产评估报告即资产评估结果报告，既是资产评估机构与资产评估师完成对资产作价，就被评估资产在特定条件下的价值所发表的专家意见，也是评估机构履行评估合同情况的总结，还是评估机构与资产评估师为资产评估项目承担相应法律责任的证明文件。

《国际资产评估准则》和美国《专业评估执业统一准则》都是从报告类型与报告要素来对资产评估报告进行规范的。2018 年 10 月 29 日中国资产评估协会修订并发布的《资产评估执业准则——资产评估报告》(中评协〔2018〕35 号）是根据报告要素与报告内容对评估报告进行规范的重要评估准则。此外，中国资产评估协会还在 2017 年修订并发布了《企业国有资产评估报告指南》和《金融企业国有资产评估报告指南》。

（二）资产评估报告的作用

资产评估报告有以下几方面作用。

(1) 资产评估报告对委托评估的资产提供价值意见。具有资产评估资格的机构根据委托评估资产的特点和要求，组织资产评估师及相应的专业人员组成评估队伍，遵循评估准则和标准，履行必要的评估程序，运用科学的方法对被评估资产价值进行评定和估算后，通过报告的形式提出价值意见。该价值意见不代表任何一方当事人的利益，是一种独立专家的估价意见，具有较强的公正性与客观性，因而成为对委托评估资产作价的重要参考。

(2) 资产评估报告是反映和体现资产评估工作情况，明确委托方、受托方及有关方面责任的依据。它用文字的形式，对受托资产评估业务的目的、背景、范围、依据、程序、方法等方面和评定的结果进行说明和总结，体现了评估机构的工作成果。同时，资产评估报告也反映和体现了受托的资产评估机构与执业人员的权利与义务，并以此来明确委托方、受托方在有关方面的法律责任。在资产评估现场工作完成后，资产评估师就要根据现场工作取得的有关资料和估算数据，撰写评估报告，向委托方报告。负责评估项目的资产评估师在评估报告上签字，并提出报告使用的范围和评估结果实现的前提等具体条款。当然，资产评估报告也是评估机构履行评估协议和向委托方或有关方面收取评估费用的依据。

(3) 对资产评估报告进行审核，是管理部门完善资产评估管理的重要手段。资产评估报告是反映评估机构和资产评估师职业道德、执业能力水平以及评估质量高低和机构内部管理机制完善程度的重要依据。有关管理部门通过审核资产评估报告，可以有效地对评估机构的业务开展情况进行监督和管理。

(4) 资产评估报告是建立评估档案、归集评估档案资料的重要信息来源。资产评估师在完成资产评估任务之后，必须按照档案管理的有关规定，将评估过程中收集的资料、工作记录以及有关工作底稿进行归档，以便进行评估档案的管理和使用。由于资产评估报告是对整个评估过程的工作总结，其内容包括评估过程的各个具体环节和各有关资料的收集及记录，因此，评估档案归集的主要内容不仅包括评估报告，而且包括撰写资产评估报告过程中采用的各种数据、各个依据、工作底稿等。

（三）资产评估报告的种类

国际上对资产评估报告有不同的分类，如美国将评估报告分为完整型评估报告和限制型评估报告等。我国资产评估报告的种类正在不断完善。

1. 整体资产评估报告与单项资产评估报告

按资产评估的范围，可分为整体资产评估报告和单项资产评估报告。凡是对整体资产进行评估所出具的资产评估报告称为整体资产评估报告。凡是仅对某一部分、某一项资产进行评估所出具的资产评估报告称为单项资产评估报告。尽管资产评估报告的基本格式是一样的，但因整体资产评估与单项资产评估在具体业务上存在一些差别，两者在报告的内容上也必然会存在一些差别。一般情况下，整体资产评估报告的报告内容不仅包括资产，也包括负债和所有者权益方面；而单项资产评估报告除在建工程，一般不考虑负债和以整体资产为依托的无形资产等。

2. 完全资产评估报告和限制性资产评估报告

按资产评估报告披露的要求，可分为完全资产评估报告和限制性资产评估报告。完全资产评估报告和限制性资产评估报告的根本区别在于所提供信息的详细程度不同。

3. 现实型评估报告、预测型评估报告与追溯型评估报告

按评估基准日，可分为评估基准日为现在时点的现实型评估报告、评估基准日为未来时点的预测型评估报告、评估基准日为过去时点的追溯型评估报告。现实型评估报告的有效使用期通常为评估基准日后一年。

二、资产评估报告的基本内容

资产评估师应当在执行必要的资产评估程序后，根据相关评估准则编制并由所在评估机构出具评估报告。资产评估师应当在评估报告中提供必要信息，使评估报告使用者能够合理理解评估结论。

根据《资产评估执业准则——资产评估报告》的要求，资产评估报告的内容包括：标题及文号、目录、声明、摘要、正文、附件。《企业国有资产评估报告指南》中规定的内容与一般的评估报告有所不同，不仅包含了一般评估报告的基本内容，还增加了资产评估说明和资产评估明细表。

其中，按照《资产评估执业准则——资产评估报告》的相关规定，资产评估报告的正文通常包括以下内容：

（1）委托人及其他资产评估报告使用人。包括委托人、资产评估委托合同中约定的其他资产评估报告使用人和法律、行政法规规定的资产评估报告使用人。

（2）评估目的。资产评估报告载明的评估目的应当是唯一的。

（3）评估对象。

（4）价值类型。

（5）评估基准日。资产评估报告载明的评估基准日应当与资产评估委托合同约定的评估基准日保持一致，可以是过去、现在或者未来的时点。

（6）评估依据。评估依据通常包括法律依据、准则依据、权属依据和取价依据等。

（7）评估方法。

（8）评估程序实施过程和情况。

（9）评估假设。

（10）评估结论。应当以文字和数字形式表述评估结论，并明确评估结论的使用有效期。一般情况下，评估结论为一个确定的数值，但是经与委托方沟通，评估结论也可以是区间值或者其他形式的专业意见。

（11）特别事项说明。包括权属瑕疵、法律纠纷和未决事项、重要的利用专家工作情况，以及重大期后事项等。

（12）资产评估报告使用限制说明。应当载明：评估报告的使用范围；委托人或者其他资产评估报告使用人未按照法律、行政法规规定和资产评估报告载明的使用范围使用资产评估报告的，资产评估机构及其专业人员不承担责任；除委托人、资产评估委托合同中约定的其他资产评估报告使用人和法律、行政法规规定的资产评估报告使用人之外，其他任何机构和个人不能成为资产评估报告的使用人；资产评估报告使用人应当正确理解评估结论，评估结论不等同于评估对象可实现价格，评估结论不应当被认为是对评估对象可实现价格的保证。

（13）资产评估报告日。

（14）资产评估专业人员签名和资产评估机构印章。

三、基本情况说明

（一）对财务信息的说明

资产评估师在评估报告中披露财务分析、调整情况时，通常应当包括下列内容：

（1）被评估企业历史财务资料分析总结，列示能够充分满足评估目的需要和揭示被评估企业特性的若干年度的资产负债表和利润表的汇总资料；

（2）对财务报告、企业申报资料所做的重大或实质性调整；

（3）相关预测所涉及的关键评估假设和限定条件；

（4）被评估企业与其所在行业平均经济效益状况比较。

（二）对评估方法的说明

资产评估师在评估报告中披露评估方法运用过程和情况时，通常应当包括下列内容：

（1）选择评估方法的过程和依据；

（2）评估方法的运用和逻辑推理计算过程；

（3）资本化率、折现率、价值比率等重要参数的获取来源和形成过程；

（4）对初步评估结论进行综合分析，形成最终评估结论的过程。

（三）对评估对象基本情况的说明

资产评估师应当根据评估项目的具体情况，在评估报告中对被评估企业的基本情况进行说明，一般包括：

（1）企业名称、类型与组织形式；

（2）企业历史状况；

（3）企业主要产品或服务；

（4）市场和客户状况；

（5）企业管理状况；

（6）季节或周期因素对企业运营的影响；

（7）企业运营常规流程；

（8）企业主要资产状况，包括有形资产、无形资产，以及主要负债；

（9）企业发展前景；

（10）企业、股权等以往市场交易情况；

（11）相关竞争状况；

（12）影响企业生产经营的宏观经济因素；

（13）影响企业生产经营的行业发展前景；

（14）其他需要说明的企业状况。

资产评估师可以根据评估业务性质、评估标的情况、委托方和其他评估报告使用者的要求，合理确定评估报告的详略程度。

四、国有资产评估报告基本制度

国有资产评估报告基本制度是规定资产评估机构与资产评估师完成国有资产评估工作后由相关国有资产管理部门或代表单位对评估报告进行核准、备案的制度。

（一）国有资产评估报告基本制度的产生与发展

1991年，国务院令第91号《国有资产评估管理办法》规定，资产评估机构对委托单位（国有资产占有单位）被评估资产的价值进行评定和估算，要向委托单位提出资产评估结果报告，委托单位收到资产评估机构的资产评估报告后，应当报其主管部门审查，主管部门同意后，报同级国有资产管理行政主管部门确认资产评估结果。经国有资产管理行政管理部门授权或委托，国有资产占有单位的主管部门也可以确认资产评估结果。该文件还规定，国有资产管理行政主管部门应当自收到占有单位报送的资产评估结果报告之日起45日内组织审核、验证协商、确认资产评估结果，并下达确认通知书。这就是我国最早的资产评估报告制度。1993年，国家国有资产管理局制定和发布了《关于资产评估报告的规范意见》（国资办发〔1993〕55号）。1995年，又制定和颁布了《关于资产评估立项、确认工作的若干规范意见》。1996年5月7日，国资办发〔1996〕23号文转发中国资产评估协会制定的《资产评估操作规范意见（试行）》，规定了资产评估报告及送审专用材料的具体要求，以及资产评估工作底稿的项目档案管理，进一步完善了资产评估报告制度。1999年，财政部财评字〔1999〕91号文《资产评估报告基本内容与格式的暂行规定》，对原有的资产评估报告有关制度做了进一步修改完善，使资产评估报告制度不仅适用于国有资产评估，也同样适用于非国有资产评估。2000年，财政部财企〔2000〕256号文《关于调整涉及股份有限公司资产评估项目管理权的通知》，对涉及股份有限公司资产评估项目的受理审核事权在财政部和省级财政部门之间进行了分工。2001年12月31日，国务院办公厅以国办发〔2001〕102号文《国务院办公厅转发财政部关于改革国有资产评估行政管理方式加强资产评估监督管理工作意见的通知》，对资产评估项目管理方式进行了重大改革，取消对国有资产评估项目的立项确认审批制度，实行核准制和备案制，并加强对资产评估活动的监管。2005年8月25日，国务院国有资产监督管理委员会第12号令《企业国有资产评估管理暂行办法》对各级国有资产监督管理机构履行出资人职责的企业及其各级子企业涉及的资产评估进行了规范，规定企业国有资产评估项目实行核准制和备案制，并对国有企业进行资产评估的经济行为及监督检查进行了相应规范。

2007年11月28日、2008年11月28日，中国资产评估协会分别发布《资产评估准则——资产评估报告》和《企业国有资产评估报告指南》，后者适用于非金融企业国有资产的评估报告，自2009年7月1日起实施。2010年，中国资产评估协会印发《金融企业国有资产评估报告指南》，旨在规范注册资产评估师编制和出具金融企业国有资产评估报告的行为，维护社会公共利益和资产评估各当事人的合法权益。2017年9月，中国资产评估协会对该准则进行了修订，自2017年10月1日起实施；2018年10月29日，中国资产评估协会再次对报告准则进行修订并重新发布，自2019年1月1日起施行。

（二）国有资产评估报告的基本内容

根据《资产评估执业准则——资产评估报告》，应根据评估报告的不同使用者起草相应的评估指南。对国有资产的评估报告，目前执行中国资产评估协会印发的《企业国有资产评估报告指南》和《金融企业国有资产评估报告指南》。以下主要根据中国资产评估协会《企业国有资产评估报告指南》，按照企业国有资产评估报告（以下简称评估报告）的正文及相关附件、资产评估说明、资产评估明细表的顺序介绍各自的基本内容，具体格式请参阅有关文件。

1. 标题及文号、目录、声明和摘要

（1）评估报告标题和文号。评估报告标题一般采用“企业名称＋经济行为关键词＋评估对象＋资产评估报告”的形式，评估报告文号包括资产评估机构特征字、种类特征字、年份、报告序号。

（2）评估报告目录。评估报告目录一般包括每一部分的标题和相应页码。

（3）评估报告声明。评估机构和评估师应当声明遵循法律法规，恪守资产评估准则，对评估报告承担相应的法律责任等内容。评估报告声明应当提醒评估报告使用者关注评估报告特别事项和使用限制等内容。

（4）评估报告摘要。评估师应当在评估报告正文的基础上编制评估报告摘要。评估报告摘要应当简明扼要地反映经济行为、评估目的、评估对象和评估范围、价值类型、评估基准日、评估方法、评估结论及其使用有效期、对评估结论产生影响的特别事项等关键内容。此外，摘要应当采用以下文字提醒资产评估报告使用人阅读全文：“以上内容摘自资产评估报告正文，欲了解本评估业务的详细情况和正确理解评估结论，应当阅读资产评估报告正文。”

2. 正文

评估报告的正文包括以下内容。

（1）绪言。该指南明确规定了绪言所包含的内容，并列出了一般情况下的表述格式。报告正文的绪言应写明资产评估报告委托方全称、受托评估事项以及评估工作整体情况。

（2）委托人、被评估单位和资产评估委托合同约定的其他评估报告使用人的概况。委托人和资产评估委托合同约定的其他评估报告使用人概况一般包括：名称、法定住所及经营场所、法定代表人、注册资本及主要经营范围等。在企业价值评估中，被评估单位概况一般包括：名称、法定住所及经营场所、法定代表人、主要经营范围、注册资本、公司股东及持股比例、股权变更情况及必要的公司产权和经营管理结构、历史情况等；近三年资产、财务、经营状况；委托人和被评估单位之间的关系（如产权关系、交易关系）。此外，该指南还对单项资产或者资产组合评估委托人与被评估单位为同一企业、存在关联交易、存在交叉持股等情况进行了单独说明。

(3) 评估目的。评估报告应当说明本次资产评估的目的及其所对应的经济行为，并说明该经济行为获得批准的相关情况或者其他经济行为依据。

(4) 评估对象和评估范围。评估报告应当说明委托评估对象和评估范围与经济行为涉及的评估对象和评估范围是否一致，若不一致应当说明原因和是否经过审计；企业申报的表外资产的类型和数量；引用其他机构出具报告所涉及的资产类型、数量和账面金额或评估值。此外，该指南还对单项资产或资产组合评估做出了相关说明。

(5) 价值类型及其定义。评估报告应当明确价值类型及其定义。选择市场价值以外的价值类型，应当说明选择理由。

(6) 评估基准日。评估报告应写明评估基准日的具体日期及确定评估基准日的理由。

(7) 评估依据。评估报告应列示评估依据，包括经济行为、法律法规、评估准则、权属、取价等。对评估中采用的特殊依据也应做相应的披露。其中，经济行为依据是有效批复文件及可以说明经济行为所涉及的评估对象与评估范围的其他文件资料。

(8) 评估方法。评估报告应当说明所选用的评估方法，以及选择评估方法的理由。以持续经营为前提，未采用两种以上方法进行企业价值评估的，应当披露其他基本方法不适用的原因或者所受的操作限制；采用两种以上方法进行评估的，还应当说明评估结论确定的方法。

(9) 评估程序的实施过程和情况。评估报告应说明评估机构自接受评估项目委托起至出具资产评估报告的主要评估工作过程。包括：接受委托，确定评估目的、对象、范围、基准日和拟定评估方案等过程；指导被评估单位清查资产、准备评估资料、核实资产与验证资料等过程；选择评估方法、收集市场信息和估算等过程；评估结果汇总、评估结论分析、撰写报告和内部审核等过程。

(10) 评估假设。评估报告应当披露报告中所使用的评估假设。

(11) 评估结论。评估结论是报告正文的重要部分。评估报告应当以文字和数字形式清晰说明评估结论；评估结论通常是确定的数值。境外企业国有资产评估报告的评估结论可以用区间值表示，但应当在区间内确定一个最大可能值，并说明确定依据。采用资产基础法进行企业价值评估，应以文字形式对资产、负债、所有者权益（净资产）的账面价值、评估价值及其增减幅度进行说明，同时采用评估结果汇总表表述结论。采用两种以上方法进行企业价值评估，除单独说明评估价值和增减变动幅度，还应当说明两种以上评估方法结果的差异及其原因和确定最终评估结论的理由。单项资产或者资产组合评估应当以文字形式说明账面价值、评估价值及其增减幅度。此外，存在多家被评估单位的项目时，应当分别说明评估价值。

（12）特别事项说明。评估报告应当说明评估程序受到的限制、评估特殊处理、评估结论瑕疵等特别事项，以及期后事项，通常包括：引用其他机构出具的报告结论的情况，并说明承担引用不当的相关责任；权属资料不全面或者存在瑕疵的情形；评估程序受到限制的情形；评估资料不完整的情形；评估基准日存在法律、经济等未决事项；担保、租赁及其或有资产和负债等事项的性质、金额及与评估对象的关系；重大期后事项等。

（13）评估报告使用限制说明。评估报告应当阐述评估报告的适用范围；除约定的资产评估报告使用人以外的机构和个人不能成为资产评估报告使用人；资产评估报告使用人应当正确理解评估结论，评估结论不等同于评估对象的可实现价格，评估结论不应当被认为是对评估对象可实现价格的保证。

（14）评估报告日。评估报告日通常为注册资产评估师形成最终专业意见的日期。

（15）签字盖章。评估报告正文应当由两名（含）以上资产评估师盖章，并由评估机构加盖机构印章。声明、摘要和资产评估明细表上通常不需要另行签字盖章。

3. 附件

评估报告附件的内容应当与评估目的、评估方法、评估结论相关联，通常包括下列内容：

（1）与评估目的相对应的经济行为文件。

（2）被评估单位的专项审计报告。

（3）委托人与被评估单位的法人营业执照。

（4）委托人和被评估单位的产权登记证。

（5）评估对象涉及的主要权属证明资料。

（6）委托人和相关当事方的承诺函。

（7）签字资产评估师的承诺函。

（8）资产评估机构备案文件或资格证明文件。

（9）资产评估机构的法人营业执照副本。

（10）负责该评估业务的资产评估师的资格证明文件。

（11）资产评估委托合同。

（12）其他重要文件。

这部分内容及其所涉及的签章应当清晰、完整，相关内容应当与评估报告摘要、正文一致。评估报告附件为复印件的，应当与原件一致。

4. 资产评估说明

资产评估说明描述了评估师和评估机构对其评估项目的评估程序、方法、依据、参数的选取和更为详细的计算过程，同时向委托方、资产占有方充分揭示对资产评估行为和结果构成重大影响的事项，并说明评估操作符合相关法律、行政法规和行业规范要求。资产评估说明也是资产评估报告的组成部分，在一定程度上决定评估结果的公允性，保护评估行为相关各方的合法利益。

依照《企业国有资产评估报告指南》，评估说明包括评估说明使用范围声明、委托方和被评估单位共同编写的《企业关于进行资产评估有关事项的说明》和资产评估师编写的《资产评估说明》。后者还需要由委托方单位负责人和被评估单位负责人签字，加盖相应单位公章并签署日期。

资产评估说明包含以下内容：

（1）委托人、被评估单位各自的概况。

（2）关于经济行为的说明。

（3）关于评估对象与评估范围的说明。应当包括对评估对象和评估范围的说明、资产核实总体情况说明、评估技术说明和评估结论及分析。其中，对评估对象和评估范围的说明可以根据企业价值评估、单项资产或者资产组合评估的不同情况确定内容的详略程度；资产核实总体情况说明通常包括人员组织、实施时间、核实过程、影响事项及处理方法、核实结论；评估技术说明应当考虑不同经济行为和不同评估方法的特点，介绍估算的思路及过程；评估结论及分析部分通常包括评估结论本身、评估价值和账面价值比较变动情况，以及折价或者溢价情况。

（4）关于评估基准日的说明。

（5）可能影响评估工作的重大事项说明。

（6）资产负债情况、未来经营和收益状况预测说明。

（7）资料清单。

5. *资产评估明细表*

资产评估明细表是反映被评估资产评估前后的资产负债明细情况的表格。它是资产评估报告的组成部分，也是资产评估结果得到认可、评估目的的经济行为实现后调整账目的主要依据之一。

其基本格式和内容规定如下：

（1）单项资产或者资产组合评估、采用资产基础法进行企业价值评估，评估明细表包括按会计科目设置的资产、负债评估明细表和各级汇总表。资产、负债会计科目的评估明细表格式和内容的基本要求如下：

表头应当含有被评估资产负债的类型（会计科目）名称、被评估单位、评估基准日、表号、金额单位、页码。

内容应当含有资产负债的名称（明细）、经营业务或者事项内容、技术参数、发生（购、建、创）日期、账面价值、评估价值、评估增减幅度等基本内容。必要时，应在备注栏对技术参数、经营业务或者事项情况进行注释。

表尾应当标明被评估单位填表人员、填表日期和评估人员。

此外，该指南规定，资产评估明细表应当按照会计明细科目、一级科目逐级汇总，并编制资产负债表的评估汇总表以及以人民币万元为金额单位的评估结果汇总表。评估结果汇总表应当按流动资产、非流动资产、资产总计、流动负债、非流动负债、负债总计、净资产等类别的顺序和项目内容列示。此外，还规定了会计计提的减值准备在相应会计科目合计项下和相关科目汇总表中列示。资产评估明细表样表如表 9-1 所示。

表 9-1　资产评估明细表样表

固定资产——机器设备评估明细表

评估基准日：2020 年 1 月 31 日

被评估单位：ABC　　　　金额单位：元

序号	设备编号	设备名称	规格型号	生产厂家	重量（吨）	计量单位	数量	购置日期	启用日期	存放地点	他项权利	评估价值			增值率（%）	备注
												原值	成新率（%）	净值		
1																
2																
3																
4																
5																
6																
7																
8																
9																
账面余额合计																
减：减值准备																
账面净值合计																

被评估单位填表人：××　　　　填表日期：2020 年 2 月 2 日　　　　评估人员：××

（2）采用收益法进行企业价值评估，可以根据收益法评估参数和盈利预测项目的构成等具体情况设计评估明细表的格式和内容。

（3）采用市场法进行企业价值评估，可以根据评估技术说明的详略程度决定是否单独编制符合市场法特点的评估明细表。

被评估单位为两家以上的，评估明细表应当按被评估单位分别归集，自成体系。

该指南规定，评估报告应当使用中文撰写。需要同时出具外文评估报告的，以中文评估报告为准。同时，还对评估报告的装订和编排顺序进行了相应的规定，指出评估报告一般分册装订，各册应当具有独立的目录。

第二节　资产评估报告的制作

一、资产评估报告的制作步骤

制作资产评估报告是资产评估机构与资产评估师完成评估工作的最后一道工序，也是资产评估工作中的一个重要环节。制作资产评估报告主要有以下几个步骤。

（一）整理工作底稿和归集有关资料

资产评估现场工作结束后，资产评估师必须着手对现场工作底稿进行整理，按资产的性质进行分类。同时对询证函、被评估资产背景材料、技术鉴定情况和价格取证等有关资料进行归集和登记。对现场未予确定的事项，还需进一步落实和查核。这些现场工作底稿和有关资料都是编制资产评估报告的基础。

（二）资产评估明细表的数字汇总

在完成现场工作底稿和有关资料的归集任务后，资产评估师应着手资产评估明细表的数字汇总。明细表的数字汇总应根据明细表的不同级次进行明细表汇总、分类汇总、资产负债表汇总。在数字汇总过程中应反复核对各有关表格数字的关联性和各表格栏目之间的数字勾稽关系，防止出错。

（三）评估初步数据的分析和讨论

在完成资产评估明细表的数字汇总，得出初步的评估数据后，应召集参与评估工作过程的有关人员，对初步评估数据进行分析和讨论，比较各有关评估数据，复核记录评估结果的工作底稿，对存在作价不合理的部分评估数据进行调整。

（四）编写评估报告

编写评估报告又可分为以下两步。

第一步，在完成资产评估初步数据的分析和讨论，对有关部分的数据进行调整后，由具体参加评估的各组负责人员草拟出各自负责评估的部分资产的评估说明，同时提交给全面负责本项目评估的人员撰写资产评估报告初稿。

第二步，将评估基本情况和评估报告初稿的初步结论与委托方交换意见，听取委托方的反馈意见后，在坚持独立、客观、公正的前提下，认真分析委托方提出的问题和建议，考虑是否应该修改评估报告初稿，对评估报告初稿中存在的疏忽、遗漏和错误之处进行修正，待修改完毕即可撰写出正式的资产评估报告。

（五）资产评估报告的签发与送交

评估报告完成后，应由两名以上资产评估师签字盖章，并由资产评估机构盖章。有限责任公司制评估机构的法定代表人或者合伙制评估机构负责该评估业务的合伙人应当在评估报告上签字。资产评估报告签发盖章后即可连同评估说明及资产评估明细表送交委托单位。

相关链接

浅议评估报告审核者的素质

评估准则中对报告审核者的素质并没有明确的规定，仅在《评估机构业务质量控制指南》中第二章第十二条规定："资产评估机构应当制定评估业务项目负责人制度。项目负责人应当是具备履行职责所要求的职业道德、专业知识、执业能力、实践经验的资产评估专业人员。"第十四条规定："项目审核人员应当符合下列要求：（一）具备履行职责的技术专长；（二）具备审核业务所需要的经验和权限；（三）保证审核工作的客观性。"

以上规定更侧重于审核者的业务能力和职业道德，并未涵盖审核者应该具备的所有素质。实践中我们看到，很多报告审核者的素质并不利于项目的顺利开展和风险的把握。总结多年的评估和审核经验，我们认为评估报告的审核者应该具备以下素质。

（1）业务能力强。这是肯定需要的，毋庸置疑。关键是强到什么程度、强在哪里。我们认为报告审核者不仅要熟练掌握有关法律、法规、准则、规范、指南的要求，对评估理论能够触类旁通、灵活运用，而且要能够积极主动地接受新事物、新理论，善于发现价值。

（2）有正面思维。报告审核者不能只做个看客，当对一份报告有不同意见时，一定要正面提出建设性意见和建议，帮助评估人员走出困境，而不是冷嘲热讽，让人无所适从。简单一句话就是，审核人员要传递正能量，不能传递负能量。

（3）能把握风险。报告审核者要审核评估的结论是否站得住脚。如果发现评估报告的内容与事实严重不符，即使评估人员严格履行了评估程序，也不能让其报告通过，因为这是随时可能爆炸的不定时炸弹。比如，评估结果明显偏离市场价值，即使按照评估规范走了程序，也不是合格的报告。这一点在很多评估机构中没有得到重视，这个误区大家最好都能认清。因此，报告审核者能否发现报告的内容与事实严重不符就是一个基本素质要求，不仅要求其对市场价值有灵敏的把握程度，还要求其有丰富的评估经验，能够在报告给出的条件中发现可能存在的风险，加以分析，并提出防范的措施。

（4）具备良好的沟通、协调能力。当报告审核者的意见不能被审核报告的人或客户接受时，就是考验其沟通、协调能力的时候了。

资料来源：李卫东. 浅议评估报告审核者的素质. 中国资产评估，2014（3）.

二、资产评估报告制作的技术要点

资产评估报告制作的技术要点是指在资产评估报告制作过程中的主要技能要求，具体包括文字表达、格式与内容、复核与反馈等方面。

资产评估师应当在执行必要的评估程序后，编制并由所在评估机构出具评估报告，并在评估报告中提供必要信息，使评估报告使用者能够正确理解评估结论。资产评估师应当根据评估业务的具体情况，提供能够满足委托方和其他评估报告使用者合理需求的评估报告。

（一）文字表达方面的技能要求

资产评估报告既是对被评估资产价值有咨询性或鉴证性作用的文书，又是用来明确资产评估机构和资产评估师工作责任的文字依据。所以，它对文字表达的要求是，既要清楚、准确，又要提供充分的依据说明，还要全面地叙述整个评估的具体过程。其文字表达必须准确，不得使用模棱两可的措词。其陈述既要简明、扼要、客观，又要把有关问题说明清楚，不得带有任何诱导、恭维和推荐性的陈述。当然，在文字表达上也不能带具有大包大揽意向的语句，尤其是涉及承担责任条款的部分。

（二）格式与内容方面的技能要求

对资产评估报告格式与内容方面的技能要求，应符合现行政策规定，遵循《资产评估执业准则——资产评估报告》的要求。

（三）复核与反馈方面的技能要求

资产评估报告的复核与反馈也是资产评估报告制作的具体技能要求。通过对工作底稿、评估说明、资产评估明细表和报告正文的文字、格式及内容的复核和反馈，可以使有关错误、遗漏等问题在出具正式报告之前得到修正。对评估人员来说，资产评估工作是一项必须由多个评估人员同时作业的中介业务，每个评估人员都有可能因能力、水平、经验、阅历及理论方法的限制而产生工作盲点和工作疏忽。所以，对资产评估报告初稿进行复核就成为必要的工作环节。就对被评估资产的情况熟悉程度来说，大多数委托方和资产占有方对被评估资产的分布、结构、成新等具体情况比评估机构和评估人员更熟悉，所以，在出具正式报告之前征求委托方意见、收集反馈意见也很有必要。

对资产评估报告必须建立起多级复核和交叉复核的制度，明确复核人的职责，防止流于形式。反馈意见主要通过委托方或资产占有方熟悉资产具体情况的人员收集。对委托方或资产占有方意见的反馈信息，应本着独立、客观、公正的态度谨慎对待。

（四）撰写报告应注意的其他事项

资产评估报告的制作除了需要掌握上述三个方面的技术要点，还应注意以下几个事项。

（1）实事求是，切忌出具虚假报告。报告必须建立在真实、客观的基础上，不能脱离实际情况，更不能无中生有。报告拟订人应是参与该项目并较全面了解该项目情况的主要评估人员。

（2）坚持做法的一致性，切忌表里不一。报告文字、内容前后要一致，摘要、正文、评估说明、资产评估明细表的内容、格式、数据要一致。

（3）提交报告要及时、齐全和保密。在正式完成资产评估工作后，应按业务约定书的约定时间及时将报告送交委托方。送交报告时，报告及有关文件要送交齐全。涉及外商投资项目的对中方资产评估的评估报告，必须严格按照有关规定办理。此外，要做好客户保密工作，尤其是对评估涉及的商业秘密和技术秘密。

（4）评估机构应当在资产评估报告中明确评估报告的使用者及报告使用方式，提示评估报告使用者合理使用评估报告。应注意防止报告的恶意使用，避免报告的误用，以合法规避执业风险。

（5）资产评估师执行资产评估业务时应当关注评估对象的法律权属，并在评估报告中对评估对象法律权属及其证明资料来源予以必要说明。资产评估师不得为评估对象的法律权属提供保证。

（6）资产评估师执行资产评估业务受到限制无法实施完整的评估程序时，应当在评估报告中明确披露受到的限制、无法履行的评估程序和采取的替代措施。

第三节　资产评估档案

资产评估档案是指资产评估机构开展资产评估业务时形成的、反映资产评估程序实施情况、支持评估结论的工作底稿、资产评估报告及其他相关资料。

工作底稿可以为纸质文档、电子文档或者其他介质形式的文档。但对于重要的部分，要求形成纸质文档。对于电子文档，资产评估机构和专业人员应当确保技术进步下文档的安全性和完整性。

一般情况下，工作底稿的编制涵盖从开始与委托方接洽直至最终完成评估报告的编纂。为了规范工作底稿的编制和管理，维护社会公共利益和资产评估各方当事人的合法权益，中国资产评估协会于2017年修订并颁布了《资产评估执业准则——资产评估档案》。2018年10月29日，中国资产评估协会再次对资产评估档案准则进行修订并重新发布《资产评估执业准则——资产评估档案》（中评协〔2018〕37号），自2019年1月1日起施行。

一、工作底稿的重要性

1. 强化评估质量控制，提升执业水平

工作底稿是对评估过程的详细记录，是评估人员在执行评估业务时所收集到的数据，测算的过程和依据，编写评估报告等所涉及的各类资料、图片、文档的汇总。工作底稿的编制贯穿评估业务的始终，一方面成为评估机构内部审核和质量控制的重要依据和对象，另一方面促使评估人员在执行评估业务时更加关注评估依据的合理性和可靠性，促进程序的合规和执业水平的提升。

2. 防范执业风险，维护资产评估师和评估机构的合法权益

从本质上说，工作底稿是形成评估结论的证据，因此在评估师和评估机构可能受到监管方或相关当事方的质疑、指控或处罚时，工作底稿可以成为评估师规范执行评估业务的证明，从而对其产生一定的保护作用。

3. 加强行业自律监管，规范执业行为

评估行业的健康发展离不开行业的监管，但监管机构不可能随时对评估机构或评估师的执业情况进行监控，因此通过定期或不定期的审查和处罚能够起到督促评估机构审视自身执业行为的作用。工作底稿正是监管机构审核从业人员和评估机构工作的重要内容之一。因此，工作底稿的编制有助于评估机构和评估师自身能力的加强，同时也为行业的规范化、科学化发展提供动力。

4. 规整数据，提升行业专业化程度和科学性

无论是资产评估业务的成果还是依据，很大程度上都依赖于对相关行业和公司业务情况等数据的分析和判断。因此，数据对于资产评估行业来说至关重要。对每一个项目情况和资料整理归档，有助于评估机构建立数据库，从而为进一步提升业务质量打下基础。

二、工作底稿的内容

根据我国《资产评估准则——工作底稿》的要求，工作底稿通常包括管理类工作底稿和操作类工作底稿。其中，管理类工作底稿是资产评估师在执行评估业务过程中，为承接、计划、控制和管理评估业务所形成的工作记录和相关资料；操作类工作底稿是评估师在履行现场调查、收集评估资料和评定估算时所形成的工作记录及相关资料。工作底稿应按法律规定的期限保存，在司法部门按法定程序进行查询、依法有权审核评估业务的政府部门按规定对其进行查询、资产评估行业协会执行质量检查时方可对外提供。除上述三种情形之外，工作底稿对外保密。

通常情况下，管理类工作底稿包含以下内容：

（1）评估业务基本事项的记录。

（2）业务约定书。

（3）评估计划。

（4）评估业务执行过程中重大问题的处理记录。

（5）评估报告的审核记录。

操作类工作底稿的内容包括：

（1）现场调查记录与相关资料，包括委托方提供的资产评估申报资料，现场勘察记录，函证记录，主要或者重要资产的权属证明材料，与评估业务相关的财务、审计等资料，其他相关资料。

（2）收集的评估资料，包括市场调查及数据分析资料，相关的历史和预测资料，询价记录，其他专家鉴定及专业人士报告，委托方及相关当事方提供的说明、证明和承诺，其他相关资料。

（3）评定估算过程记录，包括重要参数的选取和形成过程记录，价值分析、计算、判断过程记录，评估结论形成过程记录，其他相关资料。

三、工作底稿的归集和管理

根据《资产评估执行准则——资产评估档案》的要求，资产评估专业人员通常应当在资产评估报告日后 90 日内将工作底稿、资产评估报告及其他相关资料归集形成资产评估档案，并由所在资产评估机构按照国家有关法律、行政法规和准则规定妥善保管。重大或者特殊项目的归档不应当晚于评估结论使用有效期届满后 30 日。

该准则对资产评估档案的保存期限给出了规定。一般情况下，评估档案自资产评估报告日起保存期限不少于 15 年，法定业务不少于 30 年。

第四节　资产评估报告的使用

资产评估报告由评估机构出具后，委托方、资产评估管理机构和其他有关部门对资产评估报告及有关资料要根据需要使用。

一、委托方对资产评估报告的使用

委托方在收到受托评估机构送交的正式评估报告及有关资料后，可以依据评估报告所揭示的评估目的和评估结论，合理使用资产评估结果。根据有关规定，委托方依据评估报告所揭示的评估目的及评估结论，具有以下几种具体用途。

（一）作为资产业务的作价基础

（1）整体或部分改建为有限责任公司或股份有限公司；

（2）以非货币资产对外投资；

（3）合并、分立、清算；

（4）原股东股权比例变动；

（5）整体或部分产权（股权）转让；

（6）资产转让、置换、拍卖；

（7）整体资产或者部分资产租赁给非国有单位；

（8）确定涉讼资产价值；

（9）国有资产占有单位收购非国有资产；

（10）国有资产占有单位与非国有单位置换资产；

（11）国有资产占有单位接受非国有单位以实物资产偿还债务；

（12）法律、行政法规规定的其他需要进行评估的事项。

（二）作为企业进行会计记录或调整财务账项的依据

委托方在根据评估报告所揭示的资产评估目的使用资产评估报告资料的同时，还可依照有关规定，根据资产评估报告的资料进行会计记录或调整有关财务账项。

（三）作为履行委托协议和支付评估费用的主要依据

当委托方收到评估机构的正式评估报告及有关资料后，在没有异议的情况下，可以根据委托协议，将评估结果作为计算支付评估费用的主要依据，履行支付评估费用的承诺及其他有关承诺的协议。

此外，资产评估报告及有关资料也是有关当事人因资产评估纠纷向纠纷调处部门申请调处的申诉资料之一。

当然，委托方在使用资产评估报告及有关资料时也必须注意以下几个方面：

（1）只能按报告所阐述的评估目的使用报告，一份评估报告只允许按一个用途使用。

（2）只能在报告的有效期内使用报告，超过报告的有效期，原资产评估结果无效。

（3）在报告有效期内，资产评估数量发生较大变化时，应由原评估机构或者资产占有方按原评估方法做相应调整后才能使用。

（4）涉及国有资产产权变动的评估报告及有关资料必须经国有资产管理部门或授权部门核准或备案后方可使用。

（5）作为企业会计记录和调整企业账项使用的资产评估报告及有关资料，必须根据国家相关法规编制后方可使用。

二、资产评估管理机构对资产评估报告的使用

资产评估管理机构主要是指对资产评估进行行政管理的主管机关和对资产评估行业进行自律管理的行业协会。资产评估报告的使用是资产评估管理机构实现对评估机构的行政管理和行业自律管理的重要过程。一方面，资产评估管理机构通过对评估机构出具的评估报告及有关资料进行检查与分析，可以判断评估机构从事评估工作的业务能力和组织管理水平；另一方面，资产评估报告也是对资产评估结果质量进行评价的依据。资产评估管理机构通过资产评估报

告能够对评估机构评估结果质量的好坏做出客观的评价，从而有效实现对评估机构和评估人员的管理。此外，资产评估报告能为国有资产管理提供重要的数据资料。通过对资产评估报告的统计与分析，可以及时了解国有资产占有和使用状况以及增减值变动情况，进一步为加强国有资产管理服务。

三、其他有关部门对资产评估报告的使用

除了资产评估管理机构可使用资产评估报告及相关资料，有些政府管理部门也需要使用资产评估报告，主要包括国有资产监督管理、证券监督管理、保险监督管理、工商行政管理、税务管理、金融和法院等有关部门。

国有资产监督管理部门对资产评估报告的使用，主要表现在对国有产权进行管理的各个方面，通过对国有资产评估项目的核准或备案，可以加强国有产权的有效管理，规范国有产权的转让行为。

证券监督管理部门对资产评估报告的使用，主要表现在对申请上市的公司的有关申报材料及招股说明书进行审核，对上市公司产生定向发行股票、公司并购、资产收购、以资抵债等重大资产重组行为时的评估定价行为进行审核。当然，证券监督管理部门还可运用资产评估报告和有关资料加强对取得证券业务评估资格的评估机构及有关人员的业务管理。

工商行政管理部门对资产评估报告的使用，主要表现在公司设立、公司重组、增资扩股等经济行为发生时，对资产定价进行依法审核。

商务管理部门、保险监督管理部门、税务管理、金融和法院等部门也都能通过对资产评估报告的使用来达到实现其管理职能的目的。

案例分析

下面从摘要、资产评估报告正文、资产评估说明等方面对评估报告进行举例说明。

资产评估报告由标题及文号、目录、声明、摘要、正文、附件和评估说明构成。

资产评估报告摘要（范例）

甲评估公司接受××股份有限公司的委托，对AB公司拟非公开发行股票所涉及的CD公司股东全部权益进行了评估，为拟进行的××行为提供价值参考依据。

根据评估目的，本次评估对象为CD公司股东全部权益，评估范围是CD公司于评估基准日的全部资产及相关负债，具体评估范围以CD公司提供的资产负债表和资产评估申报表为基础。

评估基准日为2020年8月31日。

本次评估的价值类型为市场价值。

本次评估以持续使用和公开市场为前提，结合评估对象的实际情况，综合考虑各种影响因素，分别采用资产基础法和收益法两种方法对CD公司进行整体评估，然后加以分析比较，最后确定评估结论。

根据以上评估工作，在评估前提和假设条件充分实现的条件下，得出如下评估结论：

资产基础法评估结果：CD公司总资产账面值为××万元，总负债账面值为××万元，净资产账面值为××万元；总资产评估值为××万元，增值额为××万元，增值率为××%；总负债评估值为××万元，增值额为××万元，增值率为××%；净资产评估值为××万元，增值额为××万元，增值率为××%。

收益法评估结果：CD公司净资产评估值为××万元，净资产评估增值××万元，增值率为××%。

综合考虑评估方法的适用前提和需要满足的评估目的，本次选用资产基础法评估结果作为最终评估结论，即CD公司股东全部权益价值为××万元。

在使用本评估结论时，特别提请报告使用人使用本报告时注意报告中所载明的特殊事项以及期后重大事项。

本报告评估结论自评估基准日起一年内有效，即有效期至2021年8月30日。超过一年，需重新进行评估。

以上内容摘自资产评估报告，欲了解本评估项目的全面情况，请认真阅读资产评估报告全文。

甲资产评估有限公司

2020年10月10日

第一部分　资产评估报告正文

B公司资产评估报告正文（范例）

甲评报字〔2020〕第1502号

甲资产评估公司接受贵单位（公司）的委托，遵守法律、行政法规和资产评估准则，根据委托履行必要的资产评估程序，采用资产基础法和收益法，对AB公司拟非公开发行股票所涉及的CD公司股东全部权益在2020年8月31日的市场价值进行了评估。

现将资产评估情况报告如下。

一、委托人、被评估单位和资产评估委托合同约定的其他资产评估报告使用人概况

委托人简介：A公司

被评估单位简介：B公司

（被评估企业基本情况及财务状况略）

二、评估目的

根据委托人提供的AB公司的股东会决议，AB公司拟以其持有的CD公司××%的股权认购×××公司非公开发行的股票，本次评估目的为×××公司拟非公开发行股票所涉及的CD公司股东全部权益价值提供参考依据。

本次资产评估对应的经济行为已经××公司批准，批准文件为《　　》（××字［××××］××号）。

三、评估对象和评估范围

根据评估目的，本次评估对象为CD公司的股东全部权益。

根据评估目的及上述评估对象，本次评估范围为CD公司于评估基准日全部资产及负债。

评估基准日经审计后的总资产账面值为××万元，总负债为××万元，净资产为××万元。

四、价值类型

根据评估目的及具体评估对象，本次评估采用市场价值类型。

市场价值是指在自愿买方和自愿卖方各自理性行事且未受任何强迫的情况下，评估对象在评估基准日进行正常公平交易的价值估计数额。

选择市场价值类型是由于本次评估的评估目的、评估对象等资产评估基本要素满足市场价值定义的要求。

五、评估基准日

根据与委托方的约定，本项目资产评估的基准日期确定为2020年8月31日。

选定该基准日主要考虑该日期与评估目的预计实现的时间相近，以保证评估结果有效服务于评估目的，尽量减少和避免评估基准日后的调整事项对评估结果造成较大影响。

六、评估依据

法律法规依据、评估准则依据、权属依据、取价依据等（略）。

七、评估方法

（一）评估方法的选择

根据我们对CD公司经营现状、经营计划及发展规划的了解，以及对其所依托的相关行业及市场情况的研究分析，我们认为该公司在同行业中具有竞争力，在未来时期里具有可预期的持续经营能力和盈利能力，具备采用收益法评估的条件。

由于被评估企业有完备的财务资料和资产管理资料可以利用，资产的再取得成本的有关数据和信息来源较广，资产重置成本与资产的现行市价及收益现值存在着内在联系和替代，因此本次评估可采用资产基础法。

采用市场法的前提条件是存在一个活跃的公开市场，且市场数据比较充分，在公开市场上有可比的交易案例。由于我国非上市公司的产权交易市场发育不尽完全，类似交易的可比案例来源较少；上市公司中该类公司在经营方向、资产规模、经营规模等多个因素方面与被评估单位可以匹配一致的个体较少，选用一般案例进行修正时修正幅度过大，使参考案例对本项目的价值导向失真，不能满足市场法评估条件，因此，市场法不适用于本次评估。

通过以上分析，本次评估分别采用收益法及资产基础法进行，在比较两种评估方法所得出评估结论的基础上，分析差异产生原因，最终确认评估值。

（二）资产基础法介绍（略）

（三）收益法介绍（略）

八、评估程序实施过程和情况

（一）接受委托（略）

（二）前期准备（略）

（三）现场调查（略）

（四）收集资料（略）

（五）评定估算（略）

（六）内部审核（略）

九、评估假设

（1）国家现行的有关法律法规及政策、国家宏观经济形势无重大变化，本次交易各方所处地区的政治、经济和社会环境无重大变化。

（2）针对评估基准日资产的实际状况，假设企业持续经营。

（3）假设公司的经营者是负责的，并且公司管理层有能力担当其职务。

（4）除非另有说明，假设公司完全遵守所有有关的法律法规。

（5）假设公司未来将采取的会计政策和编写此份报告时所采用的会计政策在重要方面基本一致。

（6）假设评估基准日后被评估单位的现金流入为均匀流入，现金流出为均匀流出。

（7）假设公司在现有的管理方式和管理水平的基础上，经营范围、方式与目前方向保持一致。

（8）假设有关利率、汇率、赋税基准及税率、政策性征收费用等不发生重大变化。

（9）假设无其他人力不可抗拒因素及不可预见因素对企业造成重大不利影响。

根据资产评估的要求，认定这些假设条件在评估基准日时成立，当未来经济环境发生较大变化时，将不承担由于假设条件改变而推导出不同评估结论的责任。

特别提请报告使用人注意，资产评估报告中的分析、判断和结论受资产评估报告中假设和限定条件的限制，当上述条件发生变化时，评估结论一般会失效。

十、评估结论

（一）资产基础法评估结果（略）

（二）收益法评估结果（略）

（三）结论确定

经分析，认为收益法评估结果××万元更能公允地反映CD公司于本次评估目的下的价值，主要理由为：

资产基础法主要基于企业财务报表上的显性资产及负债进行，不能完全反映企业拥有的相关资质、市场资源、研发和管理团队资源、客户资源及商誉等对公司收益形成贡献的无形资产价值，由此造成资产基础法与收益法评估结果差异较大。

收益法是将企业未来收益折算为现值从而确定资产价值的一种评估方法。收益法的评估技术思路较好地体现了资产的预期原则，其未来收益现值能反映企业占有的各项资源对企业价值的贡献，使评估过程能够全面反映企业的获利能力和增长能力，能将企业拥有的各项有形和无形资产及盈利能力等都反映在评估结果中，从而使评估结果较为公允；同时从投资的角度出发，一个企业的价值是由企业的获利能力决定的，股权投资的回报是通过取得权益报酬实现的，股东权益报酬是股权定价的基础。

基于以上原因，我们认为采用收益法的评估结果更符合本次经济行为对应的评估对象的价值内涵，因此本报告采用收益法的评估结果××万元作为最终评估结论。

十一、特别事项说明

（一）产权瑕疵（略）

（二）未决事项、法律纠纷（略）

（三）利用专家工作情况（略）

（四）重大期后事项（略）

十二、资产评估报告使用限制说明（略）

十三、资产评估报告日

本次资产评估报告结论正式提出日期为2020年10月10日。

甲资产评估有限公司

2020年10月10日

资产评估专业人员签名：________________

资产评估机构印章：________________

附件（范例）

- 有关经济行为文件及批复；
- 委托人和被评估单位法人营业执照；
- ××公司基准日会计报表；
- ××公司专项审计报告；
- 委托人和被评估单位产权登记证；
- 评估对象涉及的权属证明文件及重要合同复印件；
- 相应主管部门的相关批准（备案）文件；
- 委托人和其他相关当事人的承诺函；
- 签字资产评估师的承诺函；
- 评估机构资格证书；
- 评估机构法人营业执照副本；
- 签字资产评估师资格证书；
- 参加本评估项目的人员名单；
- 资产评估明细表。

第二部分　资产评估说明

CD公司资产评估说明（范例）
甲评报字〔2020〕第1502号

一、关于资产评估说明使用范围的声明（略）

二、关于进行资产评估有关事项的说明

（一）委托方与资产占有方概况（略）

（二）关于经济行为的说明

根据委托人提供的AB公司的股东会决议，AB公司拟以其持有的CD公司有限公司××%的股权认购×××公司非公开发行的股票，本次评估目的为×××公司拟非公开发行股票所涉及的CD公司股东全部权益提供参考依据。

本次资产评估对应的经济行为已经××公司批准，批准文件为《　　　》（××字［××××］××号）。

（三）关于评估对象和评估范围的说明

(1) 对企业价值影响较大的单项资产或者资产组合的法律权属状况、经济状况和物理状况。

(2) 企业申报的账面记录或者未记录的无形资产类型、数量、法律权属状况等。

(3) 企业申报的表外资产的类型、数量。

(4) 说明账面资产是否根据以往资产评估结论进行了调账。

(5) 本次评估前是否存在不良资产核销或者资产剥离行为等。

（四）关于评估基准日的说明（略）

（五）可能影响评估工作的重大事项说明（略）

（六）资产负债情况、未来经营和收益状况预测说明（略）

（七）资料清单（略）

三、资产清查核实情况说明

（一）评估对象与评估范围说明

1. 评估对象与评估范围内容（略）

2. 实务资产的分布情况及特点（略）

3. 企业申报的账面记录或者未记录的无形资产情况（略）

4. 企业申报表外资产的类型、数量（略）

5. 引用其他机构出具的报告的结论所涉及的资产类型、数量和账面金额（略）

（二）资产核实总体情况说明（略）

四、资产基础法评估说明

根据评估范围所涉及的各项资产、负债进行详细说明，包括资产类型、状况、评估方法、参数选取及评估值等。（略）

五、收益法评估说明

（一）评估对象（略）

（二）收益法的应用前提及选择的理由和依据（略）

（三）收益预测的假设条件（略）

（四）企业经营、资产、财务分析（略）

（五）评估计算及分析过程（略）

（六）评估结果（略）

（七）测算表格（略）

六、评估结论及分析

（一）评估结论

本着独立、公正、科学、客观的原则，运用资产评估既定的程序和公允的方法，对CD公司纳入评估范围的资产实施了实地勘察、询证和评估计算，分别采用资产基础法和收益法进行了评估，得出评估结论如下：

1. 资产基础法评估结果（略）

2. 收益法评估结果（略）

（二）评估结论与账面价值比较变动情况及原因（略）

本章小结

资产评估报告是指资产评估机构及其资产评估专业人员遵守法律、行政法规和资产评估准则，根据委托履行必要的资产评估程序后，由资产评估机构对评估对象在评估基准日特定目的下的价值出具的专业报告。

资产评估报告具有重要的作用：为委托评估的资产提供作价意见，是明确委托方、受托方及有关方面责任的依据，是对评估行为进行监管的依据。按不同标准，资产评估报告可以划分为不同类型。

资产评估报告的内容包括：标题及文号、目录、声明、摘要、正文、附件。其中，正文部分包括：绪言；委托人、被评估单位和资产评估委托合同约定的其他资产评估报告使用人的概况；评估目的；评估对象和评估范围；价值类型及其定义；评估基准日；评估依据；评估方法；评估程序的实施过程和情况；评估假设；评估结论；特别事项说明；评估报告使用限制说明；评估报告日；签字盖章。制作资产评估报告，在文字、格式、内容以及复核等方面有特殊要求。

资产评估报告由评估机构出具后，委托方、资产评估管理机构和其他有关部门对资产评估报告及有关资料要根据需要进行使用。

名词和术语

资产评估档案（work file）
评估报告（appraisal report/valuation report）
整体资产评估报告（appraisal report for overall asset）
单项资产评估报告（appraisal report for individual asset）
预测型评估报告（predictive appraisal report）
追溯型评估报告（retrospective appraisal report）

思考题

1. 资产评估报告的含义是什么？
2. 资产评估报告有哪些作用？
3. 资产评估报告有哪些类型？

4. 国有企业资产评估报告的特殊要求有哪些？
5. 撰写资产评估报告应注意哪些事项？
6. 资产评估档案的重要性有哪些？
7. 资产评估档案由哪些部分组成？

案例分析

请阅读以下评估报告，并根据《企业国有资产评估报告指南》中对资产评估报告内容的相关规定对其缺陷进行分析，提出完善的建议（不考虑资产评估说明和资产评估明细表）。

A有限公司拟改制为股份有限公司项目

资产评估报告

一、委托方、被评估单位和业务约定书约定的其他评估报告使用者概况

（一）委托方及被评估单位简介

1. 名称：A有限公司
2. 法定住所：××
3. 法定代表人：××
4. 注册资本：1 814.43万元
5. 企业类型：有限责任公司
6. 成立日期：2008年3月26日
7. 经营期限：2008年3月26日至无固定期限
8. 主要经营范围（略）
9. 企业概况（略）
10. 财务状况（近三年及评估基准日经审计的主要资产经营数据略）

（二）业务约定书约定的其他评估报告使用者简介

本评估报告的使用者为委托方、被评估单位、经济行为相关的当事方以及按照国有资产管理相关规定报送备案的相关监管机构。

除国家法律法规另有规定，任何未经评估机构和委托方确认的机构或个人不能由于得到评估报告而成为评估报告使用者。

二、评估目的

本次评估目的是对A有限公司的净资产进行评估，提供其在基准日的市场价值，为A有限公司拟改制为股份有限公司提供参考依据。

三、评估对象和评估范围

（1）根据评估目的，本次评估对象为A有限公司经审定的净资产。

（2）根据评估目的及上述评估对象，本次评估范围为A有限公司评估基准日的全部资产及负债。

(3) 评估基准日经审计的账面资产总额7 028.89万元，负债4 710.52万元，净资产2 318.37万元。具体包括流动资产2 773.49万元，非流动资产4 255.40万元，流动负债4 710.52万元。

A有限公司纳入评估范围的资产类型、账面构成。(略)

(4) 引用其他机构出具的报告结论。本次评估报告中基准日各项资产及负债账面值已经C会计师事务所审计。

四、价值类型及其定义

根据评估目的以及具体评估对象，本次评估采用市场价值类型。

五、评估基准日

根据评估目的，经委托方、资产占有方与评估机构共同商定，本项目评估基准日为2019年10月31日。

选定该基准日主要考虑该日期与评估目的预计实现的时间相近，以保证评估结果有效服务于评估目的，尽量减少和避免评估基准日后的调整事项对评估结果造成较大影响。

六、评估依据

（一）评估行为依据（略）

（二）法律法规依据（略）

（三）权属依据（略）

（四）取价依据（略）

（五）其他参考资料（略）

七、评估方法

（一）评估方法的选择

A有限公司拟改制为股份有限公司，依据《中华人民共和国公司法》《中华人民共和国公司登记管理条例》以及国家工商行政管理总局颁布的《公司注册资本登记管理规定》等相关规定，股东不得以劳务、信用、自然人姓名、商誉、特许经营权或者设定担保的财产等作价出资。本次评估的目的是为A有限公司拟改制为股份有限公司提供价值参考意见，同时服务于工商行政管理部门备案，故采用资产基础法作为评估方法。

（二）资产基础法介绍（略）

八、评估程序实施过程和情况

××资产评估有限责任公司自2020年1月10日至2020年1月26日实施本次评估工作，整个评估工作分四个阶段进行。

（一）评估准备阶段

配合企业进行资产清查、填报资产评估申报明细表等工作。评估项目组人员对被评估资产进行详细了解，布置资产评估工作，协助企业进行被评估资产申报工作，收集资产评估所需文件资料。

（二）现场尽职调查阶段

（1）听取委托方及被评估单位有关人员介绍企业总体情况和被评估资产的历史及现状，了解企业的财务制度、资产管理制度、经营状况、未来规划等情况。

（2）对企业提供的资产清查评估申报明细表、生产经营调查及预测表进行审核、鉴别，并与企业有关财务记录数据进行核对，对发现的问题协同企业做出调整。

（3）根据资产清查评估申报明细表，对固定资产进行全面清查核实，对流动资产中的存货类实物资产进行抽查盘点。

（4）对主要设备，查阅技术资料、决算资料和竣工验收资料；对通用设备，主要通过市场调研和查询有关资料，收集价格资料；对房屋建筑物，了解管理制度和维护、改建、扩建情况，收集相关资料。

（5）通过对企业的资产状况、经营模式和财务状况的综合分析，确定评估技术方案。

（三）评估汇总阶段

对初步结果进行分析汇总，对评估结果进行必要的调整、修改和完善。

（四）提交报告阶段（略）

九、评估假设（略）

特别提请报告使用者注意，评估报告中的分析、判断和结论受评估报告中假设和限定条件的限制，当上述条件发生变化时，评估结果一般会失效。

十、评估结论

在评估基准日2019年10月31日，被评估单位申报的总资产账面价值为7 028.89万元，总负债账面价值为4 710.52万元，净资产账面价值为2 318.37万元。总资产评估价值为7 522.48万元，增值额为493.59万元，增值率为7.02%；总负债评估价值为4 710.52万元，增值额为0，增值率为0；净资产评估价值为2 811.96万元，增值额为493.59万元，增值率为21.29%。

十一、特别事项说明

本次评估报告中评估基准日各项资产及负债账面价值已经会计师事务所审计，并出具了无保留意见的合并口径审计报告。

十二、评估报告使用限制说明

（1）本评估报告只能由评估报告载明的评估报告使用者使用。评估报告的使用权归委托方所有，未经委托方许可，本评估机构不会随意向他人公开。

（2）未征得本评估机构同意并审阅相关内容，评估报告的全部或者部分内容不得被摘抄、引用或披露于公开媒体，法律法规规定以及相关当事方另有约定的除外。

（3）评估结论的使用有效期。根据国家现行规定，本资产评估报告结论使用有效期为一年，自评估基准日 2019 年 10 月 31 日起计算，至 2020 年 10 月 30 日止。超过一年，需重新进行资产评估。

十三、评估报告日

本评估报告正式提出日期为 2020 年 1 月 26 日。

评估机构法定代表人（签章）
注册资产评估师（签章）
注册资产评估师（签章）
××资产评估有限责任公司
2020 年 1 月 26 日

第十章

我国资产评估行业管理

案例引导

立法要有价值，尤其是国家立法。一部法律的出台要历经全面的考虑、缜密的调查、充分的论证、切实的验证，才能保证颁布的法律真正切合当时的实践。

国家倡导法制。习近平总书记在十八届中央纪委五次全会上强调，“国有资产资源来之不易，是全国人民的共同财富。要完善国有资产资源监管制度”。可以说，以法律形式守护国有资产的价值、评估市场上资源的真实价值、促进国有资产与其他所有制资产的对等合作，具有划时代的意义；法律更是保护社会规则的体现。在伴随改革开放诞生的30多年里，资产评估一直在以专业守护市场交易中的价值真实，保护资本交易中的价值公平这一规则。

可以说，我国经济改革发展与资产评估行业发展的相伴相生、息息相关，无时无刻不体现在这一专业服务行业的发展与评估专业水平的提升中。只有立法守护各种所有制在经济活动中的真实价值，才能使价值评估这种专业活动更加规范、更加专业，为资本市场的创新发展提供价值合作的真正契机，为资源合作的潜力显化提供科学合理的真实支撑，为国有资源的价值监管提供规范透明的专业守护。

资料来源：刘公勤．为守护价值立法刻不容缓．中国会计报，2016-05-20.

我国资产评估是随着社会主义市场经济发展兴起的新兴行业，近20年来，资产评估积极参与改革，服务改革，已成为我国社会主义市场经济中不可或缺的社会中介服务行业。我国资产评估行业发展迅速，队伍不断壮大，素质不断提高，管理制度和执业准则不断完善，业务领域和服务对象不断扩大，社会监督作用日益增强；已初步形成以《国有资产评估管理办法》为主干，以资产评估行政主管部门颁布的一系列有关资产评估的规章制度为主体，以相关法律法规、司法解释、规章制度为重要补充的具有中国特色的资产评估法律法规体系，形成了规范评估目的、对象、主体、程序、方法、监管等基本要素的比较完整的框架。2003 年 12 月 19 日，国务院办公厅〔2003〕101 号文转发《财政部关于加强和规范评估行业管理的意见》，2004 年《中华人民共和国行政许可法》开始实施，根据市场经济发展新形势和政府管理经济职能的新变化，对评估管理和行业管理进行了与时俱进的调整，形成了新的行政管理与行业自律管理协调发展的管理体制，极大地推动了资产评估行业的发展。资产评估行业作为提供价值咨询服务的社会中介行业，受到社会各界的高度重视和关注。

资产评估独特的专业特性决定了行业管理对其功能和作用的发挥起重要作用。本章主要介绍对于资产评估行业管理体系和内容的制度安排。

相关链接

推进资产评估立法是全面依法治国的题中之义

在中国，会计领域、律师领域都有了全国性的统一法律规定，而与之鼎足而立的评估领域，至今还没有一部全国性的专门法律。资产评估涉及的领域广，与经济秩序和社会公正息息相关，是社会经济中重要的智力型现代服务业。《资产评估法》是评估行业发展的基石，应该尽快出台，在规范评估行为、调节评估关系、提高评估信息质量、维护市场经济秩序等方面发挥应有作用。

《资产评估法》的出台，将进一步完善中国法律体系，填补经济法领域的一大空白。同时，也可以对公司法、证券法、企业国有资产法、物权法等法律中有关资产评估的法律规定的实施起到重要支撑作用，有利于从源头上理顺我国资产评估行业管理体制，保障资产评估行业可持续地健康发展。

十年磨一剑，剑出护公义。资产评估立法自 2005 年 12 月正式启动以来，经过十年努力，广泛听取民意，数易其稿，集结各方智慧形成了《资产评估法》草案，并分别于 2012 年 2 月和 2013 年 8 月经全国人民代表大会常务委员会审议。《资产评估法》的出台，可以更有效地防止评估行政监管部门滥用职权、推动评估领域的简政放权、促进评估行业自律管理体制的全面建立，同时还可以更好地保障广大评估师在共同的平台上合作共赢。

资料来源：俞明轩．推进资产评估立法是全面依法治国的题中之义．中国会计报，2015-08-14.

第一节　我国资产评估行业发展历程

20 世纪 80 年代末 90 年代初，随着改革开放的深入和社会主义市场经济体制的逐步确立，我国资产评估行业应运而生。经过近30年的发展，资产评估行业已成为国家经济生活中不可或缺的中坚力量。纵观我国资产评估行业的发展历程，大致经历了三个节点、四个阶段，如图10-1所示。

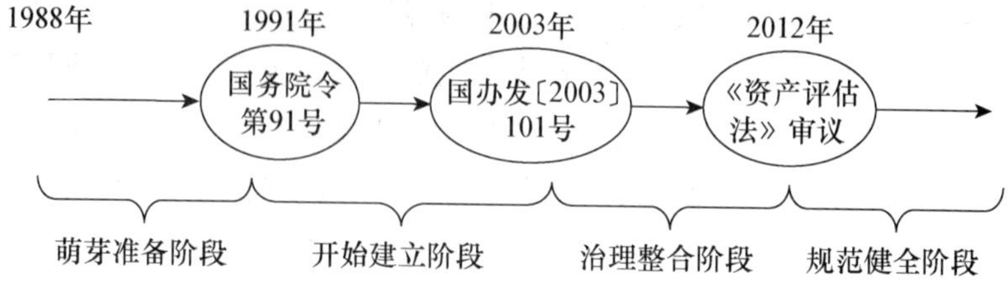

图10-1 我国资产评估行业的发展历程

一、萌芽准备阶段——我国资产评估行业在经济体制改革中诞生

20世纪80年代，经济体制改革打破了单一的国有经济体制。随着我国经济体制改革的深化，国有企业的对外合资合作、租赁、承包、股份经营、兼并、拍卖、破产等经济行为和产权变动行为日益增多，企业资产产权也由单一转为多元，这些行为都需要建立在对所涉及国有资产价值进行合理确定的基础上。

20世纪80年代后期也是我国国有资产管理体制改革的起步阶段，政府对国有资产的管理方式从过去无偿的行政划拨逐步转向有价转让，因此，对资产价值的合理确定提出了要求。而在实践中，当时国有企业往往以账面价值与国外投资者合资，导致大量国有资产流失，这些现象引起了社会各界的广泛关注，要求合理重估国有资产价值而不是简单以账面价值进行合资的呼声日益高涨。在这种时代背景下，根据当时经济体制改革和国有资产管理体制改革的需要，为确定合理的国有资产转让价格，维护国有企业经营形式转变涉及的国有资产合法权益，防止国有资产流失，对国有资产进行评估成为维护国有权益的手段。

相关链接

有人曾估算，在20世纪80年代，全国国有资产每年流失500亿元；进入90年代，每年至少流失800亿～1 000亿元，加上坏账、偷税漏税、公款消费以及决策失误造成的浪费等，国有资产的损失额已经是一个相当大的数目。国有资产流失几乎在所有行业中均有发生，其中既有直接损失，也有间接损失；既有有形资产损失，也有无形资产损失。侵占国有资产的手段既有合法的，也有非法的。尤其是国有企业中高层管理人才流失所导致的危机正成为困扰国有企业的一种主要危机。

资料来源：齐平．国有资产流失问题对策思考．吉林省教育学院学报，2005（3）．

1988 年 3 月，大连市政府率先做出尝试。在大连炼铁厂与香港企荣贸易有限公司的合资过程中，为了防止国有资产损失，大连会计师事务所对大连炼铁厂作为投资的建筑和机电设备进行了评估，这是我国首例资产评估业务，拉开了我国资产评估的序幕。1988 年因此成为资产评估行业在我国诞生的标志性元年。

相关链接

新中国评估第一单

走进原大连炼铁厂的档案室，两面墙边满满地立着几十个绿皮柜子，10 年前就曾探寻“评估第一单”的原大连评估协会秘书长郑广乐对于评估早已轻车熟路。他解释说：“评估第一单的评估表原件已经找不到了，10 年前费尽周折，只在当时的一张会计凭证后面找到了评估表的复印件。”原大连炼铁厂财务人员、现大连坤达铸铁管有限公司总会计师马耀学在几个大纸箱子里找出了“评估第一单”的复印件。

这份手工制作的复印件只有十几页，比起现在的评估报告单薄很多，但却如同一声惊雷，在当时并不知评估为何物的中国，为大连炼铁厂的引进投资提供了合理的证明，使大连炼铁厂的资产总额增加了 300 余万元，更让大连炼铁厂一方在合资之后的股比从 47%左右上升到 60%以上。股比的上升为大连炼铁厂带来了合资之后生产经营管理的主控权。

这薄薄的资产评估报告是当时新中国首屈一指的独一份。资产评估在国内的第一次亮相，就展示出了资产评估对国有资产保值增值的强大保障力量，为我国国有资产保值增值以及合资控股权的争夺提供了技术保障，让当时对资产评估懵懵懂懂的各界人士开始正视资产评估的力量。

资料来源：高鹤．新中国评估第一单．中国会计报，2013-10-11.

1988 年 8 月 31 日通过的《国家国有资产管理局“三定”方案》规定了资产评估管理的职责，即“审批中央级国有企业承包、租赁、合资、参股经营和兼并、拍卖、破产清理等经济活动中涉及国有资产的评估、产权变动和财务处理问题”，“审批中央级行政事业单位国有资产产权转移、评估和财务处理问题”，这是在我国政府的正式文件中首次出现资产评估的字样。

1989 年 2 月，国家体改委、国家计委、财政部、国家国有资产管理局发布体改经〔1989〕38 号文和体改经〔1989〕39 号文，明确规定：“被出售企业的资产（包括无形资产）要认真进行清查评估。”“被兼并方企业的资产包括有形资产和无形资产，一定要进行评估作价，并对全部债务予以核实。如果兼并方企业在兼并过程中转换为股份制企业，也要进行资产评估。”

1989年9月，国家国有资产管理局以国资工字〔1989〕3号文发布了《在国有资产产权变动时必须进行资产评估的若干暂行规定》，规定凡是占用国有资产的单位，在实行租赁、联营、股份经营、兼并和出售国有企业（包括资产折股出售）、破产清理、企业结业清理、中外合资、合作经营中，必须进行资产评估工作。这一系列重大政策的出台，顺应了经济形势发展的需要，满足了国有企业改革的需求，初步确立了资产评估的法律地位。

1990年5月31日，国家国有资产管理局颁发了《资产评估机构管理暂行办法》（国资工字〔1990〕30号）。该办法主要对建立资产评估机构和从事资产评估业务的内容做出了规定。

1990年7月6日，国家国有资产管理局批准组建了资产评估中心，负责全国的国有资产评估工作。之后，省级国有资产管理部门也陆续成立资产评估中心，管理地方的国有资产评估工作。1990年12月，国家国有资产管理局颁发了第一号资产评估资格证书。这些资产评估管理文件的发布和资产评估管理机构的成立，标志着我国资产评估工作正式起步。

截至1991年年底，据不完全统计，全国已拥有资产评估机构367家，从事资产评估的人数达5 013人，其中具备高级职称者达1 781人；全国各级国有资产管理部门自1988年以来已经审核确认资产评估项目3 123项，在这些资产评估项目中，中外合资合作与股份制改造项目所占比例最大，合计评估价值占4年评估价值总额的60%以上；评估后资产的平均增值率达65%。

二、开始建立阶段——我国资产评估行业伴随管理体系初步建立

1991年11月16日，国务院颁布了《国有资产评估管理办法》（国务院令第91号），这是我国第一部对资产评估行业进行政府管理的最高行政法规，标志着我国资产评估行业走上了法制化的道路。该办法指出，凡是涉及国有资产产权或经营主体发生变动的经济行为都要进行评估，还规定了全国资产评估管理的政府职能部门是国有资产管理部门，将审批评估机构纳入国有资产管理部门的职责范围，同时规定了被评估资产的管理范围、评估的程序和方法及法律责任等。

该办法的颁布从法律层次上赋予了资产评估合法地位，标志着我国资产评估法律制度建设取得了重大成果，也体现了我国资产评估行业从起步阶段就进入依法发展的轨道，相对于其他专业服务行业来说，具有起点高、起步早、超前意识强的特点。该办法的颁布为资产评估的正常发展起到了关键的保驾护航作用。它确立了法定评估制度、选择性评估制度、资产评估机构资格许可制度、资产评估有偿服务制度、资产评估立项确认审批制度、执业技术标准制度、资产评估处罚制度七项国家制度。这些制度中，除了资产评估立项确认审批制度日后被核准备案抽查制度取代，其他制度在今天依然充满活力。

1992 年 4 月，国家国有资产管理局资产评估中心编写了《资产评估概论》，这是我国第一部由国家行业主管部门组织编写的资产评估专业培训教材。

随着我国社会主义市场经济体制的发展以及各项深化经济体制改革措施的实施，我国资产评估行业发展的政策环境、市场环境、社会环境、管理体制条件等发生了深刻变化，资产评估业务深入发展，业务领域不断拓展，资产评估对象不再局限于国有企业，而是服务于各种经济主体和财产主体，评估服务领域不断拓宽。

为了进一步规范评估机构管理，1993 年国家国有资产管理局重新修订《资产评估机构管理暂行办法》后，以国资办发〔1993〕58 号文发布了修改后的《资产评估机构管理暂行办法》。同年，国家国有资产管理局、中国证券监督管理委员会联合发布了《关于从事证券业务的资产评估机构资格确认的规定》，规定了申请从事证券业务资产评估的机构必须具备的条件。证券业务资产评估资格由国家国有资产管理局和中国证券监督管理委员会共同审批，并联合颁发资格证书。经过严格审查，1993 年 4 月 9 日，国家国有资产管理局、中国证券监督管理委员会以国资办发〔1993〕17 号文，联合发布了关于确认 21 家资产评估机构从事证券业务资产评估资格的通知。

由于资产评估行业严格按照客观、公正、科学的原则，积极维护国家和产权所有者的权益，因此自诞生就显示出强大的生命力，在较短的时间里从无到有、从小到大蓬勃发展起来。1993 年以后，随着我国经济体制改革的深入，国有企业股份制改造、证券市场迅速发展以及国有企业大量海外上市等，为我国资产评估行业的发展提供了重要的机会和空间。评估项目越来越多，规模越来越大，涉及行业越来越广，技术复杂程度也越来越高，资产评估机构和从业人员的数量迅速增加，我国资产评估行业得到空前发展。

1995 年 5 月 10 日，人事部、国家国有资产管理局联合发布了《注册资产评估师执业资格制度暂行规定》和《注册资产评估师执业资格考试实施办法》。该办法规定了以下几点，通过全国统一考试者，可取得资产评估师执业资格证书，再经过注册登记取得资产评估师注册证后方可执业，签署资产评估报告。评估报告必须由两个以上资产评估师签字方为有效。评估机构的申办建立也必须有一定数量的资产评估师。注册资产评估师制度的实行在保证资产评估人员在社会经济中提供高质量的服务、强化资产评估人员的专业责任方面发挥了重要作用。

相关链接

美国通用汽车公司前总裁斯隆说过这样的话：你可以拿走我的资产，但将人员留给我，5 年内我一定可以将那些资产再赚回来。其实不仅是通用汽车公司，只要仔细观察研究，你会发现任何一家卓越的企业，都是由成绩卓越的人才组成的。同理，卓越的人才是每个单位乃至每个行业的“重要资产”，换句话说，资产评估行业要发展，要成功，必须靠广大会员或者说无数卓越人才的共同努力。

资料来源：刘萍．与会员沟通的艺术．中国资产评估，2005（12）．

1996年，国家国有资产管理局下发了中国资产评估协会起草的《资产评估操作规范意见（试行）》，为规范资产评估执业行为发挥了重要作用。

1998年，根据政府机构改革方案，国家国有资产管理局被撤销。国有资产评估项目立项、确认等相关管理职能划归财政部；中国资产评估协会划归财政部，相应的资产评估管理工作也移交到财政部。

1999年，根据国务院的要求，财政部率先在资产评估行业开展了脱钩改制工作，评估机构在人员、财产、财务和名称等方面与挂靠单位彻底脱钩，成为由资产评估师发起设立的独立执业、独立承担法律责任的社会中介机构。

资产评估机构脱钩改制以后，不再依附于政府部门或国有上级单位。随着资产评估行业的发展，资产评估人员的素质和执业能力不断提高，资产评估机构和人员独立执业和承担责任的条件基本成熟。同时，政府也在调整国有企业的管理方式，以出资人身份对下属企业的有关资产评估事项进行管理。2001年12月31日，《国务院办公厅转发财政部〈关于改革国有资产评估行政管理方式加强资产评估监督管理工作意见〉的通知》（国办发〔2001〕102号）发布，取消财政部门对国有资产评估项目的立项确认审批制度，实行核准制和备案制。这项对国有资产评估管理方式的重大改革，加大了资产评估机构和资产评估师在资产评估行为中的责任。之后，财政部相继制定了《国有资产评估管理若干问题的规定》《国有资产评估违法行为处罚办法》等配套改革文件。这些政策措施对于提高资产评估执业的独立性、提升资产评估执业质量、促进资产评估行业规范发展具有重要意义。

据统计，从1990年国家国有资产管理局颁发第一号资产评估资格证书，到1991年国务院发布《国有资产评估管理办法》，全国具有合法资产评估资格的资产评估机构有476家，从业人员6 312人；到1995年，全国具有合法资产评估资格的资产评估机构有2 893家，从业人员47 531人；到2000年，我国已有各类评估机构超过万家，注册资产评估师十几万人，从业人员约30万人，已经形成包括资产评估、房地产估价、土地估价、矿业权评估、旧机动车鉴定估价和保险公估在内的六大类评估专业。其中，资产评估机构数量已超过4 000家，从业人员4万多人，业务领域涵盖动产、不动产、企业价值、无形资产、证券期货等资产类型。

三、治理整合阶段——我国资产评估行业走上规范发展之路

2003年12月19日，国务院办公厅转发财政部《关于加强和规范评估行

业管理的意见》(国办发〔2003〕101号)。国务院办公厅在转发通知中要求各地政府、国务院各部委和各直属机构认真贯彻执行此意见。国务院办公厅〔2003〕101号文的发布标志着国家已意识到，对在政府推动和市场拉动中半自发发展起来的充满部门分割印记的评估行业需要全面清理整顿和统一规划管理。

2004年2月，财政部发布《资产评估准则——基本准则》和《资产评估职业道德准则——基本准则》，资产评估行业拥有了专门的业务规范，标志着我国资产评估行业进入规范发展的阶段。随后，相关具体准则陆续发布，我国资产评估准则体系逐步建立，丰富了我国资产评估法律体系。2004年12月30日，中国资产评估协会发布了《企业价值评估指导意见（试行）》，这是继2004年2月财政部发布《资产评估准则——基本准则》和《资产评估职业道德准则——基本准则》之后，我国资产评估准则体系建设工作的又一重要步骤。2004年11月6—7日，全国资产评估师（珠宝）执业资格珠宝评估专业科目首次考试在北京举行。此次考试共有来自全国各地的150余名考生报名；其中，95人参加了考试且参加考试的人员都是已具备珠宝玉石质检师或相当资格的专业人员。

21世纪的前十年是我国资产评估行业发展的黄金十年，在这十年间，我国经济始终保持高速增长，为资产评估行业的发展注入了新的活力。新业务不断出现在我国资产评估机构和资产评估师的视野中，我国资产评估行业也不再是专门服务于国有资产改制的国有资产评估行业。同时伴随着行业管理部门的变革以及行业管理制度的改革，一系列部门规章、规范性文件和行业自律管理文件相继出台，这些法律法规构成了我国资产评估行业法制体系的主要内容，形成了我国资产评估行业法制体系的基本框架，为我国资产评估行业发展的黄金十年极大地提供了制度保障。

相关链接

评估雾里看花　业绩水中望月

“在市场氛围一片大好的时候，大家都会对风险视而不见。”上海某私募人士对《上海证券报》的记者表示。

“只依靠一款已经成熟的手游来支撑如此激进的盈利预期，不得不说是冒着极大的风险。”某游戏行业的分析人士指出，单一游戏开发商产量有限，一般一年不会超过2款产品；同时，单款游戏成功概率较低，一旦失败，研发投入付之东流，同时损失巨大的机会成本。此外，当前手游估值普遍偏高，未来有较大的商誉减值风险。

对于传统产业的资产评估，监管部门在审核时会有一些原则性把握及参照，但对于游戏等新兴的轻资产行业，如何估值确实没有参照，也很难监管。

“总体来说，并购在中国还算刚刚开始。”一位主导一只文化并购基金的人士向记者强调。“的确，圈内俗称的中国式并购存在很多玩概念、玩运作的特点，比如高估值，但是这并不能否定并购的正向作用，一个高估值并购方案受到二级市场认可，这是一种诱导，也是一种支撑，说明还是有一定市场依据的。”

“新兴行业的资产评估的确是一门艺术，现在看起来很多资产都评得价值很高，但其中肯定也有低估的情况。十年前如果你去评估百度，没人会评出今天的市值来。”一位操作过多个科技类资产评估项目的资深评估师告诉记者，“一般盈利预测数据都是由公司提供给我们，评估师根据行业经验与历史数据对其进行校正。”

资料来源：评估雾里看花 业绩水中望月．上海证券报，2013-11-01.

四、规范健全阶段——我国资产评估行业迎来有法可依的新局面

长久以来，虽然我国资产评估行业一直保持迅猛发展的态势，一些规范资产评估行业的法规文件也在不断出台，但不能回避的是，我国资产评估行业始终缺乏一部行业法律。在行业发展的初期，法律的缺位对行业发展的影响还不明显，但是经过20多年的发展，我国资产评估行业因法律缺位而产生了诸如多头管理、监管真空、评估机构和评估师的合法权益得不到保障等一系列问题。此时，出台一部行业法律已迫在眉睫，行业法律的制定和出台已成为引导我国资产评估行业发展的核心因素。

2012年2月27日，第十一届全国人民代表大会常务委员会第二十五次会议初次审议《中华人民共和国资产评估法（草案）》，委员们普遍认为，制定《资产评估法》，对规范资产评估行为，保护当事人合法权益和公共利益，促进资产评估行业健康发展是必要的。会后即向全社会公开征集对《资产评估法（草案）》的建议和意见。国家立法机构对资产评估行业的法制建设给予了高度重视，资产评估法律制度体系开始进入规范健全阶段。2013年8月28日，第十二届全国人民代表大会常务委员会第四次会议对《资产评估法（草案二次审议）》进行了审议；2013年10月5日，《资产评估法（草案二次审议稿）》结束征求意见，收到的反馈意见超过3万条。这些数字说明，资产评估立法已经引起社会和相关部门的高度重视。2015年8月，第十二届全国人民代表大会常务委员会第十六次会议审议了《资产评估法（草案三次审议稿）》，三审稿在二审稿的基础上，从评估师的独立性、报考资格、考试类型、管理方式、评估机构设置条件等方面进行了补充和完善。2016年7月2日，经第十二届全国人民代表大会常务委员会第二十一次会议审议，正式通过《资产评估法》，自2016年12月1日起施行。

随着《资产评估法》的出台，我国资产评估法律体系开始进入规范健全阶段，标志着我国资产评估行业终于进入有法可依的时代，我国资产评估行业的发展必将踏上一个新的台阶。

相关链接

资产评估法的五大制度创新

《资产评估法》具有诸多立法创举和制度创新。其中，最重要的是在执业准则制度、报告签字制度、机构备案制度、委托人管理制度、行业协调管理制度这五个方面进行了制度创新。

经过近 30 年的发展，中国有各类评估机构共 1.4 万多家，评估师人数超过 13 万，从业人员 60 多万。资产评估行业为经济的健康发展、社会的公平正义、资源的有效配置做出了重要贡献，但长期缺乏一部专门的法律，致使一些虚假评估影响了交易的公平合理，阻碍了资产评估行业的健康发展。2016 年 6 月 27 日，审议《资产评估法（草案）》被列为第十二届全国人民代表大会常务委员会第二十一次会议的第一项议程，7 月 2 日的会议以 138 票赞成、5 票反对、14 票弃权，表决通过了《资产评估法》，自 2016 年 12 月 1 日起施行。

《资产评估法》从酝酿到表决通过，历经 10 年磨砺，在立法史上实属少见；法案经高票表决通过，也在评估史上具有历史里程碑的意义。《资产评估法》的确立不仅促进了评估行业中各个专业的协调和统筹，也使评估师与注册会计师、律师享有同样的法律地位，享有应有的社会尊严。《资产评估法》在评估行业发展战略层面上进行了制度创新，在国家治理现代化和简政放权的大背景下为评估行业设计了崭新的制度。

资料来源：俞明轩．资产评估法的五大制度创新．中国经济报告，2016（9）．

相关链接

资产评估行业的收入规模

截至 2017 年底，资产评估行业实现业务收入总额约 136.23 亿元，较上年增加约 16.78 亿元，增长约 14.05％；2015—2017 年，行业收入总额年增长率保持在 15％ 左右，平均为 15.20％。全国证券业评估机构共有 69 家，占全国资产评估机构总数量的 1.93％，收入总额 54.90 亿元，占全行业收入总额的 40.30％。

资料来源：中评协专题研究小组．中国资产评估行业发展报告 2017（节选）．中国资产评估，2019（2）．

第二节 资产评估机构管理

2017年，财政部发布了《资产评估行业财政监督管理办法》（财政部令第86号），财政部负责统筹全国资产评估行业的监督管理，指导和督促地方财政部门实施资产评估行业监督管理，统一部署资产评估行业检查工作，负责对资产评估机构从事证券期货相关评估业务实施监督管理。

一、资产评估机构管理部门及评估范围

资产评估机构是指依法设立，取得资产评估资格，从事资产评估业务活动的社会中介机构。财政部为全国资产评估主管部门，依法负责审批管理、监督全国资产评估机构，统一制定资产评估机构管理制度。各省、自治区、直辖市、计划单列市财政厅（局）负责对本行政区域内资产评估机构进行审批管理和监督。资产评估协会负责对资产评估行业进行自律性管理，协助资产评估主管部门对资产评估机构进行管理与监督检查。资产评估机构应当加入中国资产评估协会，成为中国资产评估协会团体会员。

资产评估机构应当依法取得资产评估资格，遵守有关法律、法规、执业准则和执业规范。资产评估的范围主要包括各类单项资产评估、企业整体资产评估、市场所需的其他资产评估或者项目评估。资产评估机构依法从事资产评估业务，除法律规定的情况外不受行政区域、行业限制，任何组织或个人不得非法干预。

二、资产评估机构的设立条件

根据《资产评估法》的相关规定，资产评估机构应当依法采用合伙或者公司形式，聘用评估专业人员开展评估业务。合伙形式的资产评估机构，应当有2名以上资产评估师；其合伙人2/3以上应当是具有3年以上从业经历且最近3年内未受停止从业处罚的资产评估师。公司形式的资产评估机构，应当有8名以上资产评估师和2名以上股东，其中2/3以上股东应当是具有3年以上从业经历且最近3年内未受停止从业处罚的资产评估师。资产评估机构的合伙人或者股东为2名的，2名合伙人或者股东都应当是具有3年以上从业经历且最近3年内未受停止从业处罚的资产评估师。

设立资产评估机构，应当向工商行政管理部门申请办理登记。资产评估机构应当自领取营业执照之日起30日内向有关评估行政管理部门备案。评估行政管理部门应当及时将资产评估机构备案情况向社会公告。

三、资产评估机构从事证券评估业务许可证管理

2020 年 3 月，新修订的《证券法》第一百六十条规定：“会计师事务所、律师事务所以及从事证券投资咨询、资产评估、资信评级、财务顾问、信息技术系统服务的证券服务机构，应当勤勉尽责、恪尽职守，按照相关业务规则为证券的交易及相关活动提供服务。从事证券投资咨询服务业务，应当经国务院证券监督管理机构核准；未经核准，不得为证券的交易及相关活动提供服务。从事其他证券服务业务，应当报国务院证券监督管理机构和国务院有关主管部门备案。”证券评估业务一般是指涉及各类已发行或拟发行证券的企业的各类资产评估业务，以及涉及证券及期货经营机构、证券及期货交易所、证券投资基金及其管理公司、证券登记结算机构等的资产评估业务。

第三节　资产评估师管理

相关链接

简政放权将为评估行业赢取更长远利益

2014 年国务院印发《国务院关于取消和调整一批行政审批项目等事项的决定》（国发〔2014〕27 号），取消了涉及国际商务、质量、税务、资产评估、土地登记、矿业权评估、品牌管理等多个专业领域的专业技术人员准入类职业资格。一石激起千层浪，顿时在资产评估行业内外引起热切关注。

事实上，取消注册资产评估师的准入类职业资格，并不意味着取消了对注册资产评估师这一专业资格的认可，而只是将这一职业资格的管理，由行政命令式的行业准入型改为专业管理式的水平评价型。

正如中国资产评估协会秘书长刘萍所表示的，国发〔2014〕27 号文决定取消注册资产评估师职业资格认定和许可事项，对资产评估师的职业资格管理方式由行政准入制改为行业评价制，是职业管理方式的改革。这是依法治国、简政放权和行业市场化的必然要求，是大势所趋。市场化的氛围越浓，越能提升资产评估行业这一高端服务业的专业含金量。市场规则如大浪淘沙，只有真正具有深厚专业积淀的机构才能脱颖而出。这种专业力量的比拼，必能促进资产评估机构的良性竞争，推动资产评估行业的科学发展。

改革将为行业赢得更长远的利益。此项改革赋予了行业协会更多的管理职能，赋予了资产评估师更大的责任，也赋予了资产评估机构人才引进储备更灵活的空间，对进一步完善行业自律管理和行业进一步发展都有重要意义。

此项改革标志着资产评估行业已经进入了以市场为导向、以专业为领域、以服务为己任的可持续发展阶段。资产评估行业要在已有20多年发展的基础上，审时度势，借改革的东风，顺势而为、再塑行业、提振专业，实现行业转型升级和可持续发展。

资料来源：高鹤. 简政放权将为评估行业赢取更长远利益. 中国会计报，2014-08-29.

资产评估师是一个智力型的职业，对其管理的内容涉及其入门、执业期间的管理和退出，包括考试、登记管理、继续教育等一系列工作。

一、资产评估师考试

根据《资产评估法》，有关全国性评估行业协会按照国家规定组织实施评估师资格全国统一考试。具有高等院校专科以上学历的公民，可以参加资产评估师资格全国统一考试。

二、资产评估师登记管理

2014年《国务院关于取消和调整一批行政审批项目等事项的决定》将资产评估师管理办法由注册制改为登记制。为此，中国资产评估协会于2016年2月印发了《资产评估师职业资格证书登记办法（试行）》，2017年8月印发了《中国资产评估协会会员管理办法》。

资产评估师职业资格考试合格，由中国资产评估协会颁发资产评估师职业资格证书，考试合格人员领取该证书后，应当办理资产评估师职业资格证书登记手续。取得资产评估师职业资格证书的人员，应当自觉接受管理。中国资产评估协会为取得资产评估师职业资格证书的人员建立诚信档案，对资产评估师职业资格证书登记情况实行定期检查。

三、资产评估师继续教育

为不断保持和提高资产评估师的专业素质，保证执业质量，中国资产评估协会建立了继续教育培训管理体系。根据资产评估师后续培训制度等相关规定，每个资产评估师都必须按规定接受职业继续教育。资产评估师继续培训由中国资产评估协会、地方资产评估协会及资产评估机构组织实施。资产评估师和资产评估机构应按照中国资产评估协会的要求，制定并履行自身的职业继续教育计划。中国资产评估协会与地方资产评估协会、资产评估机构定期检查与考核资产评估师的继续教育情况。

（一）培训内容

执业会员继续教育以服务经济社会发展为导向，以职业道德和能力建设为核心，坚持理论联系实际、按需施教、注重实效、突出针对性和前瞻性的原则。注重基础理论的同时，更要注重实际应用方面的知识，尤其是重点解决资产评估实践中遇到的重点、难点和疑点问题。培训的具体内容应当根据对接受教育者的不同要求确定，一般主要包括以下方面：执业会员为市场主体的各类资产价值及相关事项，提供测算、鉴证、评价、调查和管理咨询等各种服务应当掌握的理论、技术和方法等专业知识，以及相关的法律法规政策、职业规范等。

（二）课时要求及继续教育形式

执业会员每年接受继续教育的时间累计不得少于60个学时，其中，网络在线形式所确认的继续教育时间不超过30个学时。每一学时至少按照45分钟计算。

继续教育一般采用以下形式：中国资产评估协会或地方资产评估协会（以下简称中评协或地方协会）举办的培训班、研修班、专业论坛、学术会议、学术访问或专题讲座等；中评协或地方协会提供的远程教育；中评协或地方协会委托相关教育培训机构提供的网络在线培训；经所在地地方协会认可的资产评估机构内部培训。继续教育也可采用以下形式：担任中评协或地方协会举办或委托举办的继续教育培训班或研修班授课人、专业论坛或专题讲座演讲人；参加中评协或地方协会组织的行业执业质量检查、专案调查、专家论证及执业责任鉴定；参加资产评估执业标准制定；参加资产评估师考试辅导教材或继续教育培训教材编写；承担中评协或地方协会认可的课题研究，并取得研究成果；公开出版或发表评估专业著作或专业论文；参加中评协或地方协会认可的国内外评估机构的培训；参加在职资产评估专业学位教育；经中评协或地方协会认可的其他方式。

四、会员管理

根据《中国资产评估协会章程》及《中国资产评估协会会员管理办法》，中国资产评估协会会员分为单位会员和个人会员。单位会员包括评估机构会员和非评估机构会员；个人会员分为执业会员和非执业会员。其中，执业会员分为评估师执业会员和非评估师执业会员。另外，协会设特别会员，包括特别机构会员、资深会员和名誉会员。会员的入会和日常管理分别由中国资产评估协会及地方资产评估协会负责。

（一）单位会员入会程序

（1）评估机构会员：依法设立的资产评估机构，按有关规定，向所在地省级资产评估协会（以下简称地方协会）提出入会申请，并提交有关设立和备案文件，经地方协会核实后，报中国资产评估协会批准，成为评估机构会员。

（2）非评估机构会员：中央企事业单位，从事资产评估研究和教学的单位，与资产评估行业相关的其他全国性社会团体，国外及港澳台地区从事评估业务的机构等，按有关规定，向中国资产评估协会提出入会申请，经中国资产评估协会批准后，成为非评估机构会员。其他非评估机构，向所在地地方协会提出申请，经地方协会核实后，报中国资产评估协会批准，成为非评估机构会员。

（二）个人会员入会程序

（1）执业会员：申请人向所在地地方协会提出入会申请，并提交相关材料，经地方协会初审后，报中国资产评估协会批准，成为执业会员。

（2）非执业会员：在中央国家机关及政府相关部门、中央企事业单位、全国性社会团体、资产评估研究和教学单位、国外及港澳台地区评估行业工作的申请人，按相关规定，向中国资产评估协会提出入会申请，经中国资产评估协会批准后，成为非执业会员。其他申请人，向所在地地方协会提出申请，经地方协会核实后，报中国资产评估协会批准，成为非执业会员。

（3）特别会员：依法取得证券、期货相关业务评估资格的评估机构，向中国资产评估协会提出申请，并提交《证券、期货相关业务评估资格证书》复印件，经中国资产评估协会核实后，成为特别机构会员；长期从事资产评估业务或资产评估理论研究、具有较高理论水平和较强专业能力的会员，由本人申请，经中国资产评估协会常务理事会批准，成为资深会员；对资产评估行业做出重大贡献的社会人士，或境内外知名人士，由中国资产评估协会秘书处提名，经中国资产评估协会常务理事会批准，成为名誉会员。

第四节　国有资产评估项目管理

根据《企业国有资产评估管理暂行办法》（国务院国有资产监督管理委员会令第 12 号）及《金融企业国有资产评估监督管理暂行办法》（财政部令第 47 号）等的规定，由国家国有资产监督管理的有关部门负责对国有资产评估项目进行监督管理。

一、需要进行资产评估的经济行为类型

企业有下列行为之一的，应当对相关资产进行评估：

（1）整体或者部分改建为有限责任公司或者股份有限公司；

（2）以非货币资产对外投资；

（3）合并、分立、破产、解散；

（4）非上市公司国有股东股权比例变动；

（5）产权转让；

(6) 资产转让、置换；

(7) 整体资产或者部分资产租赁给非国有单位；

(8) 以非货币资产偿还债务；

(9) 资产涉讼；

(10) 收购非国有单位的资产；

(11) 接受非国有单位以非货币资产出资；

(12) 接受非国有单位以非货币资产抵债；

(13) 法律、行政法规规定的其他需要进行资产评估的事项。

金融企业除了上述情形，具有下列情形之一的，应当委托资产评估机构进行资产评估：债权转股权的；债务重组的；接受非货币性资产抵押或者质押的；处置不良资产的；以非货币性资产抵债或者接受抵债的。

企业有下列行为之一的，可以不对相关国有资产进行评估：经各级人民政府（或其国有资产监督管理机构）或者其授权部门批准，对企业整体或者部分资产实施无偿划转；国有独资企业与其下属独资企业（事业单位）之间或其下属独资企业（事业单位）之间的合并、资产（产权）置换和无偿划转；发生多次同类型的经济行为时，同一资产在评估报告使用有效期内，并且资产、市场状况未发生重大变化的；上市公司可流通的股权转让。

根据《行政单位国有资产管理暂行办法》(财政部令第 35 号)，行政单位有下列情形之一的，应当对相关资产进行评估：行政单位取得的没有原始价格凭证的资产；拍卖、有偿转让、置换国有资产；依照国家有关规定需要进行资产评估的其他情形。

根据《事业单位国有资产管理暂行办法》(财政部令第 36 号)，事业单位有下列情形之一的，应当对相关国有资产进行评估：整体或者部分改制为企业；以非货币性资产对外投资；合并、分立、清算；资产拍卖、转让、置换；整体或者部分资产租赁给非国有单位；确定涉讼资产价值；法律、行政法规规定的其他需要进行评估的事项。

另外，事业单位有下列情形之一的，可以不进行资产评估：经批准，事业单位整体或者部分资产无偿划转；行政、事业单位下属的事业单位之间的合并、资产划转、置换和转让；发生其他不影响国有资产权益的特殊产权变动行为，报经同级财政部门确认可以不进行资产评估的。

企业发生应当进行资产评估行为的，应当由其产权持有单位委托具有相应资质的资产评估机构进行评估。行政事业单位国有资产评估工作应当委托具有资产评估资质的资产评估机构进行。

二、国有资产评估项目的核准备案

企业国有资产评估项目实行核准制和备案制。

（一）国有资产监督管理机构系统管辖企业的核准备案的管理

各级国有资产监督管理机构负责对其履行出资人职责的企业（统称所出资企业）及其各级子企业（统称企业）涉及的资产评估项目进行核准备案管理。经各级人民政府批准经济行为的事项涉及的资产评估项目，分别由其国有资产监督管理机构负责核准。经国务院国有资产监督管理机构批准经济行为的事项涉及的资产评估项目，由国务院国有资产监督管理机构负责备案；经国务院国有资产监督管理机构所出资企业（统称中央企业）及其各级子企业批准经济行为的事项涉及的资产评估项目，由中央企业负责备案。地方国有资产监督管理机构及其所出资企业的资产评估项目备案管理工作的职责分工，由地方国有资产监督管理机构根据各地实际情况自行规定。

（二）金融企业资产评估项目的核准备案的管理

财政部负责对在中华人民共和国境内依法设立，并占有国有资产的金融企业、金融控股公司、担保公司（统称金融企业）的资产评估项目进行核准备案管理。中央金融企业资产评估项目报财政部核准。地方金融企业资产评估项目报本级财政部门核准。金融企业下列经济行为涉及资产评估的，资产评估项目实行核准：（1）经批准进行改组改制、拟在境内或者境外上市、以非货币性资产与外商合资经营或者合作经营的经济行为；（2）经县级以上人民政府批准的其他涉及国有资产产权变动的经济行为。

（三）核准审核的内容

国有资产监督管理机构（或财政部门）对下列事项进行审核：（1）资产评估项目所涉及的经济行为是否获得批准；（2）资产评估机构是否具备相应评估资质；（3）评估人员是否具备相应执业资格；（4）评估基准日的选择是否适当，评估结果的使用有效期是否明示；（5）资产评估范围与经济行为批准文件确定的资产范围是否一致；（6）评估依据是否适当；（7）企业是否就所提供的资产权属证明文件、财务会计资料及生产经营管理资料的真实性、合法性和完整性做出承诺；（8）评估过程是否符合相关评估准则的规定；（9）参与审核的专家是否达成一致意见。

（四）其他有关规定

企业按照国有资产监督管理机构或财政部门规定的核准备案程序报送核准备案材料时，资产评估项目核准或备案表、与评估目的相对应的经济行为批准文件或有效材料、资产评估机构提交的资产评估报告等是必备材料。

国有资产监督管理机构（或财政部门）下达的资产评估项目核准文件和经国有资产监督管理机构（或财政部门）或所出资企业备案的资产评估项目备案表是企业办理产权登记、股权设置和产权转让等相关手续的必备文件。经核准或备案的资产评估结果使用有效期为自评估基准日起一年。

企业进行与资产评估相应的经济行为时，应当以经核准或备案的资产评估结果为作价参考依据；当交易价格低到评估结果的 90%时，应当暂停交易，在获得原经济行为批准机构同意后方可继续交易。金融企业发生与资产评估相对应的经济行为时，也应当以经核准或备案的资产评估结果为作价参考依据。当交易价格与资产评估结果相差 10%以上时，应当就差异原因向财政部门（或者金融企业）做出书面说明。

第五节 法律责任与自律惩戒

我国目前规定资产评估法律责任的法律、法规和规章主要包括《资产评估法》《公司法》《证券法》《刑法》《国有资产评估管理办法》《国有资产评估违法行为处罚办法》等。由上述法律、法规和规章规定的责任条款构成了评估法律责任体系。中国资产评估协会发布的《资产评估执业行为自律惩戒办法》等对资产评估机构和资产评估师给予的行业自律惩戒做出了规定。

一般来说，法律责任是违反国家强制性规范，由国家追究的不利后果，具有确定性，即法律责任的承担主体和承担内容是由法律明确规定的；同时，法律责任还具有强制性，即以国家强制力为后盾保证其实施。评估执业过程中因资产评估行为而引起的法律责任包括行政责任、民事责任和刑事责任三种形式。行政责任是指当事人因实施法规和规章禁止的行为所必须承担的法律后果，由国家行政机关进行行政处罚。民事责任是指民事主体违反合同或不履行其他义务而应承担的法律后果，其最大的特点是补偿性，民事责任主要分为违反合同的民事责任和侵权的民事责任两种类型。刑事责任是指当事人因实施法律禁止的行为所必须承担的法律后果，也就是犯罪行为要受到刑事制裁，由司法机关依法追究刑事责任。

与法律责任不同，自律惩戒是违反行业章程及规则（或称行规）而由行业自律组织做出的惩戒。承担法律责任的行为，通常也会受到自律惩戒，但承担自律责任的行为，在构成违法时，才承担法律责任。

一、行政责任

行政责任是指违反国家行政法律规范而应承担的法律责任。行政责任既包括行政管理主体的责任，也包括行政管理对象的责任，即行政处罚。行政责任是资产评估机构和资产评估师主要承担的法律责任形式。

根据行政处罚法规定，行政处罚的时效一般为 2 年，即从违法行为发生日起 2 年未被发现的，不再追究责任。资产评估机构违法行为的处罚种类包括：（1）警告；（2）罚款；（3）没收违法所得；（4）暂停执行部分或全部业务，暂停执业的期限为3～12个月；（5）吊销资产评估资格证书或证券评估资格证书。

（一）《资产评估行业财政监督管理办法》的有关规定

根据《资产评估行业财政监督管理办法》第七章，资产评估专业人员有下列行为之一的，由有关省级财政部门予以警告，可以责令停止从业六个月以上一年以下；有违法所得的，没收违法所得；情节严重的，责令停止从业一年以上五年以下；构成犯罪的，移送司法机关处理：

（1）违反本办法第十条第一款的规定，同时在两个以上资产评估机构从事业务的；

（2）违反本办法第十一条第一款的规定，签署本人未承办业务的资产评估报告或者有重大遗漏的资产评估报告的。

资产评估专业人员违反本办法第十二条第一款、第三十九条第一款规定，不接受行业自律管理的，由资产评估协会予以惩戒，记入信用档案；情节严重的，由资产评估协会按照规定取消会员资格，并予以公告。

有下列行为之一的，由对其备案的省级财政部门对资产评估机构予以警告，可以责令停业一个月以上六个月以下；有违法所得的，没收违法所得，并处违法所得一倍以上五倍以下罚款；情节严重的，通知工商行政管理部门依法处理；构成犯罪的，移送司法机关处理：

（1）违反本办法第十一条第二款规定，未取得资产评估师资格的人员签署法定资产评估业务资产评估报告的；

（2）违反本办法第十五条规定，承办并出具法定资产评估业务资产评估报告的资产评估师人数不符合法律规定的；

（3）违反本办法第十六条规定，受理与其合伙人或者股东存在利害关系业务的。

资产评估机构违反本办法第十七条、第十八条、第十九条、第二十条第一款、第二十八条、第三十一条第一款和第二款规定的，由资产评估机构所在地省级财政部门责令改正，并予以警告。

资产评估机构违反本办法第二十条第二款规定造成不良后果的，由其分支机构所在地的省级财政部门责令改正，对资产评估机构及其法定代表人或执行合伙事务的合伙人分别予以警告；没有违法所得的，可以并处资产评估机构一万元以下罚款；有违法所得的，可以并处资产评估机构违法所得一倍以上三倍以下、最高不超过三万元的罚款；同时通知资产评估机构所在地省级财政部门。

资产评估机构未按照本办法第二十四条规定备案或者备案后不符合资产评估法第十五条规定条件的，由资产评估机构所在地省级财政部门责令改正；拒不改正的，责令停业，可以并处一万元以上五万元以下罚款，并通报工商行政管理部门。

资产评估机构未按照本办法第二十七条第一款规定办理分支机构备案的，由其分支机构所在地的省级财政部门责令改正，并对资产评估机构及其法定代表人或者执行合伙事务的合伙人分别予以警告，同时通知资产评估机构所在地的省级财政部门。

资产评估协会有下列行为之一的，由有关财政部门予以警告，责令改正；拒不改正的，可以通报登记管理机关依法处理：

（1）章程不符合《资产评估法》和本办法规定的；

（2）资产评估协会未依照《资产评估法》、本办法和其章程的规定履行职责的。

有关财政部门对资产评估机构、资产评估专业人员和资产评估协会的财政处理、处罚情况，应当在十五个工作日内向社会公开。

财政部门工作人员在资产评估行业监督管理工作中滥用职权、玩忽职守、徇私舞弊的，按照《中华人民共和国公务员法》《中华人民共和国行政监察法》等国家有关规定追究相应责任；涉嫌犯罪的，移送司法机关处理。

（二）《国有资产评估管理办法》的有关规定

在涉及国有资产评估的项目中，依据《国有资产评估管理办法》（国务院令第 91 号）第三十二条规定，资产评估机构作弊或者玩忽职守，致使资产评估结果失实的，可以根据情节轻重，对该资产评估机构给予警告、停业整顿、吊销国有资产评估资格证书的行政处罚。2001 年《国有资产评估违法行为处罚办法》（财政部令第 15 号）对国有资产评估的具体违规行为做出了规定。资产评估机构对处罚决定不服的，可以依法申请行政复议或提起行政诉讼。

（三）《公司法》的有关规定

《公司法》第二百零七条规定，承担资产评估、验资或者验证的机构提供虚假材料的，由公司登记机关没收违法所得，处以违法所得一倍以上五倍以下的罚款，并可以由有关主管部门依法责令该机构停业、吊销直接责任人员的资格证书，吊销营业执照。

承担资产评估、验资或者验证的机构因过失提供有重大遗漏的报告的，由公司登记机关责令改正，情节较重的，处以所得收入一倍以上五倍以下的罚款，并可以由有关主管部门依法责令该机构停业、吊销直接责任人员的资格证书，吊销营业执照。

承担资产评估、验资或者验证的机构因其出具的评估结果、验资或者验证证明不实，给公司债权人造成损失的，除能够证明自己没有过错的外，在其评估或者证明不实的金额范围内承担赔偿责任。

（四）《证券法》的有关规定

《证券法》第一百六十条规定，会计师事务所、律师事务所以及从事证券投资咨询、资产评估、资信评级、财务顾问、信息技术系统服务的证券服务机构，应当勤勉尽责、恪尽职守，按照相关业务规则为证券的交易及相关活动提供服务。

《证券法》第二百一十三条规定，会计师事务所、律师事务所以及从事资产评估、资信评级、财务顾问、信息技术系统服务的机构违反本法第一百六十条第二款的规定，从事证券服务业务未报备案的，责令改正，可以处二十万元以下的罚款；证券服务机构未勤勉尽责，所制作、出具的文件有虚假记载、误导性陈述或者重大遗漏的，责令改正，没收业务收入，并处以业务收入一倍以上十倍以下的罚款，没有业务收入或者业务收入不足五十万元的，处以五十万元以上五百万元以下的罚款；情节严重的，并处暂停或者禁止从事证券服务业务。对直接负责的主管人员和其他直接责任人员给予警告，并处以二十万元以上二百万元以下的罚款。

《证券法》第二百二十五条规定，发行人、证券登记结算机构、证券公司、证券服务机构未按照规定保存有关文件和资料的，责令改正，给予警告，并处以十万元以上一百万元以下的罚款；泄露、隐匿、伪造、篡改或者毁损有关文件和资料的，给予警告，并处以二十万元以上二百万元以下的罚款；情节严重的，处以五十万元以上五百万元以下的罚款，并处暂停、撤销相关业务许可或者禁止从事相关业务。对直接负责的主管人员和其他直接责任人员给予警告，并处以十万元以上一百万元以下的罚款。

二、民事责任

民事责任指由于违反民事法律，违约、侵权或者由于《民法》规定所应承担的一种法律责任。

（一）《证券法》的有关规定

《证券法》第一百六十三条规定，证券服务机构为证券的发行、上市、交易等证券业务活动制作、出具审计报告及其他鉴证报告、资产评估报告、财务顾问报告、资信评级报告或者法律意见书等文件，应当勤勉尽责，对所依据的文件资料内容的真实性、准确性、完整性进行核查和验证。其制作、出具的文件有虚假记载、误导性陈述或者重大遗漏，给他人造成损失的，应当与委托人承担连带赔偿责任，但是能够证明自己没有过错的除外。

（二）司法解释的有关规定

详见最高人民法院《关于审理证券市场因虚假陈述引发的民事赔偿案件的若干规定》（法释〔2003〕2号）。

三、刑事责任

刑事责任是指行为人因其犯罪行为所必须承受的由司法机关代表国家所确

定的否定性法律后果。刑事责任是法律责任最严重的形式，评估刑事责任案例也是近几年来才出现的。根据《刑法》第八十七条对追诉时效的规定，法定最高刑为不满五年有期徒刑的，经过五年；法定最高刑为五年以上不满十年有期徒刑的，经过十年。对资产评估师刑事责任的追诉时效应规定为五年和十年两个期限。

《刑法》第二百二十九条规定，承担资产评估、验资、验证、会计、审计、法律服务等职责的中介组织的人员故意提供虚假证明文件，情节严重的，处五年以下有期徒刑或者拘役，并处罚金。前款规定的人员，索取他人财物或者非法收受他人财物，犯前款罪的，处五年以上十年以下有期徒刑，并处罚金。第一款规定的人员，严重不负责任，出具的证明文件有重大失实，造成严重后果的，处三年以下有期徒刑或者拘役，并处或者单处罚金。

《刑法》第二百三十一条规定，单位犯扰乱市场秩序罪的，对单位判处罚金，并对其直接负责的主管人员和其他直接责任人员，依照各条的规定处罚。

四、自律惩戒

2018 年 5 月，中国资产评估协会下发了《中国资产评估协会会员执业行为自律惩戒办法》(简称《惩戒办法》)。《惩戒办法》分为总则、自律惩戒的种类和运用规则、对个人执业会员的自律惩戒、对评估机构会员的自律惩戒、自律惩戒组织和实施、工作纪律、附则，共 7 章 45 条。

《惩戒办法》以《资产评估法》和相关行政法规、执业准则为准绳，做到依法合规；以立足行业自律管理为出发点，在法律、行业法规、规章以及《中国资产评估协会章程》的框架下开展工作；以规范会员执业为目标，对会员违反《资产评估法》、资产评估基本准则、资产评估职业道德准则以及各项资产评估执业准则的执业行为进行惩戒，对会员起到警示和教育的作用，帮助会员及时发现问题、认识错误，纠正会员对法律法规以及准则的理解偏差，督促会员进行整改，从而达到规范会员的执业，提升执业质量的目的；以促进工作公正有效为落脚点。《惩戒办法》根据行业实际，从规范对象、相关概念的解释、自律惩戒种类的设置和运用规则、对个人执业会员和评估机构会员分别进行自律惩戒的情形以及自律惩戒的组织实施和工作纪律等逐一做出明确规定。《惩戒办法》详尽、清晰、完整，涵盖自律惩戒工作的方方面面，能够促进自律惩戒工作水平的整体提升。

其中，《惩戒办法》将个人执业会员和评估机构会员的自律惩戒种类统一规定为五档，按照严重程度由低到高分别为：警告、严重警告、通报批评、公开谴责、取消会员资格。一般情况下，对需要进行自律惩戒的会员违法违规的执业行为，自律惩戒种类从警告起步，但对会员涉及法律责任的违法违规行为，自律惩戒种类从通报批评起步。《惩戒办法》还明确了会员减轻、加重惩戒的情形，同时明确对会员存在多种应予惩戒行为的，进行合并处理。此外，规定对已追究行政、民事或刑事责任的会员不再追加自律惩戒。

中国资产评估协会和地方资产评估协会在自律惩戒实施中的职责分工如下：中国资产评估协会负责资产评估行业自律惩戒工作的组织和实施，直接办理特别机构会员及其个人执业会员违法违规行为的自律惩戒。可以委托地方资产评估协会对本辖区非特别机构会员及其个人执业会员的违法违规行为进行自律惩戒。

五、诚信档案

为加强资产评估行业的诚信建设，提高资产评估行业的社会公信力，根据《中国资产评估协会会员诚信档案管理暂行办法》（2006年4月22日中国资产评估协会第三届常务理事会第二次会议审议通过）和《资产评估师职业资格证书登记办法（试行）》（2016年2月6日发布）的有关规定，中国资产评估协会建立会员诚信档案，记载中国资产评估协会会员诚信状况以及相关信息。

会员诚信档案的主要内容包括会员基本信息、良好行为记录、提示信息记录、不良行为记录。

（1）团体会员基本信息：机构名称、成立时间、法定代表人或合伙人姓名、注册办公地址、联系电话、组织形式、执业会员人数等。个人会员基本信息：会员编号、姓名、性别、学历、会员类别、所在单位、执业证书号及取得时间。

（2）良好行为记录：受到行业协会执业质量、行业贡献等表彰、奖励情况；受到县级以上政府部门、社会组织表彰、奖励情况；当选各级人大代表、政协委员以及在政府、社会组织中任职情况；热心公益事业情况；其他良好行为。

（3）提示信息记录：被行业协会发关注函或者谈话提醒等非自律惩戒情况，以及被政府部门发关注函或者谈话提醒等非行政处罚情况。

（4）不良行为记录：受到行业自律惩戒情况；受到行政处罚、刑事处罚情况，以及其他不良行为。

本章小结

我国资产评估行业是随着社会主义市场经济发展兴起并不断发展壮大的行业，在经济体制改革中诞生，伴随着我国经济发展而壮大。随着法律体系不断健全，行业管理体制日益完善，资产评估行业逐渐成为独立执业、独自承担法律责任的社会中介行业，服务市场经济的作用日益重要，社会影响力不断提升。

财政部门对资产评估行业的监督管理，实行行政监管、行业自律与机构自主管理相结合的原则。对资产评估机构设立实行备案制，对证券评估资格实行行政许可管理制度，对资产评估师执业资格实行登记制。财政部门对资产评估机构进行行政管理。中国资产评估协会对资产评估师的考试组织、登记、继续教育和会员等方面进行系统规范的管理。

为了进一步完善国有资产评估管理，维护国有资产权益，按照有关规定，对企业、行政事业单位发生的一系列经济行为，必须进行资产评估，并报有关监管部门进行核准或备案。

资产评估机构和资产评估师在执业中违法违规的，需要按照有关法律法规的规定，承担行政责任、民事责任和刑事责任。中国资产评估协会及获得授权的地方资产评估协会对资产评估机构和资产评估师的违法违规行为可以给予自律惩戒。良好记录和不良记录都将记入诚信档案。

名词和术语

中国资产评估协会（China Appraisal Society）

资产评估机构（assets appraisal firm/assets appraisal agency）

合伙人或股东（partners/shareholders）

资产评估师考试（test of PV）

资产评估师登记（registration of PV）

资产评估师继续教育（continuing education for PV）

会员管理（membership management）

国有资产评估项目管理（management of state-owned assets appraisal assignment）

资产评估法律责任（legal responsibility of asset appraisal）

行政责任（administrative responsibility）

民事责任（civil responsibility）

刑事责任（criminal responsibility）

《资产评估法》（Asset Appraisal Law）

思考题

1. 简述我国资产评估行业的发展历程。
2. 中国资产评估协会的职责是什么？
3. 资产评估机构的设立条件有哪些？
4. 发生哪些经济行为需要进行资产评估，并报有关部门进行核准或备案？
5. 简述资产评估的法律责任与自律惩戒的主要内容。

第十一章

资产评估准则

案例引导

2007年11月28日，财政部在人民大会堂举行中国资产评估准则体系发布会，颁布了15项资产评估准则，其中有8项新准则。这标志着中国已初步建立起比较完整的，既适应中国国情又与国际基本接轨的资产评估准则体系。会议同时宣布成立财政部资产评估准则委员会。

中国资产评估准则体系的建立及15项准则的发布，得到了国际组织、社会各界和业内专家的充分肯定和高度评价。他们认为，中国资产评估准则体系的颁布是中国经济领域乃至国际评估界的一件大事，在提高评估执业质量、规范执业行为、维护市场经济秩序、保障评估相关各方合法权益、提升行业社会公信力等诸多方面将发挥重要作用，也将更加有力地推进资产评估服务于经济的广度和深度，促进中国评估事业的发展。中央电视台、新华网、各大财经报刊等主流媒体都进行了专题报道，极大地提升了资产评估行业的影响力。随着行业不断朝着更加规范化的方向发展，2015年末至2016年初又先后出台了《知识产权资产评估指南》以及《文化企业无形资产评估指导意见》。

2016年7月2日，《资产评估法》由中华人民共和国第十二届全国人民代表大会常务委员会第二十一次会议通过。2017年4月21日，财政部发布《资产评估行业财政监督管理办法》（财政部令第86号）。为进一步规范资产评估执业行为，保护资产评估当事人合法权益和公共利益，维护社会主义市场经济秩序，根据《资产评估法》等有关规定，财政部制定了《资产评估基本准则》（财资〔2017〕43号），于2017年8月23日印发，自2017年10月1日起施行。为贯彻落实《资产评估法》，规范资产评估执业行为，保证资产评估执业质量，保护资产评估当事人合法权益和公共利益，在财政部的指导下，中国资产评估协会根据《资产评估基本准则》，对资产评估准则进行了全面修订，重新制定了《资产评估职业道德准则》《资产评估执业准则——资产评估程序》等26项准则，于2017年9月8日印发，自2017年10月1日起施行。2018年10月29日，中国资产评估协会对《资产评估执业准则——企业价值》《资产评估执业准则——资产评估档案》《资产评估执业准则——资产评估程序》《资产评估执业准则——资产评估报告》进行了修订，自2019年1月1日起施行。这次修订回应了资产评估实务中面临的迫切需要解决的理论和实际问题，进一步完善了我国资产评估准则体系。

以上案例中，媒体、业内专家、立法机关对资产评估准则的强烈关注，反映出资产评估准则在市场经济中的重要作用。那么我国资产评估准则体系是如何设计的？我国资产评估准则涵盖哪些领域？资产评估准则在国际上的发展状况如何？这些都是本章要阐述的问题。

资产评估是市场经济条件下确定资产价值的专业服务，是促进资产顺畅流转和市场经济健康运行的重要工具。资产评估准则是评估师执行评估业务的技术规范和行为准则，是社会公众评判资产评估发展水平的尺度，是政府部门进行监管的依据，是评估委托方、报告使用方合理使用报告的有效参考，是评估行业理论及实践的总结和升华，并随着资产评估行业的发展不断完善。世界各国无一不把建立完善的资产评估准则体系作为发展本国资产评估行业的重要任务，从技术规范和职业道德等方面对资产评估行业进行必要的规范。资产评估准则的完善和成熟程度反映了一国资产评估行业发展的状况。

随着资产评估行业的发展，资产评估在市场经济中的作用和地位越来越重要，社会及各行业对资产评估行业的规范发展提出了要求，资产评估理论和实践的发展为资产评估准则的产生奠定了专业基础。1974年，英国成立了评估和估价准则委员会，并于1976年制定了第一部《评估指南》，之后进行了多次修订。美国于1987年制定了第一部《专业评估执业统一准则》（USPAP），之后每年进行修订。1981年，全球性的评估组织——国际评估准则委员会（IVSC）成立，并于1985年第一次公布《国际评估准则》（IVS），现已修订多次。近20年来，美国、英国等评估业较为发达的西方国家为适应经济全球化发展的需要，在评估准则的制定方面做了大量工作，评估准则不断完善。有关国际和区域评估专业组织也在评估准则方面进行了有益的探索。不同国家和地区的评估准则所遵循的基本评估原则、基本方法和主要的概念内涵是一致的，但是，由于社会经济、文化、法律等社会背景和环境条件不同，各个国家和地区的评估业发展并不均衡，在内容、体例、关注的重点等方面还存在较大差别。目前在国际评估界具有较大影响的评估准则主要有：国际评估准则委员会制定的《国际评估准则》、美国评估促进会（TAF）制定的《专业评估执业统一准则》、欧洲评估师协会联合会（TEGoVA）制定的《欧洲评估准则》(EVS)、英国皇家特许测量师学会（RICS）制定的《评估和估价标准》(Red Book）等。

我国自1998年开始启动资产评估准则制定工作以来，经过20多年的发展，于2007年11月建立了具有中国特色、适应中国市场经济发展要求、与国际惯例接轨、比较完整的资产评估准则体系。之后，中国资产评估准则的建设围绕服务于国有企业改革、金融体制改革、国家林权改革、国家知识产权战略实施、文化产业发展战略、国家产业结构优化升级战略，不断完善资产评估准则体系，增强了行业的专业服务能力。随着2016年7月《资产评估法》的通过以及2017年4月财政部《资产评估行业财政监督管理办法》的发布，资产评估行业迎来了27项资产评估准则的评估准则体系。如今，我国已经形成依法评估、覆盖主要执业流程和执业领域、符合中国国情、与国际评估理念趋同、兼容性强的较为完整的评估准则体系。

相关链接

推动评估准则建设 引领评估行业发展

2014年是中国资产评估协会20周年华诞。20年来，伴随着中国改革开放和市场经济体制的不断完善，中国资产评估行业逐渐发展壮大。在此过程中，中国的评估准则建设工作也取得了丰富的成果。

资产评估作为一项专业性工作，早期服务于国有资产管理。随着评估服务领域的不断扩大，资产评估还担负着维护社会公共利益和资产评估各方当事人合法权益的责任。因此，评估行业的执业水平越来越受到政府监管部门和社会各界的关注，要求评估机构、资产评估师具有规范的执业行为、良好的职业道德、较强的专业能力。评估准则的建设工作为评估机构和资产评估师提供了统一、全面的执业标准，为提升行业公信力、树立专业形象、进一步提升行业执业的水平提供了重要保障。

评估准则的制定是评估相关各方关注的焦点，是各方协调和平衡需求的平台。评估准则制定过程中，相关各方充分参与，积极表达利益诉求，反复协商达成共识。评估准则的发布，更需要财政部等政府部门的认可。因此，发布的评估准则已得到各方的普遍认同，成为相关各方依赖的标准。监管部门和行业协会将评估准则作为监督和检查执业质量的依据。委托方和评估报告使用者将评估准则作为判断评估报告质量的依据。评估机构和资产评估师将评估准则作为抵制虚假或不合理评估需求的依据。

市场经济体制的不断完善和各领域相关政策的出台，如国企改革、财政改革、金融改革、知识产权战略等，为资产评估行业提供了广阔的服务领域。在政府部门的指导下，评估行业不断推进评估准则建设工作，陆续发布评估准则，对评估行业的服务领域予以明确。经过20年的发展，评估服务对象已由国有产权主体扩展为多种所有制产权主体；业务领域已由传统的国有企业改制扩展到股权评估、企业价值评估、金融资产评估、林权资产评估等新兴领域。

随着我国市场经济的发展和经济全球化步伐的加快，国与国之间的经济联系日益紧密，需要有各方认可的专业服务对资产的价值进行衡量。因此，推动评估准则建设工作必须加强与国外同行的联系，扩大国际交流与合作，充分借鉴国际同行的评估准则制定经验。同时，中国资产评估协会是经财政部、外交部批准，唯一代表中国评估行业参加国际评估准则组织的代表，将更积极参与国际评估准则的研究拟订工作。

资料来源：贺邦靖．推动评估准则建设 引领评估行业发展——在资产评估准则国际研讨会上的讲话．中国资产评估，2014（3）．

第一节　中国资产评估准则

1998年，在总结资产评估理论研究和实践经验的基础上，中国资产评估协会开始启动制定资产评估准则的工作。2004年2月，财政部发布了《资产评估准则——基本准则》和《资产评估职业道德准则——基本准则》。2007年11月28日，财政部和中国资产评估协会发布了资产评估评估准则体系，同时发布包括8项新准则在内的15项资产评估准则，涵盖了业务准则与职业道德准则、基本准则与具体准则、程序性准则与实体性准则。2016年7月2日，《资产评估法》由中华人民共和国第十二届全国人民代表大会常务委员会第二十一次会议通过，使资产评估行业进入有法可依新时代。《资产评估法》规定，评估机构及其评估专业人员开展业务应当遵守评估准则；国务院有关行政管理部门组织制定评估基本准则，行业协会依据评估基本准则制定评估执业准则和职业道德准则；评估机构和评估专业人员违反评估准则需要承担相应的法律责任。同时《资产评估法》也对评估方法、评估程序等具体内容做出了规定。可见，资产评估准则的科学制定是《资产评估法》的法定要求。2016年8月16日，中国资产评估协会召开《资产评估基本准则》修订研讨会，会议强调准则在衔接法律法规的前提下，应维护社会公共利益，注重理论研究，进一步与国际评估准则相协调，加快准则修订进程。

《资产评估法》的正式实施确立了资产评估行业在经济社会中的法律地位。2017年4月21日，财政部发布《资产评估行业财政监督管理办法》（财政部令第86号），同年8月23日发布《资产评估基本准则》。随后，中国资产评估协会修订并发布了包括《资产评估职业道德准则》在内的26项资产评估准则。这次新发布的评估准则体系是立足于《资产评估法》，对原准则体系的全面修订和整合，保持了我国资产评估准则与国际资产评估准则理念的持续趋同，同时也顺应了供给侧结构性改革、改进治理、防范风险的要求，促进资产评估行业制度化、规范化发展。这一系列制度和准则的出台标志着资产评估行业迈入依法评估、规范执业、专业为先的新时代。

截至2018年12月，中国资产评估行业共发布1项职业道德准则、11项评估具体准则、5项评估指南、9项评估指导意见，已经形成覆盖主要执业流程和执业领域、符合中国国情、与国际评估理念趋同、兼容性强的较为完整的评估准则体系。同时，中国资产评估协会还发布7项专家指引，作为资产评估准则体系的补充。

相关链接

2007年11月28日，在人民大会堂举办的中国资产评估准则体系发布会上，国际评估同行对中国资产评估准则体系给予了高度评价。国际评估准则委员会主席埃尔文·费尔南德斯先生认为："评估服务于市场经济的各个领域，中国资产评估准则体系的建立能最高程度地保障专业、独立与合理的评估。"世界评估组织联合会主席林兰源先生认为："中国资产评估准则体系的发布将对中国评估行业的健康发展发挥重要作用。"国际评估准则委员会前主席格来格·麦克那马拉先生认为："中国资产评估准则阐明了国际评估准则的理念，并正确地发展为适合中国经济环境和职业实践的一套准则。"

资产评估基本准则包括《资产评估准则——基本准则》。职业道德准则包括《资产评估职业道德准则》。程序性具体准则包括：《资产评估执业准则——资产评估报告》《资产评估执业准则——资产评估程序》《资产评估执业准则——资产评估委托合同》《资产评估执业准则——资产评估档案》和《资产评估执业准则——利用专家工作及相关报告》；实体性具体准则包括《资产评估执业准则——无形资产》《资产评估执业准则——机器设备》《资产评估执业准则——不动产》《资产评估执业准则——珠宝首饰》《资产评估执业准则——企业价值》《资产评估执业准则——森林资源资产》；评估指南包括《以财务报告为目的的评估指南》《企业国有资产评估报告指南》《金融国有资产评估报告指南》《评估机构业务质量控制指南》《知识产权资产评估指南》；评估指导意见包括《资产评估对象法律权属指导意见》《金融不良资产评估指导意见》《资产评估价值类型指导意见》《专利资产评估指导意见》《投资性房地产评估指导意见》《著作权资产评估指导意见》《商标资产评估指导意见》《实物期权评估指导意见》《文化企业无形资产评估指导意见》《企业并购投资价值评估指导意见》。中国资产评估准则体系参见图11-1。

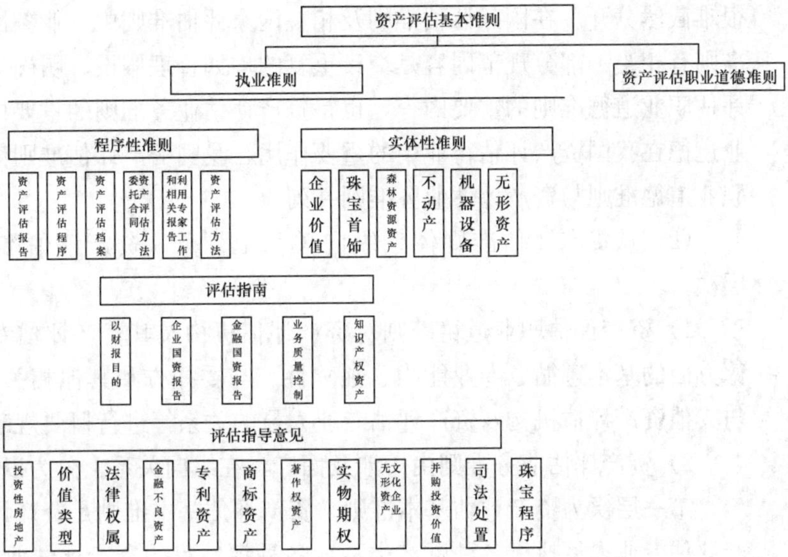

图 11-1　中国资产评估准则体系

相关链接

为规范资产评估机构及其资产评估师执行人民法院委托司法执行财产处置资产评估业务，根据《资产评估法》《最高人民法院关于人民法院确定财产处置参考价若干问题的规定》《资产评估基本准则》《人民法院委托评估工作规范》等有关规定，中国资产评估协会制定了《人民法院委托司法执行财产处置资产评估指导意见》（中评协〔2019〕14 号），于 2019 年 5 月 6 日发布，自 2019 年 7 月 1 日起施行。

一、我国资产评估准则体系及其特点

资产评估准则体系直接影响着各评估具体准则和指南的内容，各国评估界在制定评估准则时都十分重视准则体系的结构设计。由于我国资产评估行业发展的综合性，我国资产评估准则必然涉及各种类型资产、各种评估目的和经济行为。因此，我国的资产评估准则体系不仅需要对资产评估中的共性问题进行规范，还要分别对各类别、各目的以及各类经济行为的资产评估业务有层次地予以指导和规范。

（一）我国资产评估准则体系的构成

我国资产评估准则体系主要由以下几方面构成。

（1）从资产评估准则体系横向关系上划分，资产评估准则包括业务准则和职业道德准则两个部分。

由于资产评估工作的特点，资产评估职业道德准则与业务准则的许多内容很难截然分开。在国际评估准则及相关国家评估准则中，业务准则与职业道德准则有相当一部分规范内容是交叉重复的，如合理假设、明确披露等既是资产评估职业道德准则的重要内容，也是资产评估业务准则的重要内容。为突出职业道德在我国资产评估行业中的重要作用，我国资产评估准则体系将资产评估职业道德准则与资产评估业务准则并列。

（2）从资产评估准则体系纵向关系上划分，资产评估准则包括不同的层次。

1）资产评估职业道德准则对资产评估机构及其资产评估专业人员职业道德方面的基本遵循、专业能力、独立性、与委托方和其他相关当事方的关系、与其他资产评估机构及资产评估专业人员的关系等进行概要规范。

2）资产评估业务准则由于涉及面广，在纵向关系上分为以下四个层次。

第一层次为资产评估基本准则。资产评估基本准则是资产评估机构及其资产评估专业人员执行各种资产类型、各种评估目的资产评估业务的基本规范，是各类资产评估业务中所应当共同遵守的基本规则。由于我国资产评估行业特殊的发展背景和综合性定位，基本准则在整个评估准则体系中占有极为重要的地位。基本准则是我国评估准则体系的一大特点，目前在各国评估准则及国际评估准则中并没有类似的基本准则部分，我国资产评估基本准则是将各类资产评估的共同规范进行有机结合的首次尝试。

第二层次为资产评估具体准则。资产评估具体准则分为程序性准则和实体性准则两个部分。

程序性准则是关于资产评估师通过履行一定的专业程序完成评估业务、保证评估质量的规范，包括资产评估程序、资产评估委托合同、资产评估档案、资产评估报告等。程序性准则的制定需要与目前我国资产评估行业的理论研究和实践发展相结合。资产评估师只有履行必要的资产评估程序，才能在程序上避免重大的遗漏或疏忽，保证资产评估的质量。

实体性准则针对不同资产类别的特点，分别对不同类别资产评估业务中的资产评估专业人员的执业行为进行规范。根据我国资产评估行业的惯例和国际上的通行做法，实体性准则主要包括企业价值评估准则、无形资产评估准则、不动产评估准则、机器设备评估准则、珠宝首饰艺术品评估准则等。

第三层次为资产评估指南。资产评估指南包括对特定评估目的、特定资产类别（细化）评估业务以及对资产评估中某些重要事项的规范。资产评估师在执行不同目的的评估业务中，所应当关注的事项也各有不同。资产评估指南拟对我国资产评估行业中涉及主要评估目的的业务进行规范，同时也将涉及一些具体的资产类别评估业务，并对资产评估工作中的一些重要特定事项进行规范。

第四层次为资产评估指导意见。资产评估指导意见是针对资产评估业务中的某些具体问题的指导性文件。该层次较为灵活，针对评估业务中新出现的问题及时提出指导意见，某些尚不成熟的评估指南或具体评估准则也可以先作为指导意见发布，待实践一段时间或成熟后再上升为具体准则或指南。

资产评估基本准则由财政部以规范性文件形式发布，其他评估准则项目由财政部在资产评估基本准则中，授权中国资产评估协会制定并发布。

财政部资产评估准则委员会是制定中国资产评估准则的最高咨询机构。此外，中国资产评估协会还相应成立中国资产评估协会资产评估准则咨询委员会和中国资产评估协会准则技术委员会。

（二）我国资产评估准则体系的主要特点

1. 系统性与开放性相结合

准则体系的设计从内涵看，依次递进、结构严谨、不同层次、不同目的。四个层次中，基本准则具有统驭性，其他准则各有其规范范围。从外延看，准则体系具有开放灵活的特点，为评估实践中新的评估领域的规范留有空间。

2. 原则性与规则性相结合

原则性强调反映评估执业的总体规定，基本准则的原则性强；规则性主要是指可操作性，侧重反映评估执业的具体细节规定。

3. 现实性与适度超前性相结合

现实性主要是指评估准则对现行评估实践的规范作用。适度超前性主要是指评估准则要考虑评估业务未来发展趋势，规范近期将要发生的评估行为。

4. 单项与综合相结合

一是单项资产准则与企业价值评估相结合；二是多项单个准则组合在一起，形成综合性的准则。

5. 实体性与程序性相结合

既有规范评估程序、涵盖评估业务整个操作过程的程序性准则，涵盖业务承接、业务操作、评估报告出具和工作底稿归档各个过程，又有评估对象涉及的实体性准则，涵盖企业价值、不动产、无形资产、机器设备、珠宝首饰等所有常见资产类型，无形资产还进一步细化到专利、著作权等具体无形资产评估领域。

二、资产评估基本准则的主要内容

截至 2018 年 12 月，我国陆续制定发布了 27 项评估准则，包括 1 项基本准则、1 项职业道德准则、25 项执业准则，其中执业准则由具体准则、评估指南、指导意见等一系列准则构成。除基本准则由财政部发布外，其他准则都由中国资产评估协会发布。

（一）《资产评估基本准则》的主要内容

2017 年 8 月 23 日，财政部发布新的《资产评估基本准则》（以下简称

《基本准则》)，自2017年10月1日起施行。该准则属于纲领性的基本准则，共6章35条，从总则、基本遵循、资产评估程序、资产评估报告、资产评估档案等方面对各类资产评估业务进行了规范。

1. 资产评估的定义

《基本准则》没有对资产评估直接给出定义，在实务中可以采用《资产评估法》给出的定义，即资产评估是指评估机构及其评估专业人员根据委托对不动产、动产、无形资产、企业价值、资产损失或者其他经济权益进行评定、估算，并出具评估报告的专业服务行为。这一定义是在总结20多年来资产评估行业发展经验的基础上，借鉴《国际评估准则》相关定义，根据资产评估的本质属性所给出的。2004年发布的《资产评估准则——基本准则》提出，资产评估是“依据相关法律、法规和资产评估准则，对评估对象在评估基准日特定目的下的价值进行分析、估算并发表专业意见的行为和过程”，这一定义目前仍未过时，它突出强调了资产评估结果是一种专业意见，对引导业内外人士正确认识资产评估的作用具有重要的现实指导意义。

2. 构建相对完善的资产评估准则体系

根据《资产评估法》的要求，财政部制定《基本准则》，中国资产评估协会根据《基本准则》制定资产评估执业准则和职业道德准则，明确了财政部和中国资产评估协会在准则制定方面的职责分工。《基本准则》明确了资产评估执业准则包括各项具体准则、指南和指导意见，为形成我国资产评估准则制定及更新的常态机制打下良好的基础。

《基本准则》作为实施《资产评估法》的配套制度，为行政监管提供了依据，对事前的业务受理、事中的现场调查和报告编制、事后的档案编制和管理等资产评估全流程进行了规范，将资产评估报告、资产评估程序、资产评估档案等程序性准则中的内容充实其中，建立评估服务提供过程中具有一般规律性和普遍指导意义的操作标准，全方位地规范资产评估执业行为，是监管部门研判资产评估机构及其资产评估专业人员执业质量、划分执业责任的基本依据。

资产评估准则建设一直在资产评估准则体系的框架下有序进行。《资产评估法》规定执业准则和职业道德准则依据基本准则制定，明确了资产评估准则体系的基本结构，奠定了基本准则的龙头地位。《基本准则》规定资产评估执业准则包括各项具体准则、指南和指导意见，构建了执业规范的基本框架，而各项准则的不同功能使准则体系具有开放灵活的特点，为准则建设保留了空间。同时，《基本准则》采用原则导向，提出了基本遵循事项，在资产评估程序、资产评估报告、资产评估档案等方面提出了通用要求，统领并指导其他准则的建设。

3. 主要构成和适用范围

《基本准则》共6章35条，分别为总则、基本遵循、资产评估程序、资产评估报告、资产评估档案和附则。主要内容：一是明确了《基本准则》规范的主体和适用范围；二是提出了资产评估机构及其资产评估专业人员开展资产评估业务的基本遵循；三是对资产评估程序、资产评估报告和档案等重要执业内容做出了具体规范；四是规定了资产评估准则体系组成。

《基本准则》将适用范围确定为资产评估机构及其资产评估专业人员开展资产评估业务，资产评估机构是在财政部门备案的评估机构，资产评估专业人员包括资产评估师和其他具有评估专业知识及实践经验的资产评估从业人员，资产评估业务涵盖法定和非法定资产评估业务。

4. 主要特点

《基本准则》既是指导和约束资产评估机构和资产评估专业人员的从业规范，又是财政主管部门进行资产评估行政管理的专业依据。《基本准则》主要突出了以下特点。

第一，完善了重点环节的执业规范，规定了资产评估基本程序及其履行要求，规范了资产评估报告的内容及披露要求，明确了资产评估工作底稿和档案的内容及管理要求。资产评估档案是反映资产评估程序实施情况、支持资产评估结论的重要资料，也是资产评估业务中责任划分的重要依据。《资产评估法》对资产评估档案的保存期限做出规定，《基本准则》从资产评估档案的构成、归档要求、存管责任及期限等方面做出明确规定，强调资产评估档案保密制度，对允许对外提供评估档案的情况进行了规范。

第二，落实细化了《资产评估法》的要求。一是夯实资产评估机构内部审核程序，规定资产评估专业人员编制初步资产评估报告，经资产评估机构内部审核后，出具资产评估报告。二是明确资产评估方法包括市场法、收益法和成本法三种基本方法及其衍生方法，呼应了《资产评估法》关于评估方法的选择要求，为通过制定具体准则指导和规范评估方法的选择预留了空间。三是区分法定和非法定资产评估业务，按照《资产评估法》的规定对资产评估业务承办、资产评估报告签章和资产评估档案保存等做出了明确规定。

第三，明确规范了资产评估报告的使用限制。一是规定资产评估报告使用范围，明确委托人或者其他资产评估报告使用人未按照法律、行政法规规定和资产评估报告载明的使用范围使用资产评估报告的，资产评估机构及其资产评估专业人员不承担责任。二是报告使用人限定为委托人、资产评估委托合同中约定的其他资产评估报告使用人和法律、行政法规规定的资产评估报告使用人，明确其他任何机构和个人不能成为资产评估报告的使用人。三是资产评估报告使用人应当正确理解评估结论。评估结论不等同于评估对象可实现价格，评估结论不应当被认为是对评估对象可实现价格的保证。

第四，整合职业道德的基本要求。职业道德是资产评估执业要求中不可分割的组成部分，也是资产评估行业监管的重要内容。《资产评估法》规定，评估机构应当依法独立、客观、公正开展业务，《基本准则》与《资产评估法》衔接，在对资产评估机构、资产评估专业人员开展资产评估业务的基本要求中，涵盖了有关职业形象、独立执业、专业胜任能力等职业道德内容。

第五，强化资产评估程序要求。资产评估程序是执行资产评估业务所履行的系统性工作步骤，《资产评估法》设专章对资产评估基本程序做出规范。《基本准则》根据《资产评估法》要求，对原来的资产评估程序进行了完善，也对其做出相关规定。一是明确资产评估基本程序包括八个方面，结合《资产评估法》规范程序术语名称；二是强调资产评估专业人员不得随意减少资产评估基本程序；三是结合《资产评估法》要求，对部分程序的要求做出相应调整，如细化评估资料收集要求，强调评估资料核查和验证要求等。

相关链接

让资产评估更具公信力

《资产评估基本准则》体现资产评估本质，准确界定了资产评估责任。这次修订，首次在资产评估准则中明确说明评估结论与评估对象可实现价格之间的关系，合理确定了资产评估的功能与作用，回归了资产评估的本质，准确界定了资产评估责任。这在很大程度上保护了签名资产评估师及资产评估专业人员的合法权益，扎实有力。合理界定资产评估功能和说明评估结论合理性的判断依据的意义尤其深远，可以保障和促进行业朝着科学正确的方向发展。

资料来源：俞明轩．让资产评估更具公信力．中国会计报，2017-09-18。

（二）《资产评估职业道德准则》的主要内容

2017年9月，中国资产评估协会发布《资产评估职业道德准则》（以下简称《职业道德准则》），自2017年10月1日起施行。该准则共7章23条，分别从基本要求、专业胜任能力、与委托方和其他相关当事人的关系、与其他资产评估机构及资产评估专业人员的关系等方面，对资产评估师的职业道德行为进行了规范。

1．职业道德的基本要求

《职业道德准则》规定了资产评估机构及其资产评估专业人员的品德要求和应当坚持的职业道德的基本原则，要求资产评估机构及其资产评估专业人员应当诚实正直，勤勉尽责，坚持独立、客观、公正的原则；要求资产评估机构及其资产评估专业人员应当独立进行分析、估算并形成专业意见，不受委托方或相关当事方的影响。不得以预先设定的价值作为评估结论；不得利用执业便利为自己或他人谋取不正当的利益。资产评估专业人员在评估机构执业，不得以个人名义执业，也不得同时在两家或两家以上评估机构执业。

《职业道德准则》要求资产评估机构及其资产评估专业人员应当遵守相关

法律、法规和资产评估准则，并对资产评估机构及其资产评估专业人员在执行资产评估业务的主要环节提出职业道德要求。明确要求资产评估机构及其资产评估专业人员不得采用欺诈、利诱、强迫等不正当手段招揽业务；应当合理使用评估假设，并在评估报告中披露评估假设及其对评估结论的影响；应当在评估报告中提供必要信息，使评估报告使用者能够合理理解评估结论；不得出具含有虚假、不实、有偏见或具有误导性的分析或结论的评估报告；应当形成能够支持评估结论的工作底稿，并按有关规定管理和保存工作档案；资产评估专业人员不得签署本人未参与项目的评估报告，也不得允许他人以本人名义签署评估报告。

《职业道德准则》要求资产评估机构及其资产评估专业人员应当遵守保密原则，除法律、法规另有规定外，未经委托方书面许可，不得对外提供执业过程中获知的商业秘密和业务资料。

《职业道德准则》要求资产评估机构及其资产评估专业人员应当维护职业形象，不得从事与资产评估机构及其资产评估专业人员身份不符或可能损害职业形象的活动。

2. 专业胜任能力的要求

资产评估机构及其资产评估专业人员职业道德规范中的专业胜任能力要求包括四个方面的内容：一是资产评估专业人员应当经过专门教育和培训，具备相应的专业知识和经验，能够胜任所执行的评估业务。二是资产评估专业人员应当接受后续教育，保持和提高专业胜任能力。三是资产评估机构及其资产评估专业人员应当如实声明其具有的专业胜任能力和执业经验，不得对其专业胜任能力和执业经验进行夸张、虚假和误导性宣传。四是资产评估机构执行资产评估业务，可以聘请专家协助工作，但应当采取必要措施确信专家工作的合理性。

3. 与委托方和其他相关当事人关系的要求

资产评估机构及其资产评估专业人员与委托方或其他相关当事人之间存在可能影响资产评估机构及其资产评估专业人员公正执业的利害关系时，应当予以回避。资产评估机构及其资产评估师专业人员在从事资产评估过程中，应当坦诚地对待委托方，不得对委托方和其他相关当事人进行误导和欺诈。在不违背其他当事人和公众利益的前提下，尽最大努力，竭诚为委托方提供评估有关的专业服务，维护委托方的合法权益并与委托方保持相互信任的关系。在完成评估任务的整个过程中，不得向委托方或相关当事方索取约定服务费之外的不正当利益，如佣金、回扣、好处费、介绍费等。资产评估机构及其资产评估专业人员应当与委托方进行必要沟通，提示评估报告使用者合理理解并恰当使用评估报告，并声明不承担相关当事人决策的责任。资产评估机构及其资产评估专业人员向委托方提示评估报告是为委托方提供的决策所需的价值参考，其最终的成交价还取决于当事人的决策动机、谈判协作关系和谈判技巧等综合因素。所以，资产评估机构及其资产评估专业人员应声明不承担相关当事人的决策责任。

4. 独立性的要求

资产评估机构及其资产评估专业人员开展资产评估业务，应当采取恰当措施保持独立性。资产评估机构不得受理与自身有利害关系的资产评估业务，资产评估专业人员与委托人、其他相关当事人和评估对象有利害关系的，应当回避。

资产评估机构及其资产评估专业人员开展资产评估业务，应当识别可能影响独立性的情形，合理判断其对独立性的影响。可能影响独立性的情形通常包括资产评估机构及其资产评估专业人员或者其亲属与委托人或者其他相关当事人之间存在经济利益关联、人员关联或者业务关联。（1）亲属是指配偶、父母、子女及其配偶。（2）经济利益关联是指资产评估机构及其资产评估专业人员或者其亲属拥有委托人或者其他相关当事人的股权、债权、有价证券、债务，或者存在担保等可能影响独立性的经济利益关系。（3）人员关联是指资产评估专业人员或者其亲属在委托人或者其他相关当事人担任董事、监事、高级管理人员或者其他可能对评估结论施加重大影响的特定职务。（4）业务关联是指资产评估机构从事的不同业务之间可能存在利益输送或者利益冲突关系。

资产评估机构不得分别接受利益冲突双方的委托，对同一评估对象进行评估。

5. 与其他资产评估师关系的要求

资产评估机构及其资产评估专业人员在从事资产评估业务过程中，对同业的其他资产评估专业人员应当以诚相待，保持良好的工作关系，做好与同行之间的沟通与协作；不得贬损或诋毁其他资产评估专业人员，要共同维护和增进本行业的职业信誉和形象；不得以恶意降低收费等不正当竞争手段与其他资产评估专业人员争揽评估业务。

三、资产评估具体准则

（一）程序性具体准则

中国资产评估协会已经发布的程序性准则包括《资产评估执业准则——资产评估报告》《资产评估执业准则——资产评估程序》《资产评估执业准则——资产评估委托合同》《资产评估执业准则——资产评估档案》《资产评估执业准则——利用专家工作及相关报告》。

1.《资产评估执业准则——资产评估报告》

2007 年 11 月 28 日，中国资产评估协会发布了《资产评估准则——评估报告》，自 2008 年 7 月 1 日起施行。2017 年和 2018 年，中国资产评估协会对其进行了两次修订。最新版的《资产评估执业准则——资产评估报告》于2018年10月30日发布，该准则分为“总则”“基本遵循”“资产评估报告的内容”“附则”，共4章29条，自2019年1月1日起施行。评估报告是反映评估工作、传递评估结论、帮助委托方实现经济行为的载体。《资产评估执业准则——资产评估报告》对评估报告的内容提出具体要求，使其能够反映评估方法的运用过程，并且在内容和形式上符合委托方的要求。与以前的相关规定相比，该准则是一项普遍适用的准则，对不同类型评估业务中评估报告的共同要求做出规定。中国资产评估协会通过制定专门的评估报告准则，统一评估报告的专业语言和内容要素，便于各方在使用评估报告过程中合理理解和使用评估结论，建立沟通和理解的专业平台。

2.《资产评估执业准则——资产评估程序》

2007年11月28日，中国资产评估协会发布了《资产评估准则——评估程序》，自2008年月1日起施行。2017年和2018年，中国资产评估协会对其进行了两次修订。最新版的《资产评估执业准则——资产评估程序》于2018年10月30日发布，该准则分为“总则”“基本遵循”“实施要求”“附则”，共4章27条，自2019年1月1日起施行。该准则按照《基本准则》的精神，根据资产评估的专业特点，从整个资产评估项目的组织与操作入手，涵盖评估业务组织与操作的整个系统性过程，并做出原则性的规定，满足评估实践的需求，对评估执业予以规范和引导。对评估程序进行规范，可以提高评估执业质量，防范法律风险，引导司法实践从注重评估结果转向兼顾评估程序的恰当履行。

3.《资产评估执业准则——资产评估委托合同》

2007年11月28日，中国资产评估协会发布了《资产评估准则——业务约定书》，自2008年7月1日起施行。2017年9月13日，中国资产评估协会发布了对《资产评估准则——业务约定书》修订后制定的《资产评估执业准则——资产评估委托合同》。该准则分为“总则”“资产评估委托合同的订立”“资产评估委托合同的内容”“附则”，共4章21条，自2017年10月1日起施行。《资产评估执业准则——资产评估委托合同》重点结合评估行业特点，在合同法基础上，对评估行业需要重点关注的相关事项进行规范，对规范资产评估委托合同的签订、履行等行为，明确签约各方权利和义务，维护社会公共利益和资产评估各方当事人合法权益具有重要意义。

4.《资产评估执业准则——资产评估档案》

2007年11月28日，中国资产评估协会发布了《资产评估准则——工作底稿》，自2008年7月1日起施行。2017年和2018年，中国资产评估协会对其进行了两次修订。最新版的《资产评估执业准则——资产评估档案》于2018年10月30日发布，由“总则”“工作底稿的编制”“资产评估档案的归集和管理”“附则”组成，共 4 章 20 条，自 2019 年 1 月 1 日起施行。资产评估档案既是评估过程的轨迹记录，也是支持评估结论的重要分析、计算过程和评估资料的汇集，可以反映资产评估机构及其资产评估专业人员遵守准则，履行评估程序的情况。因此建立和完善工作底稿编制和管理的规范，有利于指导和规范评估机构执业的操作流程，强化评估程序的控制和实施，明确参与评估业务有关人员的专业责任，树立责任意识，培养专业精神，提高执业质量，提升行业的公信力。

5.《资产评估执业准则——利用专家工作及相关报告》

2012 年 12 月 28 日，中国资产评估协会发布了《资产评估准则——利用专家工作》，自 2013 年 7 月 1 日起施行。2017 年 9 月 13 日，中国资产评估协会发布了对《资产评估准则——利用专家工作》修订后制定的《资产评估执业准则——利用专家工作及相关报告》，该准则由“总则”“聘请专家个人协助工作”“利用专业报告”“引用单项资产评估报告”“披露要求”“附则”组成，共 6 章 31 条，自 2017 年 10 月 1 日起施行。《资产评估执业准则——利用专家工作及相关报告》的发布，一是将评估实务中利用专家工作的类型归纳为聘请专家协助工作、利用专业报告和引用单项资产评估报告三种类型，有助于执业人员和监管方对利用专家工作的理解；二是对评估行业特有的引用单项资产评估报告行为提出较细致的操作要求，通过规范操作，促进资产评估机构及其资产评估专业人员合理承担执业责任，有助于控制执业风险；三是明确了专业衔接中需要关注的重点、难点问题，如引用报告与评估报告的适用性，评估范围、资产类型、评估依据的一致性，以及相关评估参数的匹配性等，有助于规范利用专家工作行为。

（二）实体性具体准则

已经发布的实体性准则包括《资产评估执业准则——无形资产》《资产评估执业准则——机器设备》《资产评估执业准则——不动产》《资产评估执业准则——珠宝首饰》《资产评估执业准则——企业价值》《资产评估执业准则——森林资源资产》。

1.《资产评估执业准则——无形资产》

2000 年后，为了规范上市公司行为，保护中小投资者的合法权益，中国证券市场开始加大力度清理上市公司大股东占用上市公司资产的行为。在此过程中，多起大股东以无形资产作价偿还所欠上市公司债务的案例，引起了资本市场的高度关注。2001 年 7 月 23 日，财政部发布《资产评估准则——无形资产》，自 2001 年 9 月 1 日起施行。2008 年 11 月 24 日，财政部发布《关于实行资产评估准则有关制度衔接问题的通知》，废止了《财政部关于印发〈资产评估准则——无形资产〉的通知》。2008 年 11 月 28 日，中国资产评估协会发布《资产评估准则——无形资产》，自 2009 年 7 月 1 日起施行。2017 年 9 月 13

日，中国资产评估协会发布了修订后的《资产评估执业准则——无形资产》，该准则分“总则”“基本遵循”“评估对象”“操作要求”“评估方法”“披露要求”“附则”，共7章29条，自2017年10月1日起施行。《资产评估执业准则——无形资产》的发布对我国资本市场中无形资产交易定价的规范工作发挥了十分积极的作用。为加强知识产权评估管理，规范知识产权评估行为，使知识产权资产评估更好地服务于国家创新经济建设和知识产权保护工作，中国资产评估协会在财政部和国家知识产权局的指导下，于2008年制定并发布了《专利资产评估指导意见》。2010年和2011年，中国资产评估协会在财政部和国家版权局、国家商标局的指导下，又先后制定并发布了《著作权资产评估指导意见》和《商标资产评估指导意见》两项实体类资产评估准则，构建了无形资产评估准则框架。

2.《资产评估执业准则——机器设备》

2007年11月28日，中国资产评估协会发布《资产评估准则——机器设备》，自2008年7月1日起施行。2017年9月13日，中国资产评估协会发布了修订后的《资产评估执业准则——机器设备》，该准则分“总则”“基本遵循”“操作要求”“评估方法”“披露要求”“附则”，共6章25条，自2017年10月1日起施行。机器设备评估是一个专业性非常强的领域，机器设备种类繁多、特点鲜明，机器设备评估除遵循一般的评估理论和方法，还具有独特的专业特性。《资产评估执业准则——机器设备》借鉴了国际上机器设备评估的原则和概念，对我国的机器设备评估业务进行规范。

3.《资产评估执业准则——不动产》

2007年11月28日，中国资产评估协会发布《资产评估准则——不动产》，自2008年7月1日起施行。2017年9月13日，中国资产评估协会发布了修订后的《资产评估执业准则——不动产》，该准则包括“总则”“基本遵循”“操作要求”“评估方法”“企业价值评估中的不动产评估”“披露要求”“附则”共7章36条，自2017年10月1日起施行。《资产评估执业准则——不动产》突出资产评估业务特点，从市场角度根据不动产评估业务特点提出了新要求，如对隐蔽不动产的现场调查关注要求、利用其他评估机构报告应关注的事项等，对企业价值评估中的不动产评估安排专门章节加以规定，对构筑物评估的要求进行了专门表述等。

4.《资产评估执业准则——珠宝首饰》

2009年12月28日，中国资产评估协会发布《资产评估准则——珠宝首饰》，自2010年7月1日起施行，同时废止2003年1月28日发布的《珠宝首饰评估指导意见》。2017年9月13日，中国资产评估协会发布了修订后的《资产评估执业准则——珠宝首饰》，该准则分“总则”“基本遵循”“操作要求”“评估方法”“披露要求”“附则”，共6章26条，自2017年10月1日起施行。《资产评估执业准则——珠宝首饰》是我国第一个专门关于动产评估的准则性文件。

5.《资产评估执业准则——企业价值》

2011年12月30日，中国资产评估协会发布《资产评估准则——企业价值》，自2012年7月1日起施行，同时废止2004年12月30日发布的《企业价值评估指导意见（试行）》。2017年和2018年，中国资产评估协会对其进行了两次修订。最新版的《资产评估执业准则——企业价值》于2018年10月29日发布，该准则分“总则”“基本遵循”“操作要求”“评估方法”“披露要求”“附则”，共6章50条，自2019年1月1日起施行。企业价值评估已成为当今评估行业发展的重要领域之一，《资产评估执业准则——企业价值》的有效实施将为企业在资产交易或并购重组过程中合理确定相关资产或股权的价值提供保障，同时还有助于企业全面把握和控制资产交易或并购风险，将定性的理解转换成定量的分析，帮助企业理清发展战略。

6.《资产评估执业准则——森林资源资产》

1996年，原国家国有资产管理局和原林业部发布的《森林资源资产评估技术规范（试行）》已不能适应森林资源资产评估业务的需求。在财政部和国家林业局的指导下，2012年12月28日，中国资产评估协会发布《资产评估准则——森林资源资产》，自2013年7月1日起施行。2017年9月13日，中国资产评估协会发布了修订后的《资产评估执业准则——森林资源资产》，该准则分“总则”“基本遵循”“操作要求”“评估方法”“披露要求”“附则”，共6章28条，自2017年10月1日起施行。《资产评估执业准则——森林资源资产》的发布，为森林资源资产评估业务提供了较全面的指导，有助于规范评估机构和林业调查设计单位等机构业务合作，有助于合理发现森林资源资产的真实价值，对于评估行业服务国家林权制度改革和生态文明建设具有重要意义。

相关链接

资产评估专业人员是收益预测的主体

2018年10月29日中国资产评估协会以中评协〔2018〕38号文件发布了新修订的《资产评估执业准则——企业价值》，对2017年9月8日发布的《资产评估执业准则——企业价值》有关程序履行、资料收集、方法运用和信息披露的部分条款进行了修订，本次修订的重点是第二十三条。新准则明确了资产评估专业人员是收益预测的主体。

2017版准则第二十三条要求，资产评估专业人员针对委托人和其他相关当事人提供的未来收益预测资料，应当与相关资料提供者讨论未来各种可能性，分析其与评估目的及评估假设的适用性，关注未来收益预测的主要参数与评估假设、价值类型的一致性。对于预测趋势与历史业绩和现实经营状况存在的重大差异，要求预测资料提供者说明差异的合理性及可持续性，资产评估专业人员将其与评估假设、价值类型核查一致后在评估报告上予以披露。

新准则第二十三条规定，资产评估专业人员应当对委托人和其他相关当事人提供的企业未来收益资料进行必要的分析、判断和调整，合理确定评估假设，关注未来收益预测的主要参数与评估假设、价值类型的一致性，形成未来收益预测。当预测趋势与历史业绩和现实经营状况存在重大差异时，应由资产评估专业人员对产生差异的原因及其合理性进行说明。新准则明确了资产评估专业人员是收益预测的主体。

在我国收益法评估实务中，对委托人或被评估企业提供的未来收益资料，资产评估专业人员通常会在分析、核查、判断、调整后，最终形成收益预测结果。既然收益预测的主体是资产评估专业人员，当预测趋势与历史业绩和现实经营状况存在重大差异时，分析差异原因并在评估报告上予以披露也应当是资产评估专业人员的责任。

资料来源：杨志明. 动态更新资产评估准则及时满足市场和监管需求. 中国资产评估，2019 (5).

(三) 资产评估指南

中国资产评估协会已发布的资产评估指南包括《以财务报告为目的的评估指南》《企业国有资产评估报告指南》《金融国有资产评估报告指南》《评估机构业务质量控制指南》《知识产权资产评估指南》。随着会计领域越来越多地运用公允价值计量，2006 年，我国新发布的《企业会计准则》也引入了公允价值的概念和计量模式。为了服务于为会计计量中的公允价值提供专业意见的评估业务（以财务报告为目的的评估业务），2007 年 11 月 9 日，中国资产评估协会发布了《以财务报告为目的的评估指南（试行）》，并于 2017 年 9 月 8 日发布修订后的《以财务报告为目的的评估指南》。该指南分为“总则”“基本遵循”“评估对象”“价值类型”“评估方法”“披露要求”“附则”，共 7 章 38 条，自 2017 年 10 月 1 日起施行。该指南明确提出了资产评估机构及其资产评估专业人员服务于以财务报告为目的的业务领域，既包括资产评估师对财务报告中各类资产和负债的公允价值或特定价值进行分析、估算，也包括资产评估专业人员参照本指南开展与价值估算相关的议定程序等相关业务。该指南规定，以财务报告为目的的评估业务中，根据项目具体情况、会计准则和委托方的要求，评估对象可以是各类单项资产、负债，也可以是资产组或资产组组合，并重点明确了企业合并、资产减值、投资性房地产和金融工具领域的评估对象以及需要在评估过程中重点关注的事项。

(四) 资产评估指导意见

中国资产评估协会已发布的资产评估指导意见包括《资产评估对象法律权

属指导意见》《金融不良资产评估指导意见》《资产评估价值类型指导意见》《专利资产评估指导意见》《投资性房地产评估指导意见》《著作权资产评估指导意见》《商标资产评估指导意见》《实物期权评估指导意见》《文化企业无形资产评估指导意见》。

1.《金融不良资产评估指导意见》

2005年3月21日，中国资产评估协会发布《金融不良资产评估指导意见（试行）》，自2005年7月1日起施行。2017年9月8日，中国资产评估协会发布了修订后的《金融不良资产评估指导意见》，自2017年10月1日起施行。该指导意见重点对以金融不良资产处置为目的的资产评估业务进行了规范。该指导意见从评估行业角度对金融不良资产进行了定义，即指银行持有的次级、可疑及损失类贷款，金融资产管理公司收购或接管的金融不良债权，以及其他非银行金融机构持有的不良债权；将金融不良资产评估业务的评估对象分为两大类，一类是债权资产，另一类是用以实现债权清偿权利的实物类资产、股权类资产和其他资产；将金融不良资产评估业务分为以金融不良资产处置为目的的价值评估业务和以金融不良资产处置为目的的价值分析业务。

2.《资产评估对象法律权属指导意见》

2003年1月28日，中国注册会计师协会发布《注册资产评估师关注评估对象法律权属指导意见》，自2003年3月1日起施行。2017年9月8日，中国资产评估协会发布了修订后的《资产评估对象法律权属指导意见》，自2017年10月1日起施行。该指导意见明确规定了资产评估机构及其资产评估专业人员和委托方、相关当事人在评估对象法律权属方面的责任，并对资产评估专业人员在承接业务、执业和披露等不同环节关注评估对象法律权属做出了相应的规定。

3.《资产评估价值类型指导意见》

2007年11月28日，中国资产评估协会发布了《资产评估价值类型指导意见》，自2008年7月1日起施行。2017年9月8日，中国资产评估协会发布了修订后的《资产评估价值类型指导意见》，该指导意见分为“引言”“价值类型及其定义”“价值类型的选择和使用”“附则”，共4章26条，自2017年10月1日起施行。价值类型指导意见有利于指导资产评估师在资产评估中根据评估目的等相关条件恰当选择价值类型，充分体现评估结论的经济内涵，合理反映资产的价值。

4.《实物期权评估指导意见》

2011年12月30日，中国资产评估协会发布了《实物期权评估指导意见（试行）》，从2012年7月1日起施行。2017年9月8日，中国资产评估协会发布了修订后的《实物期权评估指导意见》，该指导意见分为“引言”“基本遵循”“评估对象”“操作要求”“披露要求”“附则”，共6章22条，自2017年10月1日起施行。《实物期权评估指导意见》有利于指导资产评估专业人员在资产评估中根据评估目的、评估对象等相关条件恰当选择评估方法，充分体现评估事项的经济实质，准确反映新兴业务下资产的价值。

5.《文化企业无形资产评估指导意见》

2016 年 3 月 30 日，中国资产评估协会发布了《文化企业无形资产评估指导意见》，该指导意见分为"引言""基本要求""评估对象和评估范围""操作要求""评估方法""披露要求""附则"，共 7 章 44 条，自 2016 年 7 月 1 日起施行。《文化企业无形资产评估指导意见》创造性地在描述各条准则的基础上，加入大量的案例讲解，以帮助阅读者更好地理解、运用该指导意见。在我国文化事业大发展的背景下，文化企业无形资产评估的需求日益增加，该指导意见有助于规范资产评估专业人员对此类资产的评估行为，维护社会公众的利益以及资产评估所涉及各方的合法权益。

第二节　国际评估准则

《国际评估准则》(International Valuation Standards，IVS) 是由国际评估准则委员会 (International Valuation Standards Committee) 制定并颁布的。

一、国际评估准则委员会产生背景及其宗旨

国际资产评估准则委员会 (International Assets Valuation Standards Committee，IAVSC) 于 1981 年成立，它是联合国的非政府组织成员 (NGO)，并于 1985 年获得了联合国经济社会理事会的注册，是重要的国际性评估专业组织；1995 年 3 月，在南非开普敦召开的第 14 届年会上，决定更名为国际评估准则委员会。1999 年和 2006 年年会在北京举行。2008 年国际评估准则委员会改组后更名为国际评估准则理事会 (International Valuation Standards Council，IVSC)。IVSC 是在美国伊利诺伊州注册的一个非营利性组织，其办公室在伊利诺伊州的芝加哥，营运总部设于英国伦敦。该组织刚设立时只有 20 个团体会员，到目前已经发展成为拥有超过 100 个成员的国际评估组织，并在国际评估界发挥着主导作用。其制定和努力推广的《国际评估准则》是目前最具影响力的国际性评估专业准则之一，为超过 100 个国家所认可或采纳。1985—2020 年，IVSC 已先后发布了 12 版《国际评估准则》。

相关链接

国际评估准则理事会发布新版《国际评估准则》

2017 年 1 月 13 日，国际评估准则理事会正式发布《国际评估准则》(2017 版)。《国际评估准则》(2017 版) 的发布可以进一步加强评估行业的一

致性和透明性，是国际评估专业人士执行评估业务和进行专业判断的重要指南。资产评估服务是金融体系的核心部分，对强化整个金融体系、保证资本市场健康运转、维护公共利益均具有重大意义。

资料来源：国际评估准则理事会发布新版《国际评估准则》. 中国资产评估协会网站，2017-01-20.

该组织的主要宗旨是：为公共利益制定和发布资产评估准则和技术资料文件，以满足财务报告、国际资本市场和国际经济领域的需要；促使《国际评估准则》和指南在世界范围内得到认可和遵守；在世界各国之间统一资产评估准则，致力于促进地方或地区性准则规定与《国际评估准则》之间的协调和统一；促使《国际评估准则》在《国际会计准则》及其他相关报告准则中得到认可，促使其他专业领域理解专业评估和评估师的作用，并教育评估师了解相关专业领域的要求。国际评估准则理事会也与诸如国际会计准则理事会（IASB）、国际会计师联合会（IFAC）、国际证券事务监察委员会组织（IOSCO）等准则制定机构保持紧密联系。

二、《国际评估准则》结构体系

国际评估准则委员会于1985年制定了第一版《国际评估准则》。由于国际资产评估准则委员会的成立背景和当时评估业务的国际发展情况，第一版《国际评估准则》带有明显的不动产评估特色。之后经过多次重大修订，越来越多地考虑了不动产之外的其他评估业务，朝综合化方向发展。2005年，为了满足《国际会计准则》中关于执行公允价值会计模式对评估行业的需求，国际评估准则委员会发布了第七版《国际评估准则》，并于2007年发布了第八版，2011年发布了第九版，2013年发布了第十版，2017年发布了第十一版。

《国际评估准则》（2017版）被认为是在世界范围实现价值实践的重要里程碑，同时还被当作服务全球评估专业人员的关键指引，并将为作为投资决策和财务报告关键要素的估价的一致性、透明性和可靠度提供支撑。

《国际评估准则》（2017版）主要由两部分构成。一是定义和框架。定义部分主要涉及在该准则中多次重复出现的术语；框架部分主要介绍了准则中的基本概念。二是准则。《国际评估准则》（2017版）已形成了一个很好的顺序及框架，与中国的资产评估准则体系非常类似。其包括五项基本准则和六项资产准则。其中基本准则包含普遍适用于大多数评估目的下对各种类型的资产或负债进行评估所需遵循的评估准则。资产准则包含适用于不同资产类别的评估准则。资产准则应当与基本准则相结合，这些资产准则旨在阐明运用基本准则时适用于特定资产类型的附加要求。《国际评估准则》（2017版）在包括大型会计师事务所和评估专业组织的成员单位的要求下，增加了深度。

《国际评估准则》（2017 版）中的基本准则包括：IVS 101 工作范围；IVS 102 调查和遵循；IVS 103 报告；IVS 104 价值类型；IVS 105 评估途径和方法。

《国际评估准则》（2017 版）中的资产准则包括：IVS 200 企业及企业权益；IVS 210 无形资产；IVS 300 厂房和设备；IVS 400 不动产权益；IVS 410 开发性不动产；IVS 500 金融工具。

图 11－2 为《国际评估准则》（2017 版）的结构框架。

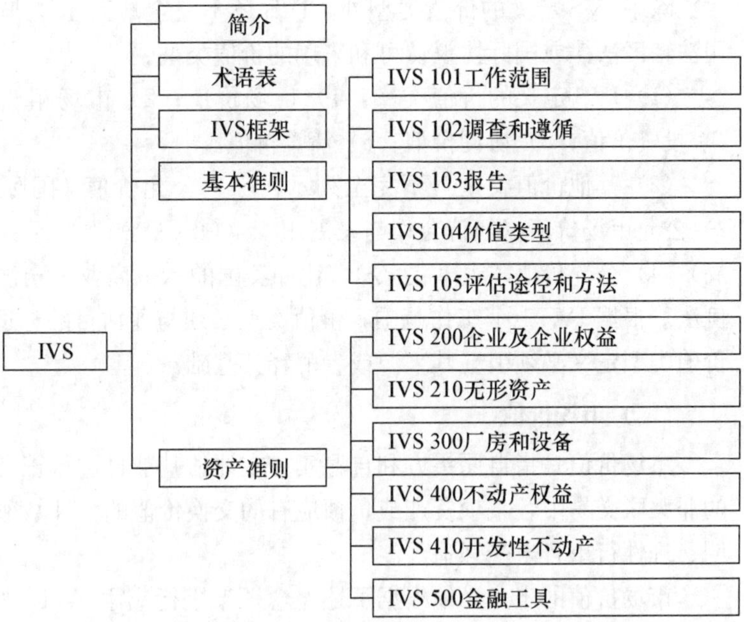

图 11－2　《国际评估准则》（2017 版）的结构框架

三、《国际评估准则》中的价值定义

《国际评估准则》中很重要的概念就是市场价值评估和市场价值以外的价值评估，这是理解国际评估准则的基础。以下是《国际评估准则》（2017 版）中对价值类型的阐述。

（一）价值类型

价值类型（有时称为价值标准）描述了报告价值基于的基础假设。根据评估业务约定的评估目的选择适当价值类型（或多项价值类型）是非常重要的，价值类型可能影响或支配评估师对于方法、输入和假设的选择，最终影响评估结论。虽然评估中存在许多不同的价值类型，但大多数有确定的共同要素，如假设的交易、假设的交易日期和假设的交易方。根据价值类型的不同，假设的交易可以是几种形式：（1）一项虚拟的交易；（2）一项真实的交易；（3）一项购买（进入）交易；（4）一项出售（退出）交易；（5）一个具有特性的或虚拟市场上的一项交易。交易的假设日期将影响评估师在评估中考虑的信息和数据。绝大多数价值类型禁止考虑评估基准日/计量日市场参与者通过正常的尽职调查无法获知或不可能获知的信息或市场条件。多数价值类型反映了对于一项交易的相关方的假设和对于各方一定程度的描述，这些相关方可能包括一项或多项实际或假设的特征，如：（1）假设的；（2）已知的或特定方；（3）已确定的潜在买方或卖方群组的成员；（4）相关方在假设日期是否受制于特别条件或动机（如强迫）；（5）设定的知识水平。

除了IVS定义的价值类型外，IVS还不完全地列示了非IVS定义的、由司法辖区法律或国际协议认可和采用的价值类型。

（1）IVS定义的价值类型：1）市场价值；2）市场租金；3）公平价值；4）投资价值；5）协同价值；6）清算价值。

（2）其他价值类型（不完全列示）：1）公允价值（国际财务报告准则）；2）公允市场价值（经济合作与发展组织（OECD））；3）公平市值（美国国税局）；4）公允价值（法律/法令），比如美国的示范商业公司法以及加拿大的判例法。根据IVS 101 工作范围，价值类型必须与评估目的相适应，使用的任何价值类型定义必须引证其来源或者解释其基础。

（二）市场价值

市场价值是指自愿买方和自愿卖方在评估基准日进行正常市场营销后达成的非关联交易中，某项资产或负债应有的交换价值的估计数额，当事方各自精明、理性行事且未受强迫。

市场价值的定义必须根据下述概念框架进行应用：（1）“估计数额”是指资产在公平市场交易以应付货币表示的价格。市场价值是评估基准日市场上能够合理取得的符合市场价值定义的最可能价格，既是卖方能够合理获取的最好售价，也是买方能够合理取得的最有利价格。该估计数额特别扣除了被特殊条款或情形抬高或降低的估计价格，例如非典型融资、售后租回安排、相关销售人员给予的特殊考虑或优惠，或仅对特殊拥有者或买方可行的价值因素。（2）“某项资产或负债应有的交换价值”是指资产或负债价值是一个估计金额，而不是事先确定的金额或实际销售的价格。它是满足评估基准日市场价值定义的所有要素的一个交易价格。（3）“在评估基准日”要求该估值仅限于一个规定的具体时间。由于市场和市场条件可能会发生变化，评估值在另一个时点可能就会变成错误的或不适当的。估计数额反映的是有效评估基准日市场的状态和情形，而不是其他时点。（4）“自愿买方”是指一个有动机而非被迫的买方。这个买方既不是过度渴望要买，也不是任何价位都要买。这个买方还要根据当前市场现实和当前市场预期去购买，而不是根据不可描绘的或不能预期退出的、想象中的或虚拟的市场。假设的买方不会以高于市场要求的价格去支付。当前资产拥有者包含在构成市场的参与者当中。（5）“自愿卖方”是指既不过度渴望也未被强迫以任何价格出售，也不准备坚持当前市场认为不合理的价格的卖方。自愿卖方有动机在适当市场营销后，以市场条款按可得到的最佳价格出售资产，不论该价格结果如何。实际资产拥有者的真实情形不是这里要考虑的，因为这个自愿卖方是一个假设的拥有者。(6)“非关联交易”是指交易方之间没有特定的或特殊的关系，如母公司与子公司、出租方与承租方，这些特殊关系可能使价格水平反映非典型的市场特征，或者由于特殊价值因素被抬高。以市场价值的交易假设是不相关联的双方的独立行为。(7)“正常市场营销”是指根据市场价值定义，该项资产以最适当的方式在市场上展示且能合理取得最佳价格。其销售方法被认为是卖方所在市场上得到最佳价格的最适当的方法。市场上展示的时间长度不是一个固定期间，而会因资产类型和市场条件的不同而发生变化。唯一的标准是，必须有充分的时间去吸引足够多的市场参与者关注该资产。展示期间发生在评估基准日之前。(8)“当事方各自精明、理性行事”是指假设自愿买方与自愿卖方能够合理地知晓评估基准日该项资产的性质和特征、真实的和潜在的使用状况，以及市场状况。还进一步假设各方会使用掌握的知识，理性地寻求对自身交易地位最有利的价格。谨慎性是根据评估基准日的市场状况衡量的，而不是其后某时点事后的利益评定。例如，在一个价格下跌的市场，卖方以低于之前市场价格水平的价格出售资产未必是不理性的。在这种情形下，像市场中改变价格的其他交易方一样，理性的买方或卖方将根据当时可得的最佳市场信息去行事。(9)“且未受强迫”是指各方都有动机去从事该项交易，任何一方都不是被迫地或被过分强制地完成该项交易。

资产的市场价值将反映其最高最佳用途。最高最佳用途是指资产潜力的最大化的使用，该用途在技术上可能、法律上许可、财务上可行。最高最佳用途可能是资产现有用途的延续或一些改变的使用，它是由市场参与者在确定报价意向价格时可能考虑的资产用途决定的。

(三) 投资价值

投资价值是一项资产对于特定所有者或预期的所有者实现个人投资或运营目标的价值。投资价值是一个针对特定实体的价值标准。尽管一项资产对其所有者的价值可能与出售给另一方实现的金额相同，但该价值类型不以交换为前提，仅反映了某一个实体持有该资产可获得的经济利益。投资价值体现了评估时实体面对的环境和财务目标，通常用于衡量投资业绩。

(四) 市场租金

市场租金是指公平交易中，自愿出租方和自愿承租方在评估基准日，在正常营销后的市场中通过适当租约达成的不动产应该收取的租金的估计数额，当事方应当各自精明、理性行事且未受强迫。市场租金可以作为评估租约或租约权益时的价值类型，这时需要考虑合同租金和市场租金的异同。支撑上述市场价值的概念性框架可以帮助理解市场租约的概念。特别地，估计的数量不包含由特殊条款、特别安排或让步约定的租金的上涨或缩减。“适当租约”是指在评估基准日同类型物业在市场参与者之间达成的典型约定。市场租金的测算结果应该仅针对假设的主要租约条款。

（五）协同价值

协同价值是两项或多项资产或利益合并后的价值，该价值通常大于单项资产和权益的价值之和。如果协同仅适用于某一特定买方，则协同价值将不同于市场价值，因为协同价值反映的是该资产对某一个特定买方的特别贡献。上述单独价值整合后增加的价值通常称为“结合价值”。

（六）公平价值

公平价值是在已确认的、了解情形的并有自愿交易愿望的交易双方中转移一项资产或负债时估计的价格，相关方的利益可以分别得到体现。公平价值需要根据特定交易方各自从交易中获取的优势和劣势，评价交易价格对交易双方的公允性。相反，市场价值一般不考虑一般市场参与者自身有利或不利因素对交易价格的影响。公平价值是比市场价值更宽泛的概念。虽然在许多情形中，双方达成的公允价格等于市场上可获取的价格，但也存在评估公平价值时考虑了估算市场价值中应剔除的事项，如由于权益合并带来的协同价值。

（七）清算价值

清算价值是一项资产或一组资产按件出售时实现的数值。清算价值应该考虑使资产达到可出售条件的成本，以及处置活动的成本。清算价值可以在两种不同的价值前提下确定：（1）在正常的营销期内的有序交易；（2）在缩短的营销期后的强制交易。

相关链接

国际评估准则理事会发布衍生品评估征求意见稿

国际评估准则理事会近日发布“股权类衍生品价值评估征求意见稿”，广泛征求公众意见。许多企业和投资者都使用金融衍生品来降低风险，但是，只有久经沙场才能把握其所持产品随时间波动的价值。对场外交易产品来说情况更加复杂，这些产品不在交易所内进行交易，于是也就无从知晓其实时价格信息。

国际评估准则理事会认为，缺少全球普遍公认的衍生品评估准则会导致人们减少对价值评估的信任和依赖。为改变这种现状，国际评估准则理事会正在实施一项计划，拟出台一系列的关于衍生品评估的技术性文件。

项目的负责人是国际评估准则理事会准则委员会委员安娜·卡斯坦涅丹女士。值该征求意见稿发布之时，安娜表示：“对于公司来讲，无论持有哪类金融工具，都要评估其在账上的价值；对于银行和其他金融机构来讲，这种价值评估对符合监管的合规性要求也尤为重要。然而，当市场上存在着数万亿美元衍生品合同时，人们对支撑其价值的原则却理解甚少。”“我们的项目旨在确认人们公认的最佳做法，增加评估程序的透明度和可信度。”

该股权类衍生品征求意见稿是拟议中的系列项目中的第一个，后续还将有一些类似的指引出台，涉及外汇衍生品、固定收益类衍生品和商品类衍生品等。

资料来源：国霁．国际评估准则理事会发布衍生品评估征求意见稿．中国资产评估，2013（9）．

四、《国际评估准则》中的《行为守则》

《国际评估准则》（2007 版）中的《行为守则》包括下列内容：引言、范围、定义、职业道德、胜任能力、披露要求、评估报告。《国际评估准则》实施的基础是，应当由诚实且具有专业胜任能力的专业评估师，遵守《国际评估准则》，不偏不倚、不受个人利益影响开展评估业务，所出具的评估报告应清楚地披露与正确理解评估相关的所有重要事项，不得误导。评估师应当致力于提升并保持评估行业的公众信任。

“范围”对《国际评估准则》的使用范围进行了说明。要求评估师必须按照所在国家和地区的要求，具有相应的专业资格、能力和经验，并明确内部评估师主要是指拥有资产的企业的雇员或者在会计公司负责企业财务记录或者财务报告的评估师，外部评估师是指与其辅助人员一起与委托人公司或者待估对象没有实质联系的评估师。

“职业道德”规定，评估师在任何时候都应保持高水准的诚实、正直和公正，遵守保密原则，其从事的活动不应损害委托人、公众、行业或者相关的全国性专业评估团体的利益。例如，评估师不得未经适当的分析或者仅根据独立的信息来源予以确认，而信任委托人或者其他方面提供的有瑕疵的信息，除非将这种信任的性质和程度作为一个限制条件确切说明；评估师不得接受报告中具有在合理的一段时间内不可能实现的假设前提条件的业务；评估报告中应包括具有合理可能性的前提条件，并对实现假设的前景和对价值的影响进行讨论，且应反映正在发生的真实情况，例如，委托人想了解除斥期间土地价值的情形；在复核另一个评估师的报告时，评估师应当表现出公正的判断，并说明同意或者不同意报告结论的正当理由。

“胜任能力”对承接业务、外部帮助、效率与勤勉尽责等方面做出了规定。在承接业务或者着手订立业务约定书之前，评估师必须正确识别该业务存在或可能存在的问题，确认具有经验和知识。在海外的业务，应与具有胜任能力完成业务，并具有经验和市场、语言、法律知识的专业人员联系。当需要借助外部力量来补充评估师自己的技能时，评估师首先要确认辅助人员具有必需的技能和道德原则，同时应取得委托人的同意，辅助人员的身份以及他们在其中参与的程度应在评估报告中披露。评估师在执行委托人的评估业务时，应当快速高效，并让委托人随时了解业务进程；当出现妨碍评估师进行充分、勤勉的调查，影响工作质量，并在合理的时间内完成评估业务的情况时，评估师应婉拒委托人的要求。在出具评估报告前，评估师应得到委托人的书面意见或书面确认报告的细节，避免误解。评估师应当进行勤勉的询问与调查，以确保评估报告中用于分析的数据正确可信。在评估业务完成后，评估师应对每项业务准备一份纸质或者电子形式（合适的备份）的工作底稿（及复件），内容包括所有的书面报告、信函、备忘录，并附适当的文件说明；这些文档用于证明评估师通过调查、客观比较、推论和计算而得到的价值意见；每项业务的工作底稿应在评估业务完成后保留至少 5 年。

“披露”对评估报告披露做出了原则规定。评估师通过评估报告向他们服务的委托人发表并交换分析、意见和结论。评估报告具有重要意义，不得误导，应当披露影响客观性的任何事项；评估报告应当对业务范围、评估目的及预期用途进行清楚和准确的描述，披露直接影响价值的假设、前提条件、限制条件，并具体说明其对价值的影响；评估报告应当提供足够的信息来描述所做的工作、得到的结论及其形成的背景；评估师应当披露个人或企业与评估对象所涉及的资产或公司之间的直接或者间接的关系以及这种关系可能导致的潜在利益冲突；当一个评估师作为内部评估师从事业务时，与控制资产的机构的关系应当在评估报告中披露；当一个评估师作为外部评估师同时以收费方式为委托人提供服务时，这种关系必须披露，以免依赖评估结论的第三方认为评估师的客观性受到影响；任何对评估师提供的服务质量有影响的限制都应当披露，不论其是外部的强行限制还是专门针对评估师或者评估业务的；如果利用了外部帮助，评估师必须披露辅助人员的身份及其参与的程度和性质；评估师必须对未经同意出版的评估报告或者评估结论予以限制，以便评估师可以对披露的评估报告的形式和内容保留采取控制措施的权利；评估师应当将与《国际评估准则》偏离的任何事项予以披露。

“评估报告”对评估报告的内容提出了最低要求。评估业务可能涉及一项或者多项资产。评估报告的格式应当在满足内容的最低要求下，符合业务性质，并满足委托人的需求。评估报告的内容应当满足下列最低要求（即必须说明以下内容）：评估师的身份和报告日期；委托人的身份；评估要求；评估基准日、评估目的、预期用途；价值基础，包括价值类型和价值定义；估价对象的权益、身份、保有状况、位置；勘查的日期和程度；用于从事评估业务的工作范围和程度；假设和限制条件；特殊的、非正常的、额外的假设；遵守《国际评估准则》所进行的评估的说明以及其他要求的披露事项；评估师的专业资格和签名；在一些国家，要求评估师出具的指定格式的特定证明。

相关链接

APEC 经济体支持区域性采用国际评估准则

近日，国际评估准则理事会（IVSC）就其近期工作、活动相关的若干动态发布消息。APEC 地区 21 个经济体的财长 2014 年 10 月于北京会议上发布联合声明，表示支持相关部门与 IVSC 进行合作，推进区域内完善有效的评估实践。这是国际主要经济论坛首次提出需要缩小各国评估行业间存在的差异。

这份联合声明意味着各经济体将鼓励公众领域和私人领域各组织与 IVSC 展开合作，促进高质量的评估实践并加强专业人士培养。

APEC 工商咨询理事会提交给财长的报告中提到："资产评估是全球经济决策的中心环节，广泛应用于资本市场和不动产市场，也适用于公共领域和私有领域各组织（包括监管组织）的决策和行为。这些决策和行为多与评估息息相关，在很多方面影响着公共利益、经济增长和金融体系的完善。"

资料来源：国霁. APEC 经济体支持区域性采用国际评估准则. 中国资产评估，2015 (2).

第三节 美国评估准则

一、美国评估行业概况

美国资产评估行业有 100 多年的历史，最初的估价目的主要是提供财产保险、维护产权交易双方利益、进行资产抵押贷款、防止家庭财产遭受侵害等。20 世纪 80 年代中期，美国出现了由不动产泡沫经济引发的评估业危机。从规范评估业务与职业道德出发，1987 年，美国一些协会联合成立了评估促进会(Appraisal Foundation，AF)，并制定了统一的行业标准《专业评估执业统一准则》(USPAP)。1989 年，美国国会制定《金融机构改革、复原和强制执行法令》(FIRREA)，明确规定评估人员执行与联邦交易相关的资产评估业务时必须遵守《专业评估执业统一准则》。美国各大评估协会也都要求其会员执行资产评估业务时必须遵守《专业评估执业统一准则》，《专业评估执业统一准则》成为美国评估行业公认的评估准则。30 多年来，《专业评估执业统一准则》经过不断修订完善，逐渐发展成为国际评估界最具影响力的评估准则之一，对规范评估行为、提高评估质量、维护资产评估行业信誉发挥了重要作用。

二、美国《专业评估执业统一准则》的主要内容

与英国等以不动产评估为主的国家不同，美国资产评估行业呈现出综合性的特点。不仅不动产评估有着悠久的发展历史，整体资产评估和动产评估也有着长足的发展，如企业价值评估、无形资产评估、机器设备评估等。美国评估行业的综合性充分体现在其准则体系上，《专业评估执业统一准则》是一项典型的综合性评估准则，涵盖资产评估行业的各个专业领域。美国评估促进会下属的评估准则委员会（ASB）负责准则的制定和修订工作，1992—2006 年，ASB 每年都修改并出版一次最新版本的《专业评估执业统一准则》。从 2006 年开始，改为每两年出版一次最新版本的《专业评估执业统一准则》。2018 版《专业评估执业统一准则》的生效期为 2018 年 1 月 1 日至 2019 年 12 月 31 日。

2018 版《专业评估执业统一准则》包括下列组成部分：定义、引言、职业道德规定、档案保存规定、胜任能力规定、工作范围规定、司法例外规定和 10 项准则、37 项咨询意见、332 个常见问题。

“定义”对《专业评估执业统一准则》中使用的评估、评估咨询、评估复核、评估师、评估结论、假设等大量基本概念进行了定义和解释。

“引言”对《专业评估执业统一准则》的宗旨和内容进行了简要介绍，明确《专业评估执业统一准则》通过定义、规定、准则和准则说明强调评估师的职业道德和执业责任。《专业评估执业统一准则》的宗旨是通过制定对评估师所要求的准则，提升和保持评估行业的高水平的公信力。这对于评估师向其评估服务的期望使用者以充分准确且不致引起误导的方式，表达其评估分析、意见和结论，是至关重要的。美国评估准则委员会同时向评估师和评估服务的使用者公布其最新版本《专业评估执业统一准则》。评估师的责任是维护行业的整体公信力，且这是评估师在其服务岗位上履行道德责任的价值所在。而《专业评估执业统一准则》正是体现了这一价值的评估行业通行的执业标准。《专业评估执业统一准则》并未规定谁与哪些评估项目必须遵守该准则。美国评估促进会与其下属的评估准则委员会都不是制定、裁定和实施法律的政府机关，但遵守《专业评估执业统一准则》既是评估服务也是评估师遵守法律或法规责任的要求，以及履行与委托方和评估服务期望使用者所订立合同中责任的要求。在无这样的责任时，任何个人仍可选择遵守《专业评估执业统一准则》。

“职业道德规定”确立了评估师执业中需要具备的职业道德，如正直、公正、客观、独立以及符合职业道德标准的行为。

“档案保存规定”提出了对评估师在评估业务档案保存方面的要求。

“胜任能力规定”提出了承接评估业务前和评估项目时对评估师知识与经验方面的要求。

“工作范围规定”提出了有关评估师在评估问题确定、研究与分析时的责任。

“司法例外规定”旨在当《专业评估执业统一准则》的规定与法律或政府政策的规定发生冲突时协调两者关系，保证评估师进行正常工作。

“10 项准则”确定了评估、评估复核与评估咨询服务的要求及其各项结果表达的方式。这 10 项准则是《专业评估执业统一准则》的主要构成部分，包括：

- 准则 1 不动产评估；
- 准则 2 不动产评估报告；
- 准则 3 评估复核；
- 准则 4 评估复核报告；
- 准则 5 集群不动产评估；
- 准则 6 集群不动产评估报告；
- 准则 7 个人财产评估；
- 准则 8 个人财产评估报告；
- 准则 9 企业价值评估；
- 准则 10 企业价值评估报告。

准则说明是经评估促进会的规定程序审定的、专门用于对《专业评估执业统一准则》内容的澄清、阐释和说明。准则说明与准则同样重要，并且只能经公开征求意见和讨论之后，由准则委员会表决通过。目前版本暂时没有准则说明。

图 11－3 是《专业评估执业统一准则》的结构框架。

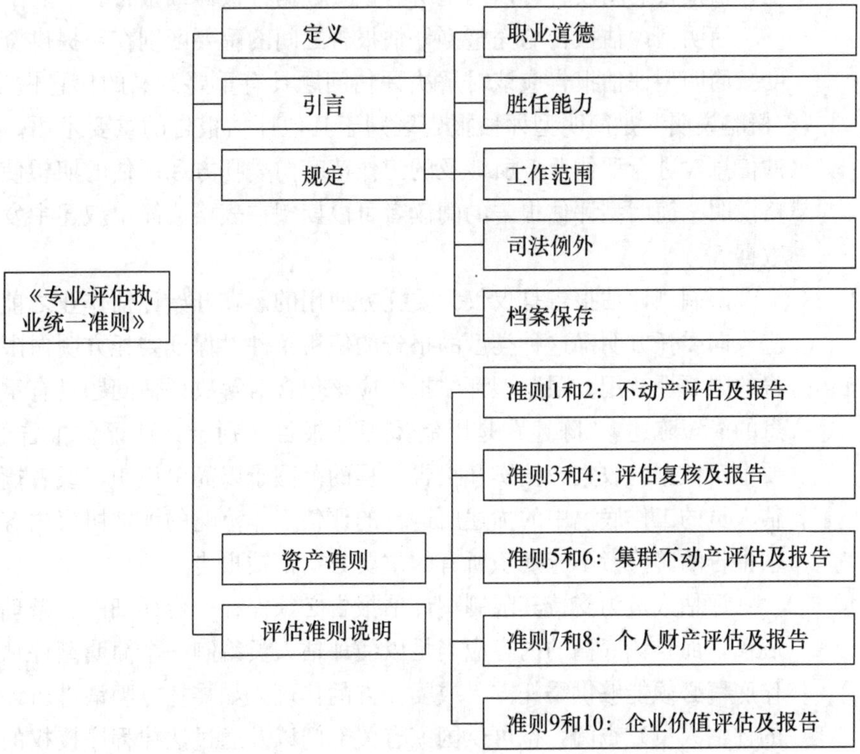

图 11－3　《专业评估执业统一准则》的结构框架

三、美国对评估报告的分类及其内容

本书以美国《专业评估执业统一准则》中对不动产评估报告的要求为例，介绍美国评估报告的分类及其主要内容要求。

（一）评估报告的分类与区别

《专业评估执业统一准则》规定每份书面（或口述）不动产评估报告必须：(1) 清晰、准确地反映评估结论，不得误导；(2) 包含足够的信息，使评估报告期望使用者能够正确理解评估报告；(3) 清晰、明确地披露评估项目所采用的所有一般假设、特定假设、逆向假设与限定条件。

按照美国《专业评估执业统一准则》对书面不动产评估报告的规定，根据提供评估结果的评估报告中信息的水平和内容，将不动产评估书面报告的类型分为完整型评估报告、简明型评估报告、限制型评估报告三种，并且规定必须在评估报告中明确列示所采用的报告类型。对不动产评估报告的形式、格式或者文体未做规定。

完整型评估报告应包含所有对解决评估问题具有重要意义的信息的描述。“描述”是区别完整型评估报告与其他评估报告的术语。要求用足够的信息对进行评估业务所涉及的工作范畴向委托方和评估的期望使用者加以说明。完整型评估报告的阅读者可以期望所有重要数据都被详细报告。

简明型评估报告与完整型评估报告之间的重要区别在于提供资料的详细程度。简明型评估报告应该对解决评估问题具有重要意义的信息做出概略说明。“概略说明”是简明型评估报告区别于其他评估报告的重要术语。要求用足够的信息对进行评估业务所涉及的工作范畴向委托方和评估的期望使用者加以概略说明。简明型评估报告的阅读者可以期望在表格或简单叙述中发现所有重要数据。

限制型评估报告是仅仅为委托方使用的。在开始评估作业之前，评估人员应该向委托方明确这种类型的报告的使用条件，保证委托方明白限制型评估报告的限制性效用。限制型评估报告应该包含对解决评估问题具有重要意义的信息的简短陈述。“陈述”是限制型评估报告区别于其他评估报告的重要术语。要求对数据的收集、核实和报告过程的范围予以简单说明，或者摘引保存在评估人员的工作底稿中的描述所进行的评估工作范畴的评估协议内容。限制型评估报告的阅读者不应期望所有的重要数据都被报告。

评估人员为支持其限制型评估报告必须保存一份详细的、条理分明的工作底稿，而且该底稿的内容应当足以使评估人员编制一个简明型评估报告。该工作底稿必须能够供委托方（或委托方的代理人如委托方聘请进行评估复核工作的评估人员）查阅，也可供国家有关部门以及通过法律程序授权的第三方和经过适当授权的专业审查委员会检查。

第四节　英国评估准则

一、英国评估行业概况

英国不动产估价行业基本上可以分为政府管理下的估价体系和民间自律性估价体系两大体系。

政府管理下的不动产估价体系主要服务于征税目的，在组织上分为三个层次，即中央级、大区级和区级估价办公室。中央级估价办公室设在财政部税务局之下，主要职能是制定有关政策，管理大区和区的估价工作。大区级估价办公室全国共设有 5 个，主要职能是协调其所辖区内的估价工作。最初，大区级和区级估价办公室都归当地税务部门直接管辖，由于估价工作的技术性、独立性越来越强，加之政府为减少行政开支而精减人员，在随后的发展中，大区级和区级估价办公室逐渐从税务部门独立出来。每个地区一般都设有总估价师、主任估价师、副主任估价师、督察估价师、初级估价师和估价助理员等，其主要职能是为政府对房地产征税及为公共部门提供估价服务；此外，也承揽其他一些估价项目。

民间的估价机构则是完全不依赖任何部门的独立、客观、公正的社会中介服务组织，其组织形式主要是合伙制和有限责任公司，也有少量个人独资形式的。这些机构大多以咨询、顾问公司的形式存在，除估价业务，还承揽许多相关的服务业务，如接受委托从事房地产买卖、销售、出租、承租、投资等业务。

民间估价机构在发展过程中，逐渐建立了自律性的行业协会组织。目前有关估价的协会有两家——英国皇家特许测量师学会（RICS）和税收估价协会（IRRV），其中 RICS 占绝对主导地位。这种自律管理体制的变革使得 RICS 在评估领域的影响力更加突出。目前，RICS 不仅是英国规模最大、最具权威性的评估行业自律组织，而且对于整个英联邦地区乃至全球评估行业都具有非常重要的影响。因此，深入分析 RICS 自律管理体制变化，不仅可以把握英国评估行业管理理念的变化，还可以从一个侧面了解全球评估行业管理体制的发展脉络。

二、评估准则和行为准则的制定和修订

RICS 作为行业自律组织，其主要职能之一是制定、修订和完善行业执业技术标准。英国的不动产评估行业发展历史较早，评估准则最早也是在英国面世，并于 20 世纪 70 年代出版，主要规范以财务报告估价为目的的估价行为，以及测量师出具的其他公众使用的评估报告。英国的评估准则由 RICS 的评估与估价准则委员会（AVSB）制定，每年在伦敦总部召开 4 次正式会议。

近年来，作为老牌的不动产评估行业协会，RICS 也开始重视无形资产、

企业价值等不动产以外的评估领域，推出了与美国评估师协会开展在企业价值与无形资产评估领域战略合作、发展企业价值评估领域会员等举措。RICS于2012年5月在其网站公布企业价值和无形资产两项评估指南的征求意见稿，征求意见期间为2012年5月11日至6月13日。此次公布的两项评估指南征求意见稿再次表明了RICS进军不动产以外评估领域的动向和决心。

2012年5月，RICS亚太区总裁戴伦·詹森先生拜访中国资产评估协会时表示，为适应市场需要，RICS已经在美国纽约设立了重点专注于企业价值评估的办公室，在中国香港成立了企业价值评估委员会。目前，RICS重点关注企业价值、无形资产和文化艺术品及古董评估三个领域的研究和市场拓展，最近推出的企业价值和无形资产评估的能力框架即为在此领域内发展和培养RICS会员做准备。RICS希望能够在以上三个领域得到中国资产评估协会的支持与帮助，探讨双方可以合作的项目。①

2013年1月，RICS发布了《企业价值评估指南》（Valuation of Businesses and Business Interests，RICS Guidance Note），旨在为评估企业价值提出专业良好的建议。②

RICS《评估和估价标准》（红皮书）最初是以两个独立标题出版的：资产评估指南（Guidance Notes on the Valuation of Assets）是以"资产评估实践声明和指南"（Statement of Asset Valuation Practice and Guidance Notes）为标题出版的，第一版出版于1976年；评估指南手册（Manual of Valuation Guidance Notes）第一版出版于1980年。2003年，RICS首次出版《评估和估价标准》（RICS Appraisal and Valuation Standards），并于2003年3月至2007年4月进行了9次修订出版。为了全面与《国际评估准则》接轨，使红皮书具有国际通用性，从第五版起采用了两部分结构，包括通用准则和国家准则。通用准则适用于所有的皇家特许测量师学会国家会员，国家准则由各个国家会员自行制定。此后，RICS于2012年3月及2014年1月又对红皮书进行了两次改版。新版的红皮书于2017年6月发布，与《国际评估准则》（2017版）出版时间一致，并已纳入IVSC国际评估准则体系。

2017版红皮书分为六个部分，包括：引言、术语、专业标准（PS）、评估技术与绩效标准（VPS）、评估应用实务指南（VPGA）、《国际评估准则》（2017版）。2017版红皮书各个部分都引用《国际评估准则》，并且在第六部分对《国际评估准则》进行全文转载。

其主要内容是：

---

① 英国皇家特许测量师学会拜访中评协．中国资产评估协会，2012。

② 该评估指南分为以下八个章节：(1) 导言（introduction）；(2) 工作范围及雇佣条件（scope of work and terms of engagement）；(3) 企业和企业价值（businesses and business interests）；(4) 信息（information）；(5) 评估调查（valuation investigation）；(6) 评估方法（valuation methodologies）；(7) 评估报告（reports）；(8) 机密性（confidentiality）。

第一部分“引言”，主要包括该准则的总体目标、范围、全球范围安排与地位、生效日期与有效期及对《国际评估准则》的概述五部分。

第二部分“术语”，主要对评估、资产、市场价值、特殊价值、评估报告等概念进行了解释和规范。

第三部分“专业标准”，主要包括在提供书面评估时对标准的遵守和道德、专业胜任能力、客观性与披露。该部分标准为强制性标准，在采用《国际评估准则》框架的同时，承认《国际道德标准》和《国际房产测量标准》，并规定了对 RICS 会员的更多强制性要求。

第四部分“评估技术与绩效标准”（VPS）。评估技术与绩效标准以 VPS 加编号表示，包括提供遵循 IVS 评估所必需的具体强制性要求和相关实施指南。VPS 包括：VPS 1——委托协议（工作范围）；VPS 2——勘察、调查与记录；VPS 3——评估报告；VPS 4——价值基础、假设与特殊假设；VPS 5——评估方法。VPS 1、VPS 4 和 VPS 5 更多地专注于技术标准，而 VPS 2 和 VPS 3 则更多地专注于绩效和交付标准，寻求以任何方式对其进一步分类并无必要。相反，VPS 的目前顺序与其所采用的《国际评估准则》中相应标准的顺序保持一致。

第五部分“评估应用实务指南”（VPGA）。评估应用实务指南以 VPGA 加编号表示，提供了在某些具体情况下的实施指南。

VPGA 包括：

VPGA 1——以财务报告为目的的评估；

VPGA 2——以担保贷款为目的的权益评估；

VPGA 3——企业及企业标准的评估；

VPGA 4——交易相关财产的评估；

VPGA 5——厂房和设备的评估；

VPGA 6——无形资产的评估；

VPGA 7——动产（包括艺术品和古董）的评估；

VPGA 8——不动产权益的评估；

VPGA 9——投资组合、物品集合和财产组合的评估；

VPGA 10——可能导致重大评估不确定性的事项。

因此，在所涵盖的主题当中，VPGA 中包括为了特定目的的评估（其中财务报表、担保贷款是最常见的目的）、对特定类型资产的评估，其中明确要求需要考虑的特定问题和实际因素。VPGA 代表着“最佳实践”，即 RICS 认为符合专业胜任能力最高标准的程序。虽然 VPGA 本身是非强制性的，但其中的确包含与《国际评估准则》和红皮书中内容的关联和交叉引用，而《国际评估准则》和红皮书是强制性的。该关联和引用旨在帮助会员找出与其所承担的特定评估任务有关的要求。

RICS 也出版了一些国家补充标准（一般以“红皮书的某国家或地区应用指南”、“某国家协会的评估标准”或者“RICS 评估应用指南：专业标准”为名），旨在解决红皮书在个别国家或地区的应用问题，有助于红皮书的本地化诠释。此类国家补充标准独立于红皮书，但又是对红皮书的补充。虽然在总体上与相关国际标准保持一致，但此类国家补充标准旨在涵盖所在国家或地区的具体法定或监管要求。这种方法完全符合联合国的自愿原则，鼓励各国家或地区提高评估的透明度和总体一致性。

第六部分“国际评估准则（2017 版）”。经 IVSC 批准，在 2017 版红皮书第六部分全文转载的《国际评估准则》，就是经 IVSC 批准在 2017 年 7 月 1 日生效的《国际评估准则》。《国际评估准则》（2017 版）的内容已贯穿于红皮书的第三、四、五部分。

《评估和估价标准》的结构框架如图 11－4 所示。

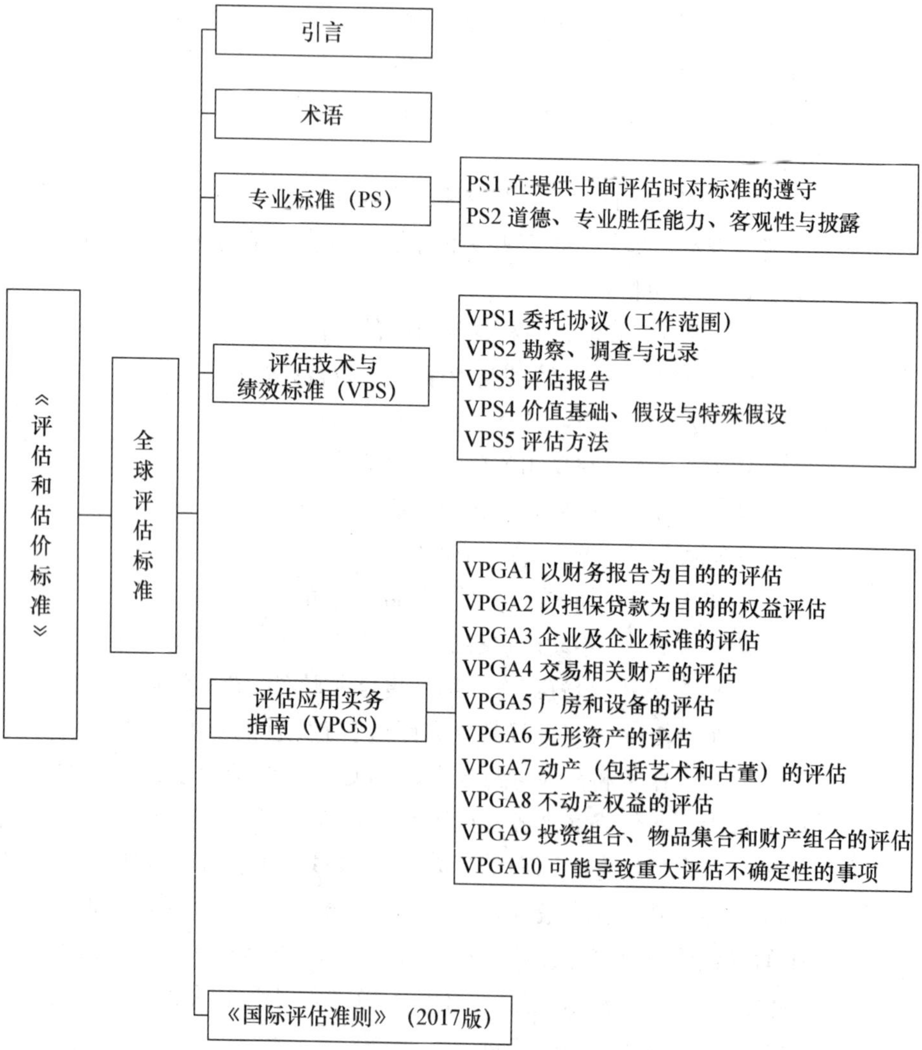

图 11－4　《评估和估价标准》的结构框架

三、RICS的《行为守则》

RICS的《行为守则》用于指导和规范测量师的执业行为。除特殊说明外，对所有的测量师都具有效力。为了与RICS章程和细则的变更相适应，理事会对《行为守则》也进行了修订，对原来的《行为守则》进行了简化和更新，使之更贴近会员的日常工作。《行为守则》规定了测量师与委托人、雇主的关系，包含了更广泛的对公众的责任。该守则自2003年1月1日起开始实施。

《行为守则》对测量师的行为规范提出的具体要求包括以下部分：总则、个人和专业标准、职业活动和经营行为、操作细节与合作、利益冲突、公正与独立性、职业保险、测量师的账户、终身学习、测量师陈述事实的失误。《行为守则》提出了测量师的核心职业道德标准，测量师的所有行为和判断必须基于下列核心职业道德标准：(1) 行为正直；(2) 诚实；(3) 工作公开、透明；(4) 对自己的行为负责；(5) 了解自己的能力并在此范围内行事；(6) 客观；(7) 尊重他人；(8) 树立榜样；(9) 有奋斗的勇气。这些职业道德要求测量师对其负有专业责任的客户或其他人负责，要时刻尊重他们的个人隐私，并且在判断过程中始终考虑到社会利益。

本章小结

2007年11月28日，财政部和中国资产评估协会发布了资产评估评估准则体系，涵盖了业务准则和职业道德准则；其中，业务准则还分为基本准则与具体准则、程序性准则与实体性准则，这标志着我国建立了适应我国国情、与国际基本接轨的比较完整的资产评估准则体系。我国已经建立的包括15项准则在内的资产评估准则体系涵盖了资产评估的主要业务，包括资产评估的主要程序，基本能够满足目前的一般执业需求。随着2016年7月《资产评估法》的通过以及2017年4月财政部《资产评估行业财政监督管理办法》的发布，资产评估行业于2017年8月迎来了27项资产评估新准则，形成了覆盖主要执业流程和执业领域、符合我国国情、与国际评估理念趋同且兼容性强的、较为完整的资产评估准则体系。

《国际资产评估准则》是近20多年来在全球化背景下逐步建立和完善的国际性资产评估准则，总结了世界主要发达国家和地区先进的资产评估理念、理论和方法，是当前国际上最具影响力的包括各类资产的综合性准则，许多国家直接应用《国际评估准则》或吸收《国际评估准则》的内容。

美国《专业评估执业统一准则》是20世纪80年代中期由不动产泡沫导致

的评估业危机的产物，经过多年的不断修订，发展成为综合性的评估准则。该准则是美国法律规定的公认评估准则，任何评估协会及其会员执行评估业务时都必须遵守该准则，这也是美国评估行业逐步走向统一的标志之一。该准则在理论和实践的许多方面代表了评估行业的最新动向，是国际上最具影响力的评估准则之一。

英国的《评估和估价标准》是最早的评估准则，其内容以不动产评估为主，在国际评估界具有非常重要的影响。近年来，随着评估行业的发展，英国皇家特许测量师协会进行了改组，朝综合化方向发展。英国的评估准则也在不断修订，目前已与《国际评估准则》全面对接并纳入国际评估准则体系。

名词和术语

中国资产评估准则体系（China appraisal standards system）

基本准则（general standards）

具体准则（specific standards）

资产评估指南（guidance notes）

资产评估指导意见（directive opinions）

《国际评估准则》(International Valuation Standards，IVS)

《专业评估执业统一准则》（Uniform Standards of Professional Appraisal Practice，USPAP）

《评估和估价标准》(Appraisal and Valuation Standards)

常用数据来源

1. 美国《专业评估执业统一准则》：http://www. uspap. org/
2. 美国评估促进会：http://www. appraisalfoundation. org/
3. 美国评估师协会：http://www. appraisers. org/
4. 国际评估准则理事会：https://www. ivsc. org/
5. 世界评估组织联合会：http://www. wavoglobal. org/
6. 香港测量师学会：http://www. hkis. org. hk/en/
7. 欧洲评估师协会联合会：http://www. tegova. org/
8. 英国皇家测量师学会（中国分会）：http://www. ricschina. org/

思考题

1. 简述中国资产评估准则体系。
2. 中国资产评估准则体系的特点是什么?
3. 我国已发布的资产评估准则有哪些?
4. 简述《国际评估准则》的结构体系。
5. 简述《国际评估准则》中对市场价值的定义。
6. 简述美国《专业评估执业统一准则》的结构体系。
7. 简述美国不动产评估报告的分类及其区别。
8. 简述英国《评估和估价标准》的结构体系及主要内容。

参考文献

1. 中国资产评估协会. 资产评估基础. 北京：中国财政经济出版社，2019.

2. 中国资产评估协会. 资产评估理论发展与创新实践. 北京：中国财政经济出版社，2010.

3. 中国资产评估协会. 中国资产评估准则 2017. 北京：经济科学出版社，2017.

4. 刘玉平. 资产评估教程. 北京：中国财政经济出版社，2010.

5. 姜楠. 无形资产评估. 北京：中国财政经济出版社，2015.

6. 杨志明. 资产评估实务与案例分析. 北京：中国财政经济出版社，2015.

7. 赵立新，刘萍，等. 上市公司并购重组市场法评估研究. 北京：中国金融出版社，2012.

8. 郭化林. 中外资产评估准则. 北京：高等教育出版社，2015.

9. 俞明轩. 企业价值评估. 北京：中国财政经济出版社，2015.

10. 杨志明. 资产评估常用方法与参数手册. 北京：机械工业出版社，2011.

11. 崔劲，朱军. 资产评估案例. 北京：中国人民大学出版社，2003.

12. 王少豪. 高新技术企业价值评估. 北京：中信出版社，2001.

13. 汤姆·科普兰，等. 价值评估. 北京：中国大百科全书出版社，1998.

14. 蒂姆·科勒，等. 价值评估：第 4 版. 北京：电子工业出版社，2007.

15. 艾斯沃斯·达摩达兰. 达摩达兰论估价. 大连：东北财经大学出版社，2010.

16. 张国春.《资产评估法》的十大突出亮点. 财务与会计，2016（8）.

17. 刘公勤. "法治梦"圆 迈入守护价值新时代. 中国会计报，2016-07-08.

18. 俞明轩. 资产评估法将作育行业新生态. 中国经济报告，2017（3）.

19. 俞明轩. 资产评估法所进行的制度创新. 中国会计报，2016-07-08.

20. 程凤朝，等. 上市公司并购重组标的资产价值评估与交易定价关系研究，会计研究，2013（8）.

21. 付华. 管理会计核心手段：企业价值管理五维模型. 财务与会计，2016（12）.

22. 李建. 中国资产评估业存在问题及对策研究. 财经问题研究，2014（11）.

23. 北京证监局课题组. 以财务报告为目的的评估问题研究. 中国资产评估，2019（3）.

图书在版编目（CIP）数据

资产评估/俞明轩，王逸玮主编．--2 版．--北京：中国人民大学出版社，2020.11
新编 21 世纪财务管理系列教材
ISBN 978-7-300-28712-6

Ⅰ.①资… Ⅱ.①俞…②王… Ⅲ.①资产评估-高等学校-教材 Ⅳ.①F20

中国版本图书馆 CIP 数据核字（2020）第 203847 号

新编 21 世纪财务管理系列教材
资产评估（第 2 版）
主编　俞明轩　王逸玮
Zichan Pinggu

出版发行	中国人民大学出版社		
社　址	北京中关村大街 31 号	**邮政编码**	100080
电　话	010－62511242（总编室）		010－62511770（质管部）
	010－82501766（邮购部）		010－62514148（门市部）
	010－62515195（发行公司）		010－62515275（盗版举报）
网　址	http://www.crup.com.cn		
经　销	新华书店		
印　刷	北京宏伟双华印刷有限公司	**版　次**	2017 年 5 月第 1 版
规　格	185 mm×260 mm　16 开本		2020 年 11 月第 2 版
印　张	25.75	**印　次**	2023 年 1 月第 5 次印刷
字　数	493 000	**定　价**	49.00 元

教师教学服务说明

中国人民大学出版社财会出版分社以出版经典、高品质的会计、财务管理、审计等领域各层次教材为宗旨。

为了更好地为一线教师服务，近年来财会出版分社着力建设了一批数字化、立体化的网络教学资源。教师可以通过以下方式获得免费下载教学资源的权限：

在中国人民大学出版社网站 www. crup. com. cn 进行注册，注册后进入“会员中心”，在左侧点击“我的教师认证”，填写相关信息，提交后等待审核。我们将在一个工作日内为您开通相关资源的下载权限。

如您急需教学资源或需要其他帮助，请在工作时间与我们联络：

中国人民大学出版社　财会出版分社

联系电话：010-62515987，62511076

电子邮箱：ckcbfs@ crup. com. cn

通讯地址：北京市海淀区中关村大街甲 59 号文化大厦 1501 室（100872）

人大社财会